山东大学政治学与公共管理学院一流学科建设计划资助

本书基于 2018 年国家社科基金一般项目"构建人类命运共同体背景下中国推动全球气候治理体系改革和建设的战略研究"（项目编号：18BGJ081）的结项成果完成

人类命运共同体与全球气候治理体系改革

A COMMUNITY WITH A SHARED FUTURE FOR MANKIND AND REFORM OF THE GLOBAL CLIMATE GOVERNANCE SYSTEM

李慧明　著

社会科学文献出版社
SOCIAL SCIENCES ACADEMIC PRESS (CHINA)

序 言

当今世界正处于重要的历史性变化之中。冷战之后的经济全球化对国际关系产生了巨大的影响，推进了全球的经济发展，并逐步形成了一个全球性的网络，使国际行为体之间的相互依存度和关联度加强。同时，全球化也带来了前所未有的全球性问题，在安全、经济、环境、公共卫生等诸多领域形成了对人类的挑战。这些挑战是任何一个国家都无法单独有效应对的。正因为如此，人类是一个命运共同体，国家之间的合作是应对全球性挑战的必由之路。

气候变化是一个重要的全球性问题，全球气候治理也是国际社会一致认为应该团结一致、共同行动的重要治理内容。在当前的国际大背景下，全球气候治理更是面临全球气候变化的严峻形势与国际社会合作行动的不足这一明显的矛盾。环境是人类生活的共同场域，气候直接影响到人类的生命、生活和发展。全球气候治理和人类命运共同体之间有什么重要关联？怎样解决目前面临的突出矛盾？怎样实施有效的全球气候治理？李慧明教授在《人类命运共同体与全球气候治理体系改革》一书里给出了自己的理论思考、现实分析和理性答案。

本书从构建人类命运共同体的视角出发，对人类命运共同体与全球气候治理二者之间的逻辑关系进行了系统的理论阐释。在这一基础上，通过全球气候治理的主要行为体、全球气候治理规范与制度、全球气候治理权力格局三个要素，系统分析了自20世纪80年代中期以来全球气候治理体系的形成与演变，尤其是分析和考察了自2015年《巴黎协定》达成以来全球气候治理体系的新变化、主要特征及世界主要国家对后巴黎时代全球气候治理体系的政策立场。为全球气候治理的发生和发展提供了一幅全景式图画，也强调了全球气候治理的重要性和紧迫性。

在中国迅速发展的大背景下，本书着重分析了中国在全球气候治理体系中的身份变迁及责任变化，探讨了构建人类命运共同体理念对中国气候政策与行动的深远影响，以及中国在全球气候变化问题影响日益加剧形势下提出实现碳达峰碳中和宏伟目标的大国担当，最后从构建人类命运共同体的战略高度出发，提出中国在新形势下推动全球气候治理体系改革和建设的战略目标和具体行动方略。全球气候变化已经成为当前人类社会面临的最严峻挑战之一，应对气候变化越来越成为当前国际政治议程中的焦点问题。而且，由于全球气候治理对于全球政治经济发展的全方位深远影响，全球气候治理也正在成为大国博弈的重要领域和现实工具。中国已经成为全球气候治理的关键行为体，分析和探讨人类命运共同体理念对中国参与全球气候治理的影响，不但对于我们理解当前全球气候治理的发展变化趋势，而且对于我们理解中国未来的发展道路和战略目标，都具有十分重要的意义。

本书具有以下几个鲜明的特点。其一，具有很强的现实针对性。本书结合全球气候变化的紧迫性，实时追踪和分析美国和欧洲等主要国家的气候行动，以此来对照分析中国在构建人类命运共同体背景下的气候政策行动，具有较强的时效性、现实性和针对性。其二，具有深刻的学理性。人类命运共同体理念作为指导当前中国外交的重要理念，其本身就是一个很强的理论体系，而如何深入理解和阐释人类命运共同体与全球气候治理二者之间的逻辑关系，也是一个较强的学理性问题。本书从哲学、国际关系理论等视角对人类命运共同体本身的内涵进行了学理性分析，而且深入探讨了人类命运共同体与全球气候治理的相互建构性，从理论上阐释了二者的逻辑关系和相互影响的理论机理。其三，具有完整的系统性。本书从一种历史大视野出发，对全球气候治理体系演变的整个历史进行了系统梳理并分析影响其演变的主要因素，并从全球气候治理体系的主要行为体、治理规范与制度、治理中的权力结构及领导格局等几个方面对全球气候治理体系内部的组成要素进行了系统分析，最后落脚于中国在其中的身份定位变迁，并结合中国当前正在落实的碳达峰、碳中和目标提出了中国推动全球气候治理体系朝着公平合理、合作共赢方向改革和建设的行动方略。其四，具有明显的跨学科特色。全球气候治理是一个涉及广泛学科的理论与现实问题，与政治学、经济学、公共管理学、国际关系学等都有着密切的关系，其中涉及的全球公域治理、人类集体行动、全球（国际）公共产品、权力政治、国际合作、国际制度等都是十分重要的跨学科研究领域。本书涉及内容广泛，具有较强的跨学科特色。

李慧明教授是一位严肃认真、笔耕不辍的学者，长期致力于全球气候治理研究，已有许多重要成果问世。本书是李慧明教授主持的第二个国家社科基金项目的研究成果，全书的阐述和分析会使我们认识到全球治理和人类命运共同体的内在逻辑关系，也会使我们对全球气候治理和中国在其中的作用有一个全面系统的了解，这对于全球治理的学术研究和战略选择有着重要的意义。在当今复杂多变的时代，在各种国际矛盾和问题丛生的世界，我们更需要加强国际社会合作，维护世界的稳定秩序，促进人类命运共同体向前发展。

秦亚青
2023 年 9 月 20 日于青岛

前　言

当今世界正处于新一轮动荡变革期，世界百年未有之大变局加速演进，传统安全与非传统安全交织，新冠疫情带来的严重冲击还未消除，俄乌冲突的震荡已经波及全球，政治现实主义呈强势回潮之态。而与此同时，人类社会面临的许多全球性问题依然严峻，全球治理赤字日益增大，全球公共产品供给严重不足，全球气候治理就是其中一个重要方面。全球气候变化是当前人类社会面临的严峻挑战之一，国际社会已经采取了一系列积极行动，但各种因素掣肘、各种力量制约，距离治理目标还有很大的差距，亟须加强国际合作加以应对。中国已经是全球气候治理的关键行为体，无论是从治理理念的供给、治理方案的提供，还是从最终的实践行动来看，中国都已成为一个积极贡献者与引领者。中国正在大力倡导并践行构建人类命运共同体，秉持人与自然生命共同体理念，坚持绿色低碳发展，大力发展可再生能源，为全球气候治理做出了积极贡献。在这种背景下，我们深入思考当前全球气候治理体系的动态演变与发展态势，深入思考中国与全球气候治理的复杂互动关系，不但对我们认识和把握中国自身的发展道路与发展模式具有重要的意义，而且对我们理解和评析世界的发展趋势与发展潮流也具有十分突出的价值。

本书是笔者主持的第二个国家社科基金项目"构建人类命运共同体背景下中国推动全球气候治理体系改革和建设的战略研究"（编号：18BGJ081）的研究成果。自2018年6月课题立项以来，正是全球气候治理跌宕起伏、曲折前行的关键时期。其间，由于美国特朗普政府出于一己之私利，不顾国际社会的极力反对而公然宣布退出《巴黎协定》给全球气候治理带来的消极影响还在持续，全球气候治理又一次处于困难时期；2020年初以来一场前所未有的新冠疫情蔓延全球，给世界经济社会发展带来严重冲击；2022年2月俄乌冲突爆发，持续至今，给全球能源、粮食和金融系统带来前所未有的震荡，成为近年来对国际秩序冲击最为严重的事件。在这种复杂局势下，全球气候治理在很大程度上呈现受短期制约因素冲击较大的状态，国际社会行动意愿和力度更加不足。而正是在这种背景下，中国在构建人类命运共同体理念的指导下，参与全球气候治理的意愿持续增强，对内坚持低碳转型，大力推进生态文明建设；对外坚持多边主义，积极支持联合国框架下的全球气候治理体系，尤其是在2020年9月提出力争2030年前实现碳达峰、2060年前实现碳中和宏伟目标（"双碳"目标），为全球气候治理注入了强大正能量。"双碳"目标的提出，是中国基于推动构建人类命运共同体的责任担当和实现可持续发展的内在要求做出的重大战略决策，是中国对国际社会做出的庄严承诺。

全球气候变化的挑战是现实的、严峻的、长远的。气候变化的不利影响日益显现，全球行动紧迫性持续上升。习近平总书记指出："地球是人类赖以生存的唯一家园，加大应对气候变化力度，推动可持续发展，关乎人类前途和未来。只有世界各国同心协力，抓紧行动，共建人与自然和谐的美丽家园，才能有效应对挑战，保护人类唯一家园。作为国际社会负责任大国，中国历来高度重视应对气候变化。"[1] 习近平总书记多次强调："降低二氧化碳排放、应对气候变化不是别人要我们做，而是我们自己要做。"[2] 这是实现中华民族永续发展的必然选择，是构建人类命运共同体的庄严承诺。而正是基于这一理念，作为世界上最大的发展中国家，中国克服自身经济、社会等方面的困难，实施一系列应对气候变化的战略、措施和行动，参与全球气候治理，为化解人类挑战做出了积极贡献。可以说，随着中国国际影响力的提升，中国在全球气候治理中发挥着越来越重要的作用，正在积极协调国际社会的相关力量，积极推动共建公平合理、合作共赢的全球气候治理体系，为应对气候变化贡献中国智慧和中国力量。而推动构建人类命运共同体理念正是中国立足全人类利益和国际道义，从应对气候变化的紧迫性出发，为应对这一人类共同挑战提

---

[1] 《习近平谈治国理政》（第四卷），外文出版社，2022，第461页。
[2] 《习近平谈治国理政》（第四卷），外文出版社，2022，第464页。

供的新理念和新思路。人类命运共同体理念的全球视野和人类共同价值立场，与应对气候变化所需要的全球意识和人类整体价值是高度契合的，这也正是人类命运共同体理念所具有的重要世界意义之所在。从本质上讲，应对全球气候变化这样的全人类共同挑战，必定需要从全人类共同价值出发，以人类为一个类主体，才能真正组织人类集体行动，最终化解气候威胁与挑战。而所有这些实质上也就是人类命运共同体的理念和价值追求。因此，人类命运共同体理念与全球气候治理的深入开展以及全球气候治理体系的改革和建设之间有着紧密的逻辑关系，需要对它们进行深入探讨和分析。

本书关注的核心议题是全球气候治理体系改革与中国的作用发挥，也是全球（国际）环境政治和气候政治中的关键议题。从全球（国际）环境政治和气候政治演进的角度来看，2022年在全球（国际）环境政治和气候政治史上是一个非常特殊的年份。1972年6月在瑞典首都斯德哥尔摩召开的联合国人类环境会议（United Nations Conference on the Human Environment，也被称为"斯德哥尔摩会议"），是联合国历史上第一次专门性的环境会议，被普遍认为是全球（国际）环境政治的开端。2022年恰好是斯德哥尔摩会议召开50周年，为此，联合国在斯德哥尔摩召开了"斯德哥尔摩+50"会议，举行了一系列纪念活动。半个世纪过去了，回顾斯德哥尔摩会议以来50年全球（国际）环境治理历史，国际社会有没有信心说2022年人类面对的生态环境比50年前更好？恐怕不但不能说更好，反而可以说其仍然面临持续恶化的危险。正如斯德哥尔摩国际和平研究所（SIPRI）为纪念斯德哥尔摩会议50周年撰写的一份研究报告所强调的，"回顾过去，显然，国际社会没有足够紧迫和有力地解决环境退化问题。随着全球环境变化以前所未有的速度和规模展开，我们现在发现自己处于斯德哥尔摩会议希望避免的形势之中"。[①] 从全球（国际）气候政治发展的角度来看，1992年签署的《联合国气候变化框架公约》（UNFCCC）是全球（国际）气候政治进程中的奠基性公约，被认为是全球气候治理

---

① Eva Lövbrand and Malin Mobjörk eds., *Anthropocene (In) Security: Reflections on Collective Survival 50 Years after the Stockholm Conference*, SIPRI Research Report 26, foreword, New York: Oxford University Press, 2021.

的"宪法",2022年也恰好是公约签署30周年。同样,即使经过30年的持续努力,通过了包括《京都议定书》和《巴黎协定》在内的一系列重要国际协定,2022年的国际社会恐怕也没有信心说地球家园的气候系统比30年前更加安全。虽然经过30年的不懈治理,我们却并没有看到全球气候治理取得实质性和关键性的重大进展,人类社会仍然面临着严峻的气候变化挑战,并有日趋加剧的态势,全球行动力度有待大力提升。2021年8月以来,政府间气候变化专门委员会(Intergovernmental Panel on Climate Change,IPCC)第六次评估报告(AR6)正式陆续发布,强调气候变化的影响正在加剧,向人类发出了更加明确而严厉的警告。2021年底格拉斯哥气候大会通过的《格拉斯哥气候协议》为此发出了最严重关切:"人类活动迄今已造成全球变暖约1.1℃,并且每个区域都已感受到影响;与实现《巴黎协定》气温目标相符的碳预算目前已所剩无多,并正快速耗尽。"就此而言,在很大程度上,全球环境和气候治理似乎仍然处于十分关键的十字路口,人类面临的何去何从抉择的紧迫程度并不比50年或30年前更低。可以说,历经国际社会半个世纪的持续努力,全球环境和气候问题不但没有得到有效缓解和治理,而且大有日益加剧的趋向。而且,今天人类社会面临的其他挑战似乎比50年前更为严峻而复杂。正如本书前言开头就强调的,从2022年初开始的俄乌冲突仍在持续,大国关系持续紧张,传统安全问题大有盖过以气候变化为标志的大量非传统安全问题的趋势,现实主义的权力政治似乎在很大程度上开始回归并主导当前的国际关系。受俄乌冲突的巨大冲击,作为全球气候治理中积极的推动力量,欧盟及其绝大多数成员国正在遭遇二战以来最为严重的能源危机,虽然欧盟推动落实其中长期气候治理目标的政策行动没有实质性动摇,但短期来看,在严重能源危机的冲击下,一些欧洲国家已经开始重启或延长其部分煤电供应,欧洲民众的生活也受到了严重影响,这对欧盟在全球气候治理中的意愿、精力和资源投入无疑产生了不利影响。而且,俄乌冲突导致全球能源价格暴涨,粮食生产和出口受到严重影响,进而导致了一场严重的全球性危机,尤其是发展中国家受到的影响更加突出。联合国全球危机应对小组就俄乌冲突发布的一份评估报告指出:"这场战争从各个方面加剧了至少一代人都未曾见过的全球生活成本危机,危及生命、生计和我们对 2030 年前更美好世界的渴望。"①

毫无疑问，所有这些呈现叠加之态的全球性危机一定程度上会转移人们对全球气候变化问题的关注，甚至妨碍人们采取应对措施。可以说，人类历史似乎再一次走到了何去何从的紧要关口。在这个日益充满不确定性的世界，在这个危机四伏的当下，越发需要国际社会，尤其是那些负有更重要责任的大国，放下政治成见，本着对全人类负责的理性，站在维护全人类利益的高度，携手应对危机，落实联合国 2030 可持续发展目标和《巴黎协定》的所有条款，构建人类命运共同体，为子孙后代留下一个更加和平、安全、繁荣、和谐、美丽的世界。

---

① UN, "Global Impact of the War in Ukiraine: Billions of People Face the Greatest Cost-of-living Crisis in a Generation," Brief No. 2, UN Global Crisis Response Group on Food, Energy and Finance, June 2022.

目 录

导 论 ………………………………………………………………… 1

第一章 人类命运共同体与全球气候治理：理论阐释与逻辑关系 …… 27

一 国际秩序转型视野下的人类命运共同体理念 ……………… 27

二 构建人类命运共同体视野下全球气候治理的内涵与特征 …… 48

三 人类命运共同体理念与全球气候治理的互构关系 ………… 54

四 人类命运共同体、人与自然生命共同体、地球生命共同体
"三个共同体"的内在逻辑及其与全球气候治理的关系 ……… 57

五 人类命运共同体理念为中国推动全球气候治理体系的改革
和建设提供了重要的价值目标与方向路径 ………………… 65

第二章 全球气候治理体系：基本内涵与构成要素 ………………… 71

一 全球气候治理体系及其基本构成要素 ……………………… 71

二 全球气候治理体系的参与主体 ……………………………… 74

三 全球气候治理体系的基本规范与制度 ……………………… 84

四 全球气候治理的国际领导及其历史变迁 …………………… 114

第三章 全球气候治理的制度与机制：历史演进与理论解释 ……… 125

一 《公约》下全球气候治理制度与机制的历史演进 …………… 125

二 全球气候治理模式的历史变迁及各阶段的主要特征 ……… 133

三 全球气候治理从"法制建设"到"实践行动"的
历史性转向 ………………………………………… 139
四 全球气候治理制度与机制演进的原因及趋势 ………… 149

第四章 后巴黎时代的全球气候治理体系：主要特征与综合评价 …… 161
一 新治理制度的确立及其主要特征：《巴黎协定》的
"自下而上"治理模式 ……………………………… 161
二 后巴黎时代全球气候治理制度建设基本完成的意义 …… 177
三 后巴黎时代全球气候治理模式下参与主体的变化 ……… 181
四 后巴黎时代全球气候治理领导格局的变化及其影响 …… 186
五 对后巴黎时代全球气候治理体系的综合评价 …………… 196
六 后巴黎时代全球气候治理体系建设面临的新形势
及新挑战 …………………………………………… 198

第五章 后巴黎时代的全球气候治理体系：动态变化与现实挑战 …… 203
一 2017年美国特朗普政府退出《巴黎协定》及其现实影响 …… 203
二 美国"退约"后欧盟与中国协调引领全球气候治理的
现实行动 …………………………………………… 219
三 2020年以后新冠疫情的全球蔓延及其对全球气候
治理的深刻影响 …………………………………… 221
四 "欧洲绿色新政"的主要内容及其战略考量 …………… 224
五 拜登气候新政的主要内容及其战略考量 ………………… 226
六 新形势下欧美气候新政对全球气候治理的影响及其限度 …… 229

第六章 全球气候治理体系中的中国：身份变迁与责任变化 ………… 236
一 国家身份及中国在全球气候治理中的身份变迁 ………… 236
二 中国在后巴黎时代全球气候治理体系中的身份定位 …… 243

三　百年大变局下中国与世界的复合生态关系 ·············· 249
  四　全球气候治理体系转型背景下中国面临的主要挑战 ·········· 254
  五　中国在全球气候治理新形势下的国际责任与利益诉求 ········ 257

第七章　中国推动全球气候治理体系改革和建设：战略目标
　　　　与行动方略 ································ 260
  一　多重危机下全球气候治理的紧迫性与中国的关键地位 ········ 260
  二　人类命运共同体背景下中国推动全球气候治理体系
　　　改革和建设的战略目标 ························· 263
  三　人类命运共同体视域下中国积极参与全球气候治理的
　　　"多重使命" ································ 267
  四　构建人类命运共同体"五位一体"的路径以及生态
　　　向度的重大价值 ······························ 271
  五　绿色"一带一路"建设：构建人类命运共同体背景下
　　　中国引领全球气候治理的重要实践行动 ················ 279
  六　构建人类命运共同体背景下中国推动全球气候治理体系
　　　改革与建设的行动方略 ························· 283

结　语 ··· 294

参考文献 ·· 298

致　谢 ··· 333

导　论

一　研究问题的界定：全球气候治理体系的内涵与中国的作用

（一）全球气候变化与全球气候治理体系

以全球变暖为主要特征的全球气候变化已经成为当前人类社会面临的严峻挑战。2021年初联合国环境规划署（UN Environment Programme）发布的一个研究报告《与自然和平相处》（*Making Peace with Nature*）明确强调，"气候变化"、"生物多样性丧失"与"环境污染"是当前人类社会面临的三大危机，人类必须改变与自然的关系。① 全球气候变化首先是一个环境科学问题。在科学意义上，气候变化指地球气候平均状态和离差（距平）两者中的一个或两者都出现了统计意义上的显著变化。早在19世纪中期，就有科学家发现大气中二氧化碳浓度增加可能会引起地球表面温度升高，从而导致地球气候变化现象。20世纪七八十年代，经过大量的科学研究，国际科学界普遍认为人为温室气体排放的增加导致全球气候变化（全球变暖），需要国际协调应对，气候变化问题逐步由一个科学（环境）问题上升为一个（国际）政治问题。

---

① UN Environment Programme, *Making Peace with Nature: A Scientific Blueprint to Tackle Climate, Biodiversity and Pollution Emergencies*, 2021.

全球气候变化是一个典型的全球性问题,最核心的原因在于地球气候系统的不可分割性。地球气候系统具有自然属性,由全球范围的太阳光热、大气、降水等复杂的元素构成;但地球表面空间的人类社会是以国家为基本单位的,它具有政治属性和社会属性。所有国家的人类经济社会活动无疑都会对地球气候系统产生影响,但鉴于各国人口的多寡、经济社会活动能力的大小、长期历史进程中人类活动影响的强弱等不同,其对地球气候系统产生的影响无疑也不同。然而,尽管不同国家对全球气候系统产生的影响大小不同,人类活动导致全球气候系统变化的后果(如全球变暖)对不同国家造成的影响也不尽相同,但无疑没有任何国家能够独善其身、置身事外,所有国家都会受到气候变化的影响。这使全球气候系统具有典型的全球性特质。另外,与所有国家都会受到气候变化的影响一样,即便有些国家并没有为气候系统的改善做出任何贡献和付出任何成本,而是其他国家通过自身的努力最终改善了全球气候系统,也无法排除这些国家享有全球气候系统改善带来的好处。这种特点又使全球气候系统的改善具有典型的"公共产品"(public goods)性质。气候系统的全球自然属性、气候系统变化影响的全球性、气候系统改善的公共产品特性,加之人类社会生活基本政治单位(国家)所构成的国际社会的无政府性质,是我们理解全球气候变化及其治理的根本前提和基础。

基于上述特征,为应对气候变化危机,国际社会唯一的选择就是在无政府体系下各利益攸关方(以主权国家为主体)自行协调和谈判,以期相互约束和遵从某种公认的国际规范,进而避免"公地悲剧"后果,同时制约和避免个别国家的"搭便车"行为,从而促进国际合作,推动集体行动的开展。从广义上来看,所有围绕应对全球气候变化而开展的活动都是全球气候治理,而参与其中的各种行为体以及治理过程中所形成的各种各样的观念、规范、制度和机制,就构成了全球气候治理体系。全球气候治理是一种典型的人类集体(群体性)行动,其中必定包含着人类群体活动的政治性和社会性行为,比如利益和责任的分配、集体行动方向和目标的确定以及与之相关的政策选择等。由此,无论是出于某个(某些)国家的主观意志还是集体行动中的客观现实,在这种人类集体行动的群体性行动中,都必定会存在国家(或与其他非国家行为体)之间的权力分配以及领导与被领导现象,从而也会形成全球气候治理中的权力格局

（领导格局）。基于此，如图0-1所示，本书把全球气候治理中的行为体（国家和非国家行为体，以国家为主），治理理念（包括科学认知）、规范（包括治理原则）与制度（广义上的制度，包括具体的运行机制），还有全球气候治理中的权力分配状况（权力格局）理解为全球气候治理体系的构成要素。

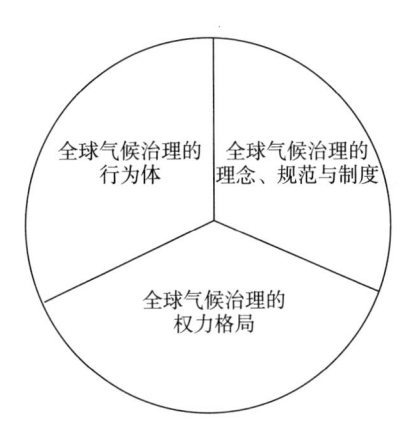

图0-1 全球气候治理体系的构成要素

资料来源：笔者自制。

对全球气候治理的参与主体而言，鉴于全球气候变化的全方位影响，各种各样的行为体都会受到气候变化的影响，因而各种各样的行为体也都有动机参与到全球气候治理中来。纵观全球气候治理30多年的发展演变，各种行为体也的确为全球气候治理做出了贡献。除了主权国家以外，地方政府、城市、企业、国际组织（政府间组织和非政府组织）等非国家行为体在应对气候变化的行动中也发挥了积极作用，[1] 而且，这些非国家行为

---

[1] 非国家行为体是指国际体系中除主权国家之外具有一定行为能力的行为体（actor）或机构（agency），狭义上的非国家行为体主要指各种非政府组织（NGOs），本书采用一种相对宽泛的广义定义，认为非国家行为体与国家行为体相对，既包括各种非政府组织、智库、知识共同体、企业和民间团体等，也包括地方政府、城市等次国家行为体。参见 Karin Bäckstrand et al., "Non-state Actors in Global Climate Governance: From Copenhagen to Paris and Beyond," *Environmental Politics*, Vol. 26, No. 4, 2017, pp. 561–579；庄贵阳、周伟铎《非国家行为体参与和全球气候治理体系转型——城市与城市网络的角色》，《外交评论》2016年第3期；李昕蕾《非国家行为体参与全球气候治理的网络化发展：模式、动因及影响》，《国际论坛》2018年第2期；李昕蕾、王彬彬《国际非政府组织与全球气候治理》，《国际展望》2018年第5期；于宏源《全球气候治理伙伴关系网络与非政府组织的作用》，《太平洋学报》2019年第11期。

体在全球气候治理制度中也得到了法律认可。① 但是，基于以下两个方面的原因，国家仍然是全球气候治理的核心主体：第一，当前的国际体系仍然以国家为主体，任何非国家行为体都无法取代国家的作用，国家仍然是全球气候治理法律责任和国际义务的国际法最终主体；第二，全球气候治理的制度支柱《联合国气候变化框架公约》（以下简称《公约》）及其相关协议的缔约方基本是主权国家，只有欧洲联盟（European Union）因具有一定超国家性质的地区经济一体化组织特性而成为非国家缔约方。不过，全球气候治理的实践表明，非国家行为体的参与正在增加，作用也正在加强，多元主体参与已经成为全球气候治理的一个重要特征。因此，从全球气候治理体系变迁的视角来看，考察和分析参与主体中非国家行为体的变化及其相互作用，分析其演变背后的规律和动因，也是研究全球气候治理体系改革和建设的重要内容，但鉴于本书的研究视角和目的及篇幅的限制，本书对国际组织等非国家行为体在全球气候治理体系中的作用不做过多的分析和探讨，而着重聚焦于国家、国家集团及它们之间错综复杂的互动关系对全球气候治理体系的作用和影响。

全球气候治理的理念、规范与制度，通常指"全球（国际）气候治理机制"或"全球（国际）气候治理制度"，研究人员往往根据自己的行文习惯，不加区别地使用这两种说法。有学者把全球气候治理机制界定为"国家之间通过联合国气候变化谈判而建立的用以规范相关行为体温室气体排放行为的制度安排的总和"，"在过去的二十多年里经历了不断的发展演变，通过一种动态的、类似于'结晶式'的过程，确立了一系列多边气候协议或决议"，其中最为核心的是《公约》、《京都议定书》和《巴黎协定》。② 从全球气候治理的实践历程来看，该定义略显狭窄：其一，全球气候治理虽然以减少各国温室气体排放为核心目标，但相关行动还有很多，比如适应、资金和技术开发与转让等，把全球气候治理机制限于"规范相

---

① 2014年《公约》缔约方在利马召开的气候大会达成了《利马—巴黎行动议程》（Lima-Paris Action Agenda, LPAA）对非国家行为体的作用给了充分肯定，为此《公约》秘书处建立了专门登记和注册非国家行为体气候行动的组织机构——非国家行为体气候行动区域（Non-state Actor Zone for Climate Action, NAZCA）；2015年在通过《巴黎协定》的缔约方决定中把非国家行为体当作"非缔约方利害关系方"（non-party stakeholder）对待，参见 UNFCCC, Decision 1/CP. 21, Adoption of the Paris Agreement。

② 薄燕、高翔：《中国与全球气候治理机制的变迁》，上海人民出版社，2017，第1页。

关行为体温室气体排放行为"无法包含全球气候治理机制的全部内容；其二，全球气候治理制度建设虽然以国家之间在联合国框架下的气候谈判中确立的制度安排为核心，但似乎从全球气候治理实践的开始，就有各种国家之间以及国家与非国家行为体之间的双边或多边制度（机制）安排，在联合国框架和《公约》之外，已经形成诸多与气候治理直接或间接相关的制度（机制），它们与《公约》框架下的制度安排形成特定的互动关系。[①] 因此，从全球气候治理的实践历程来看，全球气候治理体系中的制度要素是指广义上的制度。从制度规范的行为内涵来看，以减缓气候变化进程为主，但同时包括其他相关内容；从制度的外延来看，以《公约》及其系列相关协议为主，但同时包含《公约》外各种相关制度安排。如果我们把联合国主导下以国家（《公约》缔约方）为主要行为体并以《公约》及相关协议为核心的气候治理进程称作全球气候治理的内部进程，而其最主要的表现就是《公约》缔约方的历年气候谈判，通过缔约方大会的形式给国家规定"法定"义务和责任，最后由国家来落实和履行，那么，这一进程之外的所有其他行为体采取的《公约》外应对气候变化的行动和合作，都可以被称为全球气候治理的外部进程。当然，鉴于《公约》及其系列相关协议在全球气候治理体系中的核心和主导地位，本书首先考察和分析《公约》及其系列相关协议主导下形成的治理模式和治理机制。众所周知，从20世纪80年代后期国际社会把气候变化问题纳入国际政治议程以来，1988年政府间气候变化专门委员会成立，在联合国框架下，开始针对全球气候变化问题及其对人类经济社会的影响进行科学评估并提出相应的政策建议。1990年联合国正式启动关于气候变化公约的国际谈判，1992年达成《公约》，为应对气候变化确立了国际法框架和基本行动原则。随后经过30多年的演进，在《公约》框架下建立起一系列规范国家气候行动的国际协议，最为重要的有《京都议定书》和《巴黎协定》，涉及减缓、适应、资金和技术援助等各个方面，推动《公约》缔约方采取行动，摆脱应对全球气候变化集体行动的困境，以期实现全球温升控制目标。这就构成了全球

[①] 高翔、王文涛、戴彦德：《气候公约外多边机制对气候公约的影响》，《世界经济与政治》2012年第4期；于宏源、王文涛：《制度碎片和领导力缺失：全球环境治理双赤字研究》，《国际政治研究》2013年第3期；李慧明：《全球气候治理制度碎片化时代的国际领导及中国的战略选择》，《当代亚太》2015年第4期。

气候治理的基本国际法律和制度体系，也是构成全球气候治理体系的核心制度因素。从全球气候治理的实践历程来看，这一制度体系始终处于动态变化之中。从《公约》到《京都议定书》，再到《巴黎协定》，全球气候治理的制度安排和运行机制出现了阶段性的变化。虽然无论是《京都议定书》还是《巴黎协定》，都在《公约》框架下，是《公约》的具体实施制度，但《巴黎协定》中的治理模式和运行机制出现了较大的发展与变化。这既反映了全球气候治理制度安排的连续性，也反映了这种制度安排的变化性。因此，分析和考察治理制度的这种连续性和变化性特点，厘清其变化的原因、路径与规律，进而理解和把握治理制度变迁的趋势，是本书考察和探讨全球气候治理体系的重中之重。

全球气候治理中的权力格局，往往是某一特定时期主要参与国家之间客观物质力量的对比。全球气候治理的复杂性有时候会使某些国家使用外交技巧或联盟等手段来大大增强其权力，而且对于权力本身的界定和理解也往往比较复杂（比如软权力与硬权力之分），尤其是在全球气候治理这样独特的问题领域，但是，某一特定时期国家之间与全球气候治理相关的物质力量对比往往是客观的、固定的和静态的，它主要是国家在范围更大的国际政治经济体系中的力量对比在全球气候治理领域的反映。它对特定时期的全球气候治理而言是一个基础和前提，在一定情况下通常是一个不以人的意志为转移的常量，在某种意义上是一个国家主要物质性力量（比如温室气体的排放量、经济与科技实力）在长时段内自然演化的结果。与此同时，全球气候治理中的权力结构（领导格局），又与特定时期特定国家（国家集团）的领导意愿和联盟策略有密切关系，也跟特定时期特定国家（国家集团）所拥有的气候知识、治理理念、行动方案等因素有密切关系，这又使全球气候治理的权力结构表现出较强的非物质性。而且全球气候变化的全球性影响加剧，世界各国的合作应对既有必要性，又使全球气候治理中的权力要素表现出与其他国际问题领域不同的特点，比如权力的典型两面性：既有传统权力的强制性，也有较强的主动带头的特性；既有传统权力的政治性（地缘政治博弈斗争的工具），也有较强的功能性（提供全球公共产品，推动全球气候治理集体行动）。鉴于全球气候治理权力格局的这种客观物质性和理念性、政治性和功能性并存的特性，本书首先把全球气候治理中不同时期的权力格局作为一个客观事实进行简单探讨，然后在此基础上分析国际领导的提供和类型变化,分析全球气候治理国际领导的演变趋势,着重分析在全球气候治理权力格局基础上形成的国际领导的变化及其影响。

基于上述分析,本书从一个相对较为宽泛和广义的视角来理解和界定全球气候治理体系的内涵和外延。本书的研究目的,在于分析和探讨中国在推动构建人类命运共同体理念指导下改革和建设全球气候治理体系的战略,也就是要把全球气候治理体系作为一个分析对象,从其发展变迁及中国"参与"和"推动"其改革和建设的视角,分析和考察全球气候治理体系,即其三个构成要素的变迁。在此基础上,探讨中国如何"推动"这一体系进行改革和建设,使之朝着全球气候治理的既定目标不断演进,朝着中国预期的战略目标变革,也就是在特定全球气候治理权力格局的基础上,推动全球气候治理的多元主体参与以及广义意义上的气候治理规范与制度的改革和建设。

与此同时,需要强调的是,在当前对全球气候治理体系的国内外研究中,还有一种从相对较为狭义的视角理解和界定全球气候治理体系内涵的研究。从这种狭义意义上理解,全球气候治理体系实际上就是单纯以《公约》及其相关协议为核心的系列治理制度安排,也就是上文所分析的"全球(国际)气候治理机制"或"全球(国际)气候治理制度"。我们知道,"体系"(system)在很多情况下通常可以被理解为"制度"(institution)、"体制"或"机制"(regime)①,无论是在英文语境中还是在中文语境中,这几个词通常区别不大,还经常被混用。因此,在很多全球气候治理的研究文献中,所谓全球气候治理体系指的就是这种联合国框架下以《公约》及其相关协议(如《京都议定书》和《巴黎协定》)为核心的一系列多边气候协议形成的制度安排。如果是从这一视角来看,"推动全球气候治理体系改革和建设"就指《公约》缔约方在联合国框架下相互协调,促使《公约》下的各种相关制度更加完善,最终为全球气候治理目标

---

① regime 是英文文献中一个使用非常频繁的词,中文文献中普遍把它翻译为"机制",但这种翻译无法与另一个英文词 mechanism 的翻译(机制)相区别。严格来讲,regime 也不能跟中文"体制"这个词等同,有些学者有时候又把这个词翻译成"规制",但"规制"也不能完全表达这个词的含义。在中文语境中理解 system 这个词,其在很多情况下确实跟 regime 这个词的含义类似,为了理解上的方便,本书把 regime 暂时翻译成"体制"。

的实现提供坚实的制度保障。

就此而言,本书结合上述两种视角,把"推动全球气候治理体系改革和建设"的核心要义理解为特定国家(比如中国)或国际组织(比如联合国)为了实现全球气候治理的目标(比如温升控制),而在特定权力格局的基础上,通过国际谈判或其他制度化手段,协调各参与主体(主要是主权国家)的利益与诉求,推动全球气候治理制度朝着更加权威、高效、公平的方向发展,归根结底,朝着与全球气候治理目标相一致的方向发展。因此,"推动全球气候治理体系改革和建设"的最核心内涵就是改革和完善全球气候治理制度。"推动"具有建构的含义,具体有三层内涵:其一,通过改革和完善全球气候治理制度,调动各行为体的积极性,最为重要的是协调国家之间的利益,促进作为《公约》缔约方的各国(加上区域经济一体化组织"欧盟")采取更加积极气候行动的政治意愿和行动力度,也包括创设制度和机制条件,让各种非国家行为体参与并发挥积极作用;其二,在联合国框架下,以《公约》为基石,不断改革和完善全球气候治理的各种相关制度,以实现治理目标为导向,建立起一套权威、高效、公平并得到主要国家认同和遵守的治理制度,不断完善以使其更加公平合理;其三,在当前全球气候治理权力结构的基础上,推动和强化主要国家(大国)之间的绿色合作领导,弱化全球气候治理中的权力政治色彩,促使其朝着更加非政治化和功能化的方向转变。基于上述理解,为了分析和研究的聚焦,本书把分析的重点放在全球气候治理内部进程的《公约》内制度与机制的发展和演变上,与此同时,分析和考察全球气候治理参与主体和全球气候治理权力格局(国际领导格局)的变化,最后落脚到中国推动这一体系改革和完善的行动战略上。

(二)中国在全球气候治理体系中的角色与作用

上文已经指出,鉴于国际体系的无政府性质,协调世界上几乎所有国家和地区参与应对气候变化的全球性行动充满了艰辛与挑战。在很大程度上,全球气候治理的法律和制度体系的建立与完善,是一场马拉松式的国际谈判中各国斗争、妥协与合作的结果,其本身就是变动不居的。自《公约》签署生效以来,国际社会在联合国框架下对全球气候治理体系进行了30多年的动态调整,治理模式和体系特征也经历了阶段性的变化。在这个历程中，中国在全球气候治理进程中的影响力和作用也在逐步变化。中国始终是全球气候治理体系的积极参与者与建设者，是《公约》及其系列重要协议（议定书）的缔约方，一直为推动全球气候治理体系的改革和完善贡献着中国力量。中国始终积极参与全球气候治理体系的改革和建设并发挥了建设性作用。

2012年以来，中国提出并积极推动构建人类命运共同体，把它上升到了国家意志和执政党理念的地位，使之成为当前中国外交的核心指导思想。2017年，党的十九大报告把"推动构建人类命运共同体"作为新时代中国特色大国外交的两大目标之一，并明确提出构建持久和平、普遍安全、共同繁荣、开放包容、清洁美丽的世界。其中，在构建人类命运共同体的生态向度（建设清洁美丽世界）方面，强调坚持环境友好，合作应对气候变化，保护好人类赖以生存的地球家园。[①] 2022年，党的二十大报告特别强调了人与自然和谐共生是中国式现代化的重要特征，中国将积极稳妥推进碳达峰碳中和，积极参与应对气候变化全球治理，并重申了推动构建人类命运共同体是中国外交的重要使命，坚持绿色低碳，推动建设一个清洁美丽的世界。[②] 正是在这种思想的指导下，中国以更加积极的态度参与全球气候治理。全球气候变化突出彰显了世界各国命运与共的现实，是当今世界最能体现人类共同命运的全球性问题，应对气候变化也是维护全人类利益的公益行动，中国积极参与全球气候治理，承担中国应该承担的国际责任，本身就是在推动人类命运共同体的构建。

（三）构建人类命运共同体的基本意涵及其对中国参与全球气候治理的重要价值

构建人类命运共同体已经成为当前指导中国外交和实践行动的核心理念，它既是基于当前现实世界日益命运与共的实际状况而提出的，是一种凝聚各国力量以共同应对全球性挑战的现实方法，也是一个饱含中国文化

[①] 参见习近平《决胜全面建成小康社会 夺取新时代中国特色社会主义伟大胜利——在中国共产党第十九次全国代表大会上的报告》，人民出版社，2017，第59页。

[②] 参见习近平《高举中国特色社会主义伟大旗帜 为全面建设社会主义现代化国家而团结奋斗——在中国共产党第二十次代表大会上的报告》，人民出版社，2022，第23、51~52、62~63页。

的对未来美好世界的理想愿景,充分反映了中国作为一个发展中大国的世界情怀与责任担当。人类命运共同体理念作为当代中国重要的外交理念和国际思想,有着深厚的中国传统文化与当代人类优秀文化底蕴,根植于中国文化中的整体主义思维(也就是中国传统的天下"无外"原则)和关系主义理念(也就是中国传统的"己欲达而达人"思想),对于当代中国和世界无疑有着非凡的意义。它已经成为当前中国看待世界和处理国际关系的指导思想,深刻反映着当代中国的世界观,也正在深刻影响着中国与世界的关系。中国试图通过推动构建新型国际关系,同各国携手合作,共同应对人类面临的各种全球性挑战,最终建立一个持久和平、普遍安全、共同繁荣、开放包容、清洁美丽"五位一体"的理想世界。那么,我们应该如何全面系统把握和理解人类命运共同体理念的基本内涵?在全球性问题日益凸显的当下,尤其是从应对全球气候变化的大局出发,如何深刻把握这一重大理念的价值和意义?无疑这不仅是中国参与全球气候治理、做出正确战略选择必须思考和回答的重要问题,而且是当前国际社会在面对全球气候治理困局和时常发生的治理失灵时,必须要深入思考和回答的重要问题。

许多科学家和研究人员认为,现今的地球已经进入一个所谓的"人类世"(Anthropocene)。在这样的世代,由于全球人口的增长以及人类技术的突进,人类活动已经成为地球系统动态变化的主要驱动力,人类活动所产生的"人造物质"数量已经超过地球本身的"自然物质",地球已经成为一个由人类主导的、日益复杂的复合系统。地球的生物物理系统与人类的经济社会系统相互作用、相互影响,使这一复合系统具有了不同以往的特性。一方面,一些非线性、突发性变化与传统认知上的方向性变化共同作用于地球,导致意外频繁发生,这意味着我们可能始终无法对一些事件的发生做好充分的准备;[1] 而另一方面,一些线性的和非线性的相互关联的变化会导致全系统的变化,其远程耦合性导致地球系统某一部分发生的变化可能会对地球系统的其他部分产生深远影响,从而使传统的应对手段和应对方式失去效果。正是在这种背景下,人类社会越来越多地面临一

---

[1] 〔美〕奥兰·扬:《复合系统:人类世的全球治理》,杨剑、孙凯译,上海人民出版社,2019。

些超越传统认知和治理机制的重大挑战,这些挑战就其本质而言,就是人类社会的传统思维和治理方式已经与正在发生的变化严重不相匹配。无论是从逻辑上还是从事实上讲,随着人类世的到来,地球复合系统的问题与挑战需要从一个地球整体的、系统的视角和路径出发去加以应对,而当今世界依然是一个以国家为核心的无政府体系。这就使国际社会用以应对和解决地球生物物理系统和经济社会系统中问题的相关机制(国际制度)与这些问题本身特性(全球性挑战)之间的匹配程度严重不足,也就是所谓的"配适性难题"。虽然治理机制的特征与问题本身的特性之间的良好配适并不足以保证治理的有效和成功,但强有力的证据表明,良好的配适度是治理成功的一个必要条件。[1] 由此来观察和思考当前人类社会(世界各国)普遍面临的全球性问题的存在根源和应对机制,我们或许会对人类世的全球治理有更加深刻的理解。人类社会面临的系统性、全球性问题无疑需要从全人类的整体视角来看待和回应,这应该是解决这种"配适性难题"的基本思路。而人类命运共同体理念无疑正是契合当前及未来人类世问题的最佳适配应对理念与思路。它正是从全人类的利益出发,站在整个人类社会的高度并着眼于人类社会本身的变化来看待和处理整个人类面临的挑战,最终提出符合人类社会整体利益的发展方向、路径与愿景。从某种意义上讲,当前世界面临的百年未有之大变局从深层次来看,就是传统发展范式的危机,也是肇始于西方工业文明的传统现代化的危机,以全球生态失衡和气候变化为核心的全球性问题正是这种普遍危机的显著标志。在很大程度上,中国倡导的人类命运共同体理念和绿色发展方式正是对这种普遍危机的回应,在当前这种背景下具有更加重大的使命和意义。有鉴于此,生态向度在推动构建人类命运共同体系统工程中的基础性和关键性地位将越来越突出,中国在全球生态环境治理中的影响力和作用也将越来越凸显。世界的动荡变革期也越来越需要大国有所担当,顺应全球性潮流,发挥更大作用,这实际上就是顺应全球的民意,顺乎全球的民心,也是在这个日益不确定的世界把握全球的"公道人心"。习近平在第75届联合国大会、联合国生物多样性峰会、二十国集团领导人利雅得峰会"守护

---

[1] 〔美〕奥兰·扬:《复合系统:人类世的全球治理》,杨剑、孙凯译,上海人民出版社,2019,第1页。

地球"主题边会和气候雄心峰会等一系列重大国际场合,提出"中国将提高国家自主贡献力度,采取更加有力的政策和措施,二氧化碳排放力争于2030年前达到峰值,努力争取2060年前实现碳中和",[1] 并就全球生态文明建设提出"坚持生态文明,增强建设美丽世界动力""坚持多边主义,凝聚全球环境治理合力""保持绿色发展,培育疫后经济高质量复苏活力""增强责任心,提升应对环境挑战行动力"等四条建议,[2] 突出彰显了中国的大国担当,既表明了中国全力推进新发展理念的坚定意志,也彰显了中国愿为全球应对气候变化做出新贡献的明确态度,向世界传递了中国坚定共建地球生命共同体的决心和意愿。

从全球气候治理的深远影响来看,深度参与并积极推动全球气候治理体系改革和建设是中国推动构建人类命运共同体的重要举措。鉴于此,中国在全球气候治理体系的改革与建设中应该发挥怎样的作用,中国如何通过积极参与全球气候治理而去贯彻和落实构建人类命运共同体的宏大理念,中国应该如何评估和判断当前全球气候治理体系的优势以及存在的问题与挑战,以便更好发挥建设性作用,推动其改革和完善,从而真正体现大国担当,最终实现我们构建人类命运共同体的宏伟理念,这些都是当前中国内政与外交亟须回答的重大现实和理论问题。

(四) 研究问题的概括

综上所述,本书的核心内容是,探讨随着中国在全球气候治理中影响力和作用的日益增强和全球气候治理体系的最新变迁,在推动构建人类命运共同体宏大理念的影响下,中国应该如何参与当前的全球气候治理,如何从构建人类命运共同体的高度为全球气候治理体系的改革和建设贡献中国的智慧和力量。基于此,本书着重分析和回答以下相互关联的四方面重要问题。①如何从全球气候治理几十年的实践和全球治理的理论出发,理解和界定全球气候治理体系的基本内涵?这一体系自20世纪80年代后期至今经过30多年的演进,发生了哪些变化,如何理解和解释这些变化?这

---

[1] 习近平:《在第七十五届联合国大会一般性辩论上的讲话》,《人民日报》2020年9月23日,第3版。
[2] 习近平:《在联合国生物多样性峰会上的讲话》,《人民日报》2020年10月1日,第3版。

些变化反映出全球气候治理体系的何种变化规律和趋势？②与上述问题密切相关，当前后巴黎时代全球气候治理体系的现实特点是什么？如何理解当前全球气候治理体系的优势和缺陷？以什么标准衡量？当前世界主要国家对该体系的态度如何？它们的参与意愿和政策立场如何？③中国作为当前世界第二大经济体已经成为全球气候治理的关键参与方，中国自全球气候治理纳入国际政治议程以来的身份和责任发生了怎样的变化？如何从中国内部的变化和外部国际社会的认知与期望两个视角看待中国在当前全球气候治理中的作用？中国应该如何客观界定自身在当前全球气候治理体系中的身份定位，以及由此而需要承担的相应国际责任？④推动构建人类命运共同体已经成为当前中国外交的指导理念，这一理念对中国参与和推动全球气候治理体系改革和建设具有什么影响和价值？从这一理念出发，中国推动全球气候治理体系改革和建设的战略目标是什么，应该采取何种行动战略？在这一理念的指导下，如何处理与欧盟和美国等主要发达国家在全球气候治理中的关系？如何落实建设绿色"一带一路"理念，处理好与其他发展中国家的关系？本书旨在探讨和回答上述问题。

二 研究的理论意义与现实意义

第一，理论意义。①全球气候治理是当今世界上最典型的全球治理问题，深入分析和研究全球气候治理的特点、演变规律和发展趋势，有助于进一步深化全球治理的理论。②全球气候治理法律和制度体系建构的过程也是一个国际法立法和国际制度形成的过程，通过全面考察全球气候治理体系的变迁及其影响因素，分析全球气候治理体系形成和演变过程中各方的博弈，有助于进一步深化国际环境（气候）法研究，同时，也有助于国际制度理论的拓展与深化。③通过审视当前全球气候治理的新变化对中国提出的重大挑战，探讨中国从构建人类命运共同体的战略目标出发深度参与全球气候治理的行动战略，有助于推动人类命运共同体研究的理论化，丰富中国的外交理论研究。

第二，现实意义。①基于全球气候治理30多年的变迁，本书对《巴黎协定》奠定的后巴黎时代全球气候治理体系的特征、动态变化以及面临的挑战进行了实时性追踪分析，尤其是对美国拜登政府的气候新政和欧盟的绿色新政进行了全面分析，对我们理解和把握当前全球气候治理新形势具有重要的现实意义。②新形势下中国参与全球气候治理体系改革和建设是中国落实构建人类命运共同体外交理念的关键举措，也是作为一个负责任大国展现大国担当的关键环节；同时，积极参与全球气候治理，对内是中国加快绿色发展、建设美丽中国、统筹实现两个"一百年"目标的关键步骤，对外是提高中国在全球治理中的话语权和影响力、提升国家形象、实现全球治理综合外溢效应的关键途径。本书通过全面审视全球气候治理体系的历史变迁和中国的身份变化及责任的变迁，立足构建人类命运共同体和国际道义高度来探讨中国的气候治理战略，为中国更好地参与、推动和引领全球气候治理体系的变革提供学理分析，为中国在推动自身可持续发展和实现中华民族伟大复兴的基础上更好发挥负责任大国作用、真正为人类做出新的更大贡献提供理论支撑，提升中国在全球气候治理中的话语权，为中央和有关实务部门提供决策参考。

三 国内外相关研究现状及述评

本书研究的核心问题主要涉及三方面内容：一是全球气候治理体系及其演进；二是中国在全球气候治理体系变迁中的身份定位及作用发挥；三是从构建人类命运共同体的背景或视角出发，对当前全球气候治理的变迁趋势进行探讨，以及对中国在全球气候治理中的作用进行具体分析。鉴于全球气候治理已经成为当前学术研究的热点问题，有关中国在其中的作用及影响的研究也已经产生了大量成果。下面着重从这三个方面梳理和评析国内外学术研究。

（一）全球气候治理体系及其演进的研究

全球气候治理是一种非常特殊的全球治理问题，但它无疑也具有一般全球环境问题治理的普遍性特征。在国际学术界，美国学者奥兰·扬（Oran R. Young）较早就普遍性全球（国际）环境问题的治理制度（机制）形成及变迁进行理论研究，试图对一些国际制度（机制）的变迁给出一般意义上的解释。① 虽然他并未专门就全球气候治理体系进行研究,但这些研究对后来关于全球气候治理机制变迁的研究起到了很好的促进和借鉴作用。从1991年国际气候谈判开始和1992年《公约》的达成,直至《巴黎协定》的达成及其实施细则的谈判,全球气候治理体系逐步形成并发展演变,学术界开始关注这些有关全球气候治理的法律制度。目前的研究主要有以下三类。

第一,从全球气候治理制度形成及演进本身的历史进行描述并评析。1992年《公约》达成以后,就有学者全面梳理了《公约》谈判并达成的过程以及《公约》的主要内容。② 1997年《京都议定书》达成之后,也有学者对议定书谈判的背景及进程进行了梳理和分析。③ 此后,随着《京都议定书》艰难生效历程的展开,全球气候治理制度也在深入推进,学术界对全球气候治理制度形成与演进的历史进程进行了跟踪式的深入分析。有的研究者根据全球气候治理制度形成发展的演进历程,甚至把这些制度和机制的形成背景追溯到20世纪50年代晚期,把这段历史划分为议程形成阶段(20世纪50年代晚期至1991年)、国际谈判阶段(1991年至1997年12月《京都议定书》的达成)和国际机制的实施阶段(1997年12月之后)。④ 还有研究者把全球气候治理制度的演进划分为五个阶段:①奠基阶段(1985年之前),国际科学界对全球气候变化问题的科学研究阶段;②议程形成阶段(1985~1988年),全球气候变化问题从科学问题转为政治和政策问题;③早期国际回应阶段(1988~1991年),国家行为体(政府)对全球气候变化问题进程的影响越来越大;④《公约》的谈判阶段(1991~1992年),正式的政府间谈判开始,实现《公约》的达成;⑤后里约的发展与《京都议定书》的谈判阶段(1992~1997年),主

---

① Oran R. Young, *International Cooperation: Building Regimes for National Resources and the Environment*, Ithaca: Cornell University Press, 1989;〔美〕奥兰·扬:《世界事务中的治理》,陈玉刚、薄燕译,上海人民出版社,2007。
② Irving M. Mintzer and J. Amber Leonard, eds., *Negotiating Climate Change: The Inside Story of the Rio Convention*, Cambridge: Cambridge University Press, 1994.
③ Sebastian Oberthür and Hermann E. Ott, *The Kyoto Protocol: International Climate Policy for the 21st Cencury*, Berlin: Springer, 1999; Heike Schröder, *Negotiating the Kyoto Protocol: An Analysis of Negotiation Dynamics in International Negotiations*, Münster: LIT Verlag, 2001.
④ Steinar Andrensen and Shardul Agrawala, "Leaders, Pushers and Laggards in the Making of the Climate Regime," *Global Environmental Change*, Vol. 12, No. 1, 2002.

要是对《公约》确立的行动原则的具体化,核心是《京都议定书》的谈判与达成。[1] 也有学者把全球气候治理追溯到1979年第一届世界气候大会,然后把气候治理制度发展的历程分为科学的制度化(政府间气候变化专门委员会创建)、气候体制建立(公约缔结并生效)、气候体制加强(《京都议定书》签署并生效)、走向深度减排(后2012体制兴起)。[2]

第二,从国际环境法的视角建立制度变迁的理论分析框架,对全球气候治理制度形成及演进进行历史及理论梳理和分析。这方面最为突出的是美国国际环境法专家丹尼尔·博丹斯基(Daniel Bodansky)及其研究团队。上文已经指出博丹斯基在2001年就对全球气候治理制度的历史演进做了一个纯历史的追溯和分析。在此基础上,2010年他和埃利奥特·迪林格(Elliot Diringer)提出一个机制变迁的分析框架。[3] 他们认为一个机制(regime)出现和演化的主要原因有四个:首先,关于一个问题是否存在以及如果存在的话如何去解决它,这一政治共识往往需要相当长的时间才能出现;其次,演化的过程允许试错;再次,在环境机制中,特别需要灵活性和演化,因为我们对问题的理解可能会随着科学技术的发展而改变;最后,为了做出具有约束力的国际承诺,各国需要对一个机制抱有信心和信任。在此基础上,他们提出了机制演进的四个维度:一是机制的深化(其制度的权威性、法律形式、承诺的严格性和准确性以及审查和遵守制度的力度);二是机制的扩展(其成员或实质性范围的扩大);三是机制的一体化(通过制度的合并与巩固或问题之间的联系整合不同的政策工具、制度或程序);四是多维度的演进(上述两个或两个以上维度的演进)。据此,他们认为自从气候变化成为一个国际问题以来,国际气候机制在许多方面都沿着一条演进的道路发展。然而,在一些关键方面,它断断续续地前进,而2009年的哥本哈根气候峰会可以说是一种停滞甚至是倒退。此后,

---

[1] Daniel Bodansky, "The History of the Global Climate Change Regime," in Urs Luterbacher and Detlef F. Sprinz, eds., *International Relations and Global Climate Change*, Cambridge: The MIT Press, 2001, pp. 23 – 40.

[2] Heike Schröder, "The History of International Climate Change Politics: Three Decades of Progress, Process and Procrastination," in Maxwell T. Boykoff, ed., *The Politics of Climate Change: A Survey*, 1st Edition, London and New York: Routledge, 2010, pp. 26 – 38.

[3] Daniel Bodansky and Elliot Diringer, "The Evolution of Multilateral Regimes: Implications for Climate Change," Prepared for Pew Center on Global Climate Change, December 2010.

博丹斯基等人继续跟踪全球气候治理机制的发展变化,根据其机制演进理论,把全球气候治理体制的演进分为六个阶段:一是奠基阶段(20世纪70年代至1985年),在这一阶段,有关全球气候变化的科学共识发展起来;二是议程设定阶段(1985~1988年),气候变化从一个科学问题转化为政策问题;三是预谈判阶段(1988~1991年),各国政府已经高度参与到这个进程中来;四是宪制性阶段(constitutional period,1991~1995年),在该阶段《公约》得以达成并生效;五是管制性阶段(regulatory period,1995~2008年),重点是《京都议定书》的谈判、达成和实施;六是第二个宪制性阶段(2008年至今),重点是一个未来气候变化机制的谈判和建设,分析了《哥本哈根协议》、《坎昆协定》和《巴黎协定》的谈判进程及这些协议的主要特点。[1]

第三,从全球治理与国际关系相结合的视角对全球气候治理体系的发展与变化进行概括和分析。有的学者根据国际气候谈判的发展变化,把国际气候制度演进分成三个阶段:1990~1994年是国际气候谈判开启并达成《公约》的阶段;1995~2005年是坎坷曲折的《京都议定书》谈判和批准阶段;2005年后是艰难的后京都谈判阶段。[2] 有的学者借鉴斯蒂芬·克拉斯纳(Stephen D. Krasner)关于国际机制的定义,建立了一个以"原则—规则"为基础的分析全球气候治理机制变迁的理论框架,认为全球气候治理机制自其建立以来发生的变迁基本上是该项国际机制的内部变迁,即在《公约》原则,尤其是"共同但有区别的责任和各自能力原则"指导下的规则的累积和变化,其根本特征是国际机制内部"有差别的责任"或者"不对称的承诺"。但自2009年以来,在欧美发达国家的推动下,这种不对称性在逐步缩小,"共同性"得到强化。[3] 2015年《巴黎协定》达成之后,对于其在整个全球气候治理体系中的地位及特点,学术界进行了大量

---

[1] Daniel Bodansky and Lavanya Rajamani, "The Evolution and Governance Architecture of the United Nations Climate Change Regime," in Urs Luterbacher and Detlef Sprinz, eds., *Global Climate Policy: Actors, Concepts, and Enduring Challenges*, Cambridge: The MIT Press, 2018, pp. 13 – 65.

[2] 陈迎:《国际气候制度的演进及对中国谈判立场的分析》,《世界经济与政治》2007年第2期。

[3] 薄燕、高翔:《原则与规则:全球气候变化治理机制的变迁》,《世界经济与政治》2014年第2期。

的探讨。一些学者认为，《巴黎协定》的达成意味着全球气候治理的一种新逻辑的形成，即明确承认国内政治在全球气候治理中的主导地位，允许各国自主设定减排的贡献力度和实现承诺的方式并能够接受国际审查与评判。① 有的学者从全球气候治理机制模式变迁的视角进行分析，认为《巴黎协定》导致了全球气候治理机制的转型，使全球气候治理机制以自主决定的"贡献"替代刚性"责任"，形成了气候治理的"最大公约数"，增强了体系本身的合法性和主权国家的参与度，但也可能使全球气候治理陷入低效甚至无效的局面。② 有的学者通过比较分析《巴黎协定》与《公约》及其《京都议定书》的异同和演进，认为国际气候治理体系正在向基于各国自主承诺的、自下而上的、松散的治理体系演进，共同但有区别的责任原则得到保留，但发达国家与发展中国家之间的义务也在趋同。③ 笔者在2015年《巴黎协定》达成之后，也通过梳理全球气候治理体系的历史演进，比较分析了《巴黎协定》确立的"自下而上"治理模式的特征及全球气候治理体系的发展趋势。④

（二）构建人类命运共同体视角下的全球气候治理研究

鉴于（构建）人类命运共同体是中国倡导和推动的，当前关于人类命运共同体对全球气候治理影响的研究和讨论主要集中在中国学者范围内。总体而言，自从2012年中国领导人倡导并积极推动构建人类命运共同体以来，国内学界对这一问题的研究呈现井喷式增长。由于这一理念整体宏大的视野及其高度，对于全球气候治理以及中国参与全球气候治理的政策行动无疑都有指导意义，因而当前学术界对于全球气候治理与构建人类命运共同体之间的关系也有了一定的研究，主要有以下两类。

第一，把（构建）人类命运共同体作为全球气候治理的一个重要背景性因素进行探讨。王瑜贺认为在分析和评估当前全球气候治理机制缺陷的基础上，在以美国"退约"与英国"脱欧"为代表的新形势下，全球气候

---

① Robert Falkner, "The Paris Agreement and the New Logic of International Climate Politics," *International Affairs*, Vol. 92, No. 5, 2016, pp. 1107 – 1125.
② 袁倩：《〈巴黎协定〉与全球气候治理机制的转型》，《国外理论动态》2017年第2期。
③ 高翔、滕飞：《〈巴黎协定〉与全球气候治理体系的变迁》，《中国能源》2016年第2期。
④ 李慧明：《〈巴黎协定〉与全球气候治理体系的转型》，《国际展望》2016年第2期。

治理机制正在发生变化，国际社会也在期待气候治理领域的中国方案，而命运共同体理念不仅是近年来中国外交的新理念，也在本质上与全球气候治理紧密相联。对照现有全球气候治理机制，命运共同体理念具有明显的优越性。首先，其能够在国际社会形成有关气候治理的共有理念，共有理念会催生共有价值观的出现，从而解决理念上的分歧；其次，命运共同体有助于各国明确责任划分，减少针对减排责任的不必要的分歧；最后，命运共同体能够对现存全球气候治理机制的创新发挥重要的引导和示范作用，实现治理机制的优化。[①] 杨永清和李志认为"人类命运共同体"理念具有重要的理论价值和实践价值，将其引入全球气候治理领域，可以应对当前全球气候治理面临的挑战与困境。中国从人类命运共同体的角度思考全球气候治理问题，坚持正确的国家义利观念，毫不犹豫地宣布一以贯之认真履行《巴黎协定》，更与欧盟携手承诺致力于全面落实《巴黎协定》，向世界展示了中国敢于担当的负责任大国形象，更为全球气候治理指明了路径与方向。[②] 康晓探讨了人类命运共同体视角下的亚太区域气候治理，认为人类命运共同体思想体现了人类道德与国家道德的平衡，其要义在于首先找到了人的安全这一中国与世界的最大公约数，其次又区别于西方的人权高于主权观念，最后将国内发展与世界潮流对接作为实现这一思想的手段。亚太区域是中国安身立命之本，并且有较好的机制建设基础，同时集中了温室气体排放大国，因此可以通过治理路径创新，成为中国推进区域气候治理，进而建构人类气候命运共同体的起点。[③]

第二，分析和探讨人类命运共同体理念对中国参与全球气候治理的影响。李波和刘昌明认为，当前全球气候治理面临制度碎片化、领导力缺失以及条约规定目标实现困难等现实困境。中国倡导的人类命运共同体理念不仅符合全球化发展的趋势，也与全球气候治理存在天然的内在契合。正是在这一理念的指引下，中国积极落实《巴黎协定》，向世界

[①] 王瑜贺：《命运共同体视角下全球气候治理机制创新》，《中国地质大学学报》（社会科学版）2018年第3期。

[②] 杨永清、李志：《"人类命运共同体"理念下全球气候治理的国家责任》，《哈尔滨师范大学社会科学学报》2018年第4期。

[③] 康晓：《人类命运共同体视角下的亚太区域气候治理：观念与路径》，《区域与全球发展》2018年第1期。

提供气候治理公共产品，充分借助"一带一路"倡议推动了全球气候治理的深化和发展。① 孙悦和于潇分析了全球气候治理的历史演进，认为2015年《巴黎协定》的达成标志着全球气候治理进入了一个新阶段，但美国特朗普政府宣布退出《巴黎协定》并采取了一系列"去气候化"政策，使全球气候治理面临新的挑战。当前，在全球气候治理中，中国正在经历双重转变：理念上意识到气候变化不再是限制国家发展的羁绊，而是通过绿色发展提升经济增长的有效途径；角色上由过去发展中国家的定位转向负责任大国，由不承担减排责任转向积极承担减排责任，中国应对全球气候变化角色由被动的参与者转变为主动的引领者与推动者。中国承载了全球对新兴经济体的期望，更有实力在国际战略层面与气候外交中"推陈出新"，倡导人类命运共同体是新时代中国在与世界良性互动时传达出的"中国智慧"。② 彭本利认为人类命运共同体理念具有丰富的整体主义思想和全球化思维，为完善环境治理以及全球气候治理指明了方向。在人类命运共同体理念下，中国一方面积极坚持绿色发展，构建生态环境一体化治理机制；另一方面积极引导应对全球气候变化国际合作，促进全球治理体系变革，推动构建人类命运共同体。③ 冯存万论述了人类命运共同体视角下中国的对外气候援助，认为中国提出的"人类命运共同体"已经成为全球应对气候变化的主要原则和共识。在推进这一共识指导全球气候变化治理的同时，中国也在实施气候援助等方面做出了有益尝试，并形成了具有引领和主导作用的气候变化治理模型。④ 张丽华和李雪婷认为气候问题威胁着人类的生存和发展，而全球气候治理失灵导致气候问题一直难以化解。中国提出的构建人类命运共同体理念，为摆脱气候治理困境提供了新方案。中国在气候合作中从被动参与者转变为引领者角色，通过构建共同利益、承担共同责任来推动国际气候合作，

---

① 李波、刘昌明：《人类命运共同体视域下的全球气候治理：中国方案与实践路径》，《当代世界与社会主义》2019年第5期。
② 孙悦、于潇：《人类命运共同体视域下中国推动全球气候治理转型的研究》，《东北亚论坛》2019年第6期。
③ 彭本利：《习近平共同体理念下的环境治理和全球气候治理》，《广西社会科学》2018年第1期。
④ 冯存万：《人类命运共同体理念视角下的中国气候治理援助》，《领导科学论坛》2017年第21期。

为气候合作贡献中国智慧。①

（三）对既有研究成果的评价

总体而言，国内外学术界的研究已经取得重要成果，为继续深化该领域的研究奠定了良好基础。但国外的研究多是从西方国际关系理论出发的，带有明显的西方现实主义和制度主义色彩，而我国现有研究总体而言呈现"三多""三少"的特点：一是对国际气候谈判进程和全球气候治理基本问题进行追踪描述的较多，理论分析方面也多是就事论事地针对某一理性主义理论或综合几种理论进行分析，而从更为宏观的人类文明发展危机或人类命运共同体的理论视角分析的较少；二是即时性跟踪分析的较多，长时段历史梳理和分析的较少；三是就全球气候变化问题本身开展单一研究的较多，跳出该问题领域、从一个更加宏观的视角入手或跨学科研究的较少。上述研究从人类命运共同体视角分析全球气候治理新形势，或分析中国在人类命运共同体理念指导下的气候治理行动，为我们深入理解和分析人类命运共同体与全球气候治理之间的关系提供了很好的理论和经验上的借鉴。但当前大多数研究只是把（构建）人类命运共同体作为全球气候治理的一个重要背景或框架性因素进行探讨，或者就人类命运共同体理念对于全球气候治理的价值及其意义进行分析，换句话说，当前这些研究基本上是把构建人类命运共同体当成一种既定的战略理念，探讨其如何影响全球气候治理（或者作为其研究背景，或者作为其治理理念，或者作为其价值引领），而对人类命运共同体理念本身缺乏细致深入的学理分析，对人类命运共同体理念从哪些方面、通过哪些路径影响了中国参与全球气候治理的角色转变与实践行动缺乏理论和逻辑上的系统探讨。当前由于全球气候变化的严重影响，全球气候治理的需求在快速增长，但国际社会正在面临比以往更为复杂的多重危机，在很大程度上冲击了全球气候治理。而且中国在全球气候治理中正面临复杂局面，中国"责任"论和中国"威胁"论甚嚣尘上。中国自身正在大力推进生态文明建设和推动"双碳"目标的实现。在此情况下，研究中国对全球气候治理体系改革和建设的推动

---

① 张丽华、李雪婷：《人类命运共同体理念下中国在气候合作上的定位与实践》，《长江丛刊》2019 年第 27 期。

就显得十分重要和急迫。而且，构建人类命运共同体又是当前我国面临的重大课题，积极参与和引领全球气候治理是构建人类命运共同体最为重要的行动。基于此，本书立足构建人类命运共同体，从一个跨学科角度，从本体论和方法论的视角，对人类命运共同体进行系统全面的学理分析，清晰阐释构建人类命运共同体与全球气候治理的逻辑关系，全景式地梳理全球气候治理体系的历史变迁，对中国在当前全球气候治理新形势下的身份定位和国际责任进行深入而客观的分析，以便深化对该问题的研究，为我国的战略决策服务。

四 主要研究目标、研究思路与基本研究方法

（一）主要研究目标

本书旨在通过对全球气候治理体系的历史变迁及中国参与全球气候治理历程的历史总结与反思，结合当前全球气候治理面临的新挑战及中国外交目标的转型，动态跟踪分析《巴黎协定》确立的新全球气候治理体系的基本特征并对其进行综合评价，准确研判后巴黎时代全球气候治理体系最新变化趋向及中国在当前全球气候治理体系中的身份定位与责任担当，明确《巴黎协定》正式实施前后全球气候治理体系的变化，为中国更好参与全球气候治理体系改革与建设、落实推动构建人类命运共同体的外交目标进行全面的背景分析，以便为我国制定气候外交战略提供更加科学全面的学理分析，把推动构建人类命运共同体的外交目标贯穿于具体的全球气候治理战略之中，提升中国的话语权，为中国更有效地推动全球气候治理体系变革提供战略决策服务。

（二）研究思路

为实现上述研究目标，首先，对人类命运共同体和全球气候治理基本概念及两者的逻辑关系进行界定和理论解释，奠定本书的逻辑起点和理论基础。其次，对全球气候治理体系的基本构成要素进行介绍，对全球气候治理的主要参与主体（行为体）、全球气候治理的规范和制度体系以及全

球气候治理中的权力格局等进行简要分析，作为本书的现实基础。再次，从构建人类命运共同体的背景出发，对全球气候治理体系的历史变迁及其演变的影响因素和趋势进行考察，作为本书的历史背景。从次，作为本书的重要现实支撑，通过分析当前由《巴黎协定》及其实施细则奠定的后巴黎时代全球气候治理体系的主要特征，依据全球气候治理的核心目标对当前的治理体系进行客观评价，奠定中国推动当前治理体系改革和建设战略的现实基础；与此同时，通过跟踪 2017~2021 年国际气候谈判的进展情况，分析主要国家（集团）对后巴黎时代全球气候治理体系构建的政策立场及其发挥的作用，并分析美国特朗普政府退出《巴黎协定》对当前全球气候治理造成的负面影响，然后实时跟踪和分析 2019 年这一届欧盟委员会成立以来大力推动的"欧洲绿色新政"，以及 2021 年美国拜登政府执政以来在气候变化问题上采取的与特朗普政府完全相反的积极政策与行动，据此分析当前全球气候治理体系的动态变化，判断当前全球气候治理体系的发展趋势。最后，作为本书的最终归宿和落脚点，在分析和界定中国在全球气候治理新形势下的身份变化、国际责任变迁以及面临的新挑战的基础上，立足全球气候治理体系的新变化，从推动构建人类命运共同体的外交理念出发，分析中国推动全球气候治理目标实现与构建人类命运共同体的一致性，从构建人类命运共同体这一战略理念与全球气候治理的逻辑互构关系出发，从全球气候治理体系的参与主体、主要治理规范和制度、领导格局等方面，提出我国推动全球气候治理体系改革和建设的战略目标与行动方略。

（三）基本研究方法

第一，跨学科研究法。全球气候治理涉及多学科领域，本书除了运用基本的国际政治和全球治理理论，还运用生态政治、社会发展等理论，进行跨学科综合研究。

第二，文献研究法。笔者查阅和分析了联合国国际气候谈判的基本文献、中国的气候政策文件和中国推动构建人类命运共同体的战略文件等，文献研究法是基本的研究方法。

第三，历史研究法。本书从长时段的历史视角分析全球气候治理体系的变迁及中国在全球气候治理中的身份与责任变迁，系统审视和总结中国的气候治理战略，及时跟踪和分析国际气候谈判的进展和变化，这些都需要运用历史的视角和历史研究方法。

五 本书的结构安排

基于上述对研究问题的界定、对研究现状的分析以及本书的主要目标，本书由导论、第一章至第七章及结语三大部分组成。导论部分全面介绍了本书研究的问题，梳理了国内外研究现状，然后在此基础上确定了本书的研究视角、研究目标和研究方法等。

第一章为本书的理论基础，着重从理论上分析和回答人类命运共同体理念与全球气候治理的基本问题，从总体上理解和把握人类命运共同体理念对全球气候治理的影响及二者的逻辑关系。首先归纳和概括了人类命运共同体这一重要理念的基本内涵，在此基础上从理论和逻辑层面分析并厘清了全球气候治理与人类命运共同体之间的相互作用，系统探讨了人类命运共同体、人与自然生命共同体、地球生命共同体"三个共同体"的内在逻辑与相互关系，对人类命运共同体、人与自然生命共同体、地球生命共同体"三个共同体"与全球气候治理"四位一体"的结构进行了深入分析，最后分析和梳理了包含人与自然生命共同体和地球生命共同体的人类命运共同体理念与中国推动全球气候治理体系改革和建设行动之间的具体逻辑关系。

第二章着重介绍全球气候治理体系的内涵与要素。根据导论部分的界定，主要从参与主体（行为体）、治理规范和制度体系以及体系中的权力格局三个方面对全球气候治理体系进行阐释，首先，着重分析全球气候治理的主要行为体，包括国家和非国家行为体的具体情况。其次，系统阐释全球气候治理的规范和制度体系。着重从全球气候治理的法律和制度建设进行分析，阐述以《公约》为核心支柱的全球气候治理运行的基本理念、规范、制度和具体机制，特别是《京都议定书》和《巴黎协定》所确立的具体治理机制和模式。此外，鉴于全球气候治理的复杂性，除《公约》及其一系列治理制度外，还存在大量的《公约》外治理制度与机制，该章也分析和概括这些《公约》外治理制度与机制的基本情况及其与《公约》治理机制的具体关系。最后，从全球气候治理体系中权力格局（领导权）的视角阐述全球气候治理领导格局的历史变迁及其发展趋势。

第三章为本书的历史基础，着重从人类命运共同体视野全面梳理全球气候治理体系的历史变迁。具体而言，主要是20世纪80年代末以来，全球气候变化问题从一个环境问题和科学问题逐渐上升为一个国际政治问题并进入国际政治议程，直到经过30多年的演变，确立了以后巴黎时代《公约》为核心的一套复杂治理体系，形成了具有明显阶段性特征的治理制度和机制。该部分在对全球气候治理体系的历史演进进行客观考察和分析的基础上，探讨影响和推动全球气候治理体系发生演变的因素，从构建人类命运共同体的视角对全球气候治理体系的发展演变进行理论解释，说明全球气候治理体系朝着更加公平公正合理方向的演进实质上就是朝着人类命运共同体的方向演进。

第四章为本书的重要现实支撑，全面跟踪和梳理自2015年《巴黎协定》达成并在2016年顺利生效以来，全球气候治理体系的现实演进及其最新动态特征。然后基于此，着重从历史的视角和比较的角度分析当前后巴黎时代全球气候治理体系的优势以及存在的主要问题与现实挑战。

第五章对后巴黎时代全球气候治理的动态变化进行系统分析，评析美国退出《巴黎协定》对全球气候治理体系构建产生的现实影响。在此基础上分析和评估后巴黎时代全球气候治理体系改革与建设的新形势及面临的新挑战，准确研判《巴黎协定》实施前后全球气候治理的态势。同时，分析和探讨新冠疫情、2021年拜登政府成立以来美国在气候变化问题上的重大政策变化，以及欧盟正在推进的绿色新政给全球气候治理带来的影响。

第六章着重全面分析中国在全球气候治理体系中的身份变迁与责任变化，以及从构建人类命运共同体的战略高度出发，从历史变迁的视角分析中国参与全球气候治理以来国家身份的历史演变及其承担相应国际责任的变迁，结合前几部分的分析及当前全球气候治理面临的重大挑战与困境，分析构建人类命运共同体外交理念的提出对中国参与全球气候治理身份、理念和行动的重要影响，探究当前全球气候治理新形势下中国在全球气候治理中的身份定位及相应的国际责任，分析中国应该承担全球气候治理责任的度与量。

第七章分析全球气候变化的日益紧迫以及中国在全球气候治理中的关

键作用，基于中国在全球气候治理中的身份定位及中国的外交实践，讨论了构建人类命运共同体理念下，中国推动全球气候治理体系改革和建设的战略目标，说明全球气候治理体系建设的目标与构建人类命运共同体的一致性，从国际秩序转型、全球气候治理体系变化、中国国家身份与国际责任变迁相结合以及中国国内国际两个大局统筹的角度，提出我国积极推动和引领全球气候治理体系改革和建设的行动战略。具体而言，积极稳妥推进"双碳"目标是中国推动全球气候治理体系改革和建设的内在基础。在此基础上，从三个维度推进全球气候治理体系改革和建设，即在联合国框架下的国际气候谈判领域，坚持巩固《巴黎协定》成果，促进后续谈判取得实质性进展，成为全球气候治理体系建设的积极推动力量；通过各自外交平台调动和激发更多的行为体参与全球气候治理，建立最广泛的气候治理"国际统一战线"；在全球气候治理领导格局变革的基础上，积极发挥引领作用，推动全球气候治理领导格局朝着更加功能化的趋势变化，推动逐步形成绿色合作型国际领导，对内建设美丽中国，对外建设美丽世界。

  最后是本书的结语。该部分主要对人类命运共同体理念与全球气候治理的关系及中国在全球气候治理中发挥的越来越关键的作用进行总结和概括，并对全球气候治理的未来进行展望。结合全球气候治理的最新动态，进一步阐释人类命运共同体理念对于全球气候治理的重要价值，总结和概括当前全球气候治理体系正在形成和发展的巴黎模式的具体特征、显示出的运行优势及其在当前全球气候治理新形势下存在的主要问题和面临的挑战，在此基础上总结中国推动当前全球气候治理体系改革和建设的具体战略及其行动，最后基于推动构建人类命运共同体的理念，从全球气候治理与人类文明发展的相互关系出发，展望全球气候治理体系的发展演变趋势。

第一章　人类命运共同体与全球气候治理：理论阐释与逻辑关系

全球气候变化是当今人类社会面临的最严峻的挑战之一，气候变化带来的严重影响已经开始逐步显现，给人类经济社会发展带来难以估量的影响。全球气候变化也是当今世界面临的最为典型的全球性问题，无论其成因还是应对，都需要全球层级的共同行动，也必须有一个与之相匹配的理念来指导和推进当今世界最大的集体行动，而中国积极倡导的人类命运共同体理念正是这样一种重大理念。本章着重阐释人类命运共同体理念与全球气候治理各自的基本内涵与特征，并从理论和逻辑上深入分析二者的复杂关系，阐明人类命运共同体理念对中国推动全球气候治理体系改革和建设的重大战略性意义，为本书的整体展开奠定理论和逻辑基础。

一　国际秩序转型视野下的人类命运共同体理念

构建人类命运共同体是当前指导中国外交实践的核心理念，也是针对当前"世界怎么了、我们怎么办"的"世界之问"给出的中国回答。从当前中国所处纷繁复杂的国际局势以及中国自身的发展态势来看，这是一个极具战略高度和战略远见的理论命题和国际构想。它从一个整体主义的哲学视野出发，面对根源于西方国际关系的"二元主义"困境，试图从理念（价值）向度和实践（行为）向度两个方面重塑中国外交，并为中国的内部发展提供了一个更具有道义性、更加符合中国传统政治文化的外在愿景与追求，进而统筹国内国际两个大局，为中国积极参与全球治理体系改革和建设提供动力与方向，也为当前世界破解全球治理难题贡献了中国智慧与中国方案。

（一）人类命运共同体理念提出的历史背景与演化历程

人类命运共同体理念的提出有其深刻的国际国内背景。人类社会正处于大发展大变革大调整时期，国际秩序和国际体系变革加速，全球性挑战日益凸显，人类文明的发展似乎又到了一个选择何去何从的关键时期。站在全人类的高度，从人类社会发展的大势出发，中国提出了构建人类命运共同体这一具有重要战略价值的外交思想。

1. 人类命运共同体理念提出的历史背景

第一，各种"中国威胁论"的兴起。改革开放是决定中国前途命运的关键抉择。改革开放首先面对的是一个已经成功运转了30多年（如果追溯到一战前英国所主导的国际秩序的话，要更长）的西方国际秩序，改革被认为是与国际（西方）接轨，而开放就是一个日渐融入西方主导下的国际秩序的过程。① 这一预设前提从一开始就有一个重要的"二元"图景：中国与一个已经既定存在的国际秩序。中国是作为一个外来者、学习者和后来者加入这一秩序的。随着中国融入的深化，中国与既存国际秩序之间的二元结构矛盾日渐显现出来。无论是从历史唯物主义的资本逻辑，还是从国际关系的权力政治逻辑来看，中国与西方主导下的国际秩序的结构性矛盾都是影响中国融入程度的无法逾越的长期性障碍。于是，随着中国实力的增长，作为一个"另类"的中国开始被视为"威胁"，各种"中国威胁论"一时甚嚣尘上。② 尤其是2008年世界金融危机之后，美国主导下的新自由主义政策遭遇危机，美国自身的影响力下降，西方主导的国际秩序面临诸多挑战，西方对中国的焦虑感更加增强。③

第二，中国实力的增长与"中国责任论"的兴起。20世纪90年代后

---

① 下文还将继续阐释和界定二战结束以来的国际秩序。二战结束后事实上一直存在着以联合国宪章宗旨和原则为核心的联合国体系下的多边主义秩序，但这种时隐时现的国际秩序常常被美国霸权主导下的西方国际秩序掩盖。

② 〔美〕理查德·伯恩斯坦、罗斯·芒罗：《即将到来的美中冲突》，隋丽君等译，新华出版社，1997；张红：《西方再炒"中国威胁论" 他们眼中"东方睡狮"已醒来》，《人民日报》（海外版）2018年2月13日，第10版。

③ 〔美〕格雷厄姆·艾莉森：《注定一战：中美能避免修昔底德陷阱吗？》，陈定定、傅强译，上海人民出版社，2019。

期以来,随着中国经济的高速发展,国际上要求中国承担更多国际责任的声音也不断增强。尤其是在时任美国常务副国务卿罗伯特·佐利克(Robert B. Zoellick)于2005年在美中关系全国委员会提出鼓励中国成为国际体系中负责任"利益攸关方"(stakeholder)的观点之后,[①]"中国责任论"成为国际社会针对中国的主流话语。2006年欧盟委员会发布的第六个欧中战略文件《欧盟—中国:更紧密的伙伴,日益增长的责任》也明确提出中国要承担更多国际责任。[②]一时之间,"中国责任论"成为中国不可回避的一个现实问题。对该问题的回应直接关系到中国的国家形象与国家定位,关系到中国与现存国际秩序的关系建构。这种"责任论"是机遇还是挑战,是真诚愿望还是阴谋捧杀,是对中国日益增长的实力的"规训"还是中国塑造国际秩序的"良机"?这是需要中国领导人客观评判国际国内形势、审时度势做出正确决策的重大现实问题,也是中国和平发展进程中的重大考验。[③]

第三,全球化的深入发展和全球性问题的日益凸显。全球化日益深入发展使世界各国的相互联系更加密切,客观上形成了一个紧密相连的"共同体"。与此同时,全球化的深入发展也给人类社会带来了前所未有的重大挑战,许多全球性问题日益凸显。一方面,全球化进程带来的这两个密切相关的结果极大地改变了传统的国际体系,使世界上绝大多数国家之间的互动方式发生了深刻的变化;另一方面,传统的以主权国家为主体的国际体系在强大历史惯性的支撑下依然深刻影响着这个世界,传统安全问题与非传统安全问题相互交织、相互影响,构成一对结构性的矛盾共同体,使某些全球性问题变得日益严重而迟迟得不到根本解决,全球治理的赤字日益加大。而中国既是这一重大变化的重要促动因素,也是深受这一重大变化影响的国家,同时也是被寄希望解决全球性问题的重要力量。

2. 人类命运共同体理念形成与演化的历程

任何战略理念都不是凭空出现的,而是时代和形势发展的产物。人类

[①] Robert B. Zoellick, "Whither China: From Membership to Responsibility?" Remarks to National Committee on U.S.-China Relations, 21 September 2005.

[②] Commission of the European Union, *EU-China: Closer Partners, Growing Responsibilities*, 24 October 2006.

[③] 牛海彬:《"中国责任论"析论》,《现代国际关系》2007年第3期;刘建飞:《"中国责任论"考验和平发展》,《现代国际关系》2007年第4期。

命运共同体理念的提出、形成和成熟也有一个逐渐演化的过程。① 正是在上述背景下，为回应国家内部发展难题与日益加大的国际压力，党和国家领导人科学评断形势，审时度势，顺应时代要求，提出了这一重大命题。从这一重要战略理念形成与发展的过程来看，可以大致将其划分为以下四个阶段：萌芽与奠基阶段、提出与形成阶段、拓展与深化阶段、成熟与完善阶段。

（1）萌芽与奠基阶段。为化解形形色色的"中国威胁论"并回应"中国责任论"，向国际社会昭示中国的国际理念，早在 2010 年 5 月和 2011 年 9 月，时任中国国务委员戴秉国就分别在第二轮中美战略与经济对话和关于促进中欧合作的论述中，提出了"命运共同体"这一理念。② 2011 年中国政府发布《中国的和平发展》白皮书，全面阐述了中国的国际战略和发展道路，第一次从中国政府的视角阐释了"命运共同体"理念，强调"经济全球化成为影响国际关系的重要趋势。不同制度、不同类型、不同发展阶段的国家相互依存、利益交融，形成'你中有我、我中有你'的命运共同体。人类再也承受不起世界大战，大国全面冲突对抗只会造成两败俱伤"。"要以命运共同体的新视角，以同舟共济、合作共赢的新理念，寻求多元文明交流互鉴的新局面，寻求人类共同利益和共同价值的新内涵，寻求各国合作应对多样化挑战和实现包容性发展的新道路。"③ 我们可以清楚

---

① 陈须隆：《人类命运共同体理论在习近平外交思想中的地位和意义》，《当代世界》2016 年第 7 期；郇庆治：《人类命运共同体视野下的全球资源环境安全文化建构》，《太平洋学报》2019 年第 1 期。

② 2010 年 5 月，时任中国国务委员戴秉国在第二轮中美战略与经济对话开幕式上的致辞中提出，"我们地球上的居民不管愿不愿意，相互喜不喜欢，客观上已经是谁也离不开谁，实际上处于安危与共、祸福相依的利益与命运共同体中"。参见《戴秉国在第二轮中美战略与经济对话开幕式上致辞》，中国政府网，http://www.gov.cn/ldhd/2010-05/25/content_1613069.htm，最后访问日期：2019 年 8 月 26 日。2011 年 9 月 22 日，时任中国国务委员戴秉国在法国《费加罗报》发表署名文章，提出各国相互联系、相互依存、利益交融程度前所未有，形成你中有我、我中有你、安危与共，谁也离不开谁的"命运共同体"，并强调要"推动中欧关系在 21 世纪第二个十年实现新飞跃，为在世界范围建设好'命运共同体'做出表率"。参见《戴秉国：坚持和平发展 与各国同舟共济、合作共赢》，中国政府网，http://www.gov.cn/ldhd/2011-09/22/content_1954365.htm，最后访问日期：2019 年 8 月 26 日。

③ 中国国务院新闻办公室：《中国的和平发展》白皮书，2011 年 9 月，国务院新闻办公室网站，http://www.scio.gov.cn/tt/Document/1011394/1011394.htm，最后访问日期：2019 年 8 月 26 日。

地看到,这里的"命运共同体"有两种紧密相连的意指。一是对当前全球化所导致的现实世界"实然"状态的描述;二是作为一种促进国际合作的价值和理念,是一种看待和处理国际关系的新视角。这是在当时的现实国际形势下,中国针对国际局势和自身国际关系处理提出的重要论断。2012年11月,党的十八大报告提出,要"在国际关系中弘扬平等互信、包容互鉴、合作共赢的精神",而"合作共赢,就是要倡导人类命运共同体意识,在追求本国利益时兼顾他国合理关切,在谋求本国发展中促进各国共同发展",[①] 这是中国共产党在政治报告中第一次明确提出人类命运共同体这一概念。我们可以清楚地看到,这一概念作为中国处理国际关系三大核心精神(平等互信、包容互鉴、合作共赢)之一的"合作共赢"的具体内涵,只是作为建设持久和平、共同繁荣的和谐世界的一种"手段性"外交思想。在这里,和谐世界是最终的价值追求(目的),而人类命运共同体是实现这种目的的多种国际理念和外交思想之一,具有明显的工具性价值。

(2)提出与形成阶段。党的十八大之后,习近平在各种不同的场合进一步阐释人类命运共同体这一命题,并把它逐步提高到统领和指导中国外交行动的重大理念层面,使之逐渐上升为一个内涵明晰而丰富的国际关系理念。[②] 2013年3月23日,习近平在莫斯科国际关系学院发表了题为《顺应时代前进潮流 促进世界和平发展》的演讲。演讲中,习近平清晰地阐述了中国的"世界观",更加明确地强调世界的命运共同体性质。这是中国党和国家领导人第一次在国际舞台上向世界传递对命运共同体概念的理解,向世界传递了对人类文明走向的中国判断。习近平强调:"这个世界,各国相互联系、相互依存的程度空前加深,人类生活在同一个地球村里,生活在历史和现实交汇的同一个时空里,越来越成为你中有我、我中有你的命运共同体。"[③] 此后,习近平在众多的出访和参加重大国际会议等场合中,开始把命运共同体理念运用到对我们所置身的这个世界和时代的

[①] 胡锦涛:《坚定不移沿着中国特色社会主义道路前进 为全面建成小康社会而奋斗——在中国共产党第十八次全国代表大会上的报告》,人民出版社,2012,第47页。
[②] 国纪平:《为世界许诺一个更好的未来——论迈向人类命运共同体》,《人民日报》2015年5月18日,第1版。
[③] 《习近平谈治国理政》,外文出版社,2014,第272页。

"实然"状态的描述，以及对国际关系现状与未来愿景的阐述中。比如，习近平强调"中非命运共同体"，[①]"让命运共同体意识在周边国家落地生根"，[②] "打造中阿命运共同体"，[③] "努力构建携手共进的命运共同体"，[④] "迈向亚洲命运共同体"[⑤] 等。可以看出，在这个阶段习近平所强调的命运共同体理念，主要有三种核心含义：一是作为对当前世界"实然"状态突出特征的概括和界定；二是作为对当前地区或国家间关系现状突出特征的解读；三是作为一种"应然"意义上的对未来世界、地区和国际关系的憧憬。

（3）拓展与深化阶段。从习近平2015年9月在纪念联合国成立70周年大会上的讲话到2017年1月在联合国日内瓦总部的演讲，是人类命运共同体理念升华、扩展与深化的阶段，也是这一战略思想成为中国外交（国际战略）指导思想的确立阶段。2015年9月28日，在纪念联合国成立70周年的联合国大会一般性辩论中，习近平发表了题为《携手构建合作共赢新伙伴 同心打造人类命运共同体》的讲话，不仅在题目中首次完整使用人类命运共同体，而且在讲话中明确强调："我们要继承和弘扬联合国宪章的宗旨和原则，构建以合作共赢为核心的新型国际关系，打造人类命运共同体"，"在联合国迎来又一个10年之际，让我们更加紧密地团结起来，携手构建合作共赢新伙伴，同心打造人类命运共同体"。[⑥] 同时，正是在这篇讲话中，习近平第一次清楚地提出打造人类命运共同体的五点主张[⑦]。此次讲话与2013年3月的莫斯科国际关系学院演讲相比，一个最大的不同在于，把人类命运共同体作为构建合作共赢新型国际关系的目的和旨归。莫斯科国际关系学院演讲是把"命运共同体"作为构建以合作共赢

---

① 《习近平谈治国理政》（第三卷），外文出版社，2020，第449页。
② 《习近平谈治国理政》，外文出版社，2014，第299页。
③ 《习近平谈治国理政》（第三卷），外文出版社，2020，第481页。
④ 习近平：《努力构建携手共进的命运共同体——在中国—拉美和加勒比国家领导人会晤上的主旨讲话》，《人民日报》2014年7月19日，第2版。
⑤ 习近平：《迈向命运共同体 开创亚洲新未来——在博鳌亚洲论坛2015年年会上的主旨演讲》，《人民日报》2015年3月29日，第2版。
⑥ 习近平：《携手构建合作共赢新伙伴 同心打造人类命运共同体——在第七十届联合国大会一般性辩论时的讲话》，《人民日报》2015年9月29日，第2版。
⑦ 学术界总结为人类命运共同体的"五大支柱"，即政治、安全、经济、文化和生态五个层面的行动主张。

为核心的新型国际关系的一个基础和原因,强调这个世界已经成为一个"你中有我、我中有你的命运共同体",所以必须摒弃"冷战思维、零和博弈",构建合作共赢的新型国际关系;此次联大讲话显然是把打造人类命运共同体作为国际关系的最终目标,而"构建以合作共赢为核心的新型国际关系"成为实现这一目标的路径和手段,从而从目的论的角度超越了构建"合作共赢新型国际关系"的手段性和工具性,使中国所追求的国际关系目标有了一个更高层次的价值指向。这种变化是我们理解人类命运共同体这一重大国际关系理念实质与内涵时必须要注意到的,也是我们为清晰理解这一重大国际理念真实含义而必须把握的。2017年1月18日,在日内瓦万国宫召开"共商共筑人类命运共同体"高级别会议,这是在国际舞台上第一次使用人类命运共同体这一概念召集的重要国际会议。在会议上,习近平作了题为《共同构建人类命运共同体》的演讲,针对"世界怎么了、我们怎么办"的世界之问,提出了中国的应对方案:"构建人类命运共同体,实现共赢共享。"习近平在演讲中强调:"构建人类命运共同体是一个美好的目标,也是一个需要一代又一代人接力跑才能实现的目标。中国愿同广大成员国、国际组织和机构一道,共同推进构建人类命运共同体的伟大进程。"[①] 可以看出,这篇宣言书式的演讲明确强调"构建人类命运共同体"是中国为解决当前全球性挑战而提出的应对方案,已经把这一理念上升到了对人类发展方向和人类前途命运进行战略思考的定位,并且明确提出构建人类命运共同体的五个努力方向(坚持对话协商、共建共享、合作共赢、交流互鉴、绿色低碳),目的是建设一个持久和平、普遍安全、共同繁荣、开放包容、清洁美丽的世界。

上述两次讲话都是在联合国舞台上,针对和思考的都是全人类共同面临的挑战与问题,都是站在整个人类的视角阐述中国的立场和方案。很明显,2017年的讲话看待问题的视角更加宏大和深刻,其中构建人类命运共同体的行动方案也更加具体和成熟,这标志着人类命运共同体理念作为中国的"世界观"和处理中国与外部世界关系的重要思想,已经更加深入和明确。

[①] 习近平:《共同构建人类命运共同体——在联合国日内瓦总部的演讲》,《人民日报》2017年1月20日,第2版。

(4) 成熟与完善阶段。经过五年的深入发展，到 2017 年 10 月党的十九大召开，人类命运共同体理念已经日渐成熟和系统化，并且被越来越多的国家所接受和理解，并被写入了联合国的一些重要文件中。作为指导和统领中国内政与外交的纲领性文件，党的十九大报告更加全面深入地阐发了人类命运共同体这一理念的内涵。人类命运共同体理念作为习近平新时代中国特色社会主义思想的重要组成部分，成为中国外交的指导思想，标志着这一理念的成熟与完善。在党的十九大报告中，共有四个地方提到人类命运共同体。第一处是在"过去五年的工作和历史性变革"部分，把"倡导构建人类命运共同体，促进全球治理体系变革"视为中国过去五年外交工作的重要举措和成就。这里的人类命运共同体是中国正在推动的一种国际理念和外交实践的结合，既是一种倡导世界各国加强合作共赢的一种现实理念，也是一种"应然性"的国际目标指向，还是中国在国际关系中已经和正在开展的现实行动。第二处是在"新时代中国特色社会主义思想和基本方略"部分，提出新时代中国特色社会主义思想的"八个明确"，其中之一就是"明确中国特色大国外交要推动构建新型国际关系，推动构建人类命运共同体"。这就明确了人类命运共同体理念是习近平新时代中国特色社会主义思想的重要组成部分，是其中的国际和外交部分，它既体现出中国特色大国外交的手段性和工具性指向，也体现出中国特色大国外交的重要目标性和价值性追求（要推动）。第三处也是在"新时代中国特色社会主义思想和基本方略"部分，把"坚持推动构建人类命运共同体"作为新时代坚持和发展中国特色社会主义的基本方略之一。强调中国梦与各国人民梦想的相通性，也就是强调中国的发展繁荣是世界和平与发展的重要支撑与保障；同时也强调"实现中国梦离不开和平的国际环境和稳定的国际秩序"，构建人类命运共同体也是创造和平国际环境和稳定国际秩序的重要举措。在新时代中国特色社会主义思想及其基本方略的宏大语境和话语体系下，概括了中国坚持推动构建人类命运共同体的核心理念、主要目标与战略定位：强调推动构建人类命运共同体"必须统筹国内国际两个大局，始终不渝走和平发展道路、奉行互利共赢的开放战略，坚持正确义利观，树立共同、综合、合作、可持续的新安全观，谋求开放创新、包容互惠的发展前景，促进和而不同、兼收并蓄的文明交流，构筑尊崇自然、绿色发展的生态体系"。① 这意味着，作为新时代坚持和发展中国特色社会主义的基本方略之一，"构建人类命运共同体"是统领中国外交的核心理念，成为"中国特色社会主义"这个大厦的重要支柱。第四处是在第十二部分"坚持和平发展道路，推动构建人类命运共同体"，这是对新时代开展外交工作的纲领性指导和战略性规划。在该部分开宗明义，强调"中国共产党始终把为人类作出新的更大的贡献作为自己的使命"，突出强调了中国外交政策的宗旨，"高举和平、发展、合作、共赢的旗帜，恪守维护世界和平、促进共同发展"，然后突出强调了中国对世界局势的基本判断，"世界正处于大发展大变革大调整时期，和平与发展仍然是时代主题"。但与此同时世界面临的不稳定性不确定性更加突出，人类面临许多共同挑战。在这种国际局势下，中国呼吁"各国人民同心协力，构建人类命运共同体，建设持久和平、普遍安全、共同繁荣、开放包容、清洁美丽的世界"，"中国人民愿同各国人民一道，推动人类命运共同体建设，共同创造人类的美好未来"。② 可以看出，党的十九大报告在深刻分析和研判当前国际局势和人类面临的严峻挑战的情况下，明确提出了经由人类命运共同体的构建，同世界各国一道共同建设一个政治、安全、经济、文明和生态"五位一体"的美好未来。随后，党的十九大也对中国共产党章程进行了修改，将人类命运共同体正式写入了党章，作为中国执政党的重要政治理念，指出"在国际事务中，……推动构建人类命运共同体，推动建设持久和平、共同繁荣的和谐世界"。③

2017年12月1日在中国共产党与世界政党高层对话会上发表的主旨讲话中，习近平指出："人类命运共同体，顾名思义，就是每个民族、每个国家的前途命运都紧紧联系在一起，应该风雨同舟，荣辱与共，努力把我们生于斯、长于斯的这个星球建成一个和睦的大家庭，把世界各国人民对美好生活的向往变成现实。"在这种理念指导下，习近平提出要努力建设一个美好世界主要包括以下四点：一个远离恐惧、普遍安全的世界，一

---

① 习近平：《决胜全面建成小康社会 夺取新时代中国特色社会主义伟大胜利——在中国共产党第十九次全国代表大会上的报告》，人民出版社，2017，第7、19、25页。
② 习近平：《决胜全面建成小康社会 夺取新时代中国特色社会主义伟大胜利——在中国共产党第十九次全国代表大会上的报告》，人民出版社，2017，第57~60页。
③ 《中国共产党章程》，人民出版社，2017，第8页。

个远离贫困、共同繁荣的世界，一个远离封闭、开放包容的世界，一个山清水秀、清洁美丽的世界。① 这是对人类命运共同体未来愿景的再一次清晰阐述。2018年3月，第十三届全国人民代表大会第一次会议又将"推动构建人类命运共同体"写入了《中华人民共和国宪法》，至此，人类命运共同体理念最终被纳入了中国执政党和中国国家的法治体系，成为中国新时代对外关系领域的根本性指导思想，这标志着人类命运共同体理念已经走向成熟和完善，成为一个系统性的国际理念。

3. 人类命运共同体理念在全球气候治理等领域中的应用与拓展

人类命运共同体理念提出之后，得到了国际社会的积极响应，并被多次写入联合国的有关决议中，② 反映了国际社会大部分国家和人民的心声。这一理念不断深入发展，已经成为新时代中国外交的总目标。③ 在这一理念的指引下，面对日益严峻的全球性问题给全人类带来的挑战，尤其是全球气候变化给人类社会带来的重大挑战，中国大力呼吁世界各国充分认识联系日益紧密的现状和共同的命运，强调"人类只有一个地球，各国共处一个世界。地球是人类的共同家园"，④ 积极推动各国人民携手合作，共同应对全球性挑战。为此，在2021年4月22日，习近平应邀以视频方式出席美国总统拜登发起举办的领导人气候峰会，并发表题为《共同构建人与自然生命共同体》的重要讲话，首次明确提出"人与自然生命共同体"理念，把它作为推动全球气候治理的重大中国倡议，也是人类命运共同体理念一次重要的应用性拓展。⑤ 2021年9月21日，习近平在第76届联合国大会一般性辩论上的讲话中再次重申了构建"人与自然生命共同体"的理念，强调面对新冠疫情的全球冲击，中国提出了全球发展倡议："坚持人与自然和谐共生。完善全球环境治理，积极应对气候变化，构建人与自然

---

① 习近平：《携手建设更加美好的世界——在中国共产党与世界政党高层对话会上的主旨讲话》，《光明日报》2017年12月2日，第2版。
② 《"构建人类命运共同体"首次写入联合国决议》，《人民日报》2017年2月12日，第3版。
③ 中共中央宣传部、中华人民共和国外交部编《习近平外交思想学习纲要》，人民出版社、学习出版社，2021，第48页。
④ 中共中央宣传部、中华人民共和国外交部编《习近平外交思想学习纲要》，人民出版社、学习出版社，2021，第49页。
⑤ 习近平：《共同构建人与自然生命共同体——在"领导人气候峰会"上的讲话》，《人民日报》2021年4月23日，第2版。

生命共同体。加快绿色低碳转型，实现绿色复苏发展。"① 2021年10月12日，习近平在《生物多样性公约》第15次缔约方大会领导人峰会上的主旨讲话中，又明确提出了"共同构建地球生命共同体"理念，强调以生态文明建设为引领，协调人与自然关系，以国际法为基础，维护公平合理的国际治理体系，并特别强调了中国应对气候变化碳达峰碳中和目标的推进和落实，② 实际上明确强调了全球气候治理与解决生物多样性损失等其他全球性生态环境问题的协同。至此，以人类命运共同体理念为总体指导，中国在全球气候治理和全球生物多样性治理（这两个当今世界面临的重大全球性挑战相互影响，密不可分）中明确提出了"人与自然生命共同体"和"地球生命共同体"理念，使人类命运共同体理念得到了更深入的拓展和更广泛的应用，成为中国积极参与和推动全球气候治理体系改革和建设的重大理念。2022年1月24日，习近平总书记在中共中央政治局就努力实现碳达峰碳中和目标进行第三十六次集体学习时强调，中国要积极参与和引领全球气候治理，作为实现碳达峰碳中和目标的重大战略举措，特别指出："要秉持人类命运共同体理念，以更加积极姿态参与全球气候谈判议程和国际规则制定，推动构建公平合理、合作共赢的全球气候治理体系。"③ 这是中国党和国家领导人首次明确强调引领全球气候治理，并特别强调秉持人类命运共同体理念，表明中国面对危机叠加的世界，将以更加积极的姿态和意愿推动全球气候治理体系改革和建设，共同推进人类命运共同体的构建。

（二）人类命运共同体理念的基本内涵

综合以上分析，我们看到，人类命运共同体有着多重含义，而非单一所指，其至少应该具有以下三种内涵。一是对全球化时代世界现状和性质的界定与描述，就是在全球化深入发展的今天，世界各国已经形成一种你

---

① 习近平：《坚定信心　共克时艰　共建更加美好的世界——在第七十六届联合国大会一般性辩论上的讲话》，《人民日报》2021年9月22日，第2版。
② 习近平：《共同构建地球生命共同体——在〈生物多样性公约〉第十五次缔约方大会领导人峰会上的主旨讲话》，《人民日报》2021年10月13日，第2版。
③ 《习近平在中共中央政治局第三十六次集体学习时强调　深入分析推进碳达峰碳中和工作面临的形势任务　扎扎实实把党中央决策部署落到实处》，《人民日报》2022年1月26日，第1版。

中有我、我中有你，休戚与共、不可分割的命运共同体，也就是对当前世界特征的"实然性"概括。二是作为一种看待和处理国际关系的方法和意识，就是中国传统文化中"推己及人"的思维方式，也就是一种命运与共的"大家好才是真的好"的关系意识。正如习近平多次强调的，"要树立你中有我、我中有你的命运共同体意识，跳出小圈子和零和博弈思维，树立大家庭和合作共赢理念"。[①] 三是有关未来世界的一种美好理想和愿景，也就是通过推动构建新型国际关系，各国携手合作，共同应对人类面临的各种全球性挑战，最终建立一个持久和平、普遍安全、共同繁荣、开放包容、清洁美丽"五位一体"的理想世界，也就是对世界未来特征的一种"应然性"概括。这一理想世界的构建将是一个长期的过程，也是人类社会努力前进的方向。习近平指出："构建人类命运共同体是一个美好的目标，也是一个需要一代又一代人接力跑才能实现的目标。"[②] 就此而言，人类命运共同体就是在当前及未来世界各国日益命运与共的关系基础上，通过外在强化（人类社会日益面临严峻的全球性挑战，亟须各国携手合作共同应对）与内在激化（全球性挑战的应对和解决使共同利益日益加强并形成共同体意识），提高各国的命运共同体意识，使国际政治的性质与逻辑逐渐发生根本变化，使国家界定并追求其国家利益的思维和行为方式日益符合命运共同体的要求和规范，最终实现国际关系本质的变化，实现"五位一体"的世界理想。

（三）人类命运共同体理念的思想价值与方法论意义

美国学者戈尔茨坦和基欧汉曾经专门探究了观念对外交政策（政治行为）的影响，认为观念有三种呈现形式，分别是世界观、原则化信念与因果信念。世界观就是对世界本质特征的评判与认知，以及赋予这种认知一套哲学化或理论化的思想体系，包含了宇宙论和本体论的观点，也包含了伦理学观点，与人们的自我认属概念交织在一起，唤起深深的情感和忠诚；原则化信念就是详细区分对与错、正义与非正义标准的规范性观念，

---

① 习近平：《在第七十五届联合国大会一般性辩论上的讲话》，《人民日报》2020年9月23日，第3版。
② 习近平：《论坚持推动构建人类命运共同体》，中央文献出版社，2018，第426页。

是对行为体（个体、某类人格化组织或国家）提供的行为准则；而因果信念就是关于原因—结果关系的信念，也就是对某些事情的结果进行归因性分析，找到事情发生的因果联系并做出判断和解释，为制定政策、采取行动和解决问题提供"科学"依据，它的权威源自公认的精英达成的共识，为行为体提供了如何实现其目标的行动指南。① 基于上文的分析，我们看到，人类命运共同体理念从一种外交"意识"逐渐发展成为一套具有深刻内涵的系统性理念，已经成为统领和指导新时代中国外交的重要思想。它既是中国外交的精神与灵魂，是中国对人类社会面临的共同挑战提出的解决方案，也是中国对人类社会未来的憧憬，更是中国要为人类社会做出新的更大贡献的庄严承诺。人类命运共同体理念就其本质而言，是当前中国看待和处理自身与外部世界关系的一套理念或思想，属于观念（idea）或信念（belief）甚或规范（norm）的范畴。戈尔茨坦和基欧汉对观念的这种类型学划分，为我们解读和认知人类命运共同体理念的内涵及其重要意义提供了一种非常有价值的分析框架和基础。基于这种分析框架，笔者认为，作为一套信念体系的人类命运共同体理念也深刻反映出当代中国的世界观、原则化信念和因果信念。

1. 作为一种世界观的人类命运共同体理念

"当观念采取了世界观的形式时，对人类行动具有最广泛的影响。"② 人类命运共同体首先呈现强烈的世界观特征。上文分析表明，人类命运共同体理念是我们用以看待当前世界和国际关系的一个重要的关系性理念，是中国对整个世界性质和状态的基本判断，既包含对当前世界"实然性"状态的描述界定，也包含对未来世界"应然性"愿景的抽象概括。就当前世界的"实然性"状态而言，人类命运共同体的实质就是强调当前我们所处的这个世界到底是一个什么样的世界。人类命运共同体思想特别指出，当前的世界各国因日益加深的相互依赖和共同面临的全球性威胁，而成为你中有我、我中有你的命运共同体，也就是所有民族、所有国家的前途命运已经紧紧联系在一起，各国共同生活在地球村里，利益交融、安危与

---

① 〔美〕朱迪斯·戈尔茨坦、罗伯特·O. 基欧汉编《观念与外交政策：信念、制度与政治变迁》，刘东国、于军译，北京大学出版社，2005，第3~30页。
② 〔美〕朱迪斯·戈尔茨坦、罗伯特·O. 基欧汉编《观念与外交政策：信念、制度与政治变迁》，刘东国、于军译，北京大学出版社，2005，第8~9页。

共,日益成为一荣俱荣、一损俱损的具有共同命运的集合体。因此,各国要树立一种休戚与共的命运共同体意识,真正认清"一荣俱荣、一损俱损"的连带效应,在竞争中合作,在合作中共赢,把握正确方向,坚持同舟共济。就世界的"应然性"愿景而言,人类命运共同体理念强调,中国面对当前这个世界的现实状态和全球性挑战,经由我们的思路、主张和方案,共同推动建设一个"应然性"的理想世界(国际秩序),也就是我们试图推动构建一个什么样的世界。这似乎是人类命运共同体最核心的内涵,也就是通过世界各国达成"命运共同体"状态的共识,各国携手同行,共同应对面临的挑战,最终把我们的世界建设成为一个持久和平、普遍安全、共同繁荣、开放包容、清洁美丽的"五位一体"的世界。正是基于此种认知,中国官方把人类命运共同体翻译为"a human community with a shared future",[①] 意即"拥有一个共同未来的人类共同体"。面对共同的全球性挑战,各国人民有着共同的命运,只有共同努力,才能创造共同的美好未来,因此中国呼吁世界各国同心协力,共同建设一个可期待的美好世界。

那么,这种实然状态的人类命运共同体与应然的人类命运共同体之间是一种什么关系?有学者指出:"人类命运共同体既是实然的,也是应然的。说是实然的,就是因为在当今时代,人类已经命运与共。说是应然的,就是已经存在的这个人类命运共同体,基础很不牢固,'身体'还非常虚弱,很有可能因为不同人群之间的恶斗而瓦解,因此需要整个人类共同努力去建设、加固、强化。"[②] 也就是说,当今世界事实上已经形成了一个人类命运共同体,但这个共同体还很不牢固、很脆弱,需要各国共同努力,推动构建一个更加牢固、更加坚实的未来人类命运共同体。就此而言,笔者认为,当前实然状态的人类命运共同体是一个初级阶段的、低水平和低层次的人类命运共同体,而应然状态的人类命运共同体是高级阶段的、高水平和高层次的人类命运共同体,或者说是真正意义上的人类命运共同体。当前已经存在的实然状态的人类命运共同体是应然状态的人类命运共同体的前提和基础,应然状态的人类命运共同体就是在这种前提和基

[①] Xi Jinping, *On Building a Human Community with a Shared Future*,中央编译出版社,2019。
[②] 刘建飞:《引领:推动构建人类命运共同体》,中共中央党校出版社,2018,第52页。

础上，通过人类的共同努力，经由政治、安全、经济、文明、生态五条路径，构建一个持久和平、普遍安全、共同繁荣、开放包容、清洁美丽的"五位一体"的理想世界，人类命运共同体就是这五大方面达到理想境界而构成的一个有机整体，是这五大方面的有机融合。这就是当代中国的核心世界观。这样理解，人类命运共同体的最终表现形态实际上就是"五位一体"的理想世界，这五条标准也就是高级阶段的人类命运共同体的标志与内涵。正如有学者认为，这个"五位一体"的世界就是应然的人类命运共同体的内涵。①

就此而言，未来的人类命运共同体依然是一个"国际"体系，亦即依然是一个主权国家构成的体系，但同时也是一个"全球"体系，是共同命运下所有主权国家构成的一个有机融合的共同体。这个共同体是一个囊括了全人类的最大共同体，它之外再没有与之相对的"他共同体"，其本身就是人类社会最大的"自共同体"。② 这个共同体的存在，既因为其内部各个个体行为体（主要是国家）之间的利益交汇交融，更因为其面临共同全球性挑战与威胁③的共同命运。因此，人类命运共同体最终不可能是一个类似于联合国那样的全球性实体机构或实际组织。无论从其包括范围，还是从其追求的终极目标来看，它既是一个"利益共同体"，更是一个"价值共同体"，或者，更确切地说，它是一个以"价值共同体"形式存在的"利益共同体"。共同的利益是其存在的真实纽带，共同的价值认同和追求是其存在的灵魂和宗旨，而"五位一体"的理想世界就是人类命运共同体存在的表象或表现形式。由此看来，从逻辑上说，人类命运共同体既是目的也是手段。说它是目的，是因为人类命运共同体是人类社会要追求的目标和愿景，也是当前中国呼吁世界各国共同努力建构的

---

① 刘建飞：《引领：推动构建人类命运共同体》，中共中央党校出版社，2018，第49页。
② 周安平：《人类命运共同体概念探讨》，《法学评论》2018年第4期。
③ 从"人类命运共同体"是人类最大的共同体来看，人类命运共同体在逻辑上不可能有与之相对的外部事件和外部关系，它只有内部关系一种。如此来看，当前人类社会面对的所有全球性威胁实际上也是人类命运共同体的内部事件和内部关系。诸如全球气候变化、生物多样性降低和臭氧层空洞之类，属于地球"自然系统"变异导致的全球性威胁，它们看起来似乎是"外在"于人类社会的，相对于人类社会自身，这些威胁是"外部的"；但从根源上来讲，当前人类社会面临的所有全球性威胁都源于人类活动本身，从这一角度来看，所有的威胁又都是"内部的"。

全人类同呼吸、共命运的"价值共同体";说它是手段,是因为人类命运共同体又是一种理念和思想,它本身就是为凝聚力量、构造共识而提出的一套处理国际关系的方法,是实现未来理想愿景的一种方式和路径,也是构建"五位一体"的未来美好世界(国际秩序)的一种价值和理念。就此而言,人类命运共同体又具有方法论和价值论意义上的内涵。正是这种手段和工具意义上的人类命运共同体理念,反映了当代中国的原则化信念和因果信念。

2. 呈现为一套原则化信念的人类命运共同体理念

原则化信念也是一种行为规范,为行为体制定政策和采取行动提供适当性逻辑,既包括限制性规范也包括构成性规范。限制性规范规定和制约人们的行为,构成性规范塑造新的行为、形成新的利益、创建新的行为类型。[1] 人类命运共同体理念就是中国处理自身与外部世界关系的一个行动指南,具有很强的手段性和工具性意义,主要是指一种国际意识或外交理念,也就是我们怎样对待这个世界中的其他国家(或行为体),怎样处理与它们的关系(合作与纷争)。它突出强调,在我们对所置身的这个世界的特质做出判断(已经成为一个命运共同体)之后,需要我们在追求本国利益时兼顾他国合理关切,以合作共赢的关系性价值准则来处理国际关系。同时,它也是中国提出的应对当今世界所面临的日益严峻的全球性问题与挑战的思路和方案,希望面对共同的挑战,当前世界各国都能摒弃零和思维,从一种关系性和推己及人的视角,跳出某一国家(或某一行为体)狭隘的利益,从一个整体性和全局性的角度看待这个世界面临的问题,具有强烈的中国传统"天下观"[2](世界观和哲学意义上)的含义,也就是面对日益严峻的全球性挑战,世界各国应该怎么办的重大问题。就此而言,人类命运共同体呈现出最为丰富的内涵,它在人类命运共同体的总框架下,综合了当前中国的主权观、利益观、和平观、义利观、发展

---

[1] 〔美〕马莎·芬尼莫尔、凯瑟琳·斯金克:《国际规范的动力与政治变革》,秦亚青译,载〔美〕彼得·卡赞斯坦、罗伯特·O.基欧汉、斯蒂芬·克拉斯纳编《世界政治理论的探索与争鸣》,秦亚青等译,上海人民出版社,2006,第299~300页。
[2] 关于中国古代"天下"理念的当代价值,可参见赵汀阳《天下体系——世界制度哲学导论》,中国人民大学出版社,2011;《天下的当代性:世界秩序的实践与想象》,中信出版社,2016。

观、安全观、文明观、生态（自然）观、国际合作观、国际责任观、国际秩序观、全球治理观等，表现出强烈的规范性特征。在主权观上，中国始终强调主权平等原则，指出世界的前途命运必须由各国共同掌握，世界各国一律平等，不能以大压小、以强凌弱、以富欺贫。大国之间要不冲突、不对抗、相互尊重、合作共赢。大国与小国之间要平等相待、践行正确义利观，义利相兼，义重于利。在利益观上，中国强调在追求本国利益时要考虑相关国家的关切和利益，把本国利益同各国共同利益结合起来，努力扩大各方共同利益的汇合点，增进人类共同利益，树立双赢、多赢、共赢的新理念，摒弃你输我赢、赢者通吃的旧思维。在和平观上，中国始终坚持和平发展，以发展谋和平，通过争取和平的国际环境发展自己，又以自身发展维护和促进世界和平。中国也真诚希望世界各国都走和平发展道路，共同应对威胁和破坏和平的各种因素。在义利观上，中国强调坚持正确的义利观，做到义利兼顾，讲信义、重情义、扬正义、树道义，主张超越零和博弈、非此即彼等思维方式，在命运共同体的整体构架中实现各自的利益和共同利益，实现共同发展、共同幸福，同时形成守望相助、共同发展的道义追求。在发展观上，中国坚持以公平、开放、全面、创新为核心的发展理念，在谋求本国发展中促进各国共同发展，坚持开放的发展、合作的发展、共赢的发展，提出增强各国发展能力、改善国际发展环境、优化发展伙伴关系、健全发展协调机制的政策主张，强调大家一起发展才是真发展，可持续发展才是好发展。在安全观上，中国突出强调建立新安全观，积极倡导共同、综合、合作、可持续的安全观，坚持以互利共赢为出发点和落脚点来看待和处理国际安全问题，指出任何国家都不能把自己的安全建立在损害他国安全的基础上。在文明观上，中国强调不同文明凝聚着不同民族的智慧和贡献，没有高低之别，更无优劣之分。文明之间要对话，不要排斥；要交流，不要取代。要尊重各种文明，平等相待，互学互鉴，兼收并蓄，推动人类文明实现创造性发展。在生态（自然）观上，中国强调人类是自然的一部分，不能凌驾于自然之上，应坚持人与自然和谐相处。牢固树立尊重自然、顺应自然、保护自然的意识，坚持走绿色、低碳、循环、可持续发展之路。在国际合作观上，中国强调"建立以合作共赢为核心的新型国际关系，坚持互利共赢的开放战略，把合作共赢理念

43

体现到政治、经济、安全、文化等对外合作的方方面面",① 坚持用合作共赢的理念解决自身发展问题和全球性挑战,强调国际合作中的互利共赢。在国际责任观上,中国强调将继续发挥负责任大国作用,把为人类做出新的更大的贡献作为自己的使命,积极承担国际责任和义务,在国际上更加积极主动地发挥建设性作用,提供更多公共产品,携手各国人民共同应对人类面临的各种挑战。在国际秩序观上,中国高举和平、发展、合作、共赢的旗帜,始终做世界和平的建设者、全球发展的贡献者、国际秩序的维护者,坚定维护以联合国宪章宗旨和原则为核心的国际秩序。在全球治理观上,中国认为世界正处于大发展大变革大调整时期,全球治理体系和国际秩序变革加速推进,世界面临的不稳定性不确定性突出,人类面临许多共同挑战。强调秉持共商共建共享的全球治理观,支持联合国发挥积极作用,积极参与全球治理体系改革和建设,不断贡献中国智慧和中国力量。所有这些信念,为中国认知和界定国家利益,看待和处理全球利益及其与自身利益的关系,认识和对待国际关系中的他者并正确处理相互之间的关系,认识和对待我们所置身的这个自然世界并正确处理与之的关系,评判当前国际形势以及明确自身在其中的角色作用,承担国际责任和要求国际权利,看待和评估自身现有力量并为国际事务和全球治理积极贡献这些力量等,提供了一系列是非观念、利益原则以及道德标准,也为中国认知和处理纷繁复杂的国内国际事务提供了重要的行为指导。

3. 表现为因果信念的人类命运共同体理念

人类命运共同体理念对当前世界面临的许多问题与挑战做了归因性分析,为解决这些问题与挑战给出了中国应有的思考,提供了中国智慧和中国方案。而这正是人类命运共同体理念的核心要义,也就是为当前人类社会面临的问题与挑战提供具体的行动方案,并针对伙伴关系、安全格局、经济发展、文明交流、生态建设等具体领域提出行动的目标以及实现的路径。在上述关于人类命运共同体理念所体现的 12 条原则化信念的阐释中,绝大部分也同时体现着中国的因果信念。比如在国家利益的认知和获取方面,人类命运共同体理念强调本国利益更好取得与更久维持(结果)的一个基本前提,是充分考虑和顾及他国利益和全球利益(原因),因为在一

---

① 习近平:《论坚持推动构建人类命运共同体》,中央文献出版社,2018,第 200 页。

个利益共存和命运共生的全球化时代，任何对他者利益或全球性整体利益的损害，最终势必会有损于自身的利益。人类命运共同体的核心理念是中国传统文化中的整体主义哲学和关系主义本位，就是"天下无外"与"达己达人"，这充分反映在人类命运共同体理念对自身发展、维护国家安全和国际合作等重大问题的因果认知。在自身发展的问题上，人类命运共同体理念坚持在谋求本国发展中促进各国共同发展，在各国共同发展中更好更可持续地维持本国的发展，这里本国发展与各国共同发展二者互为因果。在维护国家安全方面，自我安全的获取与维持（结果）要同时顾及他者的安全和世界的整体安全（原因），世界整体的安全和每一个他者的安全有了保障（原因），自我的安全也就获得了保障（结果）。在国际合作问题上，强调互利共赢，只有让对方在合作中也能获利（原因）才能最终形成并维持合作，才能最终赢得自我利益（结果），也就是说，在一个利益共存的全球化时代，只有充分考虑并承认他者利益的合法性和合理性，充分考虑并承认共同体整体利益的合法性和合理性（原因），才能最终赢得自我利益的合法性和合理性（结果）。总体来看，在每一次维护自我利益或其他国际事务的具体行动中，人类命运共同体理念都提供了实现目标的思维方式和行动方式，包含着充分的因果信念。

（四）人类命运共同体理念的重大战略价值

中国提出的人类命运共同体理念，以深厚的中国传统政治哲学视野和理念为基础，本着一种整体主义（也就是中国传统的"天下无外"原则）和关系主义（也就是中国传统的"己欲达而达人"思想）思维方式来看待当前纷繁复杂的国际关系，深刻反映着当代中国的世界观、对待世界和他者的原则化信念以及处理各种国际关系的因果信念。在这种国际秩序转型正处于何去何从抉择的紧要关头，这种理念无论是对于中国，还是对于世界，都具有重要的战略价值和意义。

1. 人类命运共同体理念对于中国外交的重要战略意义和行动指导价值

人类命运共同体理念的提出和付诸中国外交实践，表明中国对自身、对外部世界以及对自身与外部世界之关系的认知发生了根本性的变化，这对于中国外交的价值不言而喻。

第一，表明中国不再单纯从物质利益的视角看待外部世界以及自身与外部世界之关系。人类命运共同体本身就具有超越物质利益的价值内涵。人类命运共同体的核心与灵魂在于"命运"二字,这种休戚与共、同呼吸共命运的认知与呼吁具有强烈的情感色彩与价值判断。倡导人类命运共同体理念并以此来指导行动,表明中国与世界的关系已经超越了单纯的物质交换和利益满足,而是在一种更深层次和更高维度的共同命运的心理和价值认同层面,而价值认同层面的共识与一致具有更加持久和稳定的维系作用。

第二,表明中国认可、接受人类共同价值并践行。人类命运共同体理念本身包含着人类共同拥有的基本普遍价值。正如习近平所强调的:"'大道之行也,天下为公。'和平、发展、公平、正义、民主、自由,是全人类的共同价值,也是联合国的崇高目标。目标远未完成,我们仍须努力。"[①] 人类命运共同体理念是这些人类共同价值的集中体现。在人类共同命运之下,这些共同价值将得到更彻底的贯彻,只有真正落实这些共同价值,才能构建真正的人类命运共同体。

第三,表明中国不再把自身特殊化和例外论。人类命运共同体的目标追求说明中国把自己与其他行为体(国家)视为平等的同质化的(价值观意义上,不是政治制度或物质力量上的)实体。中国与所有国家拥有同样的命运,全球性挑战面前没有特殊和例外,中国与所有国家都拥有相同的身份与认同。当然,在承认共同责任和身份的同时,人类命运共同体理念也并非均质化地看待每一个国家。人类共同命运之下,国家之间的差异和多样才是常态和实际。在共同责任的基础上,人类命运共同体更加强调有区别的责任和国家国情的不同。

第四,表明中国把应对当前人类社会面临的全球性挑战视为自己责任的重大关切。中国将更加积极参与甚至引领应对各种全球性挑战的全球治理。共同命运的理念预示着中国将会比以前更加积极投身于全球性问题的解决中,因为中国也是人类命运共同体的一分子,责无旁贷。相比较而言,中国既然承认所有国家的共同命运,自然也就承认自身在其中应该担负的责任,从政治意愿和政策立场上无疑会比之前更加积极主动,但这并不是说中国将不顾自身的能力和国情而承担更多的国际责任。

总之,从人类命运共同体理念中反映出来的中国的世界观、原则化信念

---

① 习近平:《论坚持推动构建人类命运共同体》,中央文献出版社,2018,第253~254页。

与因果信念,充分体现了中国对自身在世界全球化中的定位和责任认知的变化,这种变化必定会反映在中国的外交行动中,推动中国外交的转型,使中国以更加积极主动的姿态参与国际秩序转型与全球治理体系改革,从而使中国与世界的关系通过中国的外交实践行为得到进一步深化与加固。

2. 人类命运共同体理念对于国际秩序塑造和建构的重大战略价值

人类命运共同体理念本身就是一个关于世界的理念。它把中国自身也置于这个世界之内,站在全人类的高度来看待这个世界正面临的各种问题与挑战。它的立足点是整个人类,它的视野是整个地球家园。它对于指引和塑造国际秩序转型的方向并建构一个更加光明的秩序具有重要的战略价值。

第一,人类命运共同体理念是基于当前全球化世界的现实,中国建立起来的引领国际秩序转型和全球治理体系改革的新价值体系。人类命运共同体理念首先是一种价值体系,它是中国与世界(不再是一个外在世界,中国本身也在这个世界中)进行价值沟通并塑造价值的媒介。有学者曾经指出:"全球化了的中国的一个特征是,中国与世界之间建立起广泛的物质的利益关系。但是,中国与世界之间却继续存在着各种非正常的政治和价值的摩擦和冲突,……这些冲突的根本原因是中国与世界之间的价值冲突。""中国必须通过与世界的价值关系来影响世界。"[①] 人类命运共同体理念就是当前中国参与构建的全球治理新价值体系,这一价值体系正在得到越来越多国家和国际机构的认可和接受,它从价值关系方面使中国与世界的沟通与交互更加通畅,从而把中国与世界置于一个平等的价值互构关系之中,使中国与世界不再有深层次的价值摩擦与冲突,进而使中国能够在价值关系上影响国际秩序转型和全球治理体系改革。

第二,人类命运共同体理念有效弥合了当前国际体系内外政治分离的裂痕,为最大限度动员国际积极力量应对全球性挑战提供了思想武器。有学者指出:"由于内外政治分离而产生的大量置于各国管辖权以外的全球性问题,不仅是21世纪国际政治,同时也是各国国内治理面临的共同问题。全球治理呼唤新的全球合作形式。"[②] 国内政治与国际政治严重分离是

[①] 庞中英:《政治意愿、国家能力和知识角色——关于中国在全球治理中的作用》,庞中英主编《中国学者看世界·全球治理卷》,新世界出版社,2007,第349页。

[②] 苏长和:《中国与全球治理——进程、行为、结构与知识》,《国际政治研究》2011年第1期,第45页。

主权国家体系（威斯特伐利亚体系）的后果，也是其特征，这导致了国际领域（世界或全球领域）非常严重的无政府性，由此产生了国内政治与国际政治互动（互构）的不同理念与方式。人类命运共同体理念完全超越了这种内外分离的二元困境，不是从二者的协调与统筹出发，而是跳出二者之外，从一个包容二者的更广阔视角看待问题，从而有助于培育世界各国共同的价值追求，进而有效弥合当前国际体系内外政治分离的裂痕。人类命运共同体的构建最终必须得到世界各国的接受、认可，使世界各国为之共同行动。国际体系的内外政治分离造成了不同国家之间的利益与价值冲突。人类命运共同体理念旨在消解这些冲突，给世界各国提供了一个共同的目标与愿景，在人类社会的最高层级上塑造了一个共同的价值，从而可以最大限度地动员国际积极力量，为应对共同挑战、塑造共同命运而积极行动。

第三，人类命运共同体理念是新旧两种力量战略博弈中的重要道义支点和撬动世界人心的战略杠杆。国际秩序转型的关键时期，新旧力量的战略博弈更趋激烈。人类命运共同体的指涉范围是整个人类社会，出发点是全人类的共同利益。在以美国为首的西方世界仍然用二元主义的眼光看待它们之外的国家和自身的时候，中国提出的人类命运共同体理念已经站在了一个道义高点来看待这个世界。人类命运共同体的价值内涵是，承认中国与美欧等国家面临相同的问题与挑战，在同一条命运之船上，有共同的命运和未来，因而所有国家都要为这种共享的未来一起想象、一起谋划、一起行动。人类命运共同体是一面指向光明前景的大旗，它在道德的高地感召更多的力量，也顺应人类历史发展的长期趋势。高举构建人类命运共同体大旗，可以吸引和容纳更多力量，从而改变世界的人心向背，在一个更长的时段积聚人心与力量，推动世界走向"人类命运共同体"秩序。

二　构建人类命运共同体视野下全球气候治理的内涵与特征

全球化的深入发展给世界带来了成就和福祉，同时也带来了严重的全球性问题。在全球层次上和全球范围内采取应对问题的措施越来越必要，全球治理随之应运而生。正是在全球化带来严重全球性问题的过程中，人类社会日益增进一种共同命运之感，而这种客观事实为全球治理奠定了物质基础和理念基础。

（一）全球性问题日益凸显背景下全球治理的兴起与发展

当代世界面临日益增多且越来越具有挑战性的全球性问题，比如生态失衡、环境污染、气候变化、人口激增、难民危机、毒品泛滥、国际恐怖主义等。这些问题无论其本身的规模、波及范围还是影响程度都具有全球维度，都是"关系到整个人类生存与发展的严峻问题"。[1] 正是这些全球性问题日益严峻的影响，一方面催生了人们对传统国家安全、国家利益等重大问题的重新思考和界定，使人们的国际观念发生了重大变化，全球意识和环境意识得以强化；另一方面催生了无政府状态下全球治理的快速兴起、发展与完善。从国际体系的特征来看，全球治理实质上就是在一个无政府的国际体系中解决全人类面临的共同问题与挑战，为维护和增进人类共同利益而采取集体行动。正是伴随着20世纪六七十年代全球性生态环境问题的日益凸显，以及人们全球意识的日益增加，国际社会自20世纪80年代开始寻求全球性变革并着手构建应对全球性挑战的国际机构和组织。1992年德意志联邦共和国前总理威利·勃兰特同瑞典前首相卡尔森等28位国际知名人士在联合国发起成立了"全球治理委员会"。1995年该委员会发表了《天涯成比邻》的报告，对全球治理现状、国际社会合作等一系列有关人类未来前景的重要问题进行了论述，并提出了被广泛引用的"全球治理"概念："是个人和机构、公共和私人管理一系列共同事务方式的总和，是一种可以持续调和冲突或多样利益诉求并采取合作行为的过程，包括具有强制力的正式制度与机制，以及无论个人还是机构都在自身利益上同意或认可的各种非正式制度安排。"[2] 由此，自20世纪90年代以来，以应对和解决全球性问题与挑战为目标的跨越国界的活动以及相应的跨国性制度（机制）安排和组织建设日益增多，或者在国际社会原有的许多国际制度（机制）基础上（比如庞杂的联合国系统）纳入这些全球性问题，

---

[1] 蔡拓：《试论全球问题对当代国际关系的影响》，《全球化与政治的转型》，北京大学出版社，2007，第105页。

[2] The Commission on Global Governance, *Our Global Neighbourhood: The Report of the Commission on Global Governance*, Oxford and New York: Oxford University Press, 1995, Chapter 1.

使之成为相应的全球性问题的应对制度。① "全球治理的提出与全球化进程的深化、全球化时代的社会实践密切相关，它是全球化扩展、全球问题蔓延和全球合作深入的必然结果。"② 正是由于包括全球气候变化在内的全球性问题的日益凸显及其影响的愈益严重，才有了全球治理的必要性和重要性。因为"地球只有一个，但世界却不是。我们大家都依赖着唯一的生物圈来维持我们的生命。但每个社会、每个国家为了自己的生存和繁荣而奋斗时，很少考虑对其它〔他〕国家的影响"。③ 就此而言，所有的全球治理行动都是为了解决无政府国际体系下以自我利益为中心的主权国家的活动所造成的外部性——既包括积极外部性也包括消极外部性，从而避免人类公地的悲剧，④ 维护全人类的公共利益。有学者指出："全球治理所要解决的问题，就是应对由全球化这一进程所造成的各种问题的外部性：保护积极外部性得以持续且合理的分配，消除各种消极外部性对人类共同体的损害。"⑤ 因此，所有全球治理行动可以说都是为全人类提供全球公共产品（global public goods），无论不同国家对于全球治理具体内涵的界定存在多大分歧，也无论国家参与全球治理的实际动机有多大差异，有一点是一致的，即全球治理的基本目标和价值追求是客观存在的，其基本目标都是应对和解决全球性问题，其基本价值追求都是维护人类共同利益。就此而言，全球治理从其产生的前提来看，就具有鲜明的问题导向与实践导向。无论何种行为体，无论通过何种途径和方式，只要其目标指向是解决威胁人类共同利益的全球性问题，其价值指向是维护或增进人类的共同利益，那么，这些行动就是全球治理。有学者指出："所谓全球治理是以人类整体论和共同利益论为价值导向的，多元行为体平等对话、协商合作，共同应对全球变革和全球问题挑战的一种新的管理人类公共事务的规则、机

---

① 〔美〕玛格丽特·E. 凯克、凯瑟琳·辛金克：《超越国界的活动家——国际政治中的倡议网络》，韩召颖、孙英丽译，北京大学出版社，2005。
② 蔡拓、杨雪冬、吴志成主编《全球治理概论》，北京大学出版社，2016，第 1 页。
③ 世界环境与发展委员会：《我们共同的未来》，王之佳等译，吉林人民出版社，1997，第 31 页。
④ Garrett Hardin, "The Tragedy of the Commons," Science, Vol. 162, No. 3859, 1968, pp. 1243 - 1248.
⑤ 蔡拓、杨昊：《国际公共物品的供给：中国的选择与实践》，《世界经济与政治》2012 年第 10 期。

制、方法和活动。"[①] 因此，全球治理就是因应威胁整个人类利益的各种全球性问题的全球行动（包括相应的法律制度建设及其指导下的具体行为实践），其既具有鲜明的现实指向，也具有鲜明的未来导向，从深层次来看，它是促进整个人类文明转型的驱动力量与革命性实践行动。

（二）全球治理谱系中的全球气候治理及其特点

全球气候变化是当今世界面对的最严重的全球性问题之一，为应对和解决全球气候变化而采取的各种全球性行动就是全球气候治理。从全球治理的整个谱系来看，鉴于以下几个事实，全球气候治理是当前最大、最典型、影响最为深远的全球治理行动。第一，全球气候系统是全球最大的公地，也是全人类的共同财富，维护全球气候系统的稳定与安全就是维护全人类的利益。第二，大气中温室气体浓度增加而引发的全球气温的上升（温室效应）导致了非常严重的后果，威胁到了全人类的安全，这是事关人类文明存续与全人类生死存亡的根本性大事。第三，全球气候变化问题具有长时间跨度和跨代外部性。造成全球变暖的温室气体可在大气中存留上百年，大部分是发达工业化国家自工业革命以来排放的，而当前许多国家继续排放的温室气体带来的负面影响也要到几十年甚至上百年后才会显现。这一事实造成了发达国家与发展中国家之间以及所有国家自身的跨代外部性问题。第四，全球气候变化的影响是全球性的，全球气候系统变化导致的灾难性影响对所有国家都是一样的，没有一个国家能够置身事外，没有一个国家可以独善其身而不受影响。第五，应对气候变化的行动范围和量级是全球性的，需要绝大多数国家在全球范围内开展行动，任何单边的小范围行动都于事无补。第六，跟其他全球性问题相比，应对气候变化并不是一个只涉及某个单一领域的行动。鉴于全球气候治理的最核心行动是减少温室气体排放，它几乎涉及当代经济社会的各个领域和各个层面，从能源利用到工业生产，从交通到农业，从大型建设到个人的衣食住行，其中最重要的是，在维持当前现代化经济社会发展的前提下，减少化石能源的使用，寻找替代能源（可再生能源或其他清洁能源）或实现当前能源的清洁化利用。这些都绝非短期内能够奏效的事情，需要世界各国的经济

---

① 蔡拓：《全球治理的中国视角与实践》，《中国社会科学》2004 年第 1 期。

社会发展方式和依凭手段（资源）做出根本性转变。从根本上讲，这是一场人类的能源革命，也是一场整个人类文明的根本性转型，其难度是其他任何全球性问题都无法相比的。第七，全球气候变化仍然存在很大的不确定性，甚至存在不可逆转的巨大风险。全球气候系统作为一种巨大的复杂系统，影响因素多元且相互关系复杂，受制于观测、方法和机理认识等的局限，使诸多对全球气候变化的科学预测仍然存在不确定性。同时，我们正在进入一个人类活动影响与日俱增的"人类世"，人类的活动已经成为地球系统动态变化的主要驱动力，地球系统的生物物理部分与人类经济社会部分构成了一个更加复杂的复合系统，对人类世复合系统的治理提出更加复杂的新挑战，需要更具创新性的引导机制。[①] 与此同时，地球气候系统的变化也存在许多巨大的不可预测的风险，一旦触发这些风险将会造成无法预判甚至不可逆转的灾难性影响。一些科学研究表明，地球可能已经越过了某些气候变化的临界点，这些巨大的风险迫使人类社会即刻采取行动。正因如此，《公约》特别强调采取预防性措施，当有可能造成严重或不可逆转的损害时，不应当以科学上没有完全的确定性为理由推迟采取这类措施。

正是由于上述事实，全球气候治理已经成为近年来占据国际政治议程核心位置的议题，无论是联合国相关机构的活动，还是大小国家的外交活动，都在普遍关注全球气候治理问题。就全球气候治理而言，无论是从全球治理的普遍规律来看，还是从全球气候治理问题本身的特殊性来看，相对于其他全球性问题的治理而言，全球气候治理都呈现以下几个典型的特点。第一，全球气候变化问题的根源是全球性的，引起气候变化的温室气体在大气中是跨国界的，各国经济社会活动导致的温室气体排放具有典型的不可避免的外部性特征。第二，应对气候变化行动产生的结果（或收益）是一种全球公共产品。一个安全的全球气候系统对这个星球上的每一个国家（人）都是有利的（在不同程度上），但不管这个国家（人）是否做出了他的那份贡献，任何其他人都不能把其排除在这些利益之外。第三，与第二点密切相关，应对气候变化的集体行动是在一个无政府体系下进行的。

---

① 〔美〕奥兰·扬：《复合系统：人类世的全球治理》，杨剑、孙凯译，上海人民出版社，2019。

没有一个能够协调各主权国家利益的"世界政府",关于国际责任的分配也没有一个国际公认的标准和权威。"全球范围内并不存在一个超越主权国家的合法强权强制力量,去分配作为全球公共财富的温室气体容量资源。"[①] 这导致在应对气候变化的全球行动中,每一个行为体都具有强烈的搭便车(free-riding)动机,都在等待其他国家采取行动。[②] 第四,维护全球气候系统的安全与稳定是全人类的共同利益,全球气候治理需要每一个国家都采取相应的行动。但是,应对气候变化的最核心行动就是减少化石能源的使用和减少温室气体排放,这在短期内对国家的经济增长无疑是不利的,因而理性的、以国家利益为出发点的国家往往消极应对,使全球气候治理常常陷入集体行动困境之中。全球气候治理行动滞后,治理赤字严重,成为当今世界面对的最大的集体行动难题之一。[③] 第五,尽管每个国家的经济社会活动都对全球气候变化有影响,但很显然大国对全球气候变化的贡献度更高。如表1-1所示,2018年世界二氧化碳排放前十名国家的排放总量占世界排放总量之比达到67.7%,因而它们在全球气候治理中也应该承担相应的责任。但作为全球气候治理的重要责任者,大国往往是矛盾的,由于各种国际政治和国内政治,有时候大国甚至会起到更加消极的作用,比如整个全球气候治理进程中的美国,两次退出国际社会艰苦谈判达成的全球气候治理协议,对全球气候治理进程造成了非常严重的阻碍。

表1-1 2018年世界二氧化碳排放前十名国家的排放量(百万吨 CO_2)

	中国	美国	印度	俄罗斯	日本	德国	韩国	伊朗	沙特	加拿大	合计
排放量	9428.7	5145.2	2479.1	1550.8	1148.4	725.7	697.6	656.4	571.0	550.3	22953.2
占比	27.8%	15.2%	7.3%	4.6%	3.4%	2.1%	2.1%	1.9%	1.7%	1.6%	67.7%

资料来源:BP, "BP Statistical Review of World Energy 2019," https://www.bp.com/content/dam/bp/business-sites/en/global/corporate/pdfs/energy-economics/statistical-review/bp-stats-review-2019-full-report.pdf, accessed on 25 January 2020.

[①] 邹骥等:《论全球气候治理——构建人类发展路径创新的国际体制》,中国计划出版社,2015,第23~24页。

[②] Robert O. Keohane and David G. Victor, "Cooperation and Discord in Global Climate Policy," *Nature Climate Change*, Vol. 6, 2016.

[③] 〔美〕曼瑟·奥尔森:《集体行动的逻辑:公共物品与集团理论》,陈郁、郭宇峰、李崇新译,格致出版社、上海人民出版社,2018。

正是由于上述特点，全球气候治理成为当前全球治理中最为棘手也最为紧迫的治理难题。一方面，由于涉及全球范围，缺乏一个强有力的合法权威来协调利益和诉求各异的如此庞大的国家群体。联合国在某种程度上可以发挥一定的协调作用，但在当前国际体系下，联合国的作用仍然相对有限，尤其是在《巴黎协定》确立的"自下而上"治理模式下更是如此。另一方面，全球气候治理这一问题本身的结构——各国面临的利益格局以及采取或不采取行动的动机——不利于太多的国际合作，在从全球到国家再到个人的各个层面已经存在各种各样的"气候对话"，却很少有"气候行动"，[①] 这使全球气候治理的治理困境异常突出，治理赤字十分严重。[②]

三　人类命运共同体理念与全球气候治理的互构关系

全球气候变化是当前人类社会面临的严峻挑战。在全球气候变化面前，所有国家都无法独善其身、置身事外，这是人类共同面对的难题。就此而言，全球气候变化带来的严峻挑战正在使人类社会显现一种共同命运，正是这种共同命运为世界各国基于某种共识和规则合作应对全球气候变化奠定了一个深层次的道德和伦理基础。

（一）全球气候变化威胁下人类共同命运的日益显现

全球气候变化是当前涉及范围最广、影响面最全、应对难度最大的全球性问题之一。纵观人类文明发展史，威胁到整个人类生存与安全的问题，除了核战争之外，大概只有当前的全球气候变化问题。全球气候变化的灾难性后果促使世界各国开始严肃反思其经济社会的发展方式、发展手段（资源），开始反思人类自身的行为，也开始反思无政府状态下的国家间关系。美国著名学者罗伯特·基欧汉和约瑟夫·奈曾经批判了经济自由主义关于经济上的相互依存会带来世界和平，并将使全球进入一个无国界

[①] Robert O. Keohane and David G. Victor, "Cooperation and Discord in Global Climate Policy," *Nature Climate Change*, Vol. 6, 2016, pp. 570 – 575.

[②] 庞中英:《全球治理赤字及其解决——中国在解决全球治理赤字中的作用》，《社会科学》2016年第12期。

时代的论断。他们认为，这是一种缺乏充分分析的盲目乐观。他们指出，经济自由主义的这一看法缺乏三个必要的前提条件：第一，只存在各国都必须依赖的一种国际经济制度，或者人类生存的生态环境已经处于极端危险之中；第二，各国都易受到这种危险引起的灾难性的严重破坏；第三，只存在一种解决问题的方法，而且也不用去寻找其他解决办法，争辩由谁来承受解决问题的代价。[①] 换言之，只有在上述三种极端情况下，国际政治（世界政治）才会发生本质变化，当前矛盾重重、冲突不断的国际体系才会发生根本转型，和平才会永固。经济自由主义的主张当然并不现实，基欧汉和奈的批判也合乎逻辑，即便从一个长期的视角来看，上述三种极端情况大概也很难完全形成。但从另一个视角来看，基欧汉和奈论及的三个必要条件似乎正在当前人类社会面对全球气候变化严峻挑战的情况下日益显现。人类生存的生态环境（气候系统）已经处于极端危险之中，世界各国都受到了这种危险所引起的灾难性破坏的严重影响。解决问题的途径与方法（减少温室气体排放）也是非常明晰的，大概只有由谁来承受解决问题代价的问题没有解决。气候变化引发的极端危险和严重破坏似乎还未在当下即刻显现（当然，对于一些小岛屿国家而言，这种危险和破坏已经非常明显），仍然是一个科学的预判和评估。从现实来看，即使全球气候变化导致的类似极端危险情况已经频现，也不会使国际和平自动出现，也不会使当前的国际体系变为一个无国界世界，解决该问题过程中的纷争、博弈甚至倒退也不会减少，当前各国间的推诿与责难、美国退出《巴黎协定》的行为充分说明了这一点。但不容否认的是，全球气候变化的灾难性影响使整个人类正在面临一种无法回避的共同命运。这句话至少有三种含义：第一，就人类目前的科技和经济条件而言，地球是人类唯一的生存家园，全球气候系统的变化威胁到地球上每一个人和其他生物的生存与安全；第二，如果全球气候变化的严重影响真正产生，无一国家能够幸免，所有国家都要承受；第三，应对全球气候变化的举措必须是全球性的，所有国家要共同行动。正如通过《巴黎协定》的《公约》缔约方大会决定所强调的，出于气候变化可能导致的紧迫威胁，"要求所有国家尽可能开展最广泛的合作，参与有效和适当的国际应对行动，以期更快地减少全球温

[①] 引自樊勇明《西方国际政治经济学》（第二版），上海人民出版社，2006，第41页。

室气体排放量"。① 美国特朗普政府宣布退出《巴黎协定》后一年多的时间里，包括美国有关州和城市在内的绝大多数国家和非国家行为体没有退缩，没有形成连锁反应，反而采取积极的行动反对和抵制特朗普的退出行为，也从一个侧面反映了人类共同命运的逐渐形成和显现。

（二）人类命运共同体理念对全球气候治理的重要价值

全球化的深入发展既为世界各国的发展创造了前所未有的机遇和条件，带动了许多国家和地区的快速发展，同时也带来了历史上从未有过的问题与挑战，这大概就是全球化的悖论。全球化的悖论使当前世界各国面临更加复杂的形势，无论是发达国家还是发展中国家，大批的全球化失利者正在成为反全球化和逆全球化的主要支持者。但正如上文的分析表明——当然，不仅仅由于全球气候变化的严重影响——人类的共同命运正在逐渐形成和显现，这其实也是全球化的一个客观后果。全球化的深入发展已经使世界各国成为你中有我、我中有你的共同体。世界上任何一个国家或地区的发展都已经成为影响其他国家或地区发展的重要因素，世界各国的稳定与繁荣正在成为世界整体稳定与繁荣的前提与基础，反之，只有世界整体的稳定与繁荣，才能有助于和促进世界上每一个国家的稳定与繁荣。这是当前中国积极倡导构建人类命运共同体的一个重要时代背景。正是在这种背景下，中国积极倡导人类命运共同体，其要旨在于以下三点。

第一，跳出长期以来西方国家主导下形成的现实主义国际关系。这种国际关系近乎一种二元对立，国家之间近乎零和博弈，在一个无政府状态下的国际体系中，国家不断追逐基于权力的利益，冲突不断。构建人类命运共同体意在跳出这种现实逻辑，从人类整体面对的现实挑战出发，不以"我"为中心，兼顾所有他者的利益与关切，坚决摒弃冷战思维和强权政治，走对话而不对抗、结伴而不结盟的国与国交往新路。这种新型国际关系把自我利益的实现根植于他者利益实现的基础上，秉持双赢的理念，共同应对发展过程中面临的挑战与难题。

第二，跳出长期以来西方国家主导下形成的"国强必霸"的国际政治逻辑，建立新型大国关系。西方国际关系史的发展逻辑在某种意义上就是

---

① UNFCCC, Decision 1/CP. 21, Adoption of the Paris Agreement.

一个霸权更替的历史,即实力上升(崛起)的新兴大国必然与既存大国(霸权国)发生冲突与战争,这就是西方国际政治所谓的"修昔底德陷阱"。构建人类命运共同体的实质就是跳出这种政治逻辑。中国试图用自身的发展道路及实际行动来证明自己的和平发展理念。习近平指出:"世界上本无'修昔底德陷阱',但大国之间一再发生战略误判,就可能自己给自己造成'修昔底德陷阱'。"[①] 人类命运共同体理念指导下的中国,强调以新型义利观正确处理本国利益与他国利益的矛盾,处理国际关系应彻底摒弃有你无我、以力取利、赢者通吃的以零和博弈为特征的传统国家利益观。

第三,人类命运共同体视角下的新型国际关系构建需要大国在全球治理中承担更大责任。大国在全球性问题的应对和解决中担负着更大的责任,无论是从全球性问题的制造者和全球性问题的解决者视角,还是从各自能力的原则来看,大国都无疑是最主要的责任方。因此,人类命运共同体理念的出发点本身就包含着从"人"的视角看待当前面临的全球性挑战的理念,要求承担更大责任的大国在实现自己国家利益的时候必须兼顾其他国家(人)的利益,而不是只考虑自身的国家利益。同时,构建人类命运共同体并非空洞的理想,而是需要大国身体力行去推动和实践的。中国提出构建人类命运共同体,就是要积极运用自身的影响力,构建新型大国关系,在全球治理责任分担中承担更大的责任。同时,也表明中国将通过自身的影响和协调,推动其他大国承担相应的责任,最终为形成人类命运共同体贡献大国的力量。

四 人类命运共同体、人与自然生命共同体、地球生命共同体"三个共同体"的内在逻辑及其与全球气候治理的关系

在构建人类命运共同体理念的指引下,面对全球气候变化日益加剧的影响以及与气候变化紧密相关的其他全球生态环境问题(比如生物多样性

[①] 中共中央党史和文献研究院编《习近平关于总体国家安全观论述摘编》,中央文献出版社,2018,第239页。

损失）的日益凸显，中国又提出了更具有针对性的"人与自然生命共同体"和"地球生命共同体"理念，一方面积极推动中国在全球气候治理中发挥更大的作用，另一方面也为国际社会应对日益严峻的气候变化问题贡献中国智慧和中国方案。

（一）"三个共同体"的内在逻辑及其与全球气候治理的关系

人类命运共同体理念为全球气候治理体系的改革与建设提供了重要的思想资源、前进方向和实践路径。全球气候治理是推动构建人类命运共同体的典型实践行动，全球气候治理体系不断走向完善也是人类命运共同体不断走向深化的标志。应对全球气候变化，就其本质而言，是调整以人与自然的矛盾为表现形式的人与人之间的矛盾，而在全球层次上，在一个无政府体系中，实际上就是调整和解决国与国之间的矛盾。因此，要通过全球气候治理来推动构建的人类命运共同体，就不再单纯是一个社会文化概念，而必然包含人与自然关系、社会与自然关系的维度或层面。所以，在人类命运共同体理念的指导下，中国又提出共同构建"人与自然生命共同体""地球生命共同体"等理念，把人类命运共同体理念贯彻落实到了生态环境和气候变化领域，而共同构建"人与自然生命共同体"以及"地球生命共同体"就是共谋全球生态文明建设。理解人类命运共同体理念对全球气候治理的重要背景性和支撑性作用，需要充分理解"人类命运共同体"、"人与自然生命共同体"以及"地球生命共同体"三者之间的内在关联及逻辑关系，最终在此基础上理解它们与全球气候治理的逻辑关系。从根本上来讲，鉴于全球气候治理致力于实现的目标要求近乎全方位地改变当前人类社会经济发展内涵与方式，它实质上需要（或要求）对当前人类社会及其支撑系统（自然环境系统）包含的三个层面上的关系进行全面而系统的重构，即国际社会（人）与自然界的关系、国际社会内部所包含的国与国之间的关系及每个国家内部个体意义上的人与自然之间的关系。而这三个层面的关系，从现实的角度来看，最根本的或者说对实现全球气候治理目标最具限制性和挑战性的，是国际社会内部国家与国家之间的关系。一方面，无政府体系下的国家利益各异，相互之间在政治制度、意识形态、现实利益等各方面充满了竞争与矛盾，甚至是冲突与纷争；另一方面，正是这种无政府体系下国际关系的性质造成了当前全球气候变化问题

第一章　人类命运共同体与全球气候治理：理论阐释与逻辑关系

的困境，而且总体而言，当前国与国之间的关系充满了不平等、非民主、权力政治等严重制约和阻碍国际合作的因素，这种状态明显制约了国际社会与国家内部的人们重构其与大自然的关系。就此而言，当前国际体系的无政府特征以及这种状态下国家之间的权力不平等与安全竞争是严重制约国际社会人类集体行动的一个重要根源性因素。[①] 而推动构建人类命运共同体实质上就是针对当前的国际无政府体系，寻求世界所有国家的最大公约数，站在全人类的高度，呼吁世界各国携手应对已经对整个人类社会造成严重影响的全球性问题，以期推动当前国际秩序的实质性改变或重构。因此，就这"三个共同体"的内在逻辑关系而言，人类命运共同体在很大程度上处于核心和关键的位置，而且从当前人类面临的生态环境挑战来看，人类命运共同体本身也内在地包含着人与自然生命共同体。事实上，只有最终实现了人与自然关系的和谐，才能有真正意义上的人类命运共同体；只有真正建立起人与自然生命共同体和地球生命共同体，才能最终保证人类命运共同体的建立与持续。就此而言，从这"三个共同体"的内在逻辑关系来看，"人与自然生命共同体"更多的是从人与自然关系的哲学视野出发，强调的是一种人与自然的伦理关系以及人类在维持人与自然和谐共生意义上的道德与理性；"地球生命共同体"更多的是从一个更加科学意义上的现代生态学视角出发，强调人类在整个地球生命系统中的地位及其与地球上所有其他生命体的关系，以期实现一种生态学意义上的包括人类在内所有地球生命体的动态平衡、和谐共生；"人类命运共同体"则更多的是从人类（国际）社会的政治经济现实出发，着眼于人类社会的现实矛盾与人本身的价值，强调人类的共同理性以及全球性生态危机与挑战下的人类共同命运，以期从价值层面和最终的政治经济制度层面重塑国际体系，以维持人类自身生物学意义上的生存延续，以及更高层面（也是体现人类最终价值的）的文化与社会学意义上的生存发展。尤其是在人类世越来越清晰地展现在当代世人面前的形势下，在很大程度上，当人与自然（进而也与地球上所有其他生命体）关系的失调越突出，构建人类命运共

[①] Paul G. Harris, *What's Wrong with Climate Politics and How to Fix It*, Cambridge: Polity Press, 2013；张海滨：《环境与国际关系：全球环境问题的理性思考》，上海人民出版社，2008，第19~20页。

同体的紧迫性也就越突出。正如联合国开发计划署（UNDP）发布的《人类发展报告》30周年纪念版清晰指出，随着人类对地球施加的压力越来越突出，地球正在进入一个全新的时代，即人类世或人类的时代，人类发展出现了新前沿（next frontier），也就是人类正在越来越多地触碰到整个地球的自然生态边界。为了人类在这个时代的生存和繁荣发展，我们必须重新设计一条进步之路，对人类和地球交织在一起的命运保持敬畏，所有的国家都必须重新思考和设计各自的发展道路，为人类施加给地球的日益危险的压力负起责任，做出改变。[①]

综合以上分析，当我们审视"三个共同体"与全球气候治理的关系时，实际上越来越清晰地展示出一幅相互影响、相互促进的"四位一体"结构图（见图1-1）。事实上，全球气候治理是对整个人类经济社会发展道路、发展方式以及发展内涵的结构性限制和重塑，因此它正在成为同时

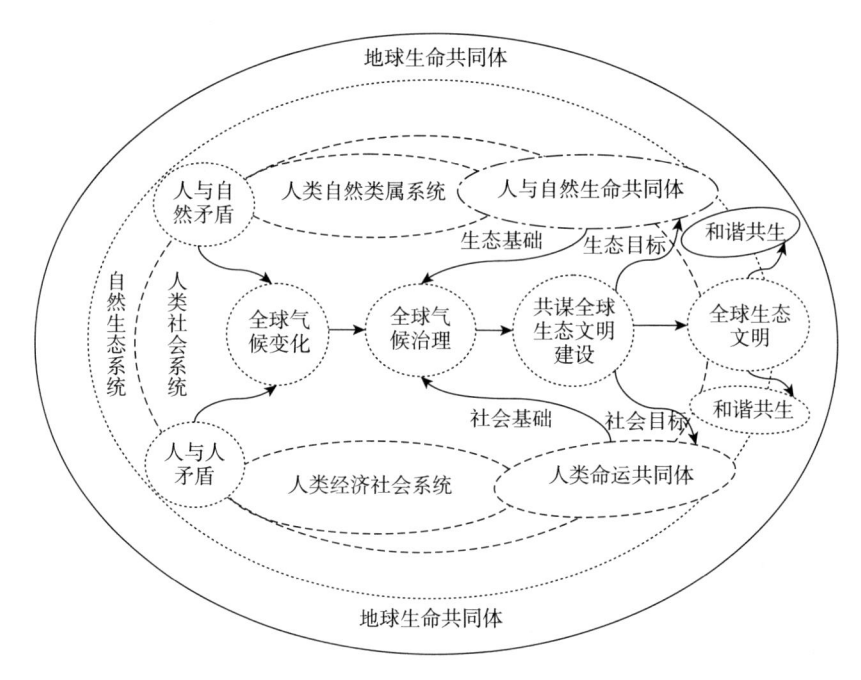

图1-1 "三个共同体"与全球气候治理"四位一体"结构
资料来源：笔者自制。

---

① UNDP, *Human Development Report 2020: The Next Frontier—Human Development and the Anthropocene*, New York: United Nations Development Programme, 2020.

推动构建"三个共同体"的复杂人类地球工程,而人类命运共同体从社会的动力基础、人与自然生命共同体(地球生命共同体)从自然的生态基础方面,为全球气候治理提供了直接的保障和条件,构建人类命运共同体、人与自然生命共同体、地球生命共同体与全球气候治理四者构成了一个不可分割的系统性整体。正如联合国开发计划署(UNDP)2020 年的《人类发展报告》所特别强调的,"我们不能再奢侈地(如果真奢侈过的话)在分离的社会和生态领域中,以孤立的、准孤立的观点来解决问题。相反,它们是相互依存的社会生态网络中的节点",[1] 人类对自然世界的影响越是加剧,就越是需要从人与自然和谐共生的关系中审视和评估人类的行动。归根结底,人与自然是无法分离的统一体,只有真正维护人与自然的和谐共生,尊重自然、顺应自然、保护自然,才能最终维护人类自身的安全与发展,才能真正构建人类命运共同体。

(二)"人与自然生命共同体"与"地球生命共同体"理念为全球气候治理的深入推进奠定自然伦理基础

全球气候变化问题的本质在于人与自然关系的失调。一方面,地球的自然资源(化石能源)是有限的不可再生资源,人类在经济活动中不可能无休止地攫取和利用这些资源;另一方面,地球气候系统的承载力也是有限的,温室气体不可能无限制地排放到大气中。迄今为止,人类对气候系统的复杂运行机理、各因素之间的影响关系以及其与人类活动之间的互动关系可以说仍然缺乏清晰的认知,任何因素的改变都可能导致无可逆转的非线性变化,从而产生无可估量的影响。归根结底,人类要依赖大自然生存与生活,人类也是地球生命系统中的一员,人与自然是生命共同体,地球家园中的各种生命构成了一个和谐共生的共同体,人类不能凌驾于自然之上。"人与自然共生共存,伤害自然最终将伤及人类。"[2] 全球气候变化最核心的原因是传统发展方式的不可持续性,实质上就是人类对自然的伤害,因为对化石能源的利用以及温室气体的排放都不是无限制的,人类活动

---

[1] UNDP, *Human Development Report 2020: The Next Frontier—Human Development and the Anthropocene*, New York: United Nations Development Programme, 2020, p. 8.

[2] 中共中央宣传部、中华人民共和国生态环境部编《习近平生态文明思想学习纲要》,学习出版社、人民出版社,2022,第 99 页。

导致大气中温室气体浓度持续上升，引发了全球变暖，从而导致严重的生态和社会后果。发端于西方社会的现代工业文明创造了巨大的物质财富，但也带来了严重的环境危机，气候变化就是这种危机的集中体现。因此，要在全球层面上推进全球气候治理，必须首先在发展哲学和理念上超越人与自然的二元对立，充分认识人与自然的辩证共生关系，在哲学理念上确立新的自然观、世界观。而"人与自然生命共同体"和"地球生命共同体"的理念本质上正是试图重构人与自然关系的哲学变革，从一个人与自然互构或关系平等的角度，从一个地球所有生命体都和谐共生的角度，来看待人类的生存与发展。在自然观上，强调"人类应该以自然为根，尊重自然、顺应自然、保护自然……推动形成人与自然和谐共生新格局"。在发展观上，强调绿色发展，坚持以人为本，"让良好生态环境成为全球经济社会可持续发展的支撑"，坚持保护生态环境就是保护生产力，最终增进各国人民的福祉。在国际观上，强调各国共同的责任，坚持多边主义，"以公平正义为要旨"，"要携手合作，不要相互指责"，[1] 最终推动应对气候变化的有效行动。

（三）"人与自然生命共同体"与"地球生命共同体"构成了全球气候治理的生态基础

共同构建"人与自然生命共同体"与"地球生命共同体"，就是共谋全球生态文明的实际行动。它既是全球气候治理的自然生态基础，其本身也是全球气候治理的有机组成部分。全球气候变化的严重影响表明人类共同命运日益显现，世界各国越来越休戚相关，只有通力合作，才能从根本上实现全球气候治理的目标。"建设绿色家园是人类的共同梦想，保护生态环境、应对气候变化需要世界各国同舟共济、共同努力，任何一国都无法置身事外、独善其身。"[2] 而且当前全球气候变化的严重影响首先表现为人与自然（地球自然气候系统）之间的矛盾。人与自然关系的协调乃至最终的地球所有生命系统的和谐共生，是人与地球自然气候系统和谐的生态基础，也就是实现全球气候治理目标的生态基础。而且，应对全球气候变

---

[1] 参见习近平《共同构建人与自然生命共同体——在"领导人气候峰会"上的讲话》，《人民日报》2021年4月23日，第2版。
[2] 习近平：《论坚持人与自然和谐共生》，中央文献出版社，2022，第14页。

化的行动（无论是人为减少化石燃料使用以减少温室气体排放的行动，还是增加森林草原面积以提高碳汇的基于自然的解决方案）本身就是构建人与自然生命共同体、地球生命共同体的行动；而反过来讲，人类社会采取的一系列保护自然和生态环境的行动，如追求绿色低碳发展的经济社会发展方式转型，推动生物多样性保护等构建人与自然生命共同体、地球生命共同体的活动，最终也都是全球气候治理的有机组成部分。

全球气候治理从本质来看，就是试图以人为行动（减少化石燃料使用从而减少温室气体排放）减缓（或最终解决）地球气候系统的紊乱，使其恢复或达到一种"自然"的稳定状态，也就是使其恢复到它本来应有的状态，从而确保人类社会的安全与可持续发展。地球气候系统可以说是地球生命系统最大的自然基础和前提，也是地球所有生命赖以生存发展、繁衍生息的外部不可或缺的条件（如果把气候系统也视为整个地球自然生命组成部分的话，也是内部或内在条件）。就此而言，调节人与地球气候关系本身就是一种构建人与自然生命共同体和地球生命共同体的行动，而这种行动（即全球气候治理）所追求的最终生态价值和目标就是实现人与自然，乃至最终的地球所有生命的和谐共生，也就是使地球上所有的生命形态达到一种和谐共生的状态，形成一个互相支撑、互相影响和互为条件的生命共同体。因此，共谋全球生态文明的行动本身与全球气候治理是一致的，在很大程度上是重叠的。事实上，"构建人与自然生命共同体"[①] 正是中国专门为应对全球气候变化而提出的国际行动理念。因此，构建人与自然生命共同体和地球生命共同体的理念与行动实质上就为全球气候治理奠定了生态基础，而其本身也是构建人类命运共同体的生态基础和生态价值追求，在这一点上，全球气候治理与构建人类命运共同体是相同的，或者进一步说，全球气候治理就是构建人类命运共同体本身的内在行动。因此，以构建人与自然生命共同体和地球生命共同体为价值指向的协调人与自然关系的全球气候治理行动，与以同舟共济、守望相助为价值追求的协调人与人关系（国与国关系）的构建人类命运共同体的行动，内在地统一起来。

---

① 习近平：《共同构建人与自然生命共同体——在"领导人气候峰会"上的讲话》，《人民日报》2021年4月23日，第2版。

(四) 构建人类命运共同体既是全球气候治理的社会基础，也是全球气候治理的动力之源

构建人类命运共同体的本质是在一个最大范围的全球层面上协调以国与国关系为表现形式的人与人的关系，或者说，在当前每个个体意义上的"人"只能存在于特定国家的政治状态下，全球层面上人与人之间的矛盾与冲突在很大程度上是以国与国的矛盾形态表现出来的，协调人与人之间的关系在这种意义上就是以协调国家之间的利益冲突为核心的。如果说推动构建人类命运共同体的核心要旨在于解决国与国（人与人）之间的矛盾与冲突，那么，这必定为全球气候治理奠定了基础，因为全球气候治理是涉及范围最大、人数最多的人类集体行动，首先需要解决的就是行动的共识、动力和方式问题，而构建人类命运共同体实际上为解决这些集体行动问题提供了方案。就此而言，构建人类命运共同体既为推进全球气候治理奠定了社会基础，也为全球气候治理提供了价值追求（行动的共识）、目的指向（行动的动力）和手段工具（行动的方式）。归根结底，构建人类命运共同体最为核心的是解决"人"的动力和终极归宿问题，也就是说，无论是共谋全球生态文明，还是进行全球气候治理，最终都要依靠人类来完成，尽管无论是全球生态文明建设还是全球气候治理，其最终的生态价值追求都是人与自然的关系的和谐，使与人类相对的"自然"最终回归到它应有的"自然"状态，但在一个人类活动已经日益成为地球系统动态变化主要驱动力的"人类世"，似乎已经不存在纯粹的"自然"。在这种状态下，无论是保护自然环境，还是最终使自然环境恢复或回归其本来应有的"自然"状态，实质上都是由人为行动推动的。构建人与自然生命共同体、地球生命共同体的"构建"二字，实质上已经清晰地指出这种共同体是人类有目的、有意识的活动所推动的，其根本前提就是构建人类命运共同体。因此，无论是共谋全球生态文明，还是进行全球气候治理，本质上都需要人类命运共同体为其提供动力源泉、组织方式和行动目标，如前所述，只有对当前无政府体系下国际社会的国家之间的关系进行改变或重构，才能真正从制度上克服重构国际社会与大自然生态关系的障碍，也才能为全球气候治理的顺利推进提供动力之源。

五　人类命运共同体理念为中国推动全球气候治理体系的改革和建设提供了重要的价值目标与方向路径

综合以上分析，我们看到，人类命运共同体作为包含所有人的最大人类共同体，其存续和发展无疑是以人与自然的和谐共生为前提和基础的，因而其内在地包含人与自然生命共同体以及地球生命共同体。[①] 这是因为，没有人与自然的和谐共生，就没有人类命运共同体。正是人与自然关系的紧张和地球生命系统的紊乱从深层次凸显了人类共同命运，反过来也意味着构建人类命运共同体的紧迫性；与此同时，由于人类活动日益成为地球生物物理系统变化的主要驱动力量，地球生命系统中的"自然"与人类社会本身有着越来越密切的关系。而全球气候变化本质上是最大范围的人与自然关系的失调，需要从整个人类社会的整体角度来思考应对之策，就此而言，内在包含人与自然生命共同体和地球生命共同体的人类命运共同体对破解全球气候治理困境具有十分重要的现实意义与理论价值，有助于中国推动全球气候治理体系的改革与建设。具体而言，如果我们从人类命运共同体理念的三种内涵来看，它对全球气候治理体系三个构成要素产生的影响可以归纳为九个维度，如表1-2所示。

中国已经明确提出推动全球气候治理体系的目标，那就是"构建公平合理、合作共赢的全球气候治理体系"，而具体方式是"要秉持人类命运共同体理念，以更加积极姿态参与全球气候谈判议程和国际规则制定"，"积极参与和引领全球气候治理"。[②] 就此而言，人类命运共同体理念是中国推动全球气候治理体系改革和建设的指导思想。这种内在包含人与自然生命共同体、地球生命共同体的人类命运共同体理念，就是一个促进全球气候治理体系变化的自变量。在这种理念指导下的中国积极参与和引领全

---

① 郇庆治：《生态文明建设与人类命运共同体构建》，《中央社会主义学院学报》2019年第4期。
② 《习近平在中共中央政治局第三十六次集体学习时强调　深入分析推进碳达峰碳中和工作面临的形势任务　扎扎实实把党中央决策部署落到实处》，《人民日报》2022年1月26日，第1版。

表1-2　人类命运共同体理念对全球气候治理体系的影响

		全球气候治理体系		
		行为体	治理规范与制度	权力结构
人类命运共同体理念	世界各国你中有我、我中有你的共同命运	平等相待、公平承担应对气候变化的责任	利益共存的事实、命运与共的状态、休戚相关的现实	权力的相互依存，国际关系民主化
	"推己及人"的思维方式和关系意识	共担责任中的行为体，共同命运中的行为体，共生利益中的行为体	从推己及人的关系意识出发，看待自我利益及其获取方式、合作共赢；真正的多边主义；以国际法为基础的国际法治；人与自然和谐共生、尊崇自然、绿色发展	平等，共商共建共享
	"五个世界"的理想愿景	动员更多行为体参与全球气候治理，汇聚力量	共谋全球生态文明建设，发挥联合国有关机构和多边制度的核心作用，建设清洁美丽世界	权力的功能化和非政治化，合作领导

资料来源：笔者自制。

球气候治理体系变革的行动就是一个中间变量，即作为观念的人类命运共同体理念只有通过中国在全球气候治理中的实践行动才能发挥作用，而这种观念本身为中国的行动原则、行动方式和行动目标提供了直接的指导，最终推动全球气候治理体系的变化。全球气候治理体系改革与建设就是一个因变量，而中国推动其变化的最终目标是建立一个公平合理、合作共赢的全球气候治理体系。由此，我们可以构建人类命运共同体与全球气候治理体系这二者的逻辑关系，如图1-2所示。

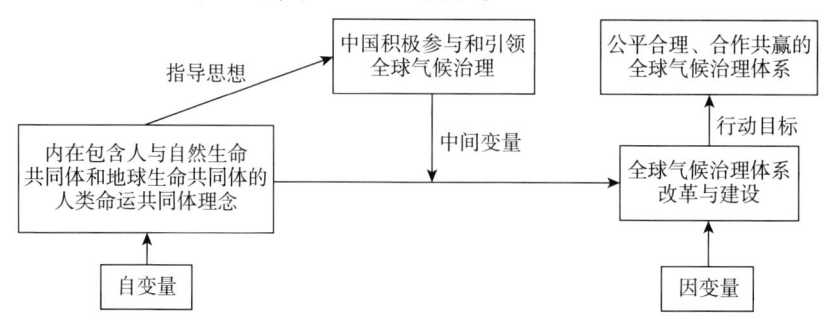

图1-2　人类命运共同体理念与全球气候治理体系变革之间的变量关系
资料来源：笔者自制。

具体而言，通过前面对人类命运共同体理念的分析和理解，本书把上述逻辑关系进一步具体化，如图1-3所示。

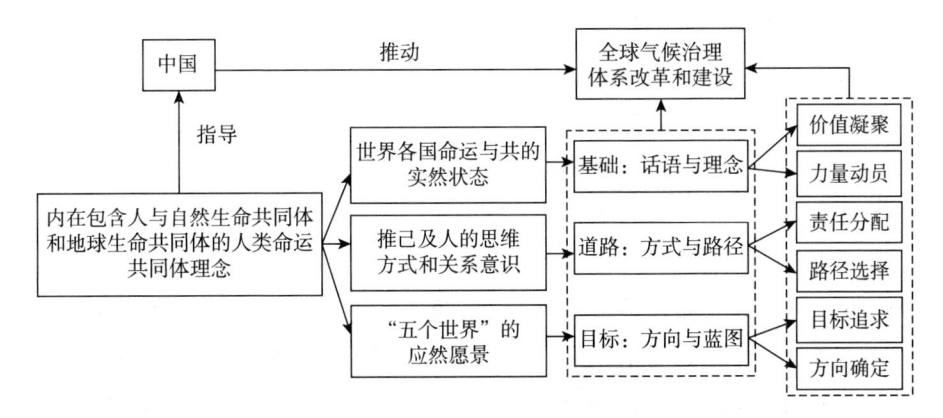

图1-3 人类命运共同体理念与中国推动全球气候治理体系改革和建设的具体逻辑关系

资料来源：笔者自制。

第一，内在包含人与自然生命共同体和地球生命共同体的人类命运共同体理念是对当前世界各国命运与共、休戚相关实然状态的概括，这一重要事实为中国推动全球气候治理体系改革与建设提供了话语与理念，为中国推动全球气候治理体系向着公平合理、合作共赢的方向变革奠定了现实基础。全球气候变化反映了人与自然关系的严重失衡，也反映了整个人类命运与共的客观事实。在全球气候变化的巨大风险面前，没有任何国家可以独善其身、置身事外，真正体现了"他人的终结"和整个人类的命运共系于同一条大船之上。① 人类命运共同体理念反映的这一重要事实为推动全球气候治理体系改革和建设奠定了基础。一方面，它能够为全球气候治理体系改革和建设凝聚价值共识，汇聚最大多数人的意愿；另一方面，它能够进行最大限度的力量动员，激发更多的力量投入全球气候治理中。应对全球气候变化在很大程度上仍然是一种面向未来的全球集体行动，对某

---

① 德国社会学家乌尔里希·贝克在其"风险社会"理论中指出，在全球性风险面前不再有一定的社会界限和社会范围，不分阶级、不分等级、不分民族、不分国家、不分政见的不存在"他人"这一范畴的全人类所有的人都将承担风险和蒙受灾难，意味着"他人的终结"。参见〔德〕乌尔里希·贝克《从工业社会到风险社会——关于人类生存、社会结构和生态启蒙等问题的思考》，王武龙编译，载薛晓源、周战超主编《全球化与风险社会》，社会科学文献出版社，2005，第103页。

些国家而言,其紧迫性并没有超过其短期的经济增长、保障就业等问题,致使一些国家消极后退。短期的国家利益与长期的全球利益发生了严重冲突,从而使全球气候治理僵局频现、进展缓慢。构建人类命运共同体本身就是要求世界各国跳出国家私利,从人类面临的整体挑战和利益出发,打破国家利益的藩篱。因此,这完全可以成为合作应对气候变化的全球气候伦理、气候正义的基础,成为能够被所有国家普遍接受的理念和话语,成为最终解决问题的普遍共识,从而有助于打破僵局、促进合作。

第二,内在包含人与自然生命共同体和地球生命共同体的人类命运共同体理念本身,就是一种推己及人的思维方式和"大家好才是真的好"的关系意识,为中国推动全球气候治理体系改革和建设提供了重要的方式与路径,从而为全球气候治理体系走向公平合理、合作共赢开辟了新道路。走向人类命运共同体本身就包含着某种本体论和方法论的变革。从本体论来讲,人类世界是由具有共同伦理道德、共同人性修养的"人类"构成的,他们具有相同的价值观基础。所以,看待世界首先应该从人类的角度,从人类社会的整体视角来看。正如赵汀阳所指出的,当前的"世界"仍然是一个"非世界",面对世界性(全球性)难题和挑战,人类本应该"以天下观天下"。① 从方法论视角来看,当前人类社会面临的诸多全球性挑战和困境,究其本质,在很大程度上都是作为人类生存和生活基本单元的国家所构成的无政府国际体系造成的。② 当然,国家的存在有其很强的合理性,从人类社会长期发展的视角来看,当前由主权国家构成的这种国际体系也不会在短期内发生本质变化。但面对人类发展中的困境,需要从方法论上超越国际体系,寻求解决问题的现实方法,比如通过建立国家间的制度来弱化甚至解构狭隘的国家利益,解决国家利益与全球(人类)利益的冲突。人类命运共同体理念本身就包含着明确的整体性思维和关系性意识,站在人类整体利益的高度,从相互关联和相互依存的视角来看待和处理当前人类面临的严峻挑战。这一理念本身也意味着推动全球气候治理

---

① 赵汀阳:《天下体系:世界制度哲学导论》,中国人民大学出版社,2011。
② 美国著名学者保罗·哈里斯(Paul Harris)认为正是威斯特伐利亚国际体系(其甚至称之为"威斯特伐利亚癌症")的特点造成了自私自利的国家,使应对气候变化的有效国际合作变得异常困难。参见 Paul G. Harris, *What's Wrong with Climate Politics and How to Fix It*, Cambridge: Polity Press, 2013。

体系改革和建设的路径。也就是说，在巨大的全球性风险面前，需要国家放下政治和利益的偏见，不再因责任分配的纷争而延缓甚至阻碍集体行动的推进，共同承担已经迫在眉睫的应对责任。因为从终极角度来看，任何他者（国）的不安全都意味着人类整体的不安全，任何自我（国家）的生存与发展都是以他者（国）的生存与发展为前提的，任何个体（国家）的生存与发展都是以自然生态的安全为基础的；同时，为应对全球气候变化，每个国家需要从人类整体命运、人与自然和谐共生的角度出发，以共同命运为基础构建国际气候制度，最终形成超越国家利益的"命运共同体"。而这种"命运共同体"路径至少在方式和路径上为全球气候治理体系变革指明了前进的道路以及变革的方式。

第三，内在包含人与自然生命共同体和地球生命共同体的人类命运共同体理念有一个明确的"五个世界"应然性理想愿景，为中国推动全球气候治理体系改革和建设提供了明确的方向和蓝图，也是全球气候治理体系变革的最终目标。全球气候治理曲折向前，需要一个明确的方向指引，也需要一个清晰的愿景来汇聚力量。国际社会已经就全球气候治理的长期目标和控制全球温升的目标达成了共识，《巴黎协定》也明确提出在21世纪下半叶"实现温室气体源的人为排放与汇的清除之间的平衡"的具体减排路线图和时间表，但这些目标的指向主要是具体的全球减排数量。人类命运共同体理念为应对气候变化的世界各国描绘了一幅"持久和平、普遍安全、共同繁荣、开放包容、清洁美丽"的"五个世界"愿景图，而这一理想愿景实际上与中国推动全球气候治理体系改革和建设的目标是一致的。因为，只有实现全球气候治理体系的公平合理，才能维护世界各国的持久和平与普遍安全，只有实现全球气候治理体系的合作共赢，才能保证世界各国的共同繁荣和开放包容，从而最终实现清洁美丽世界。而这一应然性愿景为参与全球气候治理的所有行为体指明了目标追求，也为它们的行动明确了前进的方向。与此同时，这一应然性愿景既为全球气候治理的规范建构和制度设计提供了明确的原则和价值，也为这些规范和制度的实施提供了明确的路线图和工具箱。最终，这一应然性愿景为全球气候治理体系变革指出了一个明确的目标和方向，从而使所有关涉其中的行为体能够团结一致、凝聚力量，弱化甚至消除了国家之间的权力政治，推动了权力的功能化和非政治化。总而言之，"五个世界"的理想愿景为中国推动全球气候治理体系改革和建设确定了前进的目标和具体方向，在一个"你中有我、我中有你"的世界，使每个国家真正认识到相互包容和合作的重要价值，从而汇聚世界各国的积极力量，凝聚共识，推动全球气候治理由纷争走向共治，最终实现全球气候治理体系变革的理想目标，使全球气候治理的依靠力量（动员更多行为体）、组织方式（凝聚制度共识）和领导结构（权力功能化和非政治化）都朝着公平合理、合作共赢的方向转变，为《巴黎协定》目标的实现奠定坚实的基础。

第二章　全球气候治理体系：基本内涵与构成要素

通俗地讲，全球气候治理体系就是各类行为体围绕应对气候变化问题而形成的相互联系、相互制约的系统，既包括对气候变化成因的科学界定、责任划分，也包括在应对该问题的国际协调中形成的国际制度与机制、各类行为体的权利与义务等。在导论中本书已经对全球气候治理体系的基本要素做了概述，本章从理论、逻辑和实践的视角对全球气候治理体系的构成要素及其相互关系进行系统梳理，为下一步的分析奠定基础。

一　全球气候治理体系及其基本构成要素

全球气候治理是最为典型的全球治理领域之一。自1992年全球治理委员会成立以来，全球治理在安全、经济、环境等各个领域都取得了一定的进展，随之一系列有关的国际制度与机制也被创设，形成了比较庞杂的治理体系。对于这些治理体系的描述和界定，基于全球治理具体领域的具体实践，不同的学者出于不同的研究目的，从不同的理论范式和研究视角出发，使用不同的学术语言和术语，对这些治理体系进行了概括。有的学者把全球治理的要素分为治理的价值、治理的规制、治理的主体或基本单元、治理的对象或客体、治理的结果五个，也就是为什么治理、靠什么治理或如何治理、谁治理、治理什么以及治理得怎样五个问题。[①] 把全球治理的这五要素分类应用于全球气候治理中，也就形成了关于全球气候治理

---

① 俞可平：《全球治理引论》，《马克思主义与现实》2002年第1期。

的主要问题。①为什么治理，也就是关于全球气候变化的科学原理及评估问题，还有全球气候治理的价值，即全球气候治理的倡导者所要达到的理想目标和愿景。②靠什么治理或如何治理，也就是全球气候治理得以运行的一系列规范、规则和制度体系，也可以说是用以调节和规范参与全球气候治理各种行为体权利与义务的治理制度和相关机制。从根本上说，这是全球气候治理体系最为核心的部分。归根结底，在一个无政府的世界里要实现全球气候治理集体行动的目标，必须依赖一套能够为各参与方遵守、对各参与方在全球气候治理中的行为具有约束力的规则体系。③谁治理，也就是制定和实施全球气候治理制度和机制的组织机构，也是全球气候治理责任的直接承担者和行动者。应对全球气候变化应该由谁来担负解决问题的重任，谁应该承担解决问题的成本，这是一个责任分担的重大问题。概括地说，全球气候治理的参与主体主要有三类：一是各主权国家，从法律角度来看，也就是《公约》及其相关协议的缔约方；二是相关的正式政府间国际组织，比如联合国、世界银行、经济发展与合作组织、欧洲联盟等；三是各类相关非政府组织。目前来看，主权国家（各国政府）仍然是全球气候治理的核心主体。无论是从全球气候治理的实践还是从气候治理的国际法依据来看，最终的责任主体依然是主权国家，在此基础上，其他非国家行为体（政府间国家组织、非政府组织、科学团体或者个人等）也会利用各种渠道和方式参与全球气候治理，对全球气候治理无疑也具有一定的推动和促进作用。④治理什么。就全球气候变化问题而言，全球气候治理最为核心的目标就是减少温室气体排放。全球气候变化的归因和解决手段在科学上已经有了清晰回答，减少温室气体排放是减缓和最终解决全球气候变化的关键。但鉴于温室气体排放涉及领域广泛，几乎整个人类社会的经济社会活动都会导致温室气体排放，所以由此产生的对象性领域十分广泛。而温室气体排放的主体是二氧化碳，二氧化碳的排放又跟化石能源的使用直接相关，所以，全球气候治理所要解决的问题从根本上说就是能源问题，实质上就是能源转型问题，是能源的清洁化、可再生能源的开发与利用等。这构成了全球气候治理的核心问题。⑤治理得怎样，也就是全球气候治理目标的实现程度问题，或者说是全球气候治理制度的有效性问题。有两类因素影响全球气候治理制度的有效性，一类是全球气候治理制度本身的运行，另一类是实现全球气候治理制度安排的社会条件

第二章 全球气候治理体系：基本内涵与构成要素

和其他环境条件。

从学术研究的现状来看，学术界和政策界对全球气候治理体系的界定和理解既有从相对比较宽泛的广义视角出发的，也有从相对比较狭义视角出发的。具体而言，从广义上来讲，全球气候治理体系应该包含上述五个要素，是由五大要素围绕全球气候变化问题的解决形成的一个完整治理系统。而从狭义视角来讲，全球气候治理体系只指上述第二个要素，也就是全球气候治理的一系列规范、规则和制度体系，也就是以《公约》为核心支柱的，包括《京都议定书》和《巴黎协定》在内的一系列气候治理规范与制度。目前许多学者就是在后者的意义上使用"全球气候治理体系"的。无疑，全球气候治理的规范与制度是全球气候治理诸要素中最为关键和复杂的，也是构成广义意义上全球气候治理体系的核心内容。但从实践和逻辑的角度来看，这种理解相对有点狭窄。为此，本书从一个折中的角度来理解和概括全球气候治理体系的内涵和构成要素。如果我们从上述全球治理五要素视角来看，就全球气候治理而言，全球气候治理的价值和目标事实往往被包含进了制度和机制的设计中，在很大程度上，创设制度和机制必须首先明确其目标和方向。因此，目标的确立和价值的宣示已经被纳入第二个要素中。而就治理对象（治理什么的问题）的本质而言，这是一个科学认知的问题，也是治理规范与制度创设的重要前提。在一定程度上，如果我们把全球气候治理体系看作一个问题链条的话，该问题往往处于问题链的前端或早期，一旦进入全球气候治理的行动和实践阶段，它似乎就成为一个既定基础和"事实"，成为整个治理行动"不言而喻"的一个前提。尽管气候变化怀疑论者仍然大有人在，科学上的质疑也时有发生，而且气候变化科学认知和界定最为权威的国际机构——政府间气候变化专门委员会的工作仍然在持续进行（从1990年至今已发布了六次评估报告），但该问题似乎已经不再是全球气候治理体系需要特别关注的问题。最后，关于全球气候治理的有效性问题（治理得怎样），这似乎主要是一个实践问题，也是对全球气候治理制度和机制的事后追踪和评估的问题，又是处于问题链的末端或晚期的问题。因此，总体而言，如果从逻辑和实践相统一的角度来看，全球气候治理体系的核心就是："谁"（主要参与行为体）通过何种方式（靠什么和如何）来解决全球气候变化带来的严峻挑战和防止灾难性后果。就此而言，全球气候治理的参与主体（主权国家和大量的非国家行为体）以及全球气候治理的规范与制度就构成了全球气候治理体系的主要因素。此外，鉴于全球气候治理（实践和行动意义上的）是一场典型的无政府体系下的集体行动，由于不存在一个自上而下的权威（机构）来为各参与主体界定责任和分配任务，集体行动的困境严重影响着治理行动的推进。在这种情况下，全球气候治理的国际领导权分配往往至关重要，而这种领导权在一定程度上又是由国家（国家集团）在全球气候治理中的客观实力所决定的，比如，特定国家（国家集团）的经济实力、温室气体排放在全球所占份额、减缓和适应全球气候变化的技术创新能力等，在很大程度上决定了该国在全球气候治理中权力的大小。

因此，正如在导论中所阐释的，本书把参与主体（主要行为体）、治理规范与制度、治理体系中的权力格局（领导权分配）作为全球气候治理体系的基本构成要素。

二 全球气候治理体系的参与主体

从全球气候治理实践的历史演进来看，全球气候治理体系的参与主体包括主权国家、国际组织以及其他非国家行为体。在20世纪70年代，全球变暖问题首先作为一个自然科学问题进入国际科学界的视野，其经历了一个从科学到政治的逐步政治化过程。[①] 气候变化问题最初实际上主要由非国家行为体（比如科学家、环境非政府组织）主导，从1988年在加拿大多伦多召开的主题为"变化中的大气：全球安全的含义"的国际会议开始，国家（政府）逐渐主导全球气候变化问题，气候变化问题作为一个国际问题正式进入了国际政治的议事日程。[②] 如前所述，无论是从全球气候治理的实践，还是从气候治理的国际法来看，主权国家始终是全球气候治理体系最重要的参与主体，它们对全球气候治理制度的创设、运行及变迁发

[①] 马建英：《从科学到政治：全球气候变化问题的政治化》，《国际论坛》2012年第6期。
[②] 李慧明：《生态现代化与气候治理——欧盟国际气候谈判立场研究》，社会科学文献出版社，2017，第89页。

挥着首要作用。相比较而言，虽然国际组织和其他非国家行为体也在全球气候治理的实践行动中发挥着非常重要的作用，但其作用仍然是补充性和辅助性的。近年来，随着《巴黎协定》确立的以"国家自主贡献"（Nationally Determined Contributions，NDCs）为核心的"自下而上"治理模式的形成，以及对非国家行为体赋予的"非缔约方利害关系方"（non-party stakeholder）法律地位，国际组织和其他非国家行为体在全球气候治理体系中的地位不断提升。

（一）全球气候治理体系的核心参与主体：主权国家

主权国家作为全球气候治理体系的最主要参与者，既是全球气候变化问题的主要制造者，也是全球气候变化问题的主要解决者。主权国家是全球气候治理多边国际协议的法定缔约方，也是全球气候治理国际责任和义务的最终承担者和履行者。1992年达成的《公约》现有198个缔约方，几乎涵盖了联合国的所有会员，欧洲联盟（European Union，EU）作为地区政治、经济一体化组织，也是《公约》的缔约方。根据这些国家和地区温室气体的历史排放及发展程度，《公约》对缔约方进行了不同定位，各方承担不同的责任及义务。《公约》有关缔约方承诺的条款把缔约方分成了附件一缔约方、附件二缔约方，其余缔约方就是非附件一缔约方。因此，缔约方被分为三类。

第一类是附件一缔约方，主要是1992年"经济合作与发展组织"中的工业化国家和经济转型国家，共43个国家和地区，包括澳大利亚、奥地利、白俄罗斯、比利时、保加利亚、加拿大、克罗地亚[①]、塞浦路斯[②]、捷克共和国、丹麦、欧洲共同体（欧盟）、爱沙尼亚、芬兰、法国、德国、希腊、匈牙利、冰岛、爱尔兰、意大利、日本、拉脱维亚、列支敦士登、立陶宛、卢森堡、马耳他[③]、摩纳哥、荷兰、新西兰、挪威、波兰、葡萄

[①] 克罗地亚是按照缔约方大会第3次大会第4/CP.3号决定，经1998年8月13日生效的修正案增加列入附件一的国家。

[②] 塞浦路斯是按照缔约方大会第17次大会第10/CP.17号决定，经2013年1月9日生效的修正案增加列入附件一的国家。

[③] 马耳他是按照缔约方大会第15次大会第3/CP.15号决定，经2010年10月26日生效的修正案增加列入附件一的国家。

牙、罗马尼亚、俄罗斯联邦、斯洛伐克、斯洛文尼亚、西班牙、瑞典、瑞士、土耳其、乌克兰、英国、美国。缔约时，根据《公约》第四条对这些国家和地区做出了不同的承诺要求。1997年达成的《京都议定书》，对附件一国家和地区做出了承担明确量化减排义务的要求，并在议定书的附件B规定了明确的减排量。在实施《京都议定书》时，哈萨克斯坦也被视为《公约》附件一缔约方，被列入了《京都议定书》附件B国家中。

第二类是附件二缔约方，包括附件一缔约方中的经济合作与发展组织成员国，但不包括正在向市场经济过渡的国家，共25个缔约方，包括澳大利亚、奥地利、比利时、加拿大、丹麦、欧洲共同体（欧盟）、芬兰、法国、德国、希腊、冰岛、爱尔兰、意大利、日本、卢森堡、荷兰、新西兰、挪威、葡萄牙、西班牙、瑞典、瑞士、土耳其[①]、英国、美国。《公约》对附件二国家和地区主要是规定了对发展中国家的资金援助和技术转让义务，以及帮助发展中国家缔约方履行公约等有关义务。

第三类是非附件一缔约方（实际上《公约》并没有"非附件一"这种说法），就是附件一之外的其余缔约方，主要是发展中国家，共154个。《公约》对这些国家没有再做区分，但在一些条款中多次提到要对特别易受气候变化不利影响的发展中国家缔约方和最不发达国家[②]给予特别关注，并将一些由于气候变化的不利影响和/或执行应对措施所造成的影响比较特别的发展中国家予以特别强调，主要包括以下九类国家：小岛屿国家；有低洼沿海地区的国家；有干旱和半干旱地区、森林地区和容易发生森林退化的地区的国家；有易遭自然灾害地区的国家；有容易发生旱灾和沙漠化的地区的国家；有城市大气严重污染的地区的国家；有脆弱生态系统包括山区生态系统的国家；经济高度依赖矿物燃料和相关的能源密集产品的

[①] 按照缔约方大会第7次大会第26/CP.7号决定，2002年6月28日生效的一项修正案将土耳其从附件二中删除。

[②] 最不发达国家（least developed country），也叫欠发达国家，是指那些社会、经济发展水平以及联合国所颁布的人类发展指数最低的一些国家。"最不发达国家"一词最早出现在1967年"七十七国集团"通过的《阿尔及利亚宪章》中。1971年联合国大会通过了2678号决议，正式把最不发达国家作为一个国家类别，并制定了三条衡量标准：（1）人均国民生产总值在100美元以下；（2）在国内生产总值中制造业所占比重低于10%；（3）人口识字率在20%以下。根据这个标准，当时联合国把24个国家列为最不发达国家。后来联合国对这一标准有所调整。

生产、加工和出口所带来的收入，和/或高度依赖这种燃料和产品的消费的国家；内陆国和过境国。

1997年《京都议定书》达成，现有缔约方192个，明确要求《公约》附件一国家承担规定时间（2008~2012年）内的量化减排义务，当时被列入规定量化减排义务的附件B缔约方有39个，包括澳大利亚、奥地利、比利时、保加利亚、加拿大、克罗地亚、捷克共和国、丹麦、欧洲经济共同体、爱沙尼亚、芬兰、法国、德国、希腊、匈牙利、冰岛、爱尔兰、意大利、日本、拉脱维亚、列支敦士登、立陶宛、卢森堡、摩纳哥、荷兰、新西兰、挪威、波兰、葡萄牙、罗马尼亚、俄罗斯联邦、斯洛伐克、斯洛文尼亚、西班牙、瑞典、瑞士、乌克兰、英国、美国。2006年《京都议定书》第2次缔约方大会决定将白俄罗斯列入附件B国家。加拿大于2011年12月15日宣布退出《京都议定书》，2012年12月15日正式退出了《京都议定书》，而美国一直没有批准《京都议定书》。

2012年12月8日，《京都议定书》第8次缔约方大会通过了议定书的多哈修正案。根据《京都议定书》第二十条第4款，修正案于保存人收到至少3/4的《京都议定书》缔约方的接受书之日后第90天对接受修正案的缔约方生效。这意味着总共需要144份接受书（不包括欧洲联盟），《多哈修正案》才能生效。截至2020年10月28日，有147个缔约方交存了接受书，从而达到了《多哈修正案》生效的门槛，该修正案于2020年12月31日生效。加拿大因已经退出《京都议定书》，所以没有接受《多哈修正案》；日本、俄罗斯联邦都没有接受《多哈修正案》，没有承担《京都议定书》第二承诺期责任。根据《京都议定书》第四条第2款，下列缔约方已通知秘书处，它们同意共同履行《京都议定书》第三条关于第二个承诺期的承诺：奥地利、比利时、保加利亚、克罗地亚、塞浦路斯、捷克共和国、丹麦、爱沙尼亚、欧洲联盟、芬兰、法国、德国、希腊、匈牙利、冰岛、爱尔兰、意大利、拉脱维亚、立陶宛、卢森堡、马耳他、荷兰、波兰、葡萄牙、罗马尼亚、斯洛伐克、斯洛文尼亚、西班牙、瑞典、英国。

2015年12月12日《公约》第21次缔约方大会正式通过了《巴黎协定》。根据《巴黎协定》生效条件，2016年10月5日已经跨过了生效门槛，11月4日《巴黎协定》正式生效。截至2023年8月，《公约》198个缔约方中有195个已经批准或接受了该协定，成为《巴黎协定》的缔约方。只有伊朗、利比亚、也门没有批准或接受《巴黎协定》。美国在奥巴马政府时期于2016年9月3日接受了《巴黎协定》，特朗普执政以后于2017年6月1日宣布退出《巴黎协定》并于2020年11月4日正式退出，2021年1月20日拜登政府宣誓就职当天第一时间就签署行政命令，重新加入了《巴黎协定》。根据《巴黎协定》有关规定，一个月后，即2021年2月19日，美国正式重返《巴黎协定》，重新成为《巴黎协定》的缔约方。

（二）全球气候治理体系中的国家集团：国际气候谈判的集团化

按照联合国的惯例，在联合国气候治理体系下，为了一些程序上的便利及公约缔约方年度会议的程序安排，《公约》缔约方基本可按照地理范围分为五个"地区集团"：非洲集团、亚太集团、东欧集团、拉美和加勒比集团、西欧和其他国家集团。然而，这五大地区性国家集团通常并不自然地形成全球气候治理体系中的国家联盟或国家集团。在一般的国际气候谈判中，一方面基于地理因素（因为地理上接近的国家往往受到的气候变化影响也比较相似），另一方面主要是基于各国或国家集团自身经济社会发展程度、经济结构、能源结构，以及应对气候变化问题需要付出的成本和收益的差异，利益比较接近的国家往往持有相同或相近的立场并进而形成不同的谈判集团，国际气候谈判的集团化现象比较显著。[①]20世纪80年代后期至90年代初，关于全球气候变化问题的讨论逐步从科学界移入政策和政治界。在此过程中，一些国家对该问题的认知及解决方式开始出现较大分歧，三种主要矛盾或分裂逐渐暴露出来。一是发达国家之间对有法律约束的量化减排方式的支持（欧盟集团）与反对（美国集团）。二是发达国家和发展中国家之间对各自在应对气候变化中责任界定的分裂。三是发展中国家内部更关切气候变化不利影响的国家与更关注发展和贫困消除的国家之间的分歧（小岛屿国家更关注气候变化对其生存造成的严重威胁而要求力度较大的减排行动；而石油生产国质疑气候变化的科学性，主张

[①] 庄贵阳、陈迎：《试析国际气候谈判中的国家集团及其影响》，《太平洋学报》2001年第2期；张磊：《国际气候政治集团化：功能、演化与前景》，《新视野》2010年第2期。

"慢慢来"；中国、印度、巴西等新兴发展中大国居中，更关注发展经济利益，主张应对气候变化行动不能损害其国家主权）。① 因此，基本上形成了以发达国家和发展中国家划线的"南北格局"，以及两大阵营下的三大基本谈判集团的全球气候治理基本政治与利益格局。两大阵营就是发达国家与发展中国家，三大集团就是上述三大矛盾下形成的谈判集团。一般而言，北方发达国家居于主导地位，但由于温室气体排放的历史和现实状况，被要求率先采取减排行动并对发展中国家的减缓行动提供援助，而发展中国家整体实力较弱，而且面临着消除贫困和解决温饱等更为基本的生存问题。从宏观层面来看，主要有三大谈判集团：欧盟、以美国为首的伞形集团（the Umbrella Group）和发展中国家集团（77国集团和中国）。但是，在这种大的格局下，鉴于利益格局的复杂多样，在大的谈判集团下又形成了众多的次级谈判集团。

鉴于欧盟已经形成一个地区经济一体化超国家组织，它对内和对外都具有一定的独立国际法权限。具体在国际气候谈判中，随着欧盟（欧共体）与成员国之间的权限划分以及欧盟主要机构的变化，欧盟与成员国在国际气候谈判中的权限也在发生变化。在国际气候谈判中，通常是由当时的欧盟理事会轮值主席国代表欧盟进行发言。欧盟委员会并不发挥主要作用，由欧盟部长理事会（一般是环境部长理事会）决定欧盟的国际气候谈判立场，然后由欧盟理事会轮值主席国代表欧盟，以欧盟及其成员国的名义参与国际气候谈判。在具体实践中，轮值主席国与下一任轮值主席国以及欧盟委员会组成所谓的"三驾马车"（troika），对整个谈判过程进行管理和控制。② 轮值主席国和"三驾马车"在环境部长理事会相对严格的授权下参与国际谈判。从坎昆气候大会开始，欧盟的谈判代表统一集合在欧盟的名下，使欧盟有了更加明确的身份，加强了欧盟内部政策立场的协调，确保欧盟以一个声音说话，采取统一行动。

---

① Daniel Bodansky and Lavanya Rajamani, "The Evolution and Governance Architecture of the Climate Change Regime," in Detlef Sprinz and Urs Luterbacher, eds., *International Relations and Global Climate Change: New Perspectives*, 2nd Edition, Cambridge: The MIT Press, 2016.
② "三驾马车"起初由前任、现任和继任轮值主席国组成，从1999年《阿姆斯特丹条约》生效以来由现任、继任轮值主席国和欧盟委员会组成。参见 Rüdiger K. W. Wurzel and James Connelly, eds., *The European Union as a Leader in International Climate Change Politics*, London: Routledge, 2011, p. 11。

伞形集团是在国际气候谈判中逐渐形成的，除欧盟之外的发达国家组成的一个松散的气候谈判集团。该集团以美国为首，虽然没有正式的名单，但是除美国以外，通常包括澳大利亚、加拿大、冰岛、日本、新西兰、挪威、俄罗斯、乌克兰等国家，其成员随着谈判进程和议题的变化而变化。伞形集团的名称从何而来迄今尚无定论，一般的说法是将该集团成员在地图上用线连起来的形状就像一把伞，也象征着地球的保护伞，故此得名。伞形集团的形成是在国际气候谈判中国家利益和政治经济诉求变化的结果，随着国际气候谈判的演进，伞形集团也经历了一定的变化。最初，在《公约》附件一国家中，除了欧盟及其成员国之外，其余发达国家也协调立场，形成了一个松散的谈判集团JUSSCANNZ。该集团得名于其主要成员名字首位英文字母的连写，主要有日本（Japan）、美国（US）、瑞士（Switzerland）、加拿大（Canada）、澳大利亚（Australia）、挪威（Norway）和新西兰（New Zealand），冰岛也是其成员，而墨西哥和韩国是其观察员国家，有时还有其他国家作为观察员国参与JUSSCANNZ的会议，比如哈萨克斯坦和阿根廷。在1997年《京都议定书》谈判期间，由于反对欧盟严格限制使用灵活机制，尤其是对排放交易机制的使用方面，以美国为首的发达国家和部分经济转型国家与欧盟产生立场分歧，因此形成"伞形集团"。伞形集团与JUSSCANNZ的关键区别在于前者不包括瑞士，因为瑞士在灵活机制立场上更接近欧盟。同时，俄罗斯和乌克兰加入了伞形集团。从此，两个排放能力较大的经济转型国家与除了欧盟之外的温室气体主要排放工业国就形成了伞形集团这个松散的国际气候谈判联盟。

自20世纪90年代初联合国国际气候谈判开始以来，发展中国家一直很好地团结在一起，以"77国集团加中国"的形式参与国际气候谈判，以一个谈判集团的身份发挥自身的影响力。但发展中国家内部各国之间也存在利益差异甚至冲突，"77国集团加中国"在各个不同的谈判阶段经历了不同程度的分化、重组以及流变。77国集团最早可以追溯到1964年的联合国贸易和发展会议（UNCTAD）。1964年3月，在日内瓦召开的第一届"联合国贸易和发展会议"期间，发达国家与发展中国家产生了尖锐分歧。刚刚摆脱欧洲列强殖民统治的亚非拉76个国家和南斯拉夫经过连日磋商，发表了《77个发展中国家联合宣言》，提出了关于国际经济关系、贸易与发展的一整套主张。77国集团由此成立。77国集团的主席国通常代表

"77国集团加中国"的整体发言。然而，由于发展中国家在全球气候治理中也存在不同的利益诉求，利益多样化在所难免，随着国际气候谈判的演进，发展中国家集团也逐渐出现新的分化与组合。尤其是在2009年哥本哈根气候大会上，"基础四国"（BASIC）[①]作为新兴经济体力量迅速上升，发展中国家之间也有了明显的利益分化，形成许多次级谈判集团，除"基础四国"外，还有小岛屿国家联盟（AOSIS）、最不发达国家（LDCs）、石油输出国组织（OPEC）、非洲集团（African Group）、立场相近国家集团（the Like Minded Group）、热带雨林国家联盟（the Coalition for Rainforest Nations）和美洲玻利瓦尔联盟（ALBA）等。国际气候谈判中发展中国家阵营主要次级谈判集团如表2-1所示。

表2-1 国际气候谈判中发展中国家阵营主要次级谈判集团

"基础四国"（BASIC）	新兴经济体中国、印度、巴西和南非。"基础四国"的协调合作始于2009年哥本哈根气候大会前夕的四国部长会议，而中印气候合作已有较长的历史。"基础四国"抵制北方国家要求其减缓行动、接受国际核查的压力，采取内部自愿减缓行动
小岛屿国家联盟（AOSIS）	39个小岛屿国家联盟（加4个观察员），包括几个非77国集团成员国，比如图瓦卢和新加坡。小岛屿国家联盟自从1991年国际气候谈判开始之初就开始积极合作。小岛屿国家联盟是受气候变化影响最严重的国家，鉴于其脆弱性和急迫性，主张实施最严格的减排目标和措施，也强调适应气候变化
最不发达国家（LDCs）	46个最不发达国家，它们的特殊状况得到《联合国气候变化框架公约》有关条款的官方承认。最不发达国家强调需要同时考虑脆弱性和适应性
非洲集团（African Group）	非洲联盟的55个成员国组成。该集团在国际气候谈判中的合作正在加强，但该集团成员比较复杂，既包括追求气候正义的激进者，也有一些比较温和的国家，还包括一个"基础四国"成员、许多欠发达国家和部分石油输出国组织成员
石油输出国组织（OPEC）	沙特阿拉伯领导下的13个石油出口国家。OPEC是一个非常团结、资源丰富的集团，在国际气候谈判中经常扮演妨碍者的角色，该集团通常审慎地行动

[①] "基础四国"指中国、印度、巴西和南非四国，它们在2009年哥本哈根气候大会前夕开始正式相互协调立场、走向合作，此后"基础四国"定期召开气候变化部长级会议（一般每一季度一次），彼此协调在国际气候谈判和全球气候治理中的政策立场。但"基础四国"并不认为自己是一个独立的谈判集团，2011年德班气候大会上巴西谈判代表强调"基础四国"不是一个谈判集团，中国谈判代表也强调"基础四国"是77国集团的成员而不是一个独立的集团。但本书出于研究的需要把"基础四国"作为与其他发展中国家集团并列的一个谈判集团，旨在客观揭示"基础四国"与其他国家集团之间在气候变化问题上观念与诉求的一定差异。

续表

美洲玻利瓦尔联盟（Bolivarian Alliance for the people of Our America，ALBA）	该联盟是一个以拉丁美洲及加勒比地区政治、经济、社会一体化为宗旨的地区性合作组织，由委内瑞拉、玻利维亚、厄瓜多尔、古巴、尼加拉瓜、多米尼加等组成，该集团是一个气候谈判的后来者，在2009年国际气候谈判期间开始积极协调合作。该集团强调激进的公平和民主，强调减缓行动中北方国家的责任，反美和反殖民主义

资料来源：笔者自制。

除上述三大谈判集团外，还有一些国家并不跟上述三大集团立场相同，不属于上述任何集团，2000年墨西哥、列支敦士登、摩纳哥、韩国和瑞士形成环境完整性集团（the Environmental Integrity Group，EIG）。

（三）全球气候治理中的非国家行为体：观察员组织

在联合国正式的历次国际气候谈判（《公约》缔约方大会）中，非国家行为体被允许以观察员组织（observer organizations）的身份参与气候谈判进程。这些观察员组织主要有三类，即联合国系统及其专门机构、政府间组织（IGOs）和非政府组织，其中绝大部分是非政府组织。《公约》第七条第6段指出：联合国及其专门机构和国际原子能机构，以及它们的非为本公约缔约方的会员国或观察员，均可作为观察员出席缔约方大会的各次大会。任何在本公约所涉事项上具备资格的团体或机构，不管其为国家或国际的、政府或非政府的，经通知秘书处其愿意作为观察员出席缔约方大会的某次大会，均可予以接纳，除非出席的缔约方至少1/4反对。观察员的接纳和参加应遵循缔约方大会通过的议事规则。鉴于非国家行为体在全球气候治理中的重要作用，《公约》缔约方和秘书处都非常欢迎有关组织和机构以观察员组织的身份参加各种会议并发挥监督、督促等积极的、有建设性的作用。政府间组织和非政府组织一旦获得观察员资格，即可登记为代表参加各类相关会议。

目前有100多个国际政府间组织作为观察员组织参加《公约》缔约方大会以及它的附属机构会议，主要包括联合国框架下的一些机构，比如联合国开发计划署、联合国环境规划署、联合国贸易和发展会议等，还有一些其他政府间组织，比如经济合作与发展组织、国际能源署等。图2-1显示了历次《公约》缔约方大会（Conference of the parties，COP）中获得观察员资格的政府间组织和非政府组织的数量累积变化，截至2017年，共有2000多个非政府组织被接受为观察员组织。图2-2反映了历次《公约》

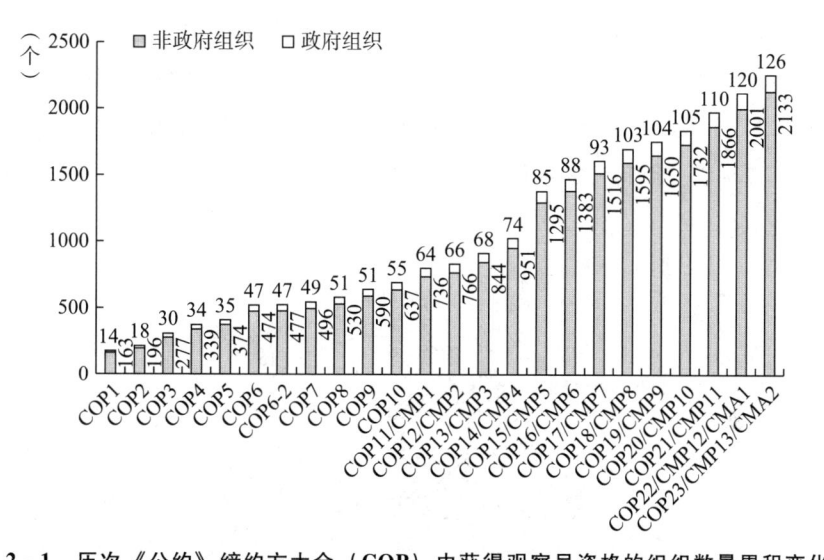

图2-1 历次《公约》缔约方大会（COP）中获得观察员资格的组织数量累积变化

资料来源：UNFCCC,"Statistics on Non-Party Stakeholders," https://unfccc.int/process-and-meetings/parties-non-party-stakeholders/non-party-stakeholders/statistics-on-non-party-stakeholders#eq-1.

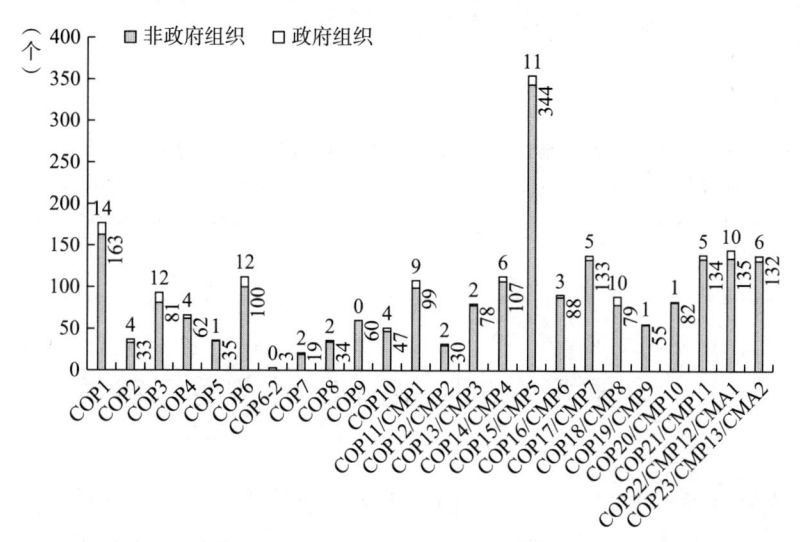

图2-2 历次《公约》缔约方大会（COP）中获得观察员资格的组织数量

资料来源：UNFCCC,"Statistics on Non-Party Stakeholders," https://unfccc.int/process-and-meetings/parties-non-party-stakeholders/non-party-stakeholders/statistics-on-non-party-stakeholders#eq-1.

缔约方大会（COP）中获得观察员资格的各种组织数量。这些组织来自国际社会的不同行业和领域，包括商界和工业界组织、环境保护团体、农业组织、土著居民、地方政府和市政当局、研究和学术机构、工会、妇女和女性团体以及青年组织等。图2-3显示了参加《公约》缔约方第22次大会（COP22）的观察员组织各代表的分布类别所占比例，其中环境非政府组织（37.6%）、研究和学术机构（27.1%）和工商业组织（15.8%）所占比重最大。

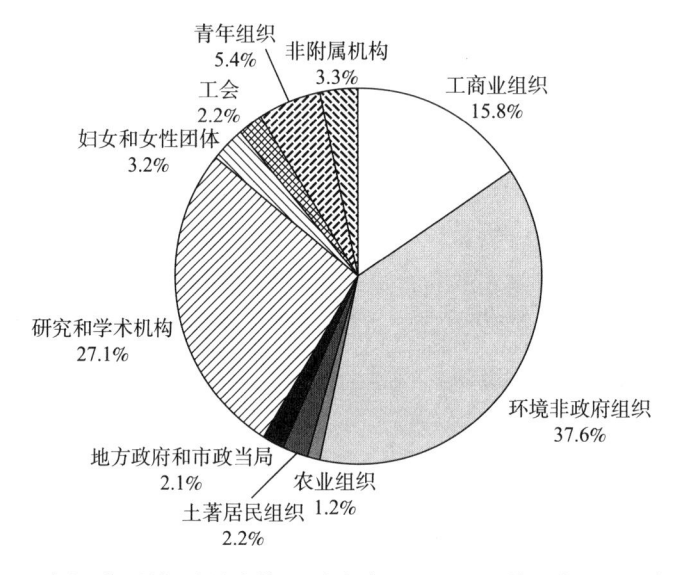

图2-3 参加《公约》缔约方第22次大会（COP22）的观察员组织类别比例
资料来源：UNFCCC, "Statistics on Non-Party Stakeholders," https://unfccc.int/process-and-meetings/parties-non-party-stakeholders/non-party-stakeholders/statistics-on-non-party-stakeholders#eq-1.

三 全球气候治理体系的基本规范与制度

全球气候治理是一个典型的国际集体行动，涉及世界上所有的国家和地区。在这种背景下，如何界定世界各国的责任、权利与义务始终是全球气候治理问题领域的一个核心问题。为此，联合国从启动国际气候谈判以来就一直通过建立国际制度的方式来协调国家之间的行动，以图推动应对气候变化的国际行动，从而形成了以《公约》为核心的一系列紧密相关的国际协议体系，构建起了全球气候治理规范和制度。

（一）全球气候治理的基本原则与规范

地球气候系统是全人类生存和生活的共同基础和条件，是一个不分国界和民族的整体系统。全球气候系统的紊乱对所有的国家都会产生影响，虽然这种紊乱在某一时间段对不同国家的影响程度不同，但从长远来看，地球气候系统的紊乱对整个人类都将是灾难性的。因此，维护地球气候系统的安全与平稳，将有利于所有的国家。从这个意义上说，地球气候系统是全人类的共同财产。全球气候治理实质上就是通过特定的规范和制度来保护人类的共同财产。因此，《公约》是站在全人类的立场上来阐明和确立全球气候治理的基本原则和规范的。这些原则和规范集中体现在《公约》的序言和明确作为"原则"的第三条中。在序言中，《公约》明确强调，"地球气候的变化及其不利影响是人类共同关心的问题"，"人类活动已大幅增加大气中温室气体的浓度，这种增长加剧了自然温室效应，平均而言将导致地球表面和大气进一步增温，并可能对自然生态系统和人类产生不利影响"。在此基础上，从序言中我们可以归纳出以下几项原则与规范。①责任区分原则。鉴于发展阶段和水平的不同，《公约》明确强调，"历史上和目前全球温室气体排放的最大部分源自发达国家；发展中国家的人均排放仍相对较低"，明确区分了发达国家和发展中国家对全球变暖的责任。②不确定性原则。《公约》明确强调："在气候变化的预测中，特别是在其时间、幅度和区域格局方面，有许多不确定性。"气候变化首先是一个科学问题，而地球气候系统受到非常复杂的各种因素的影响，其中包括许多自然因素，比如太阳本身的变化、太阳黑子和耀斑的变化。鉴于自然系统本身以及自然系统与人类活动系统相互影响的复杂性，人为因素对气候变化的影响到底有多大，始终是一个存在不确定性的科学问题，这也正是一些气候变化怀疑论者的理由。③主权原则。应对气候变化的全球治理行动是一个具有浓厚政治色彩的事项，鉴于国家主权独立的敏感性，在采取全球行动时，如何处理自上而下的强制性义务与国家独立主权之间的关系，也是全球气候治理中的一个重要问题。为此，《公约》明确强调"各国根据《联合国宪章》和国际法原则，拥有按自己的环境和发展政策开发本国资源的主权权利","重申在应付气候变化的国际合作中的国家主权原则"。④国际合作原则。地球气候系统的不可分割性要求世界各国都采取相应的行动，才可能取得治理的成功，正是从这个意义上，应对气候变化的国际合作成为必要，任何单一国家的行动都无法解决问题，即便这个国家是世界上最强大的国家。为此，《公约》明确强调："气候变化的全球性要求所有国家根据其共同但有区别的责任和各自的能力及其社会和经济条件，尽可能开展最广泛的合作，并参与有效和适当的国际应对行动。"

除上述基本原则与规范以外，《公约》第三条明确强调了全球气候治理的基本"原则"，概括而言，主要有以下几点。①公平原则。具体体现公平的就是"共同但有区别的责任"原则（以下简称"共区原则"），以及根据各自不同的能力而采取不同行动的原则，而更加具体的就是对发达国家和发展中国家区别对待，考虑发展中国家的特殊情况。"共区原则"是整个全球气候治理制度体系的基石和核心，这一原则在南北划线的基础上充分体现了历史与现实、南方与北方、公平与效率的平衡与兼顾，逐渐成为整个全球气候治理制度的核心，也是发达国家和发展中国家围绕全球减排责任的认定、现实减排行动的开展等议题进行博弈与斗争的核心议题。②预防性原则。这实质上是对气候变化科学上的不确定性的回应，因为气候系统变化的不可逆转性与后果的灾难性，不应当以存在不确定性为借口而不采取行动或迟滞行动。③可持续发展原则。可持续发展是解决经济社会发展的代际公平问题的核心方法，应对气候变化的最终目的在于"为当代和后代保护气候系统"，归根结底是为了子孙后代的永续发展而采取行动。④应对气候变化与国际经济、贸易体系的协调原则。全球气候治理行动会对经济社会发展造成全面的影响，而不同的国家无疑也会采取不同的行动，采用不同的标准。有鉴于此，为了国际经济体系的开放性和国际贸易的公正性，任何国家采取的应对气候变化的措施，都不应当造成国际贸易上的歧视或贸易壁垒。具体而言，《公约》第三条明确指出了五条基本原则。

各缔约方在为实现本公约的目标和履行其各项规定而采取行动时，除其他外，应以下列各条作为指导：

（1）各缔约方应当在公平的基础上，根据它们共同但有区别的责任和各自的能力，为人类当代和后代的利益保护气候系统。因此，发达国家缔约方应当率先应对气候变化及其不利影响。

（2）应当充分考虑到发展中国家缔约方尤其是特别易受气候变化不利影响的那些发展中国家缔约方的具体需要和特殊情况，也应当充分考虑到那些按本公约必须承担不成比例或不正常负担的缔约方，特别是发展中国家缔约方的具体需要和特殊情况。

（3）各缔约方应当采取预防措施，预测、防止或尽量减少引发气候变化的因素，并缓解其不利影响。当存在造成严重或不可逆转的损害的威胁时，不应当以科学上没有完全的确定性为理由推迟采取这类措施，同时考虑到应对气候变化的政策和措施应当讲求成本效益，确保以尽可能最低的费用获得全球效益。为此，这种政策和措施应当考虑到不同的社会经济情况，并且应当具有全面性，包括所有相关的温室气体源、汇和库及适应措施，并涵盖所有经济部门。应对气候变化的努力可由有关的缔约方合作进行。

（4）各缔约方有权并且应当促进可持续的发展。保护气候系统免遭人为改变的政策和措施应当适合每个缔约方的具体情况，并应当结合国家的发展计划，同时考虑到经济发展对于采取措施应对气候变化是至关重要的。

（5）各缔约方应当合作促成有利的和开放的国际经济体系，这种体系将促进所有缔约方特别是发展中国家缔约方的可持续经济增长和发展，从而使它们有能力更好地应对气候变化的问题。为应对气候变化而采取的措施，包括单方面措施，不应当成为国际贸易上的任意或无理的歧视手段或者隐蔽的限制。

（二）全球气候治理的基本制度与机制

罗伯特·基欧汉认为，国际制度是"连贯一致并相互关联的（正式或非正式的）成套规则，这些规则规定行为角色、限定行为活动，并影响期望的形成"，[①] 而詹姆斯·G. 马奇（James G. March）和约翰·P. 奥尔森

[①] Robert O. Keohane, *International Institutions and State Power*, Boulder: Westview, 1989, p. 3.

(Johan P. Olsen)将"制度"定义为"一组相对稳定的实践活动和规则，它们规定了特定行为群体在特定环境中的适当行为"。[1] 从这些对国际制度的定义可以看出，制度本身实质上是一种抽象意义上的理念性存在物，是相对比较正式的一套相互关联的行为规则。芬尼莫尔等人认为，政治学中的建构主义称之为"规范"的概念与社会学称之为"制度"的概念实际上是同样的行为准则，"规范"和"制度"的区别就是聚合性问题，规范指的是单独的行为准则，而制度强调的是诸多行为准则的组合汇集与相互关联。[2] 国际制度的实质性功效是指导国家或有关行为体的国际行为，从而一般都要有执行或实施它们的组织机构（物质性的组织化存在物），在很大程度上是与国际组织机构无法分离的。正因如此，对国际制度就其内涵来看是否包含国际组织，不同的学者往往具有不同的看法。有学者认为，国际制度应该包括国际规范以及实施这些规范的国际组织。[3] 而莉萨·L.马丁（Lisa L. Martin）和贝思·A.西蒙斯（Beth A. Simmons）在其主编的《国际制度》一书中对国际制度与国际组织进行了区分，认为国际制度指的是那些规范国家行为的成套规则，那些规则可能是正式的、明确的，也可能是非正式的、隐含的。而国际组织是国际制度的具体体现，其有办公大楼，雇用公务员和官僚，并且进行预算。[4] 本书据此也对国际组织与国际制度做了区分，使二者分离开来。无论从何种角度定义，国际制度实质就是规范国家（或相关行为体）行动的限制性或构成性规则，规定行为体什么能做、什么不能做，或者"应当"如何做，而国际组织是具体实施这些规则的机构或组织。具体到全球气候治理领域，在上述基本规范和原则的基础上，治理行动的最核心内容就是要求所有国家采取相关政策和措施，减少或停止温室气体排放。围绕此核心任务，还涉及对不可避免的气

---

[1] James G. March and Johan P. Olsen, "The Institutional Dynamics of International Political Order," *International Organization*, Vol. 52, No. 4, 1998, p. 948.

[2] 〔美〕马莎·芬尼莫尔、凯瑟琳·斯金克：《国际规范的动力与政治变革》，秦亚青译，载〔美〕彼得·卡赞斯坦、罗伯特·基欧汉、斯蒂芬·克拉斯纳编《世界政治理论的探索与争鸣》，秦亚青等译，上海人民出版社，2006，第299页。

[3] 秦亚青：《权力·制度·文化：国际关系理论与方法研究文集》，北京大学出版社，2005，第100~101页。

[4] 〔美〕莉萨·马丁、贝思·西蒙斯编《国际制度》（第2版），黄仁伟等译，上海人民出版社，2018，英文版序言第3~4页。

候变化的适应、发达国家对发展中国家的资金支持和技术支持、行动（减排和援助）的透明度、国际合作、排放交易、遵约等一系列相关规则。全球气候治理制度就是由这些基本原则和具体规则所构成的。[①]

政府间气候变化专门委员会在第五次评估报告中专门概括了全球气候治理的制度体系，如图2-4所示。全球气候治理的行动涉及国际（全球）、国家（地区）、次国家等所有层面，整个治理制度是以《公约》及其相关协议为"轴"（核心支柱），而各种《公约》外制度与机制为"辐"的结构体系。这实际上也是对全球气候治理制度体系的一个真实概括。鉴于全球气候治理行动的全面性与整体性，全球气候治理的具体制度与机制几乎涉及人类社会经济的所有活动层面和领域，上至国际（全球）、下至地方甚至个人，从国际（全球）层面的经济贸易活动，到每个国家的工业、能源等所有经济社会发展领域，再到个人的衣食住行等，都已经成为全球气候治理的行动领域。本书在导论中已经指出，正是由于全球气候治理行动的复杂性，一种以《公约》为核心的内部治理进程和《公约》外的外部治理进程相互影响、相互作用的制度体系已经形成。尤其是2015年《巴黎协定》以及相关决定正式从法律和制度上将非国家行为体纳入全球气候治理的官方制度框架内，让非国家行为体进入全球气候治理的内部进程和轨道。自此，可以说，在很大程度上，全球气候治理日益由一种单纯"国家的治理"行动向多行为体混合治理的方向发展。这种来自官方的认可和非国家行为体自身的主动行动相结合，推动了全球气候治理内部进程的重大转变，国家和非国家行为体开始更加紧密地合作。当然，大量非国家行为体的气候行动仍然是全球气候治理的外部进程，但这种内外界限正在变得模糊。同时，众多的非国家行为体不仅涉足全球的减排、适应、资金和技术等全球气候治理直接相关的行动，而且更多是在全球气候治理这些直接行动的外围采取间接行动，比如，推动社会发展理念转型，引导人们（消费、出行、起居等）生活方式的转变等。这些存在于全球气候治理外部进程的非国家行为体的气候行动，不仅改变着外部进程的内容和形式，而且也必将对全球气候治理内部进程产生深远影响，促使内外进程日益走

[①] 薄燕、高翔：《原则与规则：全球气候变化治理机制的变迁》，《世界经济与政治》2014年第2期。

向有机的融合。

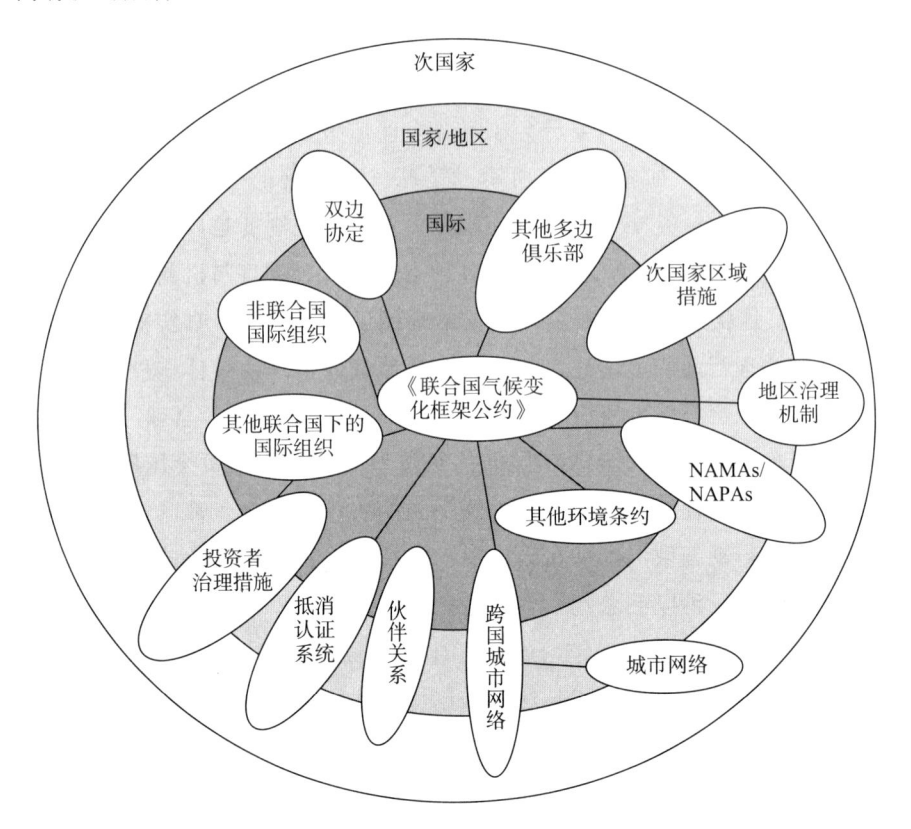

图 2-4　气候变化协议和制度安排

注：NAMA：国家自主减排行动；NAPA：国家适应行动方案。

资料来源：IPCC Working Group III, *Climate Change 2014 Mitigation of Climate Change*, Cambridge: Cambridge University Press, 2014, p.1013.

就全球气候治理《公约》下的制度体系而言，《公约》作为全球气候治理的"框架"，除了上述治理原则之外，着重明确提出了全球气候治理的目标、各缔约方的承诺（包括减排和支助）、提供国家履约清单等。而《京都议定书》和《巴黎协定》对全球气候治理的减缓、适应、资金、透明度等机制有了更加详细、具体和明确的规定，形成了以《公约》为原则和框架，以各种议定书和协议为具体实施规则的"公约—议定书"模式，构成了全球气候治理的完整制度体系。具体而言，这一体系主要涉及以下事项。

第一，全球气候治理的目标。《公约》对全球气候治理的最终目标做出了明确的阐述："将大气中温室气体的浓度稳定在防止气候系统受到危险的人为干扰的水平上。这一水平应当在足以使生态系统自然地适应气候变化、确保粮食生产免受威胁并使经济发展能够可持续地进行的时间范围内实现。"当然，这只是一个定性的目标，没有提出稳定全球温室气体浓度的具体量化指标，而且对稳定的界定也只是一个程度上的强调，是用"防止气候系统受到危险的人为干扰的水平"这种模糊的语句描述的。正因如此，后来的政府间气候变化专门委员会报告、《京都议定书》和《巴黎协定》都明确提出了全球气候治理的具体量化目标。

第二，温室气体减排机制及其具体规则。全球气候治理的核心议题是减排。全球气候治理最为核心的行为规则，就是围绕全球气候治理的目标而设计的限制或减少国家温室气体排放的具体规则。《公约》首先要求所有缔约方根据其责任和能力制定和实施减缓气候变化的政策措施，减少温室气体排放。然后，《公约》对附件一缔约方提出了专门要求，要求其制定国家政策和采取相应的措施，带头改变人为排放的长期趋势，目的是到2000年使温室气体的人为排放恢复到1990年的水平。1997年达成的《京都议定书》在《公约》把缔约方分为附件一和非附件一的基础上，明确要求附件一缔约方个别地或共同地确保其在附件A中所列温室气体，即二氧化碳、甲烷、氧化亚氮、氢氟碳化物、全氟化碳和六氟化硫六种气体的二氧化碳当量排放总量在2008~2012年承诺期内比1990年水平至少减少5%，不过对各附件一各缔约方分别规定了不同的量化减排任务，其中欧盟整体、美国、日本分别减少8%、7%和6%，而澳大利亚、冰岛和挪威分别增排8%、10%和1%，俄罗斯、乌克兰和新西兰则保持不变。为了促进这些国家的减排行动，《京都议定书》建立了三个灵活机制，即联合履约、排放交易和清洁发展机制。这是对减排机制的进一步创新，试图运用市场的力量促进绿色金融，降低减排成本。此后，根据2009年《哥本哈根协议》和2010年《坎昆协议》，发达国家实施2020年全经济的量化排放目标，发展中国家也同意在发达国家的支持下实施国家适当减缓行动（Nationally Appropriate Mitigation Actions，NAMAs），但这些减缓行动都是自愿减缓行动。2012年12月，多哈气候大会对《京都议定书》进行了修正。《多哈修正案》最核心的内容是对第二承诺期做出安排，对附件一缔约方提出新的量化减排目标，使其在2013~2020年承诺期内将这些气体的全部排放量从1990年水平至少减少18%。《多哈修正案》也对《京都议定书》附件 A 进行了修正，增加了三氟化氮作为温室气体，从而使要求减排的气体变成了七种。上文已经提到，由于美国始终没有批准《京都议定书》，而加拿大于 2012 年 12 月 15 日正式退出，日本和俄罗斯也没有接受第二承诺期，所以《多哈修正案》的缔约方不同于《京都议定书》的缔约方。2015 年 12 月达成的《巴黎协定》对缔约方的减缓行动方式做出了重大改变，不再区分附件一和非附件一国家，所有缔约方都以"国家自主贡献"（NDCs）的方式实施减缓行动，包括绝对和相对量化的国家目标、部门目标和方案等，并要求缔约方每五年编制和通报一次连续的"国家自主贡献"。同时，基于"共区原则"，强调发达国家缔约方应当继续带头，努力实现全经济范围的绝对减排目标，而发展中国家缔约方继续加强它们的减缓努力，鼓励它们根据不同的国情，逐渐转向全经济范围减排或限排目标。减缓行动涉及几乎所有经济领域，采取的政策措施以经济活动为目标，目的是鼓励采取更清洁的方式或减少那些产生大量温室气体的活动。其中包括涉及所有部门的政策、激励计划和投资方案，包括能源生产和使用、运输、建筑、工业、农业、林业和其他土地利用以及废物管理。具体而言，减缓措施可以是增加使用可再生能源，应用电动汽车等新技术，或改变做法或行为，如少开车或改变饮食习惯。此外，还包括扩大森林和其他碳汇以从大气中去除更多的二氧化碳，以及改进炉灶的设计。《公约》缔约方还日益增加合作，减少发展中国家毁林所致温室气体排放。鼓励发展中国家通过开展减少毁林和森林退化所致排放量、养护森林碳储存、实施森林可持续管理和提高森林碳储存（REDD+）的活动，为森林部门的减缓行动做出贡献。《巴黎协定》进一步明确了增强包括森林在内的温室气体汇的重要性，并认可了通过国际转让的方式实现国际减排合作。此外，国际航空和海运的排放对全球排放的贡献越来越大。为了解决这些排放问题，国际民用航空组织（International Civil Aviation Organization）和国际海事组织（International Maritime Organization）正在开展工作，这两个组织和《公约》也在开展合作。

第三，适应气候变化的机制与规则。虽然国际社会一直在积极行动以图减缓气候变化，但气候系统在一定程度上的变化已经不可避免，因此，适应气候变化所带来的后果逐渐成为全球气候治理中仅次于减缓行动的重要议题。适应就是采取必要的措施来应对已经发生的气候变化带来的影响，同时为将来可能产生的影响做好准备。一般而言，就是国家通过改变基础设施、经济和产业结构、人类活动习惯等来降低人类社会面对气候变化影响时的脆弱性，也包括最大限度地运用与气候变化相关的任何有利机会，如气候变化对一些地区可能带来有效积温增加等正面影响，借此提高这些地区的农业产量。关于适应问题，《公约》中就已经要求所有缔约方制定和执行便于充分地适应气候变化的政策措施、加强合作，为适应气候变化的影响做好准备。但在全球气候治理的早期，适应问题并没有引起太多的关注。《京都议定书》专门设立了一个适应基金（the Adaptation Fund），为作为《京都议定书》缔约方的发展中国家开展适应项目提供资金，在第一承诺期，适应基金的资金主要来源于清洁发展机制的收益。2012年在多哈气候大会上，决定除了清洁发展机制收益外，国际排放交易机制和联合履约机制在第二承诺期也将提供2%的收益作为适应基金的资金来源。《巴黎协定》确立了提高气候变化适应能力、增强人类社会韧性和降低脆弱性的全球适应目标，认识到强化适应努力可能会增加适应成本。要求缔约方定期提交或更新适应信息通报，并有专门的公共登记簿进行记录。总体而言，在《公约》及其《京都议定书》和《巴黎协定》之下，确立的适应机制主要有最不发达国家工作计划（Least Development Countries Work Programme），关于气候变化影响、脆弱性与适应的内罗毕工作计划（Nairobi Work Programme on impacts, vulnerability and adaptation to climate change），坎昆适应框架（Cancun Adaptation Framework），适应委员会（Adaptation Committee），国家适应计划（National Adaptation Plans），损失与损害机制（Loss and Damage），等等。

第四，资金和技术机制。资金援助以及技术开发与转让问题是全球气候治理中南北问题的核心，鉴于发展阶段和各自能力的不同，面对全球气候变化，发达国家需要向发展中国家提供援助以帮助发展中国家提高应对气候变化的能力。《公约》明确要求发达国家向发展中国家提供新的和额外的资金、转让相关技术，以降低发展中国家应对气候变化的成本，并把这些缔约方列为附件二缔约方。要求附件二所列的发达国家缔约方和其他发达缔约方提供新的和额外的资金，以支付经议定的发展中国家缔约方为履行《公约》所规定的提供履约信息等义务而产生的全部费用。它们还应提供发展中国家缔约方所需要的资金，包括用于技术转让的资金。《公约》

还特别规定，附件二所列的发达国家缔约方和其他发达缔约方应向易受气候变化不利影响的发展中国家缔约方支付相关费用，应采取一切实际可行的方法，酌情便利、促进和资助其他缔约方特别是发展中国家缔约方的发展，向其转让或使它们有机会得到无害环境的技术和专有技术，以使它们能够履行《公约》的各项规定。发达国家对发展中国家的资金援助和技术支持是发展中国家开展各项气候活动的前提条件，《公约》明确强调，发展中国家缔约方能在多大程度上有效履行其在《公约》下的承诺，将取决于发达国家缔约方对其在《公约》下所承担的有关资金和技术转让的承诺的有效履行。为此，《京都议定书》又特别重申了《公约》的这些条款，并强调这些现有承诺的履行应考虑到资金流量充足和可以预测的必要性。虽然《公约》和《京都议定书》都特别强调了对发展中国家资金和技术支持的必要性和重要性，但长期以来，有关部门对气候资金的内涵和范围缺乏明确界定，对附件二缔约方何时提供、如何提供、提供多少、提供什么样的资金和技术支持没有明确的规定，这也是全球气候治理中南北斗争和博弈的重要内容。为此，2009年的哥本哈根气候大会最终达成的《哥本哈根协议》虽然没有法律效力，但它明确提出了一个发达国家向发展中国家提供资金的具体数额和时间线。发达国家集体承诺，在2010~2012年通过国际机构提供金额接近300亿美元的新的和额外的资源，包括林业资源和投资，这种资源将在适应和减缓气候变化两方面之间均衡分配。发达国家还做出承诺，与有意义的减缓行动和透明的执行方式相联系，争取在2020年之前每年为满足发展中国家的需要而共同调动1000亿美元。这项资金将有各种不同来源，其中既有公共来源也有私人来源，既有双边来源也有多边来源，包括替代型的资金来源。2010年的《坎昆协议》事实上就是《哥本哈根协议》规定的合法化，据此建立起了"绿色气候基金"（Green Climate Fund），规定附件二缔约方将落实2010~2012年总共300亿美元的快速启动资金，并承诺到2020年每年动员1000亿美元支持发展中国家的气候行动。针对技术转让问题，建立了技术开发与转让机制，明确该机制由技术执行委员会和技术中心网络构成。2011年的德班气候大会达成的一揽子协议在《坎昆协议》的基础上进一步明确和细化了资金、技术和能力建设的机制安排，尤其是正式启动了"绿色气候基金"，并决定于2012年全面启动技术机制等。2015年达成的《巴黎协定》规定，发达国家缔约方应在协助发展中国家缔约方减缓和适应两方面提供资金,同时也鼓励其他缔约方自愿提供或继续提供这种支助。要求发达国家继续带头调动资金,考虑发展中国家的需要和优先事项,资金规模应逐步超过先前努力,实现适应与减缓之间的平衡,尤其是考虑那些特别易受气候变化不利影响和能力严重受限的发展中国家的需要。而通过《巴黎协定》的缔约方决定对发达国家的资金支持做出了更加明确的规定。发达国家打算在有意义的减缓行动和实施的透明度框架内,将其现有的集体筹资目标持续到2025年;在2025年前,在考虑到发展中国家的需要和优先事项的情况下,设定一个新的集体量化目标,每年最低1000亿美元。对于技术开发与转让问题,《巴黎协定》强调,缔约方共有一个长期愿景,即必须充分落实技术开发和转让,以提高对气候变化的复原力和减少温室气体排放,还建立了一个技术框架,为技术机制在促进和便利技术开发和转让的强化行动方面的工作提供总体指导。

  第五,透明度机制。无论是减缓和适应,发达国家对发展中国家提供的支助,还是发展中国家接受的支助,都需要有一个信息通报、评估和审核等的机制,增强缔约方履行有关义务的透明度,这就是全球气候治理的透明度机制。透明度机制实质上是在一个无政府体系下实施全球治理的过程中,各国之间相互监督和审核的重要手段和必要步骤。归根结底,没有一个更高的法律机构能够以权威的身份和合法的地位来确认和监督各国对《公约》及其相关协议的履行。与此同时,透明度机制实际上还是各国之间交流信息、相互学习以及做出可比较行动的重要平台。这一透明度机制主要是通过缔约方提交报告、接受评审来实现的。《公约》明确要求,所有缔约方都应用由缔约方大会议定的可比方法编制、定期更新、公布所有温室气体的各种源的人为排放和各种汇的清除的国家清单。《公约》第十二条要求所有缔约方以及附件一和附件二缔约方分别通过秘书处向缔约方大会提供履约信息,附件一所列每一发达国家缔约方和每一其他缔约方应在《公约》对该缔约方生效后六个月内第一次提供信息,非附件一缔约方应在《公约》对该缔约方生效后或获得资金后三年内第一次提供信息,最不发达国家缔约方可自行决定何时第一次提供信息。其后所有缔约方提供信息的频度应由缔约方大会考虑到本款所规定的差别时间表予以确定。在《公约》下,各缔约方提供的信息主要包括缔约方履行《公约》的行动和国家温室气体排放清单，附件一和附件二缔约方还要提供所采取政策和措施的详细描述以及提供资金支持等情况。《京都议定书》对附件一缔约方规定了量化减排指标，重点对附件一缔约方的履约情况及有关信息通报做出了规定。《巴黎协定》规定，设立一个关于行动和支助的强化透明度框架，内置一个灵活机制，对依能力需要灵活性的发展中国家缔约方提供灵活性，以促进性、非侵入性、非惩罚性和尊重国家主权的方式实施，并避免对缔约方造成不当负担。《巴黎协定》的透明度框架包括行动的透明度和支助的透明度，要求所有缔约方提供国家温室气体排放清单以及执行和实现国家自主贡献方面取得的进展等必需的信息，发达国家还需要提供向发展中国家提供资金、技术转让和能力建设支助情况的信息，发展中国家就需要和接受的资金、技术转让和能力建设支助情况提供信息。鉴于《巴黎协定》最核心的内容是要求所有缔约方承诺并执行国家自主贡献，经过后续谈判，透明度框架对所有缔约方提供的这些信息的具体模式、程序和指南做出了详细规定，下文将对《巴黎协定》实施细则的具体内容进行详细阐述。《巴黎协定》明确强调这些透明度框架是为此后五年一度的全球盘点做准备，2023年进行第一次全球盘点，此后每五年进行一次，主要盘点《巴黎协定》的履行情况，以评估其宗旨和长期目标实现的集体进展情况。

（三）《公约》体系下的全球气候治理组织机构

为履行《公约》义务，实施《公约》及其《京都议定书》和《巴黎协定》等提出的上述减排、适应、资金援助、技术转让等方面的具体规则，《公约》、《京都议定书》和《巴黎协定》及相关缔约方大会还推动建立了全球气候治理的组织机构（包括一些附属机构）、资金（包括用于技术转让的资金）机制、秘书处等，形成了一个《公约》下的完整组织体系（见图2-5）。

1. 《公约》直接创设的组织机构

（1）缔约方大会。缔约方大会（COP）是全球气候治理的最高决策机构，其主要目的是定期审评公约和缔约方大会可能通过的任何相关法律文书的履行情况，并在其职权范围内做出为促进《公约》有效履行所必要的决定。《公约》的所有缔约方都参加缔约方大会，同时也作为《京都议定书》的缔约方大会（Conference of the Parties serving as the meeting of the

```
┌─────────────────────────────────────────────────────┐
│ 缔约方大会（COP）/《京都议定书》缔约方大会（CMP）/《巴黎协定》│
│              缔约方大会（CMA）                        │
└─────────────────────────────────────────────────────┘
                         │
                    ┌─────────┐
                    │ 主席团  │
                    └─────────┘
                         │
                ┌─────────────────┐
                │  常设附属机构   │
                └─────────────────┘
```

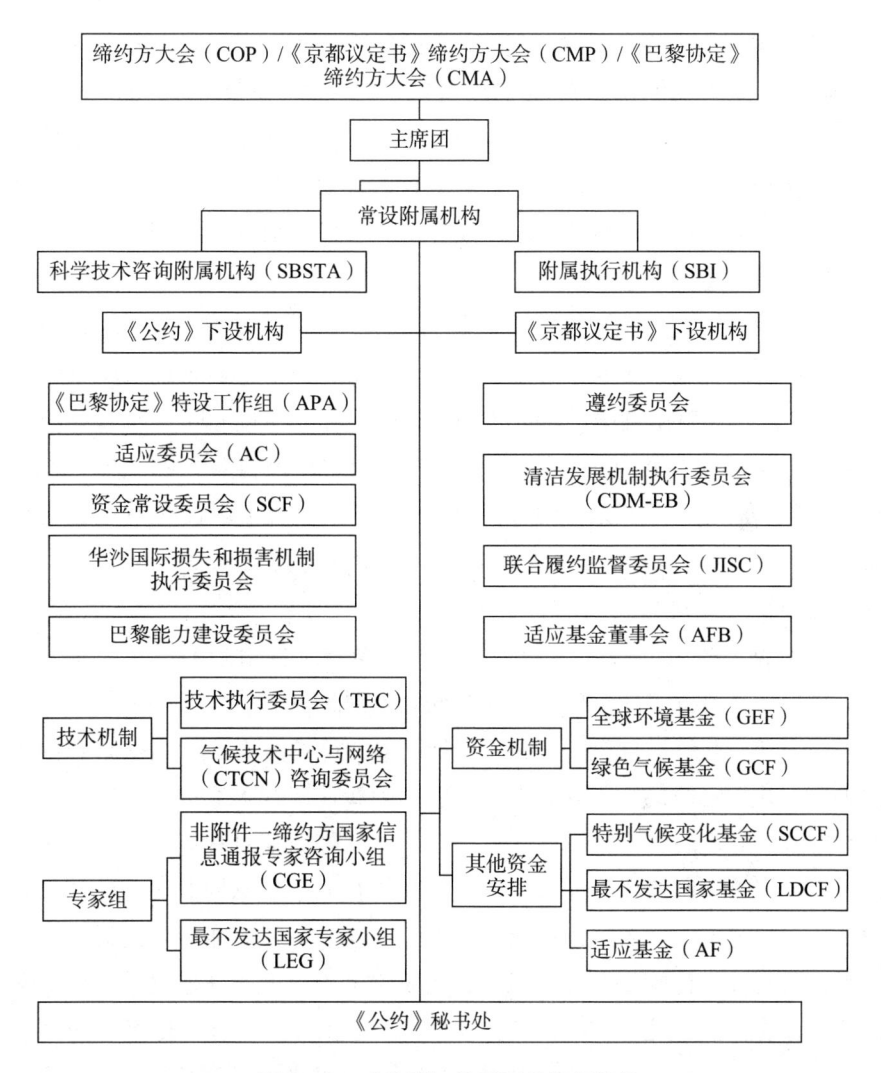

图 2-5　《公约》体系下的组织结构

资料来源：薄燕、高翔：《中国与全球气候治理机制的变迁》，上海人民出版社，2017，第 83 页。

Parties to the Kyoto Protocol, CMP）和《巴黎协定》的缔约方大会（Conference of the Parties serving as the meeting of the Parties to the Paris Agreement, CMA）。《京都议定书》的缔约方大会评估和审议议定书及其决定的执行进展情况，并做出提高《京都议定书》实施水平的有关决定。《巴黎协定》的缔约方大会主要监督和评估《巴黎协定》的履行情况，同时做出决议，推动其得到更加有效的执行。

（2）主席团。在缔约方大会之下设有《公约》、《京都议定书》和《巴黎协定》的缔约方大会的主席团（Bureau of the COP, CMP and CMA）。主席团通过提供建议和指导来支持《公约》、《京都议定书》和《巴黎协定》的实施，内容涉及当前的工作、会议的组织和秘书处的运作等，尤其是在缔约方大会休会期间。主席团成员由联合国五大区域集团和小岛屿发展中国家提名的代表选举产生。

（3）常设附属机构。《公约》专门创设了两个常设附属机构，即科学技术咨询附属机构（Subsidiary Body for Scientific and Technological Advice, SBSTA）和执行附属机构（Subsidiary Body for Implementation, SBI）。前者为缔约方提供与《公约》、《京都议定书》和《巴黎协定》相关的科学和技术问题的信息，后者为缔约方提供对《公约》、《京都议定书》和《巴黎协定》相关履行情况的评估和审评，来支持《公约》、《京都议定书》和《巴黎协定》的相关工作。

（4）秘书处。秘书处（Secretariat）是全球气候治理制度中最重要的行政机构，是负责支持全球应对气候变化威胁的联合国实体。《公约》创设了秘书处，并明确规定了其主要职能：安排缔约方大会及附属机构的各次大会，并向它们提供所需的服务；汇编和转递向其提交的报告；协助各缔约方特别是发展中国家缔约方汇编和转递所需的信息；编制关于其活动的报告，并提交给缔约方大会；确保与其他有关国际机构的秘书处的必要协调；在缔约方大会的全面指导下订立为有效履行其职能而可能需要的行政和合同安排；行使《公约》及其任何议定书所规定的其他秘书处职能和缔约方大会可能决定的其他职能。1992年《公约》达成，秘书处随之成立。最初秘书处在日内瓦。自1995年以来，各缔约方接受德国政府提出的将秘书处设在波恩的提议，《公约》秘书处从此常设于波恩，当前有450多名雇员，来自100多个国家，代表着不同文化、性别和专业背景。秘书处负责人是执行秘书，这一职位目前由西蒙·斯蒂尔（Simon Stiell）担任。秘书处早年主要侧重于促进政府间气候变化谈判，现在其主要功能是支持整个《公约》下的复杂组织机构，以促进《公约》、《京都议定书》和《巴黎协定》的执行。秘书处还提供专门技术知识，协助分析和审查缔约方报告的气候变化信息，并协助执行京都机制。它还维持根据《巴黎协定》设立的国家自主贡献的登记，这是执行《巴黎协定》的一个关键方面。秘书处每年组织和支持两次至四次气候谈判会议,最大和最重要的是每年在全球不同地点举行的缔约方大会。这是联合国规模最大的年度会议,平均约有25000人参加。除了这些主要会议外,秘书处还组织附属机构的年度会议以及全年大量的其他会议和讲习班。近年来,秘书处还支持马拉喀什全球气候行动伙伴关系。各国政府一致认为,成功的气候行动需要各地区、城市、企业、投资者和民间社会所有方面的广泛支持。在联合国气候变化大会上,这些非缔约方利益攸关方已经与各国政府和联合国系统进行了广泛的合作,推动落实《巴黎协定》。此外,秘书处还联合举办地区气候周。这些重要活动旨在推动《巴黎协定》在地区层面的实施,并建立新的气候行动伙伴关系。[①]

2. 缔约方大会决定设立的组织机构

除了《公约》直接决定建立的组织机构外,为了促进《公约》、《京都议定书》和《巴黎协定》的执行和开展协调工作,《公约》缔约方大会及《京都议定书》和《巴黎协定》缔约方大会还创设了大量的机构,包括适应委员会、资金常设委员会、华沙国际损失和损害机制执行委员会、巴黎能力建设委员会、技术执行委员会、气候技术中心与网络等。

(1) 适应委员会(Adaptation Committee,AC)。适应委员会是为落实坎昆适应框架而设立的,旨在在《公约》下协调和促进气候适应行动的执行,主要有以下职能:向缔约方提供技术支持和指导;分享相关信息、知识、经验和最佳实践案例;促进协同增效,加强与国家、地区和国际组织、中心和网络的沟通;为缔约方大会提供资金、技术、能力建设方面的建议,以供缔约方大会参考;监测和审阅气候相关行动中各缔约方的沟通信息,以及其提供和获得的支持与帮助。

(2) 资金常设委员会(Standing Committee on Finance,SCF)。资金常设委员会是由2010年缔约方大会通过的《坎昆协议》建立的,用来协助缔约方大会履行在《公约》下的资金机制方面的职能,包括改进气候变化融资的一致性和协调性,实现资金机制的合理化,调集资金,对向发展中国家提供的支持进行测量、报告和核查。

---

① UNFCCC, "About the Secretariat," https://unfccc.int/about-us/about-the-secretariat, accessed on 22 April 2021.

（3）华沙国际损失和损害机制执行委员会（Executive Committee of the Warsaw International Mechanism for Loss and Damage）。该机构是在坎昆适应框架下建立的，以处理与气候变化影响有关的损失和损害，包括在特别易受气候变化不利影响的发展中国家发生的极端事件和缓发事件，以全面、综合和一致的方式，推动执行处理与气候变化不利影响相关的损失和损害的方针，承担下列职能：增进对处理与气候变化不利影响（包括缓发事件影响）相关的损失和损害的全面风险管理办法的认识和了解；加强相关利害关系方之间的对话、协调、统一和协同；加强行动和支持，包括资金、技术和能力建设方面的行动和支持，以处理与气候变化不利影响相关的损失和损害。

（4）巴黎能力建设委员会（The Paris Committee on Capacity-building）。这是2015年巴黎气候大会决定建立的能力建设机构，旨在处理发展中国家在执行和进一步加强能力建设方面目前正在显现的差距和需要，2019年《巴黎协定》缔约方大会决定该机构也为《巴黎协定》服务。委员会由来自发达国家和发展中国家的12名成员组成，每年举行一次会议，定期向缔约方大会报告其进展和活动。委员会的工作主要是建立一个连贯一致的制度结构，以支持发展中国家的气候相关能力建设。它的指导意见有助于设计和执行有效和可持续的能力建设，以避免各种行为体在协助各国开展气候相关能力方面的建设工作中出现重复和分散。

（5）技术机制。包括技术执行委员会（Technology Executive Committee，TEC）、气候技术中心与网络（The Climate Technology Centre and Network，CTCN）咨询委员会，前者承担技术机制的政策研究功能，后者承担技术机制的执行功能。技术执行委员会是在《公约》缔约方第16次大会上设立的，为缔约方提供有关技术开发和转让的政策建议，包括开展技术开发与转让过程的障碍分析，如知识产权法律信息，向缔约方和利益攸关方提供减缓、适应气候变化以及与包括资金机制在内的《公约》其他机制联系的信息和建议等。气候技术中心与网络咨询委员会是技术机制的业务部门，通过一个顾问委员会向缔约方大会负责并在其指导下工作，该委员会是在《公约》缔约方第18次大会上设立的，就如何确定发展中国家请求的优先次序向气候技术中心与网络提供指导，并总体上监测、评估和评价气候技术中心与网络的执行情况。应发展中国家的要求，气候技术中心与网络咨询委员会促进加速转让环境无害技术，以促进低碳和适应气候变化的发展，提供技术解决方案、能力建设以及针对个别国家需要的政策、法律和监管框架方面的建议。

（6）专家组咨询机构。《公约》下还有两个专家组咨询机构，一个是非附件一缔约方国家信息通报专家咨询小组（Consultative Group of Experts on National Communications from Parties not included in Annex I to the Convention，CGE），另一个是最不发达国家专家小组（Least Developed Countries Experts Group，LEG）。非附件一缔约方国家信息通报专家咨询小组是在《公约》缔约方第5次大会授权成立的，其主要功能是为非附件一缔约方制定国家信息通报提供技术支持和建议。在波兰卡托维兹举行的《公约》缔约方第24次大会上，决定将非附件一缔约方国家信息通报专家咨询小组的任务期限再延长8年，从2019年1月1日至2026年12月31日，并将其更名为专家咨询小组（Consultative Group of Experts）。专家咨询小组除了协助发展中国家缔约方履行《公约》规定的报告要求外，还将为实施《巴黎协定》第13条规定的增强透明度框架建设提供支持。最不发达国家专家小组成立于2001年，目前的任务是就制定和执行国家适应计划（NAPs）的进程、拟订和执行国家适应行动方案（NAPAs）及执行最不发达国家工作方案，向最不发达国家提供技术指导和支助。最不发达国家专家小组还被授权与绿色气候基金秘书处合作，为制定和执行国家行动方案的进程提供获取绿色气候基金资金的技术指导和咨询。最不发达国家专家组每年举行两次会议，制定和审查工作方案的执行进展情况。它通过各种方式执行其工作方案，包括向各国提供技术指导、技术准则、技术文件，组织培训活动、讲习班、专家会议、国家适应计划博览会、案例研究，收集和分享经验、最佳实践和经验教训建设国家适应计划中心并监督各国计划实施进展情况，观察其成效和差距，与其他机构、方案和组织的协作，以及促进一致性和协同作用。

（7）《京都议定书》下的组织机构。《京都议定书》缔约方大会为了强化履约，也设立了一些机构，主要包括遵约委员会、清洁发展机制执行委员会、联合履约监督委员会、适应基金董事会。

《京都议定书》遵约委员会（Compliance Committee of the Kyoto Protocol）的功能是为缔约方执行《京都议定书》提供咨询意见和协助，促进缔约方遵守承诺，确定不遵守情况，并在缔约方不遵守在《京都议定书》下的承诺的情况下采取措施使其承担相应后果。《京都议定书》遵约委员会由两个分支组成：一个促进部门和一个执行部门。两个分支机构各由10名成员和10名候补成员组成，其中联合国五大地区（非洲、亚太、拉丁美洲和加勒比、东欧、西欧和其他区域）各1名代表，小岛屿发展中国家1名代表，附件一缔约方和非附件一缔约方各2名代表。

清洁发展机制执行委员会（Executive Board of the Clean Development Mechanism，CDM‐EB）在《京都议定书》缔约方大会的授权和指导下监督《京都议定书》清洁发展机制。它是清洁发展机制项目参与方登记项目和发放核证减排量的最高联络点。

联合履约监督委员会（Joint Implementation Supervisory Committee，JISC）在《京都议定书》缔约方大会的授权和指导下监督发达国家缔约方之间提交项目的核查程序，以确认随后的源排放量减少或通过汇的人为清除量增加符合《京都议定书》第六条和联合履约指南的有关要求。

适应基金董事会（Adaptation Fund Board，AFB）是在2007年《京都议定书》缔约方第3次大会上设立的，在《京都议定书》缔约方大会的授权和指导下，作为监督和管理适应基金的经营实体。主要用来资助《京都议定书》下发展中国家的适应计划，重点关注受气候变化负面影响最为严重的国家。适应基金董事会对《京都议定书》缔约方大会完全负责，并由其决定适应基金的总体政策。适应基金董事会由代表《京都议定书》缔约方的16名成员和16名候补成员组成，考虑到各集团之间公平和代表的均衡性，联合国五大地区的每个地区有2名代表，小岛屿发展中国家有1名代表，最不发达国家有1名代表，附件一和非附件一缔约方各有2名代表。

（8）《公约》下的其他组织机构。在2018年12月的《公约》缔约方第24次大会（卡托维兹气候大会）上设立了两个专门机构：卡托维兹应对措施实施影响问题专家委员会（Katowice Committee of Experts on the Impacts of the Implementation of Response Measures）和地方社区与土著居民平台促进工作组（Facilitative Working Group of the Local Communities and Indigenous Peoples Platform）。前者为实施应对措施影响论坛制定工作方案提供支持，由14名成员组成，联合国五大地区各有2名成员，最不发达国家有1名成员，小岛屿发展中国家有1名成员，有关政府间组织有2名成员。

后一机构的目的是进一步推动地方社区和土著居民平台运作，并促进与知识、参与能力、气候变化政策和行动有关的三项功能的实施。为此，它与《公约》之下及其以外的其他机构合作，以加强《公约》之下平台行动的一致性。《公约》秘书处支持和促进该机构的工作。它由14名代表组成，其中一半是缔约方的代表，一半是土著居民组织的代表。

3. 与联合国机构和政府间组织的合作

（1）政府间气候变化专门委员会。它是一个科学机构，定期审查和评估世界范围内产生的关于气候变化的最新科学、技术和社会经济信息。它不进行任何研究，也不监测与气候有关的数据或参数。该委员会成立于1988年，迄今共发布了六次评估报告，每一次都促进了关于全球气候变化的科学认知和全球气候治理的深化。该委员会现在已经完成了第六次评估报告三个工作组的报告，2023年3月发布了第六次评估报告的综合报告。

（2）绿色气候基金（Green Climate Fund，GCF）。该基金是《公约》资金机制的一个经营实体，对《公约》缔约方大会负责并在其指导下运作，通过一个由24名成员组成的理事会管理（来自发达国家和发展中国家缔约方的成员人数相等），旨在促进2020年之前筹集1000亿美元资金，成为全球气候变化融资的主要基金。具体设立及启动情况见上文的资金机制介绍。

（3）全球环境基金（Global Environment Facility，GEF）。全球环境基金是《公约》资金机制的一个业务实体，为发展中国家缔约方的活动和项目提供资金支持。《公约》缔约方大会定期向全球环境基金提供指导。全球环境基金作为一个受委托负责《公约》财务机制运作的实体，也为《巴黎协定》提供服务。

（4）特别气候变化基金（Special Climate Change Fund，SCCF）。特别气候变化基金的设立是为了资助与气候变化有关的活动、方案和措施，这些活动、方案和措施是对《公约》的其他资金机制所支持的活动、方案和措施的补充。该基金被委托给全球环境基金管理，现在也为《巴黎协定》提供支持。

（5）最不发达国家基金（Least Developed Countries Fund，LDCF）。设立该基金主要是为了支持最不发达国家缔约方的工作方案，并协助最不发达国家编制和执行国家适应计划以及国家适应行动方案。该基金被委托给全球环境基金管理，现在也为《巴黎协定》提供支持。

4.《公约》及其相关协议缔约方大会决定建立的特设工作组

为了某一特定阶段国际气候谈判的便利和工作的协调，《公约》及其相关协议缔约方大会在某一特定时期也建立了一些特设工作组。这些工作组各个时期都有，主要包括2005年设立的"《京都议定书》下附件一缔约方进一步承诺特设工作组"（Ad Hoc Working Group on Further Commitments for Annex I Parties under the Kyoto Protocol，AWG-KP），在2006～2012年开展工作，旨在完成附件一缔约方针对《京都议定书》第二承诺期的谈判；2007年设立的"长期合作行动特设工作组"（Ad Hoc Working Group on Long-term Cooperation Action，AWG-LCA），在2008～2012年开展工作，旨在完成各国2020年前在《公约》下履约行动的谈判；2011年设立的"德班增强行动平台特设工作组"（Ad Hoc Working Group on the Durban Platform for Enhanced Action，ADP），在2012～2015年开展工作，旨在完成关于《巴黎协定》的谈判；2015年设立的"《巴黎协定》特设工作组"（Ad Hoc Working Group on the Paris Agreement，APA），自2016年起开展工作，主要是促进关于《巴黎协定》实施细则的谈判。

（四）全球气候治理制度碎片化及其影响

通过上述对全球气候治理制度和组织机构的介绍，我们明显发现，全球气候治理进程一直就是以联合国为核心的集中化治理与以民族国家（特别是大国）为核心的分散化治理两条路径与两个方向相互交织的进程。鉴于全球气候治理涉及世界上几乎所有国家及其所有经济社会活动，同时国际社会处于无政府状态，联合国框架下，各国通过达成共识采取的某种自上而下的集中化治理往往缓慢而低效（如果不是无效的话）。因此，以民族国家单边以及民族国家之间双边或多边的自下而上的治理，事实上在全球气候治理进程中发挥着更加特别的作用。有些学者鉴于联合国进程下"多边主义"（multilateralism）的低效而提出替代选择——"包容性微边主义"（inclusive minilateralism），[①] 也有学者提出了一种"支撑板块"（build-

---

[①] Robyn Eckersley, "Moving Forward in the Climate Negotiations: Multilateralism or Minilateralism?," *Global Environmental Politics*, Vol. 12, No. 2, 2012, pp. 24–42.

ing blocks) 模式以取代效果不佳的"全球协定"(global deal)战略。① 同时，全球气候变化问题与任何其他全球性问题相比具有更加深远的经济影响。一方面，它不可避免地与其他国际经济问题交织在一起，包括国际金融流动、国际贸易政策以及发展援助等，这必然影响到国际经济秩序的转型与变迁；另一方面，任何重大国际与国内减排及适应政策所导致的现存生产与消费模式的转型都必然深刻地影响到每一个国家的经济社会实践，进而对每一个国家的发展方式及后果产生不可避免的影响。② 因此，在全球气候治理的实践中，正是这种单边主义、双边主义或微边主义的发展以及全球气候变化广泛的社会经济影响带来了全球气候治理制度的碎片化（fragmentation）。所谓碎片化实际上就是在国际关系特定领域的权力流散化、制度分散化与行为体多元化的趋势，也就是出现多个治理中心并行的趋势和状态。它指在特定政策领域日益呈现出一种由具有不同特征、不同空间范围和不同主导问题的各种国际制度组成"拼接物"（patchwork）的特征，不存在单一的国际管治体制，甚至往往没有单一的主导国际体制。③ 实际上，这就是全球治理特定领域所出现的一种"补丁化"现象。全球治理制度碎片化也是国际关系的一个内在结构性特征，它意指并不存在这样一种政策领域，即所有相关的治理规范都可以置于或在法律上被连接在一把单一的制度之伞下，而这种制度同时拥有非常普遍化的成员。④

因涉及众多的利益相关者和经济社会领域，全球气候治理的多边进程除了联合国框架下的政府间治理体制之外，在政府间以及非政府间的其他多边、双边及单边渠道也存在多种涉及气候治理的制度和机制。因此，整个全球气候治理实质上始终沿着两条轨道前行。一是以联合国气候谈判及其达成的一系列具有国际法效力的国际气候制度为核心，围绕相关议题展

---

① Robert Falkner, Hannes Stephan and John Vogler, "International Climate Policy after Copenhagen: Towards a 'Building Blocks' Approach," *Global Policy*, Vol. 1, No. 3, 2010, pp. 252–262.

② James Meadowcroft, "Climate Change Governance," Background Paper to the 2010 World Development Report, *Policy Research Working Paper 4941*, May 2009.

③ Frank Biermann et al., "The Fragmentation of Global Governance Architectures: A Framework for Analysis," *Global Environmental Politics*, Vol. 9, No. 4, 2009, pp. 21–24.

④ Fariborz Zelli and Harro van Asselt, "The Institutional Fragmentation of Global Environmental Governance: Causes, Consequences and Responses," *Global Environmental Politics*, Vol. 13, No. 3, 2013, pp. 1–13.

开的联合国框架下的气候治理进程。这种以《公约》为核心的联合国框架下的气候治理，构建起一种具有法律约束力的一体化、综合性全球减排协议，这是全球气候治理的一条主线或干线。二是在联合国气候治理进程之外，围绕全球气候变化议题，在全球、地区、国家、次国家、个人等各个层次展开的各种气候治理行动，包括国家之间的双边与多边气候协议，也包括致力于气候治理的科学知识网络与非政府组织的行动网络，还包括科学家、学者以及环境行动主义者的个体行动。由这些气候集团以及各种行为体创建的各种大小不一、性质各异、涉及多个领域的治理机制，是全球气候治理的一条副线或旁线。从这两条治理轨道的发展演变来看，全球气候治理制度碎片化的演进主要循着这两条轨道展开，我们可以将其称为全球气候治理制度碎片化的两轨演进路径。从严格意义上讲，发生在第一轨道的全球气候治理都属于联合国框架下的治理，主要是围绕《公约》及其《议定书》的执行和落实而展开的，是《公约》及其《议定书》目标的具体化，具有统一公认的治理原则、目标和方式，似乎不存在"碎片化"。严格意义上的"碎片化"主要发生在第二轨道，而且整体全球气候治理制度碎片化似乎也主要是发生在第二轨道上是。因为存在多层次、多行为体参与等情况和联合国气候治理体制之外的一些复杂多样的气候治理制度，第二轨道上的治理进程本身就是全球气候治理制度碎片化的直接表现。但仔细分析1992《公约》签署以来这30多年的国际气候谈判历程，我们发现，全球气候治理制度碎片化既是第二轨道气候治理制度碎片化的结果，同时也与发生于第一轨道的气候制度自身的碎片化密切相关。发生于第一轨道的制度碎片化主要包括联合国框架下的《公约》缔约方谈判集团的分化与重组、谈判议题的增多以及越来越多的相关机制的建立（比如资金援助机制、技术开发与转让机制、森林管理机制等）等，相应体现在几乎每年的《公约》缔约方大会都有一系列协议达成，我们可以称之为"制度内碎片化"；而发生于第二轨道上的碎片化，主要表现在《公约》外气候治理机制的大量出现、传统国际组织日益涉及气候变化议题（比如 G7、G20、APEC 越来越多地触及气候变化议题）等，我们可以称之为"制度外碎片化"。由此形成了一种两轨并行、制度交错的复杂现象。此外，还有同时在两条轨道都发生的治理理念的碎片化。

具体而言，如表 2-2 所示，发生于第一轨道的制度内碎片化主要有三点。

表 2-2 全球气候治理制度碎片化的主要表现

全球气候治理制度碎片化	制度内碎片化	利益碎片化	国际气候谈判集团分化与重组
		谈判集团碎片化	参与国际气候谈判的集团有日益增多的趋势
		谈判议题碎片化	国际气候谈判的议题日益增加
	制度外碎片化	机制碎片化	新气候治理机制的创建（APP、MEF）
			传统国际协调机制的"气候化"（G7、G20）
		行为体碎片化	参与全球气候治理的行为体日益增多
	内/外碎片化	理念碎片化	关于气候治理和全球气候正义理念的冲突增多

资料来源：作者自制

①利益碎片化。由于利益的分化，气候谈判集团也出现新的分化与重组，在发达国家内部和发展中国家内部都出现了新的分化；②谈判集团碎片化。随着利益的分化，谈判集团有日益增多的趋势，说明围绕全球气候治理、宏观国际政治经济秩序的变化以及缔约方自身发展阶段的变化相互交织、相互影响，致使国际气候谈判集团有更加分散化的趋势；③谈判议题碎片化。也就是谈判议题的增多，从最初的温室气体减排行动发展到减缓、适应、资金、技术等越来越多的议题，这表明全球气候治理议题的碎片化。同时，发生在第二轨道的制度外碎片化主要有两点。①由于联合国框架下的治理机制进展缓慢而低效，该进程之外的大国协调机制、自下而上的有关国家小集团范围多边机制建立［新气候治理机制的创建，比如"亚太清洁发展与气候伙伴计划"（APP）］（见图 2-6）；另外，传统国际协调机制（比如 G7、G20、联合国安理会、金砖国家机制等）都开始涉及气候变化议题，其他领域的传统国际协调机制出现"气候化"趋势。这是严格意义上（或狭义上）的制度碎片化的主要含义，我们可以称之为全球气候治理机制的碎片化。②联合国框架下的气候治理主体是国家，而在国家之外，个体行为体（气候科学家、学者、环境主义者、普通公众）、环境非政府组织（既有跨国非政府组织，也有一国的非政府组织）等非国家行为体、次国家行为体（地方政府）、跨国行为体、地区行为体、超国家行为体（欧盟）和全球层次上的行为体都参与到全球气候治理中，全球气候治理出现参与行为体的碎片化。除此之外，还有在两条轨道上同时发生的碎片化：关于全球气候治理关键原则和制度安排（比如对共同但有区别

责任的解释、对市场机制的运用）以及全球气候正义的争论导致的全球气候治理理念的碎片化。①

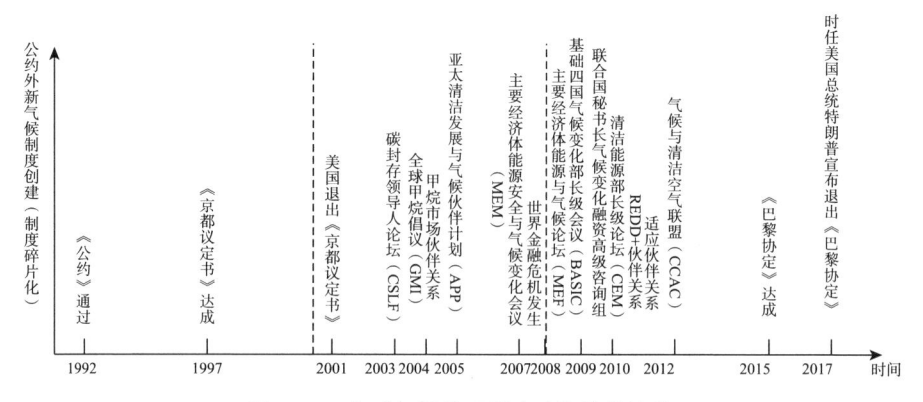

图 2-6 全球气候治理制度碎片化的演进

注：主要经济体能源安全与气候变化会议（MEM）是 2007 年时任美国总统小布什倡导的，2009 年在时任美国总统奥巴马倡议下改为主要经济体能源与气候论坛（MEF）。

资料来源：笔者自制。

美国学者基欧汉和维克特曾经从一个更加宏观和全局的视角描述了全球气候治理的现实状况，认为全球气候治理正处于一种完全一体化的综合性体制与完全碎片化的体制之间的中间状态。他们认为由于气候变化问题本身的多样性，以及与此相联系的多样化的利益、权力、信息与信念格局，加之从某种已经形成的均衡点上偏离的困难，气候治理很难形成一种一体化的、综合性的气候变化体制（regime），而是形成了各种各样聚焦于狭窄领域的管制体制。这些体制的要素之间或多或少是相互联结的，它们有时候相互冲突，有时候相互加强，形成了一种"气候变化体制复合体"（climate change regime complex）。这种体制复合体是一个松散联结在一起的制度体系，各制度之间没有清晰的等级划分，也没有核心制度存在（见图 2-7）。②

---

① Paul G. Harris and Jonathan Symons, "Norm Conflict in Climate Governance: Greenhouse Gas Accounting and the Problems of Consumption," *Global Environmental Politics*, Vol. 13, No. 1, 2013, pp. 9-29; Rene Audet, "Climate Justice and Bargaining Coalitions: A Discourse Analysis," *International Environmental Agreements*, Vol. 13, Issue 3, 2013, pp. 369-386；陈俊：《我们彼此亏欠什么：论全球气候正义》，《哲学研究》2012 年第 7 期。

② Robert O. Keohane and David G. Victor, "The Regime Complex for Climate Change," *Perspectives on Politics*, Vol. 9, No. 1, 2011, pp. 7-23.

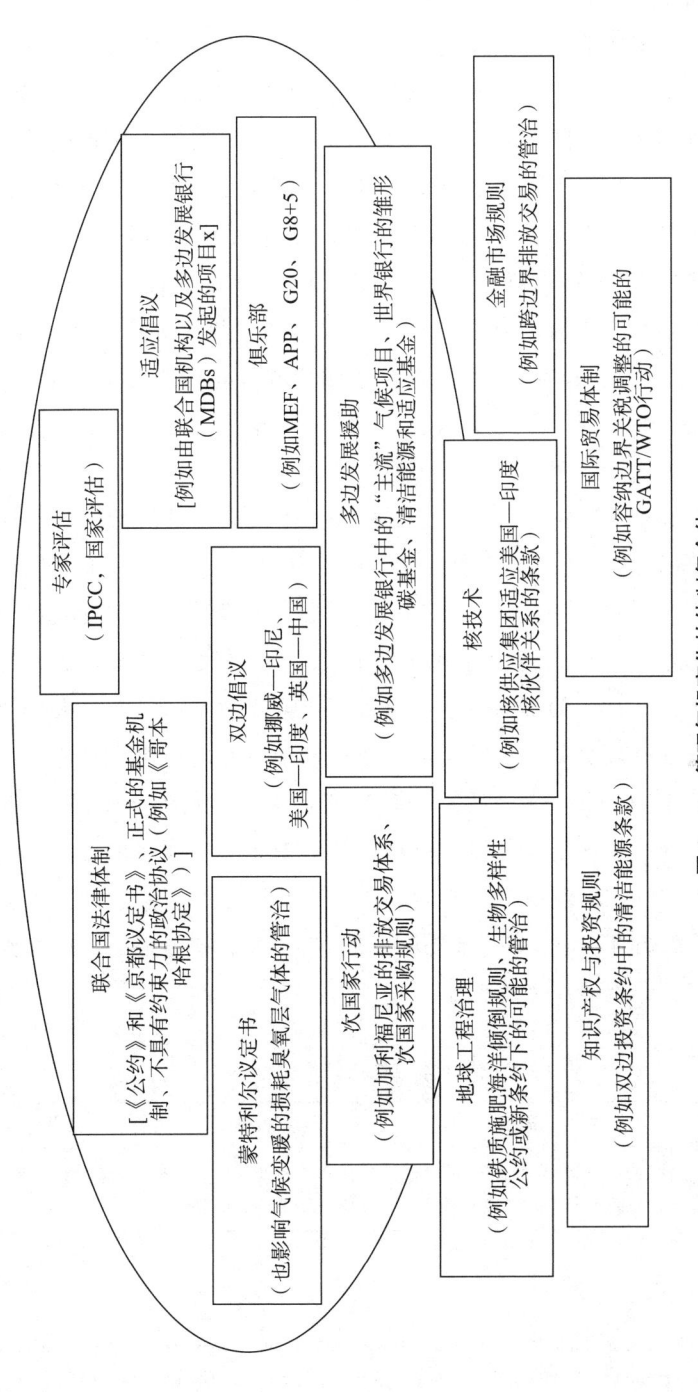

第二章 全球气候治理体系：基本内涵与构成要素

图 2-7 管理气候变化的体制复合体

注：椭圆形内部的元素表示一些论坛，它们集中于管理因气候变化引起的合作性产生的任务，为规则的制定付出巨大努力；而椭圆形外部的元素表示气候规制制定涉及以及规则创制的问题领域。

资料来源：Robert O. Keohane and David G. Victor, "The Regime Complex for Climate Change," *Perspectives on Politics*, Vol.9, No.1, 2011, p.10.

基欧汉和维克特的"体制复合体"为我们描述了全球气候治理体系结构的总体特征。事实上，如果我们从制度碎片化这个视角来观察这种特征的话，正好揭示了全球气候治理体系处于一种"碎"而不"乱"的状态，各种制度和机制之间或紧密或松散地联结在一起，形成了程度不同的碎片化状态。那么，发生于上述两条轨道上的制度碎片化，无论其范围、程度还是性质无疑各不相同。我们该通过何种标准来评价这两种碎片化状态呢？它们对于全球气候治理分别产生了怎样的影响？弗兰克·伯尔曼（Frank Biermann）等人根据制度一体化、规范冲突与行为体结构的不同，曾把在某一特定问题领域出现的治理体系结构碎片化分为协同型碎片化、合作型碎片化和冲突型碎片化（见表2-3）。根据这一分类，伯尔曼等人分析了全球气候治理碎片化的特征。他们认为，由于全球气候治理拥有以《公约》为核心的治理制度，也拥有所有行为体共同认可的治理规范原则（如共同但有区别的责任和各自能力的原则），全球气候治理具有协同型碎片化的元素；但与此同时，由于《京都议定书》对发达国家和发展中国家规定了不同的治理责任，加之京都灵活机制（如排放交易和清洁发展机制）在不同国家和地区的不同实施，而且更为重要的是当时的最大排放者美国最终没有批准议定书，全球气候治理越来越呈现出合作型碎片化的特征；另外，近年来一系列《公约》外治理机制兴起，比如2005年"亚太清洁发展与气候伙伴计划"的设立及运作，其中有些规则和理念总体上与联合国框架下的气候治理制度是相冲突的，因而全球气候治理体制也具有冲突型碎片化的特征。基于以上评估，伯尔曼等人的结论是，全球气候治理总体上具有合作型碎片化的特征。[①]

表2-3 治理体系结构碎片化分类

	协同型	合作型	冲突型
制度一体化程度	只有一个核心制度，其他相关制度都与核心制度密切相容	其他相关制度与核心制度维持一种松散的相容度	拥有大量不同的、不相关的制度

---

① 参见 Frank Biermann, Philipp Pattberg, Harro van Asselt and Fariborz Zelli, "The Fragmentation of Global Governance Architectures: A Framework for Analysis," *Global Environmental Politics*, Vol. 9, No. 4, 2009, pp. 21-24。

续表

	协同型	合作型	冲突型
规范冲突程度	制度的核心规范是一体化的	核心规范不冲突	核心规范冲突
行为体结构	所有相关行为体都支持相同的制度	一些行为体在主要制度之外，但能保持合作	关键行为体支持不同的制度

资料来源：Frank Biermann et al., "The Fragmentation of Global Governance Architectures: A Framework for Analysis," *Global Environmental Politics*, Vol. 9, No. 4, 2009, p. 19.

本书基本认同伯尔曼等人的上述结论。为了对气候治理制度碎片化有一个更加清晰的理解，本书借鉴其主要观点，对发生于上述两条轨道上的制度碎片化进行一个动态化的解析（见图 2-8）。根据上述标准，我们看到在第一轨道上形成的各种相关制度和机制总体而言是围绕着《公约》所确定的目标和核心规范建立和运作的。但 1997 年京都谈判暴露了欧盟和美国在一些核心问题上的分歧；2001 年美国正式退出《京都议定书》标志着美国开始偏离京都进程，整体气候制度开始滑向合作型碎片化的制度。2007 年巴厘路线图的达成在一定程度上说明关键行为体又相互妥协，整体制度又走向了协同型，但 2009 年哥本哈根气候谈判充分暴露了欧盟、美国与发展中国家在关键问题上的矛盾与分歧，最后达成的《哥本哈根协议》又在某种程度上偏离了京都进程，《公约》下的制度框架又有走向冲突型碎片化的趋势。2011 年德班气候谈判中各方又一次妥协，开启了后 2020 年国际气候协议的谈判，最终在 2015 年达成了《巴黎协定》。一方面，《巴黎协定》在很大程度上缓解了自 2009 年以来的制度碎片化，整合了各种资源，确立了对所有缔约方统一适用的制度框架；但另一方面，鉴于《巴黎协定》确立的以国家自主贡献为核心的"自下而上"的治理模式，使各国的国家自主贡献更加多元和形式多样。就此而言，必须一分为二地分析和评价《巴黎协定》所确立的治理机制的碎片化程度，但总体而言，这一机制是趋向于合作型碎片化的。2017 年美国特朗普政府宣布退出《巴黎协定》在一定程度上再次导致制度的碎片化加剧。美国在全球气候治理中的"不作为"以及其在七国集团（G7）和二十国集团（G20）内对《巴黎协定》的态度与其他国家的明显分歧，显示了这种制度碎片化再次趋向于冲突型。但是，国际社会其他缔约方表示《巴黎协定》不容重新谈判，坚定维护巴黎进程（下文将详细论述），在美国"退约"的情况下，缔约方依然在2018年的卡托维兹气候大会上取得重要进展，《巴黎协定》实施细则谈判基本完成，推动制度内碎片化朝着合作型的方向发展。2021年美国拜登政府成立，极大改变了美国在气候变化问题上的立场。拜登就任总统的第一时间就重新签署《巴黎协定》并采取了一系列积极应对气候变化的内外措施，试图使美国重新回归全球气候治理的领导地位，2021年4月22~23日发起举办了领导人气候峰会，并在峰会上明确提出了力度较大的新的国家自主贡献目标，宣布到2030年美国温室气体排放将较2005年的水平减少50%~52%，将此前奥巴马政府设立的减排目标提升了一倍。[①] 这在很大程度上推动了全球气候治理制度的整合与协调。

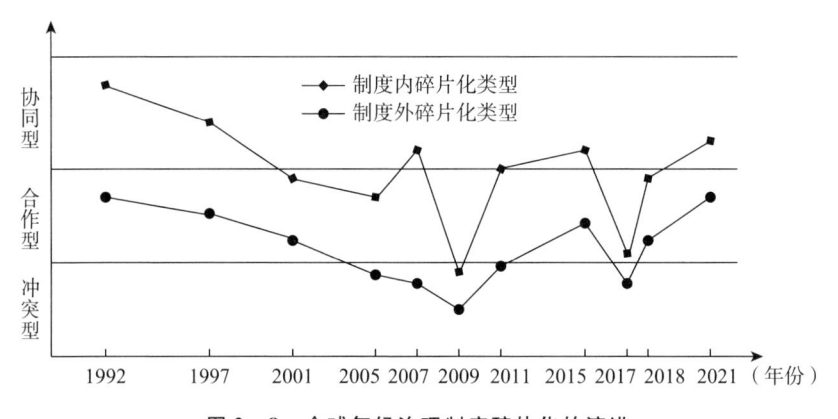

图 2-8 全球气候治理制度碎片化的演进

资料来源：笔者自制。

而在第二轨道上的制度碎片化绝大多数发生在2001年美国退出京都进程之后。20世纪90年代《公约》外气候机制寥寥无几，无论是政府间气候变化专门委员会，还是一些多边和双边气候机制，总体而言与《公约》的核心规范还没有冲突，呈现出合作型碎片化的特征。从2003年美国等国推动

[①] "FACT SHEET: President Biden Sets 2030 Greenhouse Gas Pollution Reduction Target Aimed at Creating Good-Paying Union Jobs and Securing U. S. Leadership on Clean Energy Technologies," The White House, 22 April 2021, https://www.whitehouse.gov/briefing-room/statements-releases/2021/04/22/fact-sheet-president-biden-sets-2030-greenhouse-gas-pollution-reduction-target-aimed-at-creating-good-paying-union-jobs-and-securing-u-s-leadership-on-clean-energy-technologies/, accessed on 23 April 2021.

建立了碳封存领导人论坛（Carbon Sequestration Leadership Forum，CSLF）、全球甲烷倡议（Global Methane Initiative，GMI）等，到 2005 年设立"亚太清洁发展与气候伙伴计划"、2007 年设立"主要经济体能源与气候论坛"（Major Economies Forum on Energy and Climate，MEF）、2012 年组建气候与清洁空气联盟（Climate and Clean Air Coalition，CCAC）等，这些制度和机制的核心原则和运行机制开始与《公约》产生冲突。马修·J. 霍夫曼（Matthew J. Hoffmann）曾经考察了全球 58 个与气候变化相关的"试验性机制"，有 46 个建立于 2002 年之后，而且绝大多数都是奉行自愿性的、市场导向的运行规则。[1] 比如"亚太清洁发展与气候伙伴计划"，尽管其成立时发布的意向声明仍然特别强调将按《公约》原则开展合作并与《公约》下的努力保持一致，是对《京都议定书》的补充而非取代，[2] 但其追求自愿减排和清洁发展，各成员之间并没有法律约束性承诺。许多学者指出，其无论在指导原则还是在具体实施方式方面都与《公约》有所冲突。[3] 综合上述两种碎片化的特征，本文认为，制度内碎片化总体而言是一种合作型碎片化，而制度外碎片化总体而言是一种冲突型碎片化，但近年来由于美国奥巴马政府在气候政策上趋于积极，而由美国主导的一些公约外制度有合作型碎片化的倾向。虽然仍然是不确定的，但是，从一个更加宏观的角度把两种碎片化合起来看，无论是制度内碎片化还是制度外碎片化，其根本目标都是趋向于全球减排和可持续发展的，在这一点上关键国家之间并不存在冲突。从这一点来讲，无论全球气候治理制度的碎片化程度有多深，其总体上仍然是一个合作难题，是一种以合作型碎片化为主体的治理结构。

因此，本书认为，正是由于全球气候治理总体而言呈现一种合作型碎片化的特征，全球气候治理就其本质而言是一个国际合作问题。在这样的

---

[1] 参见 Matthew J. Hoffmann, *Climate Governance at the Crossroads: Experimenting with a Global Response after Kyoto*, New York：Oxford University Press, 2011。

[2] APP，"亚太清洁发展和气候新伙伴计划意向声明"，http：//www.asiapacificpartnership.org/pdf/translated_versions/Vision%20Statement%20Chinese.pdf，最后访问日期：2015 年 4 月 1 日。

[3] Matthew J. Hoffmann, *Climate Governance at the Crossroads: Experimenting with a Global Response after Kyoto*, New York：Oxford University Press, 2011, p. 8; Peter Lawrence, "The Asia Pacific Partnership on Clean Development and Climate（AP6）：A Distraction to the Kyoto Process or a Viable Alternative?" *Asia Pacific Journal of Environmental Law*, Vol. 10, No. 4, 2007.

背景下，如何有效协调两条轨道上的制度碎片化，减少和降低第二轨道上冲突型碎片化的消极影响，有效利用第一轨道上存在的协同型碎片化的积极作用，加强合作型碎片化的合作效应，增进全球气候治理的有效性，朝向全球气候治理的终极目标渐趋发展？这成为当前全球气候治理亟待解决的核心问题，而这些问题的解决离不开某种程度的"国际领导"。

四　全球气候治理的国际领导及其历史变迁

（一）全球气候治理体系中的国际领导

在国际问题研究领域，"领导"（leadership）[①]仍然是个没有确定含义的概念，就像政治学界对于权力概念的争论一样，[②]关于领导概念及其内涵的界定也充满了争议，就全球气候治理而言可能更是如此。本书认为，在关于全球气候治理国际领导的理解和解释上，国家之间的认知是存在差异的，可能正是这种认知和理解上的差异导致对国际领导更多理论上和实践上的争议。许多国家认为，国际领导就是发挥带头作用，正如《公约》强调的"发达国家缔约方应当率先应对气候变化及其不利影响"，就是强调发达国家应该发挥带头减排的作用，领导意味着承担更多责任。近年来（特别是2008年金融危机之后），由于中国经济的持续快速发展和温室气体排放量的快速增长，国际上出现的期望或要求中国承担更多国际责任的呼声以及国内关于中国发挥领导作用的争论即属于此种理解。而在西方的学术研究和实践行动中，尤其是在关于美国国际领导地位的话语中，国际领导有许多时候等同于"霸权"（hegemony），这可能在很大程度上源于国际关系（或国际政治经济学）理论中的"霸权稳定论"。庞中英曾经指出，

[①] 英文 leadership 兼有"领导权"、"领导地位"、"领导作用"和"领导角色"的含义，本书统一使用"领导"一词泛指这些含义，而使用"领导者"一词泛指具有（或发挥）领导作用的国家或集团。

[②] "权力"（power）是政治学和国际政治研究的核心概念，但长期以来对其主要内涵的界定学术界存在着激烈的争论。参见〔美〕史蒂文·卢卡斯《权力：一种激进的观点》，彭斌译，江苏人民出版社，2012；〔美〕约瑟夫·奈《权力大未来》，王吉美译，中信出版社，2012。

第二章 全球气候治理体系：基本内涵与构成要素

"把霸权和领导混为一谈是严重的理论和实践问题"，在宏观政治学的意义上，领导不能与霸权（不管是否褒贬意义上的霸权）混为一谈。他认为，"一个大国在国际制度中占据影响甚至支配地位，一旦提出、支持和推动某种动议"（例如美国和苏联曾经在安理会中的这类行为），即担当倡议者、支持者和推动者，就是发挥了领导作用。领导理论中最为关键的一个概念是"追随"（followership），"追随者"（followers）积极而非消极地回应某种领导作用。[1] 这里突出强调领导所对应的追随行为，领导者必须要有追随者才能称得上领导。在很大程度上，对霸权的理解在西方语境中与东方语境中是存在较大差异的，即便在西方语境中，不同学者对霸权的理解也并不相同，有很多时候需要区分作为一种超强力量的霸权与作为一种国际行为的充满支配和控制的霸权，有时候也需要区分"仁慈的"霸权与"霸道的"霸权，后者在很大程度上更类似于中国所强调的"霸权主义"，具有较为明显的贬义色彩。尤其是，自从葛兰西（Gramsci）把霸权理解为建立在文化优势之上强力与同意的结合之后，霸权更多具有霸权实施者对于被支配者的文化灌输之下"获得被支配者对他们所受支配的道德同意"的意味。[2] 在这种语境下，霸权更多等同于强力下的支配和控制，尽管这种支配和控制更多是得到了被支配者"同意"的，但隐含着"无道""霸道"的道德批评含义。[3] 本书认为，霸权（不管是否褒贬意义上的霸权）之所以不能与领导混为一谈，最根本的可能在于二者使用力量的方式及其出发点不同。霸权实质上就是超强国家凭借其超强力量支配国际关系的状态，在很大程度上只有超级大国才有实力支配和主导世界，其出发点往往是"假公

---

[1] 庞中英：《效果不彰的多边主义和国际领导赤字——兼论中国在国际集体行动中的领导责任》，《世界经济与政治》2010年第6期。

[2] 参见〔英〕佩里·安德森《霸权之后？——当代世界的权力结构》，海裔译，《文化纵横》2010年第1期。

[3] 关于霸权的讨论已经超出本书讨论的范围，这可能需要更加严格的论述和归纳。关于此类论述可参见〔美〕查尔斯·金德尔伯格《世界经济霸权 1500~1990》，高祖贵译，商务印书馆，2003；C. P. Kindleberger, "Dominance and Leadership in the International Economy: Exploitation, Public Goods, and Free Rides," *International Studies Quarterly*, Vol. 25, No. 2, 1981, pp. 242-254; David A. Lake, "Leadership, Hegemony, and the International Economy: Naked Emperor or Tattered Monarch with Potential?," *International Studies Quarterly*, Vol. 37, No. 4, 1993, pp. 459-489. 还可参见谢来辉《领导者作用与全球气候治理的发展》，《太平洋学报》2012年第1期。

济私",以维护国际"公意"的名义维持自己的支配地位,更多反映霸权本身的偏好与意愿;而领导当然也需要实力,但一般大国甚至中小国家凭借某种手段或技巧都可以为之,其凭依的手段相对更加多样化,而其之所以必须有追随者的积极回应,就在于其出发点的"公益"性。

除了霸权之外,还有一些西方学者把领导理解为在特定国际问题领域,某一国家或国家集团运用各种资源推动某项国际协议达成或实现的角色扮演、作用发挥或行动过程,有带领、贯彻意志、强迫或劝说、惩罚或诱导等内涵,有点类似于"权力"(power)。比如,奥兰·扬(Oran Young)曾经把领导定义为一种"在特定制度的谈判进程中致力于解决或回避集体行动问题的个体行动,这种集体行动问题困扰各方寻求获得共同收益的努力"。[1] 还有学者把领导界定为一种"不对称的影响关系,在这种关系中某个行为体引导或指导其他行为体的行动,在特定的时期内朝着一个特定的目标发展"。[2] 这种关系隐含着领导者与跟随者的关系,而且意味着集体行动的目标不能只靠领导者的强制力达到。北京大学王缉思教授认为,"领导意味着在某种机制中占据主导地位,甚至意味着等级制上下级关系"。但"在气候变化领域没有谁能当领导,尤其在还没有出现一个有约束力的机制的时候,只能叫作牵头作用。所谓牵头作用,是指协调和倡议"。[3] 他认为在现存条件下气候治理领域不存在领导,只有牵头作用,这实际上正是对全球气候治理领域缺乏国际领导的反映。但事实上,即便是"牵头",也必须在具有一定的威望甚至权力的情况下才可以去"牵","牵"也意味着会有"被牵者",要有跟随者,牵头也要有前进的方向和路线,要避免被牵者中的离散力,这跟西方学者语境中的"leadership"非常接近。

上述庞中英的论文,在强调领导必须伴有积极追随行为的同时,也特别强调领导行为的大公无私,因为大公无私才真正符合领导者的根本利益,如果领导者夹带短期和狭隘的利益,势必伤害他者的利益,追随者势

---

[1] Oran Young, "Political Leadership and Regime Formation: On the Development of Institutions in International Society," *International Organization*, Vol. 45, No. 3, 1991, p. 285.

[2] A. Underdal, "Solving Collective Problems: Notes on Three Modes of Leadership," in *Challenges of a Changing World: Festchrift to Willy Østreng*, Lysaker, Norway: The Fridtjof Nansen Institute, 1991, p. 140.

[3] 张海滨:《气候变化与中国的国家战略——王缉思教授访谈》,《国际政治研究》2009 年第 4 期。

必减少，领导地位也势必难以成立，这实际上是在强调领导行为的国际"公益"和"公意"性。但庞中英并未就此深入探究下去。后来他又给出了一个较为宽泛的国际领导定义："国际领导就是对国际关系的组织、塑造和引导。每个国家都在影响着国际关系，只是程度不同。那些能让国际关系大体按照其设计（规划）、提议和推动的方向演变的国家就变成领导国家，这时，领导和追随这样的国际关系模式就产生了。"① 在这种定义下，并没有强调领导国家设计和推动的国际关系演变方向是否得到大多数国家的追随，也没有强调这种领导国家通过何种手段和方式、凭借何种资源推动国际关系的演变。

通过以上分析，本书认为，在全球气候治理这一特殊问题领域，领导兼具带头作用、带领（主导）作用和不对称权力关系三重含义，它在很大程度上是一个兼具现实主义和规范主义色彩的概念，既指一种不对称影响关系，也指一种可解决或避免集体行动难题的协调和树立目标的作用，又指一种解决或避免集体行动难题的行动或引导一个群体向既定目标前进的行动，还隐含着这种关系、作用或行动所依赖的资源。本书借鉴庞中英教授上述对国际领导的界定，认为国际领导是指在特定国际问题领域中领导者依赖某种资源（权力、知识或威望）所发挥的带领作用，领导者的行为在某种程度上具有道德和公益色彩，而且要有跟随者（followers）（甚至追随者），领导同时意味着跟随（追随），无论这种行为是积极回应、心甘情愿的（追随）还是消极被动、迫不得已的（跟随），② 都呈现出两者之间的

---

① 庞中英：《效果不彰的多边主义和国际领导赤字——兼论中国在国际集体行动中的领导责任》，《世界经济与政治》2010 年第 6 期。
② 从这个角度讲，国际领导更多意味着一种现实关系和心理关系的融合。本书认为积极回应的、心甘情愿的跟从者的行为是一种追随行为，而消极被动的、迫不得已的跟从者的行为是一种跟随行为，二者是有区别的。当然，从领导的结果来讲，二者似乎是没有区别的，但从领导关系的界定方面来讲，二者之间是有区别的，严格来讲只有获得了积极回应、心甘情愿的追随者的那种行为才是真正意义上的领导，但这种积极回应与心甘情愿的追随到底是如何发生的，可能也要区分不同的情况，追溯起来情况也会非常复杂。比如，这种心甘情愿的追随行为也许正是葛兰西所界定的文化霸权作用下的被支配者对他们所受支配的道德同意，也许正是领导者的软权力无形支配下的一种"心甘情愿"。但这并非本书的关注点，因此本书把所有跟随和追随所对应的关系都界定为领导。而庞中英教授在上述论文中界定领导行为的时候并没有区分追随和跟随，统一都界定为追随。参见庞中英《效果不彰的多边主义和国际领导赤字——兼论中国在国际集体行动中的领导责任》，《世界经济与政治》2010 年第 6 期。

一种不对称权力关系。所以，本书所强调的国际领导不同于霸权，而本书所强调的国际领导也不同于主导权，主导权也更多强调领导者本身的权力（力量）与行为，强调领导者对某种国际关系状态的控制与支配，而没有关注被主导者的行为。[①] 因而，本书所强调的国际领导更多是指在国际关系特定领域发生的一种带领（引导）与跟随或追随（被引导）之间的一种对应关系。领导国家能够让特定问题（比如全球气候治理）以大致全球共识性的方式解决，朝着大致全球性共识的目标发展。当然，这种全球性共识更多是由领导国家倡导和设计的，而且领导国家要发挥带头和示范作用，领导国家对特定国际性问题或全球性问题解决方案的设计（规划）与提议，也要在某种程度上符合全球"公意"，是出于国际或全球"公益"的目的。这种领导与跟从之间也有一个动态的平衡过程，一开始可能只有少数的跟从者，但跟从者的数量会越来越多，在此过程中，特定问题的解决方案也日趋明确。当跟从者的数量超过一个临界点的时候，原先处于观望状态的旁观者开始直接跟从领导者，或者跟从原先的跟随者，向着问题解决的目标前进，最终使该问题得以成功解决（见图2-9）。因此，本书认为，在全球气候治理领域的国际领导应该由以下四个要素构成：领导者、跟随者（追随者）、全球"公意"与全球"公益"。当然，这里强调的"公意"和"公益"只是相对而言的，客观地讲，任何国家的国际行为都

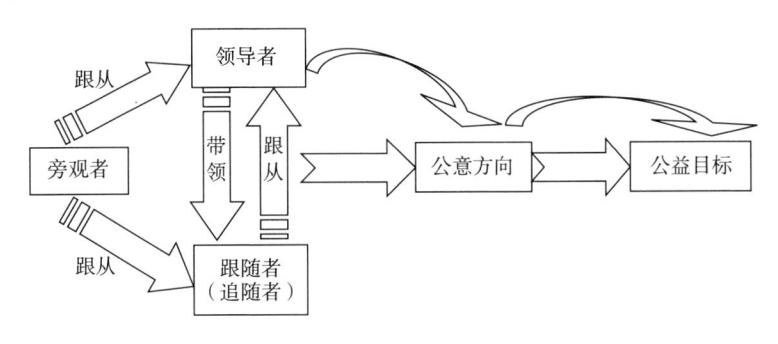

图2-9 全球气候治理国际领导的结构

资料来源：笔者自制。

---

① 有研究者强调领导权更接近主导权。参见谢来辉《领导者作用与全球气候治理的发展》，《太平洋学报》2012年第1期。张文木教授也区分了"霸权"与"主导权"，认为"霸权"是"主导权"在缺乏限制的情况下的滥用。参见张文木《中国需要经营和治理世界的经验》，《世界经济与政治》2010年第7期。

是基于其自身利益的，也是由特定的权力塑造的，但无论如何我们也不能否认某些国家在应对气候变化问题上的"利他"和"公益"行为，这种行为在一定程度上反映了国际社会的"公意"所在。

但在实际的全球气候治理中，不同语境中的领导往往具有不同的指涉。比如，包括中国在内的发展中国家在强调发达国家发挥领导作用的时候，往往就指发达国家应该"率先"减排并向发展中国家提供更多资金和技术援助；[1] 而在欧盟一直声称的发挥领导作用的语境中，往往带有某种价值（道德）意义的引领、带领和指导意味。上文已经指出，鉴于全球气候治理的特殊性质，如果领导意味着带头减排并接受更高标准的量化减排义务，气候治理领域就是一个充满领导赤字的领域，在该领域并不存在领导权之争；同样，如果领导是指某种带领有关各方克服集体行动难题、朝着《公约》终极目标前行的角色扮演，意味着必须要有更多的追随者，鉴于全球气候治理的复杂性，尽管欧盟一直声称发挥领导作用并以领导者自居（在一定程度上也得到了国际社会的承认），全球气候治理领域的领导也依然匮乏，举步不前、进展缓慢的治理现状充分说明了这一点。因此，国际社会对全球气候治理领导的呼吁实质上包含着对上述两种含义下领导作用的期许，既包含对某些国家或国家集团发挥带头减排作用的要求和主张，也包含对某些国家或国家集团担当协调和引领国际合作重任的期待与希望。

（二）国际领导的类别

毋庸置疑，国际领导是解决全球性问题的重要条件，"没有领导的多边主义难以取得成效"。[2] 奥兰·扬曾强调领导是国际制度形成的必要条件。[3] 所以在全球气候治理研究中，领导问题一直是一个重点问题。西方

---

[1] 比如中国政府 2009 年发布的《落实巴厘路线图——中国政府关于哥本哈根气候变化会议的立场》，强调发达国家应该"率先"减排；在"基础四国"气候变化部长级会议发表的联合声明中，四国也是多次强调发达国家在减排方面发挥"领导"（take the lead）作用，参见 Joint Statement Issued at the Conclusion of the 17th Basic Ministerial Meeting on Climate Change, Hangzhou, China, 29 October 2013。

[2] 庞中英：《效果不彰的多边主义和国际领导赤字——兼论中国在国际集体行动中的领导责任》，《世界经济与政治》2010 年第 6 期。

[3] Oran Young, "Political Leadership and Regime Formation: On the Development of Institutions in International Society," *International Organization*, Vol. 45, No. 3, 1991, p. 285.

学者对此有较为深入的研究，对领导进行了详细分类，提出了结构型（structural）领导、方向型（directional）领导与工具型（instrumental）领导等很多不同的领导类别。根据一些学者的研究，本书以国际领导所依赖的资源和领导的方式为标准，把领导划分为结构型领导、方向型领导、理念型领导和工具型领导。结构型领导是指行为体依赖其较丰富的政治和物质权力资源，通过强制或提供奖励（胡萝卜加大棒）使其他行为体采取行动以达到其目的；方向型领导是指通过采取单边行动或通过榜样和示范进行领导（leadership by example），为其他行为体提供范例和前进的方向，通过采取先行者政策展示某种特定政策措施的可行性、价值和优势，以便消除特定问题解决方案的不确定性，促使其他行为体进行学习和仿效；理念型领导（也有学者称之为智力型领导、基于理念的领导）是指通过为某一特定问题提供解决思路、理念和方法，通过提供特定的知识和理论，界定特定问题的概念和解决方案，影响其他行为体的认知和偏好，设定议程和塑造制度，最终解决特定问题；工具型领导（也有学者称之为企业家型领导）是指在特定问题领域运用高超的协调技巧（国际问题领域的外交手段和技巧）和政治手段，或者通过问题联结和联盟政策达到一定的目的（见表2-4）。[①] 需要强调的是，这些领导类型并不是界限分明的，它们之间也是相互影响和相互作用的。比如，方向型领导采取的先行者政策需要国家或国家集团具有较强的经济技术基础，而这些先行者政策的成功又增强了结构型领导的能力；方向型领导需要理念型领导的指引，理念型领导也需要方向型领导的实践证明。

[①] 在诸多关于"领导"的学术文献中，学者大都把领导类型分为三类，大部分学者把工具型领导和理念型领导视为同一类型，但是不同的学者对这两种类型的界定和解释不同。参见 Oran Young, "Political Leadership and Regime Formation: On the Development of Institutions in International Society," *International Organization*, Vol. 45, No. 3, 1991, p. 285; Michael Grubb and Joyeeta Gupta, "Leadership: theory and methodology," in Joyeeta Gupta and Michael Grubb, eds., *Climate Change and European Leadership: A Sustainable Role for Europe*, Dordrecht, the Netherlands: Kluwer Academic Publishers, 2000, pp. 15 – 24; Joyeeta Gupta and Lasse Ringius, "The EU's Climate Leadership: Reconciling Ambition and Reality," *International Environmental Agreements: Politics, Law and Economics*, Vol. 1, No. 2, 2001, pp. 281 – 299; Charles F. Parker and Christer Karlsson, "Climate Change and the European Union's Leadership Moment: An Inconvenient Truth?," *Journal of Common Market Studies*, Vol. 48, No. 4, 2010, pp. 923 – 943。

表 2 – 4　国际领导的分类

领导类型	依赖资源	领导方式
结构型领导	强大的权力	强制或利诱，胡萝卜加大棒
方向型领导	自我的成功经验	单边行动、榜样示范、国际扩散
理念型领导	科学知识或理论	提供理解和界定问题的概念、解决问题的方案
工具型领导	外交资源	外交技巧、问题联结、结盟或破坏其他联盟

资料来源：笔者根据现有研究整理。

（三）全球气候治理体系国际领导的历史变迁

上文对全球气候治理的国际领导给出了一个相对宽泛的定义，理论上讲，任何行为体，只要其能够展示领导作用并有跟从者跟从，都可以是全球气候治理的领导者，包括在气候变化某一特定领域发挥积极作用的非政府组织、城市或商业机构，而跟从者也可能是来自不同层次的各种行为体。因此，多层次全球气候治理中的"领导—跟从"现象是一个异常复杂的图景。但在全球气候治理实践中，国家仍然是发挥领导作用的最主要行为体和推动全球气候治理的核心力量。为了分析的方便，以及为下文论述中国在当前全球气候治理新形势下的身份定位和作用发挥提供历史经验和借鉴，接下来本书主要分析和考察国家与超国家组织（欧盟）在全球气候治理中发挥国际领导的历史进程。就此而言，全球气候治理的国际领导历程大致以2009年哥本哈根气候大会为分水岭。在大会之前，总体来说是由发达国家占据领导地位，美国和欧盟两个行为体在不同时期或共同或单独扮演领导角色；而在后京都谈判尤其是《巴黎协定》的达成及生效过程中，发展中国家尤其是包括中国在内的"基础四国"的影响力大大提高。在此过程中，中国虽然没有明确宣示发挥领导作用，但包括中国在内的发展中国家的地位和影响力显然已经成为影响全球气候治理进程的重要因素。从客观上说，中国已经成为全球气候治理的领导力量，全球气候治理的领导权也开始出现由发达国家独享向发达国家和发展中国家共享转变。

在20世纪80年代末90年代初，全球气候变化议题从（气候/气象）知识界逐渐走向国际政治议程，这就是全球气候变化的政治化过程。在这个过程中，无论是 1988 年联合国政府间气候变化专门委员会成立，还是 1988 年的多伦多气候会议和 1989 年的诺德维克气候会议，都是北美国家（加拿大和美国）与西欧国家（德国和荷兰）发挥了主导作用。20 世纪 90 年代初，《公约》谈判及其生效的一段时期，美国和欧盟共同努力并在气候变化问题上联合发挥了领导作用，推动有关气候变化的政治讨论在全球范围内展开，[1] 但美国在其中发挥了更大的作用。在这一气候变化问题走向国际政治议程的初期阶段，关于气候变化问题本身的知识和应对理念至关重要，这一时期无论是美国还是欧盟，更多发挥的都是理念型领导和工具型领导。

在走向《京都议定书》谈判进程中，欧盟在减排目标的力度和减排示范方面均发挥了更加积极的作用，欧盟开始积极发挥方向型领导作用。《京都议定书》的达成是美国与欧盟相互妥协的结果，欧盟和美国都发挥了领导作用，但欧盟的影响力似乎更大一些。2001 年美国小布什政府宣布退出《京都议定书》后，欧盟在全球气候治理中发挥了独立的领导作用。通过达成气候和能源一揽子计划协议，欧盟努力向世界显示其可靠的领导地位，积极发挥其方向型领导和理念型领导作用。正是在欧盟的积极斡旋和推动下，《京都议定书》在 2005 年最终得以生效，在这一过程中，欧盟也积极行使其政治和经济权力，展示其结构型领导和工具型领导作用，欧盟的领导力达到了顶峰。此后，2007 年印尼巴厘岛气候大会上，双轨制气候谈判模式的确立标志着后京都气候谈判的开启，欧盟在其中发挥了积极的推动作用。2009 年哥本哈根气候大会上，由于各种原因，欧盟的领导遭遇史无前例的挫折，欧盟在谈判的最后关头被边缘化，美国和以中国为代表的"基础四国"共同促成了《哥本哈根协议》，无论是美国还是以中国为代表的"基础四国"，在这一过程中都发挥了一定程度的结构型领导作用。

在 2011 年南非德班气候大会上，欧盟调整谈判策略，通过与小岛屿发展中国家联合等方式促使其领导力逐步恢复（积极发挥工具型领导作用）。

---

[1] Christer Karlsson et al., "Looking for Leaders: Perceptions of Climate Change Leadership among Climate Change Negotiation Participants," *Global Environmental Politics*, Vol. 11, No. 1, 2011, pp. 89–107.

同时，美国奥巴马政府上台以后，为应对金融危机实施绿色新政，将应对气候变化提升到国家安全的角度，美国领导力（结构型领导）在一定程度上得以回归。在此期间，一方面中国本身在全球气候治理中的影响力日益增强（结构型领导资源增强），另一方面中国在应对气候变化问题上的态度也趋向积极，中国在国内也积极倡导绿色发展理念，加强生态文明建设，领导力也不断增强（方向型领导和工具型领导）。最终，在三方共同努力和协调下，《巴黎协定》得以签署并很快生效。但总体而言，《巴黎协定》更多体现了美国和中国的利益与偏好，中美的气候影响力更为突出，美国和中国一方面展示了一定程度的结构型领导作用，另一方面也积极展示了方向型和理念型领导作用（比如中国开始积极推动构建人类命运共同体）。但是，2017年美国总统特朗普上台后开始采取一系列"去气候化"政策，2017年6月1日宣布退出《巴黎协定》，美国不但不再执行奥巴马政府时期的气候领导政策，反而采取不作为的反气候政策，不再履行其气候减排承诺和有关资金技术承诺，对全球气候治理造成了很大的冲击。在这种情况下，中国、欧盟与加拿大等坚持巴黎进程，欧盟在减排力度和内部的低碳转型方面继续发挥积极的引领作用，中国也在推动可再生能源投资和生态文明建设等方面发挥更加积极的作用。最终，在欧盟、中国与其他应对气候变化的积极力量的推动下，《巴黎协定》实施细则的谈判于2018年12月在波兰卡托维兹召开的会议上基本完成，推动全球气候治理进程持续向前。在会议期间，中国代表团与各方积极沟通，为推动会议取得成功做出了关键贡献。[①] 中国和欧盟在此过程中都积极发挥了方向型、理念型和工具型领导作用。2021年1月20日，拜登宣示就任总统，即刻签署行政命令重新加入了《巴黎协定》，之后不到一个月的时间内，拜登又相继签署了"关于在国内和国外应对气候危机"等一系列行政命令和政策声明，把应对气候变化问题置于其施政的核心位置，试图使美国重新回到全球气候治理的领导地位。但是，美国的两党政治及国内政治的极化，尤其是美国国会对拜登的制约仍然严重影响着拜登政府气候领导作用的发

---

① 《2018年12月17日外交部发言人华春莹主持例行记者会》，外交部网站，https://www.fmprc.gov.cn/web/wjdt_674879/zcjd/201812/t20181217_9711965.shtml，最后访问日期：2018年12月25日。

挥。有学者指出，拜登真正的挑战迫在眉睫，为了让美国在国内政治分裂的情况下确认其气候政策的合法性，拜登需要优先考虑国内政策行动，同时重建国际联盟，以表明他的政府能够兑现其长期承诺。[1]

综合以上分析，在过去30多年的全球气候治理中，前20年一直是发达国家美国与欧盟或单独领导或集体引领。从2009年开始，虽然所处的发展阶段、技术能力等方面与西方发达国家相比还存在明显差距，但中国（发展中国家）的经济实力和温室气体排放量都有了很大提升，中国自身应对气候变化的政治意愿也显著增强。无论是在全球气候变化延缓方面还是在应对全球气候变化方面，中国都具有无可替代的作用。中国既拥有了较强的结构型领导资源，也拥有了较多方向型、理念型和工具型领导资源，尤其是在《巴黎协定》达成、生效及其实施细则的谈判过程中，中国更是发挥了建设性的引领作用，成为全球气候治理的重要引领力量。

---

[1] Antony Froggatt and Rebecca Peters, "Biden's Summit on Climate," Chatham House, https://www.chathamhouse.org/2021/04/bidens-summit-climate, accessed on 25 April 2021.

第三章　全球气候治理的制度与机制：历史演进与理论解释

上文已经指出，狭义上的全球气候治理体系主要是指以《公约》及其相关协议为支柱的气候治理制度和具体运行机制，尤其是《京都议定书》和《巴黎协定》及其相应的运行机制（实施细则）。鉴于全球气候变化的全局性影响，从应对气候变化涉及的问题领域来看，主要有减少温室气体排放（减缓）、适应不可避免的气候变化带来的现实挑战（适应）、发达国家对发展中国家的资金支持和援助（资金）、相应技术的开发和转让（技术）等问题，这些密切相关而又各自分立的问题构成了全球气候治理的主要对象，而围绕这些问题形成的一套相互关联和相互嵌入的规则体系就构成了全球气候治理的主要制度与机制。全球气候治理的制度与机制是全球气候治理体系的主体和核心内容，本章着重从历史演进的视角对自20世纪80年代后期进入国际政治议程以来的全球气候治理的具体制度架构、核心机制及其特征进行系统梳理和分析。

一　《公约》下全球气候治理制度与机制的历史演进

全球气候变化首先是作为一个（气候/气象）科学问题进入人们视野的。早在19世纪末，瑞典化学家就提出了温室效应理论，认为大气中温室气体排放的增加会形成温室效应，从而导致全球变暖。20世纪60年代后期和70年代早期，一些科学家检测到大气中二氧化碳浓度的持续增加，进一步印证了这种温室效应理论。对温室气体排放增加引发全球变暖的担忧，促使气候变化问题逐渐被纳入了国际政治议程的讨论。随之，在联合国框架体系中，国际社会开始通过构建国际法律（公约）和相应的国际制度来试图应对和解决这一问题的历程。

（一）全球气候变化问题从科学到政治的演化阶段（1988~1990年）

1988年是全球气候治理从科学领域转入政治议程的分水岭。这一年在全球气候治理领域发生了三件具有重要意义的事件。第一，1988年6月，加拿大政府在多伦多组织召开了气候变化会议。许多研究者指出，多伦多会议是全球气候变化问题正式进入国际政治（国家政策层面）议程的标志。[①] 也正是这次会议呼吁有关各方采取具体行动以减少大气污染延缓即将来临的危机，并提出了"多伦多目标"，即到2005年在1988年水平的基础上二氧化碳排放减少20%。第二，1988年11月在联合国环境规划署（UNEP）和世界气象组织（WMO）联合推动下，成立了政府间气候变化专门委员会，旨在定期为全球气候变化提供科学评估，并为决策者提供气候变化科学基础知识、气候变化影响以及适应与减缓方案的评估报告。该委员会的成立标志着全球气候变化问题从科学界开始转入国际议程，开始准备为国家的气候决策提供政策参考。第三，1988年联合国大会通过了一份关于气候变化的决议（联合国大会43/53号决议），认为气候问题是"人类共同的关切"。在这些事件的推动下，1989年11月由荷兰政府组织的诺德维克（Noordwijk）部长级会议召开，这是专门就气候变化问题而召开的第一次高层次政府间会议，有66个国家的正式代表参加，呼吁国际社会就应对气候变化问题采取行动措施。1990年政府间气候变化专门委员会发布了第一个气候变化评估报告，明确指出人类活动正在增加大气中温室气体的浓度。1990年10~11月第二届世界气候大会，讨论了政府间气候变化专门委员会的第一个评估报告，并为发起联合国关于《公约》的政府间谈判进行准备。1990年12月第45届联合国大会通过45/212号决议，正式建立了关于《公约》的政府间谈判委员会，开始准备全球气候治理国

[①] Steinar Andrensen and Shardul Agrawala, "Leaders, Pushers and Laggards in the Making of the Climate Regime," *Global Environmental Change*, Vol. 12, No. 1, 2002, pp. 41 – 51; Daniel Bodansky, "The History of the Global Climate Change Regime," in Urs Luterbacher and Detlef F. Sprinz, eds., *International Relations and Global Climate Change*, Cambridge: The MIT Press, 2001, p. 27.

际公约的制定。

（二）全球气候治理的"立宪"及其具体化和运行机制构建阶段（1991～2006年）

从1991年2月到1992年5月，联合国气候变化框架公约政府间谈判委员会举行了五轮谈判六次会议（最后一轮谈判举行了两次会议），最终在1992年5月达成了《公约》，[①] 为全球气候治理奠定了坚实的法律和制度基础。此后所有的全球气候治理法律制度建设、气候治理行动都是基于《公约》而开展的，《公约》成为全球气候治理的根本大法，也成为全球气候治理"母法"或"宪法"。《公约》明确提出了全球气候治理的最终目标，即"将大气中温室气体的浓度稳定在防止气候系统受到危险的人为干扰的水平上"，正式确立了"共同但有区别的责任和各自能力"的原则，并据此把所有缔约方划分为附件一国家（发达国家）和非附件一国家（发展中国家），由此确立了全球气候治理进程中影响深远的发达国家和发展中国家各自承担不同责任和义务的"二分法"行动原则。在《公约》正式生效的次年1995年3月，召开了第1次缔约方大会（COP1）。COP1最后通过了"柏林授权"（Berlin Mandate），认为《公约》所提出的行动承诺对于解决气候变化问题而言并不充分，要求在1997年第3次缔约方大会上为附件一国家规定具有法律约束力的减排目标和完成时限的温室气体减排责任。1997年京都气候大会达成了全球气候治理史上具有里程碑意义的《京都议定书》。议定书是对《公约》确立的治理原则和法律框架的进一步细化和具体化，通过具有可操作化的行动义务把全球气候治理的理念转化为行动，正式开启了全球气候治理的第一次试验性或试错式的实施行动，规定2008～2012年作为议定书的第一承诺期，附件一国家总体在1990年的基础上减排5.2%。但议定书的运行从一开始就充满了争议和困境。[②] 根

[①] 关于政府间谈判委员会的谈判历程，可参见 Daniel Bodansky, "Prologue of the Climate Change Convention," in Irving M. Mintzer and J. Amber Leonard, eds., *Negotiating Climate Change: The Inside Story of the Rio Convention*, Cambridge: Cambridge University Press, 1994, pp. 60–70。

[②] 于宏源、余博闻：《低碳经济背景下的全球气候治理新趋势》，《国际问题研究》2016年第5期；于宏源：《〈巴黎协定〉、新的全球气候治理与中国的战略选择》，《太平洋学报》2016年第11期。

据"共同但有区别的责任"原则,《京都议定书》免除了发展中国家的量化减排义务,当时世界第一大温室气体排放国——美国——以此为借口在2001年退出了议定书,致使议定书直到2005年才正式生效。2005年11月,《公约》缔约方第11次大会(COP11)和《京都议定书》缔约方第1次大会(CMP1)在加拿大蒙特利尔市举行。由于美国不承担《京都议定书》下的法律义务,为把美国重新纳入后续国际气候谈判,大会事实上确定了一条双轨谈判路线:一方面,在《京都议定书》框架下,大会设立了一个附件一缔约方进一步减排承诺特设工作组(AWG-KP);[1]另一方面,在《公约》基础上,所有缔约方同时就探讨控制全球变暖的长期战略展开对话,支持加强《公约》执行力度。[2]蒙特利尔气候大会既是对京都气候大会以来全球气候治理法律制度建构进程的反思,也是对创制新的替代性法律制度的尝试。

(三)后京都气候治理法律和制度的创制及其挫折阶段(2007~2011年)

2007年印度尼西亚巴厘岛气候大会(COP13)正式开启了关于后京都气候治理制度和机制建构的帷幕。此次大会最终达成了"巴厘路线图"(Bali Roadmap),加强《公约》下的长期合作,全面、有效和持续地落实《公约》,设立了"公约下长期合作行动特设工作组"(AWG-LCA),进一步把《公约》和《京都议定书》下的"双轨"谈判法治化,并决定于2009年在哥本哈根举行的《公约》缔约方第15次大会和《京都议定书》缔约方第5次大会上最终完成谈判。[3]然而,国际社会寄予极高期望的哥本哈根气候大会却由于种种原因遭遇"失败",最后达成了一个没有被缔约方大会正式通过的《哥本哈根协议》,并没有完成双轨制下的法定谈判,没有达成2012年之后要实施的"后京都"气候治理新机制。纵观全球气

---

[1] UNFCCC,第1/CMP.1号决定,审议《公约》附件一所列缔约方以后各期在《京都议定书》第三条第9款下的承诺。
[2] UNFCCC,第1/CP.11号决定,关于加强执行《公约》应对气候变化的长期合作行动的对话。
[3] 苏伟、吕学都、孙国顺:《未来联合国气候变化谈判的核心内容及前景展望——"巴厘路线图"解读》,《气候变化研究进展》2008年第1期。

候治理法律与制度框架建构的 30 年进程，2009 年哥本哈根气候大会是国际应对气候变化努力进程中的一个关键转折点，也是整个全球气候治理法制化进程的分水岭。在 1988～2009 年这 21 年的全球气候治理进程中，大部分缔约方（以欧盟为核心）都持一种"理想化"的治理理念，致力于建立一个具有法律约束力的"自上而下"管制型和权威型治理体系，试图依靠某种超国家权威（联合国）来为所有缔约方确定应对气候变化的责任、分配相应的义务。诚然，一种具有法律约束力的"自上而下"管制型和权威型治理体系无疑有其强大的优势，面对全球气候变化的严峻性和紧迫性，这种治理体系也应该是一种较为理想的治理体系。但是，这与国际体系的无政府状态以及应对全球气候变化的全球公共产品性质所导致的理性国家的"搭便车"行为产生了巨大的结构性冲突。有学者指出，"哥本哈根的'失败'使国家政府内外的许多人开始重新思考动员各国有效应对气候变化的最好方式"，各国被哥本哈根的"失败"唤醒，认识到在国际行动的这个脆弱时刻，需要呼唤某种二元思维。这次失败"一方面呼吁人们认识到，从长远来看，一种具有约束力的框架对于调解和推动国际集体努力，以应对有史以来国际社会所遭遇的最深刻挑战之一的气候变化问题，具有十分重要的意义；但另一方面也呼吁人们更深入地认识到，构建这样的框架是一个渐进演化的过程"。[1] 正是在这种强烈的现实面前，从哥本哈根气候大会开始，一种以国家"自愿"行动为核心的治理理念和模式开始逐渐占据主导地位，发达国家和发展中国家责任与义务的界限开始模糊，不再区分附件一和非附件一国家，逐渐过渡到国家自主"自下而上"驱动为核心的治理体系。"全球气候治理自上而下的普遍路径，以《京都议定书》的法律约束力的目标加时间的减排方式为标志，被一种更加去中心化的气候政策体系所取代。"[2] 这是 30 年全球气候治理法律和制度建构进程中的重要转折和过渡时期。经过 2010 年坎昆气候大会的缓冲，在 2011 年南非德班气候大会上，构建新的气候治理法律和制度的行动取得突破性进

---

[1] Daniel Bodansky and Elliot Diringer, "The Evolution of Multilateral Regimes: Implication for Climate Change," Pew Center on Global Climate Change, December 2010.

[2] Karin Bäckstrand, Jonathan W. Kuyper, Björn-Ola Linnér & Eva Lövbrand, "Non-state Actors in Global Climate Governance: From Copenhagen to Paris and Beyond," *Environmental Politics*, Vol. 26, No. 4, 2017, pp. 561–579.

展，大会决定在《公约》下设立一个"德班加强行动平台问题特设工作组"（AWG-DP），指导拟订一项《公约》之下对所有缔约方适用的议定书、另一法律文书或某种有法律约束力的议定结果，最晚在2015年完成该项谈判，2020年实施。

（四）《巴黎协定》的达成与后巴黎时代气候法律与制度的操作转化阶段（2012~2021年）

德班气候大会之后，经过4年的谈判，2015年全球气候治理进程中具有里程碑意义的《巴黎协定》最终达成，构建了新气候治理法律和制度的重要框架和原则，形成了以"国家自主贡献"为核心的"自下而上"的新治理模式，构建起了"以自主承诺促进全面参与、以进展透明促进互信互鉴、以定期盘点促进渐进加强的全球气候治理新体系"。① 除此之外，《巴黎协定》在全球气候治理进程中一个最为核心的贡献是把《公约》确立的气候治理最终目标进一步具体化，变成了更具有操作化意义的全球温升控制目标，即"把全球平均气温升幅控制在工业化前水平以上低于2℃之内，并努力将气温升幅限制在工业化前水平以上1.5℃之内"。《巴黎协定》仍然是在《公约》之下，以《公约》的治理原则和目标为其核心要素的，但与《京都议定书》相比，无论是治理理念、治理模式还是具体的治理制度都发生了前所未有的变化，是对全球气候治理法制化进程全面反思与总结的结果。它克服了"京都模式"的诸多缺陷与问题，力图避免"京都困境"的再次出现，以动员最广泛的参与为宗旨，以国家驱动为根本，确立了全球气候治理的温升控制目标，为全球气候治理确定了新的方向和行动举措。② 《巴黎协定》的达成标志着新一轮全球气候治理法律和制度框架建

---

① 腾飞：《"去全球化"背景下中国引领全球气候治理的机遇与挑战》，载谢伏瞻、刘雅鸣主编《应对气候变化报告（2018）》，社会科学文献出版社，2018，第46页。
② 关于《巴黎协定》确立的新治理模式的总结，可参见于宏源《2015年气候治理发展及动向展望》，《上海交通大学学报》（哲学社会科学版）2016年第1期；于宏源《〈巴黎协定〉、新的全球气候治理与中国的战略选择》，《太平洋学报》2016年第11期；巢清尘等《〈巴黎协定〉——全球气候治理的新起点》，《气候变化研究进展》2016年第1期；薄燕《〈巴黎协定〉坚持的"共区原则"与国际气候治理机制的变迁》，《气候变化研究进展》2016年第3期；李慧明《〈巴黎协定〉与全球气候治理体系的转型》，《国际展望》2016年第2期；吕江《〈巴黎协定〉：新的制度安排、不确定性及中国选择》，《国际观察》2016年第3期。

设的基本完成，国际社会试图创建一个具有较强稳定性和连续性的法律和制度框架的目标基本实现。正如有学者指出，《巴黎协定》的"最大亮点在于全球气候架构不会被推倒重来，出现大的折腾，不会倒退"。[①] 这一点从美国宣布退出《巴黎协定》后，国际社会依然持续推进《巴黎协定》治理机制的深化发展足以证明。2017年6月，不顾国际社会的极力反对，美国特朗普政府宣布退出《巴黎协定》，给全球气候治理造成又一次负面冲击。但是，《巴黎协定》确立的新治理体系经受住了美国"退约"带来的严峻挑战，表现出了极强的稳定性和韧性。经过2016年马拉喀什气候大会和2017年波恩气候大会（斐济主办）继续凝聚共识，决定在2018年《公约》缔约方大会上最终完成实施细则的谈判。2018年12月，在卡托维兹气候大会上，各方基本完成了谈判，把《巴黎协定》的原则与理念转化成了具有可操作和运行的具体行动机制。2019年12月马德里气候大会进一步强化了这些实施细则，为《巴黎协定》的如期实施奠定了坚实基础。2020年，由于新冠疫情在全球蔓延，原定于年底召开的第26次《公约》缔约方大会被迫推迟到了2021年底。2021年1月20日拜登宣誓就职美国总统，美国新一届政府成立。作为对竞选承诺的兑现，在入主白宫的当天，拜登就正式宣布重新加入《巴黎协定》，并签署行政命令，向全球气候治理《公约》秘书处正式递交了重新加入文书。根据《巴黎协定》有关规定，一个月后，即2021年2月19日，美国重返《巴黎协定》正式生效。同时，在就任总统不到一个月的时间内，拜登政府又相继签署了"关于保护公众健康和环境以及恢复科学以应对气候危机"、"关于在国内和国外应对气候危机"、"关于重建和加强难民安置方案以及规划气候变化对移民影响"以及"启动美国创新计划创造就业机会和应对气候危机"等行政命令和政策声明，内容涉及气候政策、能源政策和更广泛的环境政策等一揽子计划，并强调要在全球气候治理中重新发挥领导作用。这从另一个方面反映了《巴黎协定》的较强韧性和稳定性，为《巴黎协定》的实施奠定了坚实基础。2021年底，在疫情仍在蔓延的情况下，延迟了的气候大会于英国的格拉斯哥举行，最终经过各方协调，完成了《巴黎协定》第6条实施细

[①] 潘家华：《应对气候变化的后巴黎进程：仍需转型性突破》，《环境保护》2015年第24期。

则的谈判，通过了《格拉斯哥气候协议》，突出强调1.5℃目标以及"退减煤炭消费"，为《巴黎协定》的实施奠定良好基础。

综上所述，如果我们把全球气候治理制度体系30多年的演进历程看作一个向全球气候治理最终目标不断趋近的过程，那么这一过程也就是全球气候治理制度有效性——法律制度最终能否为应对和解决全球气候变化发挥其真正的效力——的变化过程（见图3-1）。尽管这一过程历经曲折，但总体上是向前发展的。系统回顾与总结这30多年全球气候治理的演进历程，正确评价和判断《巴黎协定》实施细则的基本达成对于全球气候治理的重要价值，对于正处于敏感而关键时期的全球气候治理和中国开展的气候行动都具有特别重要的意义。

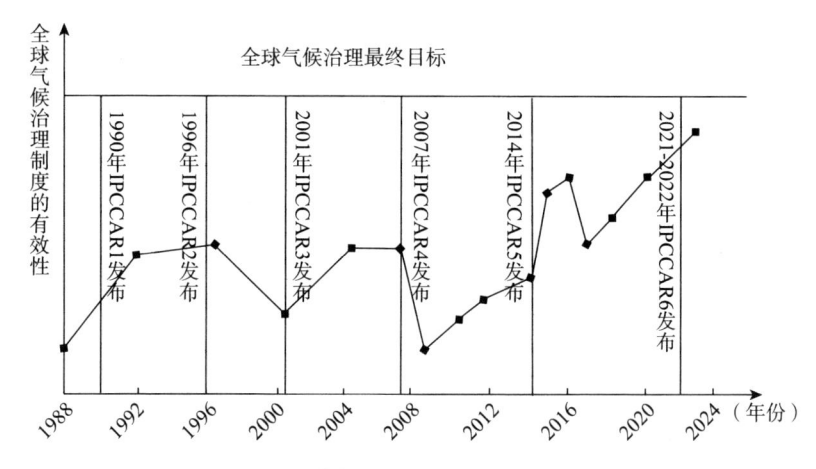

图3-1 全球气候治理制度体系的历史演进

注：1988年IPCC成立，多伦多会议召开；1992年《联合国气候变化框架公约》通过；1997年《京都议定书》通过；2001年美国宣布退出《京都议定书》；2005年《京都议定书》正式生效，蒙特利尔会议启动后京都进程；2007年"巴厘路线图"通过；2009年哥本哈根气候会议没有达成预期目标；2011年"德班加强行动平台"建立，启动后2020年国际气候协议谈判；2012年多哈气候会议结束《公约》和《议定书》下工作组的谈判；2014年联合国气候峰会召开，"利马呼吁气候行动"通过；2015年巴黎气候大会达成《巴黎协定》；2016年《巴黎协定》生效；2017年美国宣布退出《巴黎协定》；2018年《巴黎协定》实施细则基本完成；2021年美国拜登政府重新加入《巴黎协定》；2021年《格拉斯哥气候协议》通过；2023年迪拜气候会议完成首次全球盘点，通过"阿联酋共识"。

资料来源：笔者自制。

二 全球气候治理模式的历史变迁及各阶段的主要特征

全球气候变化与其他大部分生态环境问题的不同之处在于其深刻影响到了几乎所有的经济社会发展领域。正如有的学者指出的，气候变化体系具有异常宽泛的影响范围，不只包含传统意义上的环境保护（如限制污染物的排放），而且还包括更一般意义上的经济和社会发展政策，实质上包含导致温室气体排放的所有人类活动。[①] 一方面，这要求几乎所有的国家（最起码所有的大国）参与到治理中；另一方面，所有的减排行动都会对当前的经济社会发展产生短期负面影响，需要付出成本，因而总体上导致"搭便车"行为盛行，限制了一些国家减排行动的积极性。同时，鉴于温室气体在大气中的长期存在，全球变暖又涉及历史责任问题，与现实中的利益考量交织在一起，致使应对气候变化问题从根本上形成以发达国家和发展中国家划线的南北结构，以此为基础形成的"共区原则"成为全球气候治理的核心原则和根本伦理。很显然，只要国家之间在脆弱性、应对成本、经济实力、技术能力等方面依然存在着差别，"相区别"的责任和义务就永远存在，但因国家之间经济技术发展的不平衡，这种"差别"也将永远是动态的和发展演变的。因而，不是看"共区原则"是否发生了质变，而是看其发生了多大程度的量变，从而导致与之相应的治理方式、运行机制、国家之间的责任与义务发生了多大程度上的变化。就此而言，本书把全球气候治理模式划分为以下三个发展阶段。

（一）京都时代强"自上而下"和强"共区原则"治理模式（1991~2012年）

1991年联合国正式启动国际气候谈判进程；1992年经各方博弈正式达

[①] Daniel Bodansky and Lavanya Rajamani, "The Evolution and Governance Architecture of the Climate Change Regime," in Detlef Sprinz and Urs Luterbacher, eds., *International Relations and Global Climate Change: New Perspectives*, 2nd Edition, Cambridge: The MIT Press, 2016.

成《公约》，世界上绝大多数国家签署并批准了《公约》；1994年《公约》生效，《公约》正式在国际法意义上确立了"共区原则"，奠定了全球气候治理的法律和制度基础。1995年《公约》缔约方第1次大会在柏林召开，大会通过了《柏林授权书》，明确要为全球的减排行动制定一项具体的"议定书"，但同时也明确规定不对发展中国家增加新的义务。1997年达成的《京都议定书》实质上是一个受到国内强烈掣肘但想在全球气候治理中有所作为的分裂的美国、一个正试图通过气候变化问题强化其一体化进程的欧洲联盟，加上一个正致力于经济发展和消除贫困的中国之间的政治妥协。由于美国的"心有余而力不足"，《京都议定书》实质上更多反映了在谈判期间被美国压制的欧盟的偏好与利益，但也在很大程度上反映了要求采取具体减排行动的全球主流民意。因此，以《京都议定书》为标志，形成了某种程度的"欧盟偏好"：①减排行动上的具有法律约束力的目标加时间表模式，采取了一种自上而下的总量控制（2008～2012年发达国家的温室气体排放在1990年的基础上减排5.2%）加发达国家的各自不同量化减排承诺；②把"共区原则"正式"政策化"为发达国家与发展中国家之间的"积极歧视性"差别，免除发展中国家的减排义务，正式在发达国家和发展中国家之间建立起了"区别责任"的"防火墙"（firewall）；③建立起一套"灵活机制"，为发达国家以更加成本有效的方式进行减排行动提供了基于市场的规则，从而有了联合履约、排放交易和清洁发展机制。

京都模式确立起一种强制规定性的、自上而下的强减排行动方式，免除了发展中国家的减排义务并且要求发达国家为发展中国家提供资金和技术，从而也确立起一套强"共区原则"，尤其是以强"区别的责任"为核心原则的治理模式。虽然关于《京都议定书》实施细节的后续谈判在某种程度上弱化了京都模式的环境整体性，尤其是2001年美国小布什政府退出《京都议定书》并开始依靠自身较强的经济政治影响力而"另起炉灶"，[①]使京都模式进一步弱化，但并未从根本上动摇"京都体制"。在欧盟的强力斡旋和推动下,[②] 2004年俄罗斯批准《京都议定书》，2005年2月《京

---

① 李慧明：《秩序转型、霸权式微与全球气候政治：全球气候治理制度碎片化与领导缺失的根源？》，《南京政治学院学报》2014年第6期。

② 李慧明：《欧盟在国际气候谈判中的政策立场分析》，《世界经济与政治》2010年第2期；谢来辉：《为什么欧盟积极领导应对气候变化？》，《世界经济与政治》2012年第8期。

都议定书》正式生效，从而坚持并巩固了京都模式，至少在制度和法律意义上维护并延续了京都模式。

（二）哥本哈根时代过渡式"自愿减排"和弱"共区原则"治理模式（2013~2020年）

全球气候治理体系哥本哈根时代的开创可以追溯到2007年的巴厘岛气候大会。2007年12月《公约》缔约方第13次大会暨《京都议定书》缔约方第3次大会在印尼巴厘岛举行。此次大会确立的"巴厘路线图"为后京都时代的气候谈判奠定了坚实的法律基础，包括《巴厘行动计划》，旨在加强落实《公约》目标，升级蒙特利尔气候大会建立的《公约》下长期合作对话，建立《公约》下长期气候合作特设工作组，启动一项新的谈判进程，要在2009年完成谈判任务，就后京都气候治理体系做出最终安排。规定发达国家要承担可测量、可报告和可核实的量化减排义务，同时在顾及国情差异的前提下确保各自努力之间的可比性；发展中国家在技术、资金和能力建设方面得到发达国家可测量、可报告和可核实的支持条件下，也要在可持续发展框架下采取可测量、可报告和可核实的适当减缓行动。同时，继续《京都议定书》缔约方在2012年后的进一步承诺的谈判，2009年应完成谈判。由此确立了一个双轨制的后京都谈判模式。"巴厘路线图"重新把美国纳入后京都气候治理体制中，确认了发达国家与发展中国家不同的减排义务，坚持了"共区原则"，但在整个全球气候治理进程中，这是发展中国家首次明确承诺有条件的（得到发达国家可测量、可报告和可核实的支持）减排行动，具有里程碑意义。这种国家适当减缓行动，开始使"共区原则"不再是发达国家率先减排而发展中国家不承担义务，区别主要在于减排方式不同和前提条件有别。按照"巴厘路线图"的授权，2009年的哥本哈根气候大会要完成构建新的后2012年气候治理体系的谈判任务，但各方分歧严重，最终缔约方大会只是注意到（takes note of）由部分国家达成的《哥本哈根协议》。虽然《哥本哈根协议》没有被缔约方大会接受，但在整个全球气候治理史上却具有承上启下的重要价值。正如有的学者指出，《哥本哈根协议》没有被全体缔约方接受更多是由于程序而不是内容，2010年通过的《坎昆协议》在很大程度上是《哥本哈根协议》的合法化,"是'哥本哈根协定'的重生"。① 纵观整个全球气候治理进程,《哥本哈根协议》与《坎昆协议》尽管没有在法律上明确治理形式的转变,但《哥本哈根协议》明确规定,附件一缔约方采取量化的整体经济范围的减排指标,非附件一缔约方在可持续发展的背景下采取减缓行动,明显带有自主决定的形式,并没有一个自上而下的义务分担。《坎昆协议》不再区分附件一和非附件一国家,而是要求发达国家采取适合本国的缓解气候变化承诺或行动,发展中国家采取适合本国的缓解气候变化行动,都是自愿采取并适合本国的。2011 年的德班气候大会和 2012 年的多哈气候大会进一步确认了这种自愿行动。虽然多哈气候大会通过《京都议定书》的《多哈修正案》,从法律上确定了《京都议定书》第二承诺期,即从 2013 年开始为期八年,但加拿大、日本和俄罗斯都没有加入,而欧盟成员国及澳大利亚、新西兰、挪威、瑞士、冰岛、乌克兰等国的减排目标也是自愿减排承诺,而且也是条件性的,即要发起一个新的谈判进程,使未来的新国际气候协议具有法律约束力并适用于所有缔约方。这进一步淡化了京都时代自上而下的总体减排形式。因此,从比较的视角来看,哥本哈根气候大会之后尽管发达国家的减排承诺和发展中国家的减缓行动在形式和前提条件上仍然是"有区别"的,但所有缔约方的"共同"责任似乎已经进一步强化了,而"共区原则"开始弱化,发达国家和发展中国家之间的"防火墙"似乎正在被拆除,不再有"刚性的"区别。多哈气候大会在全球气候治理进程中具有转折点意义,昭示着一个全新的治理体制即将到来,正如欧盟委员会气候专员康妮·赫泽高(Connie Hedegaard)在会后评论说:"在多哈,我们跨越了从旧气候体制到新体制之桥,我们现在走在通向 2015 年全球协议的路上。"②

(三)巴黎时代强"自下而上"和新"共区原则"治理模式(2020 年以来)

全球气候治理体制的巴黎时代奠基于 2011 年的德班气候大会。2011

---

① 张晓华、祁悦:《应对气候变化国际合作进程的回顾与展望(下)》,国家应对气候变化战略研究和国际合作中心网,http://www.ncsc.org.cn/article/yxcg/yjgd/201508/20150800001508.shtml,最后访问日期:2015 年 12 月 15 日。

② European Commission, "Doha Climate Conference takes Modest Step Towards a Global Climate Deal in 2015," *IP*/12/1342, Doha, 8 December 2012.

年德班气候大会发起了一个新的谈判进程,建立了德班增强行动平台问题特设工作组。德班平台尽管仅仅是一个发起新谈判进程的决定,对要在2015年完成的新国际气候协议的形式和内容都没有做出明确的规定,但其本身具有重要的影响。正如有的研究人员指出,建立德班平台的决定第一次没有援引"共区原则"。从法理上来看,该决定明确是在《公约》之下,必须坚持《公约》的基本原则,包括"共区原则",但其本身是一种"模糊"的表达,排除了对该原则的清晰参考,从而使人们认为应该对该原则做出动态的重新解释并说明该原则已经处于困境之中,至少使"有区别"的责任问题被留在了未来解决。① 这实质上为发达国家和部分更加脆弱的发展中国家重新解释甚至重构"共区原则"提供了可能性。绝大多数发达国家认为自1992年《公约》签署以来,国际政治和经济现实已经发生了重大变化,"共区原则"必须作为一个动态的概念,根据已经变化了的经济和其他现实加以重新解释,附件一和非附件一国家之间的分野不应该再作为未来气候治理体系的基础。欧盟委员会2013年发布了一份题为《2015年的国际气候变化协议:塑造2020年后的国际气候政策》咨询性磋商文件,集中反映了发达国家的看法。② 该文件强调2015年要达成的国际气候协议必须解决当前《公约》下存在的二元运行机制,也就是存在约束性和非约束性减排安排的碎片化状态,强调后2020的国际气候协议必须并轨到一个单一的综合气候规制中。欧盟委员会认为,新的国际气候协议必须反映当前世界自1990年国际气候谈判开始以来已经发生的重大变化以及当我们走向2030年的时候它将继续发生的重大变化。在塑造2015年国际气候协议的进程中,需要超越反映20世纪90年代世界现状的"南北范式"(North-South paradigm),而朝向一个建立在相互依赖与共有责任基础上的新范式发展。基于此,2015年气候协议需要所有主要经济体,包括美国、中国、印度和巴西在内的还没有接受法律约束减排的国家的参与。为加速德班平台下的谈判,2012年多哈气候大会同意在2014年利马气候大

---

① Daniel Bodansky and Lavanya Rajamani, "The Evolution and Governance Architecture of the Climate Change Regime," in Detlef Sprinz and Urs Luterbacher, eds., *International Relations and Global Climate Change: New Perspectives*, 2nd Edition, Cambridge: The MIT Press, 2016.
② European Commission, *The 2015 International Climate Change Agreement: Shaping International Climate Policy beyond 2020*, Brussels, 26.3.2013, COM (2013) 167 final.

会之前审议 2015 年谈判案文草案的要点,以期在 2015 年 5 月之前提供谈判案文。① 2013 年在华沙气候大会上正式决定要求所有缔约方启动或加强拟做出的"国家自主决定贡献"（Intended Nationally Determined Contributions,INDCs）,在 2015 年缔约方大会之前进行通报。② 从整个全球气候治理进程来看,华沙气候大会提出的"国家自主决定贡献"仍然是延续了《哥本哈根协议》和《坎昆协议》所要求的由缔约方本国决定的缓解承诺或行动,其实质仍然是发达国家和发展中国家（新兴经济体）双方博弈的结果。发达国家借此可以要求发展中国家做出减排承诺,进一步模糊或淡化"共区原则";而发展中国家以此可以进一步要求发达国家给予金融资助和技术转让,并在自主决定的贡献中继续"区别于"发达国家的减排承诺（既有形式也有实质）,从而缓解自身的减排责任压力。"贡献"（contributions）一词的使用给未来即将达成的气候协议的内容增添了更多的模糊性,这种"贡献"只包括国家的减缓承诺或行动,还是也包括适应、资金、技术转让和能力建设？大会的决议并没有明确。2014 年利马气候大会仍然没有清晰回答这个问题,大会通过的决议进一步要求所有缔约方以有利于拟做出的本国自定的贡献的明晰度、透明度及易于理解的方式,在缔约方大会第 21 次大会之前尽早通报拟做出的本国自定的贡献,虽然要求缔约方在其自主决定的贡献中考虑列入适应方面的内容并对这种自主决定贡献包括的信息做了适当规定,③ 但实质上仍然是让缔约方自己决定。无疑,自哥本哈根气候大会以来逐渐被缔约方所接受的这种自愿或自主决定的形式进一步消解了京都时代所确立的那种"自上而下"的治理模式,与此同时也进一步消解了京都时代所确立的那种附件一国家和非附件一国家严格区别的二元责任机制,毕竟自哥本哈根气候大会以来非附件一（发展中）国家已经开始承诺减排,尽管形式和内容与发达国家还有较大区别。这种"自主决定"的"自下而上"的治理机制表明,全球气候治理体系正在发生深刻的转型,从而更具有包容性,也可以动员更多的国家参与到减排行动中,为巴黎气候大会的成功奠定了法律和制度基础。2015 年的巴黎气候大

---

① UNFCCC, Decision 2/CP. 18, Advancing the Durban Platform.
② UNFCCC, Decision 1/CP. 19, Further Advancing the Durban Platform.
③ UNFCCC, Decision 1/CP. 20, Lima Call for Climate Action.

会最终达成《巴黎协定》，从制度和法律上确认了后 2020 所有缔约方的责任、义务与权利，构建了一个完全不同于京都时代的全球气候治理体系。

三 全球气候治理从"法制建设"到"实践行动"的历史性转向

《巴黎协定》及其实施细则的达成，事实上宣告了全球气候治理体系的基本规范、制度和基本运行机制的创设、确立与完善基本告一段落，全球气候治理的法律和制度建设任务暂时基本完成，除了把《巴黎协定》的有关条款具体化，变成可具有操作化的实施细则，暂时没有了耗时费力的制度建设任务，全球气候治理转向了"实践行动"，而这种行动转向也预示着全球气候治理制度和机制的具体实施，在具体评价《巴黎协定》具体实施之后的成效及相关问题之前，让我们先从全球气候治理体系历史演进的视角继续评价一下《巴黎协定》及其实施细则的创设在全球气候治理体系中的历史地位。

（一）《巴黎协定》实施细则的基本完成对于推进全球气候治理进程具有历史性转折意义

《巴黎协定》实施细则是对《巴黎协定》的技术性转化，虽然《巴黎协定》无论在法律上还是在逻辑上都是《公约》框架下的一个气候协议，但它本身也确立了很多原则化条款，在一定程度上是整个后巴黎时代全球气候治理的新"宪法"或"母法"。[1] 把《巴黎协定》这些原则化条款具体化，变成可操作化的实施细则，从技术上把写在协定中的"条款"转化为具体的行动，这无论对于《巴黎协定》本身，还是对于整个全球气候治理，都具有非同一般的意义。

通过上文的梳理和分析，我们看到，全球气候治理进程经历了从达成科学共识、建立国际法律框架、制定国际制度和机制，到治理制度和机制的试错式（或者说实验性）贯彻实施（1997 年《京都议定书》达成，历

---

[1] 李慧明：《全球气候治理新变化与中国的气候外交》，《南京工业大学学报》（社会科学版）2017 年第 1 期。

经近 8 年于 2005 年生效，实施第一阶段承诺期，自 2012 年开始实施第二阶段承诺期），到再次制定新的治理制度和机制的努力、"失败"与挫折（2009 年哥本哈根气候大会的"失败"），再到转变理念与方向并再次制定新的治理制度与机制的尝试与成功（2015 年《巴黎协定》达成），直到《巴黎协定》具体实施细则的达成。可以说，全球气候治理始终处于强化全球科学共识、明确治理目标、制定治理制度与机制，以至于最终寻求全球政治共识来调动最广泛参与和最大程度行动的全球气候法律与制度"建构"阶段（当然，这一"法制化"进程也始终伴随着或交织着这些法律制度指导下的气候行动，但相对而言，法制建构的任务和需求始终是强烈的，而且是全球气候治理的核心工作）。那么，从这一"法制化"进程来看，《巴黎协定》实施细则的基本完成仍然是这一进程的延续，但是，它又不同于以往的"法制化"进程。从根本上讲，它不是在重新建构一个不同于以往的全新气候治理制度，而是对《巴黎协定》的具体化和技术化。它是《巴黎协定》法制化的"深化"和"延续"，是对《巴黎协定》未完成任务的"完成"，是《巴黎协定》从原则理念转化成操作化行动规则的标志。就此而言，《巴黎协定》实施细则的基本完成在整个全球气候治理进程中是一个重要的转折点。从全球气候治理的发展历程来看，《巴黎协定》实施细则的基本确立预示着全球气候治理艰难的大规模法律和制度建设基本可以告一段落，接下来最重要的任务就是如何全面彻底贯彻和落实这些细则并通过实施细则的动态调整加强缔约方的行动力度。因此，我们可以说，《巴黎协定》实施细则的基本达成预示着全球气候治理经历了大约 30 年的发展演变，进入了一个"全新"的治理阶段。这种"全新"不单单是从此构建并形成了一套新的治理制度和机制，也不单单是从此形成并贯彻了一系列新的治理理念，而是从根本意义上来讲，这是自 1988 年政府间气候变化专门委员会成立以来全球气候治理真正迎来了一个完全不同的"行动转向"：全球气候治理的法律和制度建设基本完成，全球气候治理由此转向了全面执行法律制度的行动时期。

因此，《巴黎协定》实施细则的基本完成，标志着全球气候治理已经成功跨越了全球气候治理的"法制"建设阶段，真正转向了治理制度（机制）与细则（规则）执行与落实的行动阶段。正如有学者指出的，随着《巴黎协定》全面实施细则的通过，经过几十年的谈判，全球气候治理的制度建设进程终于走向终结。① 这是2018年卡托维兹气候大会完成《巴黎协定》实施细则谈判对于全球气候治理而言最具有历史意义和标志性贡献的价值之所在。当然，这种"行动转向"和制度建设的"终结"只能是相对意义上的，《巴黎协定》实施细则的诸多条款本身也是动态的，需要随着时间推移而调整完善。但从全球气候治理的历史长时段来看，《巴黎协定》实施细则的基本达成在全球气候治理进程中具有十分重要的标志和转折性意义，标志着把《巴黎协定》成功转向了一个功能性的操作化多边体系，②《巴黎协定》实施细则的达成开启了真正落实《巴黎协定》的全球气候行动新时代。③

（二）全球气候治理"行动转向"的驱动因素

全球气候治理的实践进程总体上呈现多因素、多力量驱动的复杂特征，当前"行动转向"的驱动因素主要表现在以下三个方面。

1. 对全球气候变化科学认知的不断深入，推动人们越来越重视全球气候治理

近年来，随着对气候系统科学认知的不断深入，人们对全球气候变化科学评估的确定性也在不断增强。2014年政府间气候变化专门委员会发布的第五次评估报告《综合报告》明确指出，全球变暖是一个正在发生的客观事实，因为"观测到的1951~2010年全球平均表面温度升高的一半以上极有可能是由温室气体浓度的人为增加和其他人为力量共同导致的"。2018年10月政府间气候变化专门委员会发布的《全球温升1.5℃特别报告》指出，人类活动已经导致全球变暖超过了工业革命前水平的1℃，如果持续目前的温升频率，到2030~2052年可能会达到1.5℃。该报告强调指出，将全球变暖限制在1.5℃将需要在土地、能源、工业、建筑、交通和城市方面进行"快速而深远的"转型。到2030年，全球二氧化碳排放

---

① Wolfgang Obergassel et al., "Paris Agreement: Ship Moves out of the Drydock," Wuppertal Institut für Klima, Umwelt, Energieg GmbH, February 2019, p. 27.
② C2ES, "Outcomes of the U. N. Climate Change Conference in Katowice," Center for Climate and Energy Solutions, December 2018.
③ UNFCCC, "New Era of Global Climate Action to Begin Under Paris Climate Change Agreement," 15 December 2018, https://unfccc.int/news/new-era-of-global-climate-action-to-begin-under-paris-climate-change-agreement-0, accessed on 5 February 2019.

量需要比2010年的水平下降大约45%；到2050年左右，全球二氧化碳排放量要达到"净零"的水平。① 最新的气候状况监测表明，全球气候系统的变暖趋势进一步持续，例如，2018年全球平均温度比1981~2010年平均值高出0.38℃，而过去的五年（2014~2018年）则是有完整气象观测记录以来最暖的五年。② 全球持续变暖给人类社会带来了巨大的风险。世界经济论坛发布的《全球风险报告2019》指出，气候变化，热带气旋、高温热浪、干旱等极端天气与气候事件的频发，以及气候政策无法达到预期等环境风险日益突出并将继续发展，未来气候将持续变暖并可能造成全球风险加剧，引发系统性风险，最终将对人类社会造成无法估量的影响。③

2. 巨大的排放差距在短期内无法弥合，导致全球气候治理的紧迫性不断增强

《巴黎协定》尽管明确了全球气候治理的温升控制目标，世界绝大多数国家也都提交了国家自主贡献减排方案，但目前国际社会的努力与《巴黎协定》目标的实现仍然存在巨大差距。2019年联合国环境规划署发布的《排放差距报告》指出，即使当前《巴黎协定》下所有无条件承诺都得以兑现，全球气温仍有可能上升3.2℃，从而将为人类带来更加广泛、更具破坏性的气候影响。该报告还指出，如果我们要将升温幅度控制在2℃以内，那么2030年全球年排放量必须在各国提交的无条件国家自主贡献减排方案基础上再减少150亿吨二氧化碳当量；若要实现控制在1.5℃内的目标，则须减少320亿吨二氧化碳当量。但是，排放差距总体情况不容乐观，国际社会未能有效阻止全球温室气体排放的增长，例如，2018年全球温室气体的排放仍然继续上升，全球温室气体排放量（包括土地利用变化产生的温室气体排放量）达到了553亿吨二氧化碳当量，再创历史新高。④ 巨大的排放缺口亟须世界各国采取更加有力的减排措施，需要进一步提高国

---

① IPCC, *Global Warming of 1.5℃, an IPCC Special Report on the Impacts of Global Warming of 1.5℃ above Pre-industrial Levels and Related Global Greenhouse Gas Emission Pathways, in the Context of Strengthening the Global Response to the Threat of Climate Change, Sustainable Development, and Efforts to Eradicate Poverty*, Summary for Policymakers, 2018.
② 谢伏瞻、刘雅鸣主编《应对气候变化报告（2019）》，社会科学文献出版社，2019，第2~3页。
③ World Economic Forum, *The Global Risks Report 2019*, World Economic Forum, Geneva, 2019.
④ UNEP, *Emissions Gap Report 2019*, 26 November 2019.

家自主贡献的力度。2019年9月联合国秘书长发起并主持"全球气候行动峰会",目标就是要激发各国采取有效行动,尤其是确保各国在2020年以前对其国家自主贡献减排方案做出进一步承诺。最终,70个国家宣布将于2020年提交进一步的国家自主贡献减排方案,65个国家和主要地区经济体承诺到2050年努力实现温室气体净零排放。然而,由于做出承诺的国家大部分都是经济规模较小的经济体,再加上大多数二十国集团成员的缺席,上述承诺对排放差距的影响非常有限。[①] 基于这种情况,2019年底马德里气候大会通过的《智利—马德里行动时刻》文件特别强调要消除两者之间存在的以下巨大差距:一是缔约方需要就2020年之前全球温室气体年排放量做出进一步的减排承诺;二是努力把全球平均温升控制在明显低于工业化前水平的2℃之内;三是找出将温升限制在工业化前水平的1.5℃之内的综合性解决方案。[②]

3. 非国家行为体的广泛参与,使全球气候治理的行动支撑力量和推动力量越来越强大

非国家行为体一直是全球气候治理的重要推动力量和行动力量。[③] 在走向巴黎进程及构建巴黎气候治理模式的进程中,非国家行为体都发挥了非常重要的作用,这种作用同时也得到了联合国框架下全球气候治理制度的认可和接纳。2014年利马气候大会通过的《利马—巴黎行动议程》通过明确支持由非国家行为体所进行的个体或者集体性气候行动而对非国家行为体的作用给予了充分肯定。与此同时,《公约》秘书处还建立了专门登记和注册非国家行为体气候行动的组织机构——非国家行为体气候行动区(Non-state Actor Zone for Climate Action, NAZCA),旨在为非国家行为体的气候行动提供正式的法律和制度保障。这是在联合国气候治理进程中第一次在国家行动之外专门为非国家行为体开展的气候行动做出的制度安排,标志着非国家行为体在全球气候治理中地位和作用的进一步上升。2015年

[①] UN, "Climate Action Summit 2019," https://www.un.org/en/climatechange/assets/pdf/CAS_main_release.pdf, accessed on 25 January 2020.

[②] UNFCCC, Decision 1/CMA2, Chile Madrid Time for Action.

[③] 李昕蕾:《非国家行为体参与全球气候治理的网络化发展:模式、动因及影响》,《国际论坛》2018年第2期; Karin Bäckstrand, Jonathan W. Kuyper, Björn-Ola Linnér and Eva Lövbrand, "Non-state Actors in Global Climate Governance: From Copenhagen to Paris and Beyond," *Environmental Politics*, Vol. 26, No. 4, 2017, pp. 561–579.

达成的《巴黎协定》及其相关决定把非国家行为体作为《巴黎协定》的"非缔约方利害关系方"(non-party stakeholder)而使非国家行为体享有了特殊地位和权利，旨在鼓励非国家行为体发挥更加积极的作用。从此，非国家行为体在全球气候治理进程中开始发挥更大的推动作用，尤其是2017年美国特朗普政府宣布退出《巴黎协定》之后，美国的州、市和各种非政府组织发挥了没有美国联邦政府参与的"领导作用"，[①] 继续坚持履行美国的气候承诺，[②] 从而激发了全球非国家行为体参与全球气候治理的紧迫感和使命感。[③] 截至2020年1月底，在《公约》"非国家行为体气候行动区"官方网站上注册登记的非国家行为体数量已经多达17284个，其承诺的气候行动多达25961个，其中30%以上的气候行动直接与减排相关。[④] 正是在众多非国家行为体的推动下，全球气候治理的"行动转向"才有更强的驱动力和倒逼力量。

（三）全球气候治理"行动转向"的主要意涵

《巴黎协定》实施细则的基本达成给正处于敏感而关键时期的全球气候治理注入了正能量，从全球气候治理的整个历史进程来看，它至少为宏观层面的全球气候治理和微观层面的国内气候行动提供了具体、可操作和相互支撑的行动依据和行动指南。与此同时，这种"行动转向"也预示着全球气候治理的核心任务、议事日程、功能职责与关注重心等必将随之发生变化。这种变化将是全面的和全方位的，将在全球气候治理的各个层面产生联动效应。本部分着重分析《公约》缔约方大会等全球层面上有关机构和制度职责与功能的变化以及国家层面上各缔约方治理任务的变化。

---

① John R. Allen, "American Climate Leadership Without American Government," https://www.brookings.edu/blog/planetpolicy/2018/12/14/american-climate-leadership-without-american-government/, accessed on 21 December 2018.
② 李昕蕾：《美国非国家行为体参与全球气候治理的多维影响力分析》，《太平洋学报》2019年第6期。
③ 参见 New Climate Institute, Data-Driven Lab, PBL, German Development Institute/Deutsches Institut für Entwicklungspolitik (DIE), Blavatnik School of Government, University of Oxford, *Global Climate Action from Cities, Regions and Businesses: Impact of Individual Actors and Cooperative Initiatives on Global and National Emissions*, 2019 Edition。
④ UNFCCC, "Global Climate Action NAZCA," https://climateaction.unfccc.int/views/total-actions.html, accessed on 29 January 2020.

第三章　全球气候治理的制度与机制：历史演进与理论解释

1. 全球层面的变化：《公约》缔约方大会等机构与制度的功能转向

全球气候治理实现"行动转向"之后，作为全球气候治理最主要的活动平台和气候外交舞台，《公约》秘书处、缔约方大会及《巴黎协定》缔约方大会等机构和机制为了适应这种"行动转向"的需要而在职责与功能上发生了重大变化。如前所述，全球气候治理在过去30多年的演进历程中，其最为核心的任务就是构建相对有效的治理法律制度及其相应的运行机制，但在这一任务基本完成之后，《公约》缔约方大会以及《巴黎协定》缔约方大会的使命与功能也开始发生相应的变化，主要表现在以下几个方面。

第一，其最核心的任务开始转向动员各缔约方提高自身行动的决心和力度。

鉴于当前的全球努力距离全球温升控制目标仍然具有巨大的差距，"全面落实并实施《巴黎协定》仍面临严峻挑战和艰巨任务，需要各方强化目标和行动，积极应对新的形势，加强并推进全球气候治理和合作进程"。①《巴黎协定》确立的核心制度之一就是要求各缔约方定期提交国家自主贡献减排方案，而且"各缔约方的连续国家自主贡献将比当前的国家自主贡献有所进步，并反映其尽可能大的减排力度"，然后每五年在全球层面进行一次盘点，评估全球的减排进展成效。这种安排旨在通过将各国的减排承诺嵌入全球层面的气候责任制和"棘轮"机制（"ratchet" mechanism）中，来不断推动缔约方加强它们的减排行动力度。②但根据气候行动追踪组织（climate action tracker）目前的分析，全球国家自主贡献力度与保持温升1.5℃以下的要求依然存在巨大差距，即使所有国家的承诺都兑现，到21世纪末时的全球温升仍可能达到3℃。③这种状况的存在必然要求《公约》秘书处、缔约方大会等机构做好协调与监督工作，真正把工作重心转移到通过各种渠道和方式动员和督促各缔约方大幅加强其减排的力度上面，以期弥补巨大的排放差距。

---

① 何建坤：《全球气候治理新形势及我国对策》，《环境经济管理》2019年第3期。
② Robert Falkner, "The Paris Agreement and the New Logic of International Climate Politics," *International Affairs*, Vol. 92, No. 5, 2016, pp. 1107 – 1125.
③ Climate Action Tracker, "The Climate Action Tracker (CAT) Thermometer," https://climateactiontracker.org/global/cat-thermometer/, accessed on 2 February 2020.

145

第二，其主要职能和责任将转向有效监督巴黎气候治理机制的实际执行情况。

《巴黎协定》实施细则赋予了《公约》秘书处、缔约方大会及其很多附属机构执行并监督细则实施的权力。《巴黎协定》本身就建立了一些促进实施的体制机制，比如"巴黎能力建设委员会"和"促进履行和遵守《巴黎协定》委员会"等。实施细则为促进《公约》和《巴黎协定》的履行并确保其有效性而提出建立一些新的全球层面的体制机制，比如"地方社区和土著人民平台促进工作组"和"实施应对措施的影响问题卡托维兹专家委员会"等。除此之外，对缔约方通报的两年期透明度报告进行技术专家审评制度、关于进展情况的促进性多边审议工作组，以及为进行全球盘点而在附属履行机构和附属科学技术咨询机构之间设立的联合联络小组等，都是在全球层面上为促进《巴黎协定》的落实而设立的一些重要机制。

由于《巴黎协定》及其实施细则各个环节紧密相连、环环相扣，是一系列相互作用和相互影响的机制，需要《公约》缔约方大会及其附属机构加强贯彻和监督才能把其制度潜力充分挖掘和发挥出来，因此，从2020年开始，《巴黎协定》实施细则实际上都需要《公约》缔约方大会及其附属机构来精心组织和实施（见表3-1），比如全球盘点和对两年度透明度报告的审评活动都是事关全球气候治理的核心任务，即全球减排目标的实现和各国国家自主贡献力度的提升等。

表3-1 落实《巴黎协定》实施细则的关键步骤（2020~2025年）

内容	2020年	2021年	2022年	2023年	2024年	2025年
国家自主贡献（NDCs）	提交新的/更新的NDCs					提交新的/更新的NDCs
全球盘点		收集全球盘点的投入	技术评估	全球盘点		
透明度框架	通过《巴黎协定》下的共同报告形式	缔约方继续实施巴黎前的汇报和审评			第一次双年度透明度和温室气体清单报告	双年度透明度报告的审评

续表

内容	2020年	2021年	2022年	2023年	2024年	2025年
资金	（1）发达国家/其他国家提交将来资金的双年度通报 （2）开始讨论2025年后的集体资金目标	高级别部长级对话	发达国家/其他国家提交将来资金的双年度通报	高级别部长级对话	发达国家/其他国家提交将来资金的双年度通报	高级别部长级对话

资料来源：Jennifer Huang, "A Brief Guide to the Paris Agreement and 'Rulebook'," Center for Climate and Energy Solutions, June 2019.

第三，《公约》秘书处等机构的重要功能将变成缔约方"最佳实践"（best practice）和成功经验的展示平台和交流场所，以促进各国之间和各种行为体之间的相互交流与学习。

《公约》秘书处等机构是有关气候政策的知识宝库，但其潜力迄今尚未得到充分开发和利用。[①] 根据《巴黎协定》及其实施细则，各缔约方被要求定期通报它们的国家自主实施情况，比如通过定期的两年度透明度报告，各国必须定期展示其国家自主贡献的进展情况、适应信息、发达国家提供援助以及发展中国家接受援助的信息等。这些信息可以成为各国之间相互学习和借鉴的素材，而归纳总结并及时分享这些经验教训不仅可以有效强化《公约》秘书处等机构的促进和监督职能，而且还可以不断提高全球气候治理的能力和水平。

2. 国家层面的变化：国家职责与行动的转向

国家始终都是履行《公约》及其相关协议的最主要、最重要的主体，尤其是在《巴黎协定》"自下而上"的治理模式下，国家是贯彻和执行协定的最终承担者。《巴黎协定》实际上把全球减排任务和份额的决定权交给了国家，国家自主贡献的最终内容是由国家决定的。因此，从本质上说，《巴黎协定》的实施及其效果如何最终取决于每个缔约方的国内机制。在全球气候治理"行动转向"的形势下，国家也需要转变自己的角色和行动方略，至少应该做到如下几点。

第一，应当开始把主要精力放在贯彻和履行《巴黎协定》上，其中最

[①] Wolfgang Obergassel et al., "Paris Agreement: Ship Moves out of the Drydock. An Assessment of COP24 in Katowice," *Carbon & Climate Law Review*, Vol. 13, No. 1, 2019, pp. 3–18.

核心的任务就是如期达成本国的国家自主贡献减排目标。

由于当前的国家自主贡献预期成效与《巴黎协定》所提出的全球温升控制目标所要求的行动力度之间还存在巨大差距，需要各缔约方——尤其是关键性大国——切实增强自己的国家自主贡献力度，采取更有决定性作用的措施，加快经济社会发展转型和能源转型的步伐，共同推动《巴黎协定》的全面落实，然后再根据实施细则及时调整行动步伐，直至达成行动目标。

第二，应当按照《巴黎协定》及其实施细则所要求的内容，严格履行国家应该担负的责任与义务，配合好全球层面"自上而下"的监督与审评。

《巴黎协定》实施细则从国家自主贡献减排方案的提交、缔约方适应信息的通报，到提供和接受资金、技术转让等援助信息的通报，再到推进、支持《巴黎协定》委员会的相关工作等，都为国家行为体践行承诺做了非常详尽的规定。面对巨大的排放差距，世界各国必须充分发挥《巴黎协定》及其实施细则的制度功能，推动全球气候治理的集体行动稳步前进。一方面，各国需要从全人类利益出发，"坚持全球主义观照下的国家主义，抵制当下国家主义的诱惑"，[1] 切实担负起每个国家应该担负的那份责任；另一方面，国家之间应当加强相互监督，并与全球层面的监督和信息披露机制很好地配合起来，把"搭便车"的诱惑降到最低，推动《巴黎协定》的全面落实。

第三，应当做好国内的动员和协调工作，把全球气候治理的治理目标和措施融入整体经济社会发展的规划和行动中。

全球气候治理并非单一领域的行动，几乎涉及国家经济社会发展的所有领域与部门，因此，应对全球气候变化并非国内生态环境保护部门一家的职责。在"行动转向"的大背景下，国家（中央政府）需要真正发挥好"协调人"和"公共利益代表"的角色：一是通过打破国内各部门之间的利益藩篱，把全球气候治理目标整合到所有相关部门的政策举措中，比如电力、能源、交通、工业、农业、建筑以及相关的政府部门；二是还要动员更多的力量参与进来，通过加强气候风险知识方面的公众教育和培训等

---

[1] 蔡拓：《中国如何参与全球治理》，《国际观察》2014 年第 1 期。

气候赋权行动（action for climate empowerment），[①] 促使全国的经济社会发展实现整体转型，使其服务于全球气候治理目标。

四 全球气候治理制度与机制演进的原因及趋势

（一）全球气候治理制度与机制演进的理论解释

1. 现有学术研究的理论解释

全球气候变化问题作为一个生态环境科学问题早在19世纪末就引起了科学家们的关注，但该问题进入公众视野并引起国际政治界的关注则在20世纪80年代，而真正在联合国体制下开始全球治理进程是在1992年《公约》签订之后。纵观自20世纪90年代初以来的全球气候治理进程，其发展可谓跌宕起伏，复杂多变。众多的研究人员对这一治理进程的演进进行分析和探索，试图找到这一复杂进程的演化规律，为未来的难题解决和更有效治理方式的创建提供经验和借鉴。中外学术界的分析大致有以下四类。第一类是按照关键性国际气候协议的签订和生效来划分其发展历程的，比如《公约》的制定、《京都议定书》的签署及生效、后京都时代新国际气候协议的谈判与签署等。这种分类方法简洁明确，大多数学者基本上都是如此划分的。[②] 第二类是按照特定问题领域议程设定与应对政策的制度化程度来分析气候变化问题领域治理体制（regime）本身的演化的，类似于特定问题领域公共政策（或机制）形成演变的"政策圈"（policy cycle），包括议程形成、政策阐述、政策采用/选择、政策实施、政策评估与调整以及再次阐释。[③] 第三类是根据全球气候治理所要解决的核心问题的逐步深入和具体化来分析其进程的。比如有学者指出，全球气候治理自

[①] UNFCCC, Decision 17/CMA.1, Ways of Enhancing the Implementation of Education, Training, Public Awareness, Public Participation and Public Access to Information so as to Enhance Actions under the Paris Agreement.

[②] Harro van Asselt, *The Fragmentation of Global Climate Governance: Consequences and Management of Regime Interactions*, Cheltenham, UK: Edward Elgar, 2014, pp. 15 – 23.

[③] Michael Howlett and M. Ramesh, *Studying Public Policy: Policy Cycles and Policy Subsystems*, 2nd Edition, Oxford: Oxford University Press, 2003.

《公约》签订之后的发展历程中有三个里程碑：第一个里程碑是《京都议定书》确立了"谁参与治理"的问题；第二个里程碑是《巴厘路线图》明确了"治理什么"的问题；第三个里程碑即以"德班平台"为基础的《巴黎协定》，进一步明确"谁参与、治理什么、如何治理"等气候治理中的核心问题。① 第四类是根据全球气候治理体系自身的核心原则及建立在该原则上的具体规则和运行机制的演化来分析气候治理进程的。比如有学者以"原则—规则"为基础构建了一个全球气候治理体系变迁的分析框架，认为只要气候治理体系所遵循的核心原则没有发生质变，那么该体系的变迁就属于体系内部的变化，但体系内部规则的演变可以加剧这些规则与原则的不一致，从而导致该体系本身的弱化。② 这些理论阐释对我们理解全球气候治理进程的演化具有重要价值，但这些分析框架本身也有需要进一步完善的地方。比如，第一类和第三类基本上是按照时间推进对气候治理体系本身演进的一种简单描述，因而缺乏深度的理论分析。相对而言，第二类分析和第四类分析具有更强的理论性。但第二类分析更多是一种政策演进和国际法视角，而对于该体系本身的具体内容及其变迁背后的动力、逻辑等缺乏深度分析。第四类分析对我们理解气候治理体系本身的变迁逻辑及趋势具有重要参考价值，但似乎过多关注这种体系下的具体原则和规则，却没有深入探究这些原则和规则动态变化背后所反映出来的具体治理方式的变化。比如，构建该分析框架的学者认为全球气候治理体系的核心原则是"共同但有区别的责任和各自能力"的原则，只要该原则没有发生本质变化，气候治理体系本身就没有发生变化。显然，包括《京都议定书》、《坎昆协议》（实质上是《哥本哈根协议》的合法化）和《巴黎协定》在内的全球气候治理的整个机制都在《公约》之下，遵循并体现公约原则，包括"共同但有区别的责任和各自能力"的原则，那么从《哥本哈根协议》开始到《巴黎协定》所确立的不同于京都时代的治理模式就仍然是体系内部的变化。因此，这种解释显然有些太过宽泛。很明显，"共同但有区别的责任和各自能力"的原则本身也是动态演变的，人们普遍认

---

① 曹慧：《全球气候治理中的中国与欧盟：理念、行动、分歧与合作》，《欧洲研究》2015年第5期。
② 薄燕、高翔：《原则与规则：全球气候变化治理机制的变迁》，《世界经济与政治》2014年第2期。

为《巴黎协定》坚持并体现了"共同但有区别的责任和各自能力"的原则,① 但《巴黎协定》所确立的治理原则、方式和运行机制显然也不同于京都时代,那么,我们该如何看待、理解和解释这种差异？其仍然是体系内部的变迁,还是与京都时代的治理体系相比发生了本质的变化？本书认为,这两种理解都有一定的合理性,只是视角和程度不同。如果按照上述第四类分析框架来解释,很显然这是体系内部的变迁,只是治理规则本身发生了重大变化。但如果我们这样解释的话,又似乎什么也没有解释,因为《巴黎协定》及今后较长时期内的全球气候治理体系显然仍然是在《公约》的原则之下运行,继续遵循《公约》/议定书模式并坚持"共同但有区别的责任和各自能力"的原则。因此,本书认为《巴黎协定》确实仍然坚持了"共同但有区别的责任和各自能力"的原则——不但坚持了,而且还有所发展,增加了"要根据不同的国情"——但这种原则也显然已经不是京都时代的那种,其本身的内容已经发生了重大变化。如果我们把《公约》视为整个全球气候治理体系大厦的"框架"和"外形"的话,无疑它并没有发生本质的变化,所变化的只是"大厦"内部的"物件"及其摆放方式、人员构成及其相互关系,甚至人员的理念和思想这些"软件"。

2. 强制性与包容度:全球气候治理制度与机制演进中的两难

自从科学家发现全球气候变化问题并呼吁国际社会采取行动,对于全球气候治理到底应该采取何种治理模式,一直存在着两种不同的主张。一种是主张通过合法的国际渠道和平台(如联合国),建立一种具有法律约束力和强制性的"自上而下"的治理机制。首先在该框架下进行国际层面上的责任的界定与义务的划分,然后要求相应的责任主体根据国际层面的达成时间表和具有法律约束力的规定,采取强制性治理行动,比如温室气体减排,把联合国框架下的全球气候治理制度及其运行机制打造成具有法律约束力和强制力的法律制度,对不遵守法律约束力的行为体采取强制措

---

① 《巴黎协定》明确强调根据《公约》目标,并遵循其原则,包括以公平为基础并体现共同但有区别的责任和各自能力的原则,同时要根据不同的国情。中国气候变化事务特别代表解振华在国新办举办的"巴黎归来谈气变"中外媒体见面会时强调《巴黎协定》坚持了共同但有区别的责任和各自能力的原则。参见《新闻办举行"巴黎归来谈气变"中外媒体见面会》,中国政府网,https://www.gov.cn/xinwen/2015-12/23/content_5026902.htm,最后访问日期:2019年6月6日。

施或相应的惩罚措施,最终实现全球气候治理的目标。而另一种是强调国家的主权独立性,要求国家不受国际层面形成的法律和制度的约束和制约,试图在维护国家主权权威的基础上,通过"自下而上"的方式,主要依靠市场的力量或国家的自愿行动来实现全球气候治理的行动目标。对于前一种治理模式而言,其主要的优势在于具有较强的权威性和约束性,对签订国际法的行为体具有较强的制约,制度的有效性和执行力相对较高。但这种优点在一个无政府的国际体系中恰恰也反映了其缺点,因为一个具有较强约束力和强制力的国际制度,对国家的主权是一种削弱和制约,很大程度上弱化了主权国家参与的积极性和意愿,大多数国家不愿意受到一个更具有强制力的机构或制度的制约,使这种制度的包容度和吸引力大大下降。而对于后一种治理模式而言,其最大的优点在于维护了国家的主权独立性,调动了各相关行为体的参与积极性,扩大了制度的包容度和容纳力,使参与主体的范围和代表性大大增强,更能够调动最广泛的参与,凝聚最大的共识。但这种治理模式在注重了包容度的同时,无疑会降低这些制度的强制力,特别是全球气候治理涉及190多个国家和地区,为了顾及所有国家的利益和意愿,为了达成最大的公约数,在一定程度上会削弱这些制度的约束性。

(二) 全球气候治理制度与机制演变的主要动因

第一,国际气候政治格局的历史性动态变迁是全球气候治理制度转型的深刻根源。全球气候治理始终是国际政治经济格局下的一个动态发展过程。在20世纪80年代后期、90年代初全球气候变化问题逐步从科学界移入政策和政治界的过程中,一些国家之间对于该问题的认知及解决方式开始出现较大分歧,三个主要矛盾或分裂开始逐渐暴露出来:一是在发达国家之间显现对法律约束力的量化减排方式的支持(欧盟集团)与反对(美国集团);二是发达国家和发展中国家之间对它们应对气候变化各自责任界定的分裂;三是发展中国家内部更关切气候变化不利影响的国家与更关注发展和贫困消除的国家之间的分歧(小岛屿国家更关注气候变化对它们的生存造成的严重威胁而要求较强有力的减排行动,而石油生产国质疑气候变化的科学性并主张"慢慢来",中国、印度、巴西等新兴发展中大国居间,更关注发展经济利益,主张应对气候变化行动不能损害其国家主权)。① 这就形成了两大阵营下三对基本矛盾的全球气候治理基本政治与利益格局，两大阵营就是发达国家与发展中国家，三对矛盾就是上述三大分裂。正是这种特定的利益架构决定了此后较长时期全球气候治理体系的基本特征及走势。而在这种架构下，美国、欧盟等发达国家集团无论是在全球气候变化的历史责任和经济实力方面，还是在治理能力方面，都占据着主要地位。因此，最后达成的《公约》和《京都议定书》无论在道义上还是法律责任上都要求发达国家承担主要责任，而给发展中国家某种"积极的歧视"，根据历史责任和现实国情，确立了发达国家和发展中国家之间的强"共区原则"。2005年国际社会开始关于后京都时代的国际气候体制谈判，这也正是国际经济格局、能源格局和全球碳排放格局发生重大变化的时期。中国、印度等新兴经济体的经济实力显著上升，而发生于2008年的世界金融危机显然进一步加剧了这种经济格局的转换。同时，新兴经济体的碳排放量显著增加，其能源需求量也迅速增长。启动于2007年的后京都国际气候谈判正是发生于这种深刻的国际格局转换之中。一方面欧盟、美国等发达国家集团对于新兴经济体温室气体排放的迅速增加表示担忧，另一方面新兴经济体经济的强势增长也给它们造成了巨大压力，因此，在2009年的哥本哈根气候谈判中传统的"共区原则"已经难以为继，而欧盟、美国等发达国家集团试图变革气候治理体制的行为也遭到发展中国家的强势抵制，因而哥本哈根以及后续的坎昆和德班气候大会基本上确立了一个从"自上而下"向"自下而上"过渡的治理模式。2012年启动的关于后2020年气候治理体系的谈判依然发生于这种"东升西降"的整体国际格局变革之中，中国、印度等新兴经济体整体力量的增强使美欧发达国家感到一种前所未有的结构性压力，② 而且发展中国家内部的利益和立场也开始发生新的分化，③ 国际气候政治格局进一步发生变迁。正是在

---

① Daniel Bodansky and Lavanya Rajamani, "The Evolution and Governance Architecture of the Climate Change Regime," in Detlef Sprinz and Urs Luterbacher, eds., *International Relations and Global Climate Change: New Perspectives*, 2nd Edition, Cambridge: The MIT Press, 2016.

② J. Timmons Roberts, "Multipolarity and the New World (Dis) Order: US Hegemony Decline and the Fragmentation of the Global Climate Regime," *Global Environmental Change*, Vol. 21, No. 3, 2011, pp. 776 – 784.

③ 孙学峰、李银株:《中国与77国集团气候变化合作机制研究》，《国际政治研究》2013年第1期。

这种世界秩序深刻转型的背景下,既要使京都时代没有接受约束性减排义务的美国承担其全球减排应尽的责任,也要使中国、印度等发展中大国能为全球减排做出更大贡献,从而使所有大国接受减排义务,所以《巴黎协定》确立了以"国家自主贡献"为核心的"自下而上"的减排模式,以期动员最大多数的国家贡献自己的力量。

第二,后冷战时代世界形势的深刻变化与全球治理的深入发展等因素是全球气候治理制度转型的直接动因。1992年《公约》的达成,是在冷战刚结束的背景下,冷战时期的集团性、对抗性思维仍占主导地位,因此,在确立"共区原则"的具体内涵时,"共同"或"集体行动"难以达成,长期存在的南北对立刚性"区别"得到了最大程度的强调。另外,《公约》及《京都议定书》确立在很大程度上受到国际社会对酸雨及臭氧空洞问题解决模式的影响,充满"理想主义"色彩的"自上而下"的治理方式无疑是相对比较"理想"的治理方式。而进入21世纪之后,全球化深入发展使人类共同命运得以强化。一方面,随着冷战思维淡化、全球化思维占据上风,特别是全球性问题的影响日益增加,全球治理的需求得到公认,"共同责任"的一面在上升,但南北格局并未发生本质改变,"有区别的责任"仍被承认。另一方面,非国家行为体的影响上升,"社会世界"日益形成。冷战结束后,各种非国家行为体参与全球治理日益积极,国际关系、全球治理不再完全由国家主导,同时以全球气候变化为核心的全球性问题日益上升为国际政治议程的核心议题,随着其影响的日益严峻,某种程度的"人类共同命运"正在形成,任何国家都不可能独善其身,共同安全的倾向逐步加强,因此国家面对的不再只是另一些国家,还要面对非国家行为体的压力,因此国家既要维护自身的国家利益,也需要思考国家间的团结协作问题,维护某种程度的全球利益(人类共同利益)。在这样的背景下,既要维护照顾主权国家体系的无政府本质,也要考虑某种程度的"后威斯特伐利亚体系"的发展;既要强调越来越增强的全球"共同责任",也要顾及各国之间事实上的"有区别的责任"或"各自能力"以及"不同的国情"。因此,京都时代那种"理想主义"色彩的自上而下的安排变得日益困难,美国一直没有加入《京都议定书》,而在确立《京都议定书》第二承诺期的时候加拿大、日本等主要发达国家又不情愿加入就是最明显的例证。虽然我们可以在道义上谴责甚至在国际法的意义上惩罚这些国家的不履约行为，但事实上对于问题的解决也于事无补。因此，随着哥本哈根气候大会的"失败"，国际社会的理念和期望日益走向务实和理性，自下而上的"贡献"可能更容易实现。同时，自上而下的安排是种"硬法"，自下而上的安排则是"软法"或道德符号，非国家行为体的力量上升对于"软法"是有利的。非国家行为体对于全球性问题的影响日益加强，正在形成某种"社会世界"，这不仅起到了拾遗补阙的"中和"作用，缓解了政治世界和经济世界的各种矛盾，更由于它独特的构成和性质，推动了新的国际要素和过程的产生，加强了不同利益群体的声音，引发国际共同体对人类解放总态势的关注。[①]

（三）后巴黎时代全球气候治理制度与机制的发展趋势

上述分析表明，长期以来，全球气候治理的核心问题是在发达国家和发展中国家形成的"南北格局"下如何清晰界定各方的责任与权利。同时，这种责任和义务到底应该如何履行？面对发展中国家经济社会发展所导致的温室气体排放量的持续增长应该如何解决？面对这些复杂问题，长期以来，发达国家内部、发达国家与发展中国家之间、发展中国家内部形成了各种各样的利益集团，在治理方式上形成了目标加时间表与市场机制之争、自上而下与自下而上之争、统一与区别之争、减排与发展之争。所有这些争论都反映了各种政治力量的利益取向和政策偏好，也反映了国际政治与国际法的"无政府"本质。通过上述对全球气候治理体系历史演进的分析，我们大致可以观察到四种发展趋势：一是治理方式由"自上而下"的强制规定和管制形态逐渐向"自下而上"的自愿行动和混合形态变迁；二是治理内容由单一的温室气体减排向减缓、适应、资金、技术、能力建设等多层面转变；三是治理体系的核心原则——"共区原则"——经历了动态的演变，"趋同化"趋势加强，"有区别"责任的内容多样化；四是参与行动的国家和非国家行为体数量逐渐增多，导致全球气候治理日益向一种混合多元主义转变。而《巴黎协定》正是在这种趋势下达成，标志着全球气候治理一个关键而重要的节点已经到来。

---

① 王逸舟：《国际政治概论》，北京大学出版社，2012，第186页。

1. 全球气候治理"自下而上"与"自上而下"进一步结合

《巴黎协定》奠定了一个以"国家自主贡献"为核心的"自下而上"的治理模式,全球气候治理的减排行动以及其他行动(比如发达国家的资金援助)既不是"责任",也不是"义务",而是对全球气候治理主动所做的"贡献",国家的行动没有严格的法律责任,全球气候治理形成了一种"国内驱动型"的治理模式。[①] 当然,这种"自下而上"的"国家自主贡献"模式并非完全对国家放任自流,而是辅之以五年定期盘点、各国每次提交的"国家自主贡献"必须比原先的更有力度等仍带有"自上而下"色彩的机制,将各国的减排承诺嵌入气候责任制的国际体制和"棘轮"机制中。[②] 在后巴黎时代的全球气候治理中,一方面由于"国家自主贡献"本身的"国内驱动型"特征,国家将更加需要和依赖非国家行为体来实现"国家自主贡献"目标;另一方面,由于《巴黎协定》本身为非国家行为体的行动提供了法律和制度保障,加上美国"退约"的逆向刺激,大量的非国家行为体积极采取自愿行动,补充和推动所在国家的中央政府履行它们的气候承诺。这种国家"自上而下"的鼓励与非国家行为体本身"自下而上"的推动相结合,成为后巴黎时代全球气候治理模式的一个重要特征。

与此同时,如果我们从国际法和治理模式来纵观整个全球气候治理进程,可以发现强制命令式的"自上而下"目标加时间表的法律约束力模式(硬法)虽然从理论和制度上讲可能具有更强的执行力和有效性,但在一个主权国家体系组成的无政府社会中也因受到很多国家有形或无形的抵制反而得不到有效贯彻和实施,从而在实际治理效果方面乏善可陈。而完全自愿或自主决定式的"自下而上"的治理模式(软法)可能会动员最大多数的行为体参与,但其实施的有效性也始终是个问题。如何在一个无强制执行力的国际无政府社会中在上述两者之间寻求平衡,从而有效实施"全球治理",可能始终是摆在国际社会面前的一个核心而关键的问题。如图 3-2 所示,如果我们把全球治理模式理想化,软法和硬法分别处于制度模式

[①] 袁倩主编《全球气候治理》,中央编译出版社,2017,第 8 页。

[②] Robert Falkner, "The Paris Agreement and the New Logic of International Climate Politics," *International Affairs*, Vol. 92, No. 5, 2016, pp. 1107–1125.

序列的两个极端，包容度和执行力处于另一序列的两端，那么，理想中的治理模式应该就在软硬之间与包容度与执行力之间的那个最佳点上，我们不妨称之为"软硬相济的制度"。而实践中的治理模式就在这软硬两种方法之间来回摆动，逐渐趋近于这个最佳点。在从左摆到右之后，可能逐渐会实现某种回摆，实现左右的平衡。因此，未来气候治理模式的发展趋势至少应该包括以下两个。一是巩固"自下而上"的模式，使"软法"更软，发挥"软法"更大的动员能力。由于它本身就不是"硬法"，因此更多是需要完善加强道德律令，即强化监督、跟踪、评审、排名等，加强"软法"的包容度和动员力。二是向"自上而下"回摆，即逐渐完善《巴黎协定》前后已经建立的关于国家自主贡献的信息和实现机制、行动和支助的透明度机制、遵约机制、资金援助机制和技术开发与转让机制等，逐步确立某种相对中性的"硬法"或机制，提高"软法"的执行力。

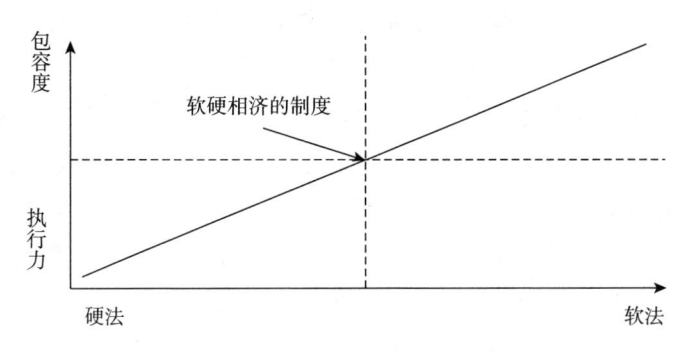

图 3－2　全球治理模式"理想图"

资料来源：笔者自制。

2. 治理内容逐步由相对单一向相对多层转变

全球气候治理最初被纳入国际政治议程之时，国际社会关注的最核心问题是减少温室气体排放，以减缓全球变暖的趋势，稳定全球气候系统的变化，因而《公约》确立的主要治理目标是"将大气中温室气体的浓度稳定在防止气候系统受到危险的人为干扰的水平上。这一水平应当在足以使生态系统能够自然地适应气候变化、确保粮食生产免受威胁并使经济发展能够可持续地进行的时间范围内实现"。2015 年达成的《巴黎协定》也进一步强调是在强化《公约》，包括其目标的履行方面，但与此同时进一步强调"旨在联系可持续发展和消除贫困的努力，加强对气候变化威胁的全球应对",把全球气候治理的目标转化为具体温升控制目标,即"把全球平均气温升幅控制在工业化前水平以上低于2℃之内,并努力将气温升幅限制在工业化前水平以上1.5℃之内"。同时,又特别强调"认识到这将大大减少气候变化的风险和影响,提高适应气候变化不利影响的能力并以不威胁粮食生产的方式增强气候复原力和温室气体低排放发展;并使资金流动符合温室气体低排放和气候适应型发展的路径"。从《公约》的目标到《巴黎协定》的目标,我们看到治理目标的进一步具体化和明确,从中也反映了全球气候治理体系所要解决的问题(治理内容)进一步复杂化。《公约》制定时期,国际社会确立的治理内容中最核心的是"减缓",就是控制全球温室气体排放的增加。但随着全球气候变化成为事实,适应问题日益被关注并被逐步纳入了治理目标之中。而在"南北格局"的基本框架下,与减缓相应的另外两个问题——资金和技术转让——也逐渐成为全球气候治理的重要问题,因为,在发达国家率先采取减排行动的前提下,发达国家向发展中国家,尤其是向气候脆弱性更加突出的最不发达国家和小岛屿发展中国家提供资金援助和技术转让,成为这些国家采取减缓行动的一个重要基础和前提,因而也就成为全球气候治理体系中日益受到关注的问题。因此,随着全球气候治理体系的深入发展,按照本书导论指出的博丹斯基等提出的机制演进框架,这也是气候治理机制深化和扩展的具体表现。从《巴黎协定》确立的新的治理机制也可以看出,在确立以"国家自主贡献"为核心的减缓行动的同时,适应、资金、技术、能力建设、气候变化损失与损害、国际碳交易、透明度等都已经成为《巴黎协定》所确立的气候治理体系中不可或缺的重要内容。可以说,鉴于全球气候变化的全方位影响,随着全球气候治理体系的进一步演化,治理内容逐步向多层次、多方面方向转变。虽然这不能完全说是全球气候治理体系"负担"日益增加的表现,但确实使全球气候治理问题日益超出最初的相对单一(减少温室气体排放)的目标和内容,而使体系运行的复杂性日益增加。

3. "共区原则"中"共同"的责任增加而"有区别"的责任减弱

"共区原则"始终是全球气候治理制度的核心原则,任何对此原则的弱化和动摇势必导致整个治理体系的重构和质变。我们看到,虽然《巴黎协定》仍然多次强调遵循"共区原则",在"共区原则"的基础上确立全球行动,但是这一原则中的"共同"责任正在增加,而"有区别"的责任正在弱化,这已经成为后巴黎时代全球气候治理体系一个确定的变化趋势。一方面,《巴黎协定》确立的"自下而上"的以"国家自主贡献"为核心的治理模式已经完全适用于所有缔约方,国家之间不再完全划分附件一和非附件一、发达国家和发展中国家,在这一点上所有的缔约方都具有共同的责任;另一方面,鉴于《巴黎协定》确立的"国家自主贡献"模式,缔约方之间的"贡献"需要自主区别,也就是说每个缔约方都需要根据自身的发展状况、能力和国情,自主决定采取的行动,但在这种情况下,每个缔约方的行动范围和内容也有趋同化的趋势,比如《巴黎协定》明确强调,虽然"发达国家缔约方应当继续带头,努力实现全经济范围绝对减排目标",但"发展中国家缔约方应当继续加强它们的减缓努力,鼓励它们根据不同的国情,逐渐转向全经济范围减排或限排目标",也就是强调随着发展中国家的发展变化,其减缓努力需要走向与发达国家相同的方式和范围。

4. 参与主体日益多元导致全球气候治理制度日益向混合多边主义方向发展

全球气候变化的影响是全方位的,虽然从国际政治的现实特征出发,《公约》确立了主权国家是缔约方,但是在应对气候变化的过程中,实质上气候治理最终是企业、消费者的责任,其他非政府组织、地方政府和城市等非国家行为体在全球气候治理中的作用也日益凸显。这些非政府组织、地方政府、城市等非国家行为体本身有着应对气候变化的利益和义务,它们本身也有许多国家所没有的灵活性和专业性等优点,从而使非国家行为体的地位和作用越来越突出。随着全球气候变化本身影响的加剧以及全球气候治理行动的深入,也需要调动非国家行为体参与全球气候治理,充分发挥它们的积极作用,因而也使全球气候治理的参与主体日益多元。《巴黎协定》为非国家行为体合法合规参与全球气候治理提供了法律和制度上的保障,从而为非国家行为体参与全球气候治理打开了通畅的大门,而美国特朗普政府的"退约"行动又进一步倒逼和激发了非国家行为体前所未有的积极性。非国家行为体在全球气候治理结构中这种地位和作用的不断提升,对全球气候治理的内外进程均产生了重要而深远的影响。

非国家行为体在全球气候治理中作用的日益增强表明全球气候治理的模式和进程正在发生重大变化,原先由国家(中央政府)单一主导的治理方式和进程正在向一种国家和非国家行为体共同参与和主导的治理方式转变。非国家行为体在全球气候治理进程地位的上升使全球气候治理日益向一种混合多边主义（hybrid multilateralism）方向发展，这主要表现在三个方面：第一，全球气候治理"自上而下"的推动进程正在发生转变，全球层面上原先主导全球气候治理进程的联合国系统、《公约》秘书处和国家层面的"（少数）精英"正在越来越主动接纳和包容来自地区、地方、城市、商业集团、投资者乃至广大消费者的（多数）普罗大众，越来越承认他们在全球气候治理中的重要作用和价值；第二，全球气候治理进程本身也日益由一种单一的"自上而下"推动的方式向主要由"自下而上"推动（不是在"国家自主贡献"的意义上，而更多表现在非国家行为体的自愿行动上）与来自联合国、《公约》秘书处和国家的"自上而下"推动相结合的方式转变；第三，由主要通过《公约》及其系列议定书和协定为核心的联合国框架下的气候治理制度推动向各种《公约》内外的气候治理制度协同治理的方向发展，非国家行为体推动成立的各种治理制度越来越成为以《公约》为核心的气候治理制度的重要补充和推动力量。

第四章　后巴黎时代的全球气候治理体系：主要特征与综合评价

2015年12月达成的《巴黎协定》在全球气候治理体系的整个演进历程中具有里程碑意义，如前所述，尽管仍然是在《公约》框架下，而且《巴黎协定》也明确强调旨在加强《公约》目标的履行，但它开启了一个全新的治理时代。这种新的治理体系不同于以往时期治理体系的具体特征是什么？这种治理体系下的制度与机制有什么变化？参与主体有什么变化？新治理体系下的国际气候政治格局发生了怎样的变化？如何评价这种新的治理体系的优劣？对这些问题的回答是中国在构建人类命运共同体背景下制定和实施推动全球气候治理体系改革和建设战略——本书论述的核心问题——的重要前提和基础，中国推动全球气候治理体系改革和建设的对象就是当前的全球气候治理体系，只有全面厘清当前这种治理体系的主要特征及其优劣，才能有的放矢，有针对性地制定中国的战略目标和具体行动方略。

一　新治理制度的确立及其主要特征：《巴黎协定》的"自下而上"治理模式

2015年达成的《巴黎协定》在全球气候治理进程中确立了一种跟京都时代不同的治理模式，其运行的规范和机制都有了很大的不同。我们需要在一种比较的视角下分析《巴黎协定》确立的新治理模式的基本特征及其对于全球气候治理的意义。

（一）新"自下而上"治理模式的主要特征

国际社会普遍认为《巴黎协定》是历史性的、第一份具有普遍性和法律约束力的全球性气候协议，[①] 中国气候变化特别代表解振华评价《巴黎协定》是全面、均衡、有效的，是一个有法律约束力的协定。[②] 与以往通过的气候协定相比，特别是与1997年通过的《京都议定书》相比，《巴黎协定》最主要的特征在于以下几点。

第一，《巴黎协定》是在全球气候治理历史上第一次针对所有缔约方并对所有缔约方提出普遍适用的包括减缓、适应、透明度等在内条款的协定。因《京都议定书》不对非附件一缔约方引入任何新的承诺，所以该议定书共28条，除一些行政性、程序性和生效条件等条款外，绝大多数都是针对附件一缔约方提出的如何履行其在第一承诺期减排目标的。而《巴黎协定》共29条，除一些行政性、程序性和生效条件等条款外，不再区分附件一和非附件一缔约方，而是在所有缔约方的国家自主贡献、每五年进行通报、适应和透明度等方面提出了普遍要求。

第二，《巴黎协定》在全球气候治理历史上第一次明确提出长期气温目标，即"把全球平均气温升幅控制在工业化前水平以上低于2℃之内，并努力将气温升幅限制在工业化前水平以上1.5℃之内"，并第一次提出为实现该目标，"尽快达到温室气体排放的全球峰值"，并在21世纪下半叶实现温室气体源的人为排放与汇的清除之间的平衡。

第三，《巴黎协定》是一个全面、均衡的气候协定，除涉及程序、行政、生效等一般性条款外，该协定第一次把气温控制目标、国家自主贡献、减缓、适应、森林碳汇、联合履约、气候变化影响损失和损害、资

[①] 参见 European Commission, Paris Agreement, http://ec.europa.eu/clima/policies/international/negotiations/future/index_en.htm; "Historic Climate Deal in Paris: EU Leads Global Efforts," http://eu-un.europa.eu/articles/en/article_17225_en.htm; The White House, "Statement by the President on the Paris Climate Agreement," https://www.whitehouse.gov/the-press-office/2015/12/12/statement-president-paris-climate-agreement;《气候变化巴黎大会通过〈巴黎协定〉 全球气候治理迈出历史性步伐》，《人民日报》2015年12月14日，第3版。

[②] 国务院新闻办公室：《国新办举行"巴黎归来谈气变"中外媒体见面会》，中华人民共和国国务院新闻办公室网，http://www.scio.gov.cn/xwfbh/xwbfbh/wqfbh/2015/33930/index.htm，最后访问日期：2019年6月6日。

金、技术开发与转让、能力建设、气候教育宣传与公众参与、透明度、全球总结、遵约机制等全球气候治理包括的几乎所有问题都做出了明确的法律规定,相比较而言,《京都议定书》的核心条款只是附件一缔约方第一承诺期的减排目标及履约灵活机制。

除上述总体特征和历史性突破之外,《巴黎协定》无论是在气候治理方式与减排模式上,还是对"共同但有区别的责任和各自能力"原则的动态发展及其独特的法律形式与治理形式上都具有开创性意义。

第一,《巴黎协定》正式在法律上确立了"自下而上"的治理方式,以国家自主贡献代替总体减排目标。"《巴黎协定》之所以是一个重要的里程碑不仅仅因为其是重要的阶段性成果,更因为它开启的'自下而上'模式,基于各国自主决定的贡献并辅之以五年定期更新和盘点机制来构建新的国际气候治理体系。"[1] 延续自《哥本哈根协议》以来确立的自愿行动原则,为动员最广泛的参与,以实现公约目标为宗旨,从2013年的华沙气候大会开始正式要求所有缔约方提交国家自主决定贡献。截至2015年10月巴黎气候大会召开前夕,瑞士、欧盟(28个成员国)、美国、加拿大、俄罗斯、挪威、新西兰、澳大利亚、中国、印度、巴西、秘鲁和南非等154个国家(地区)先后提交了国家(地区)自主决定贡献文件,已经超过了全球温室气体排放的80%。这种国家自主贡献构成了《巴黎协定》的核心要素,也是巴黎时代最主要的减排模式。正如中国气候变化事务特别代表解振华指出的:"各国根据自己的国情,根据自己的能力发展阶段来决定自己应对气候变化的行动,又确定了不同于京都议定书的'自下而上'应对气候变化采取行动的减排模式。这种模式有很大的包容性,可以动员所有的国家采取行动。"[2] 这是《巴黎协定》确立的最为核心的区别于京都时代的治理特点。

第二,"共区原则"有了动态发展。《巴黎协定》不再区分附件一和非附件一缔约方,即不再完全区分发达国家与发展中国家的责任与义务。正如上文所指出的,《巴黎协定》仍然坚持了"共区原则",但与京都时代相

---

[1] 庄贵阳、周伟铎:《全球气候治理模式转变及中国的贡献》,《当代世界》2016年第1期。
[2] 《新闻办举行"巴黎归来谈气变"中外媒体见面会》,中国政府网,https://www.gov.cn/xinwen/2015-12/23/content_5026902.htm,最后访问日期:2019年6月6日。

比已经有了重大变化。上述"自下而上"的治理方式实质上成为"共区原则"的最核心体现,即在"共同"提交国家自主贡献的义务下,各国根据自己的国情和能力"有区别"地做出自己的贡献。在这个大的前提下,《巴黎协定》一方面决定逐步制定统一的关于国家自主贡献的格式指南,明确国家自主贡献的信息和时间框架,另一方面规定发达国家应当继续带头,努力实现全经济绝对减排目标,而发展中国家应当继续加强它们的减缓努力,同时"鼓励"它们根据不同的国情,逐步实现全经济绝对减排或限排目标。同时,要求所有缔约方在缔约方大会对国家自主贡献全球总结的基础上每五年通报一次,逐步加强力度。可见,在国家自主贡献方面既体现"有区别"的责任和减排方式,也明确规定了逐步趋同的可能。除此之外,《巴黎协定》在资金、技术和能力建设等方面规定了发达国家的不同贡献,体现出"有区别"的责任。中国气候变化事务特别代表解振华指出:"在这个协定当中要求大家都采取行动,但是根据各国的情况,在行动当中都有了区别,不是'一刀切'的政策。所以大家在采取行动的时候,要根据自己的国情采取行动,另外发达国家还有义务为发展中国家提供技术资金支持,发展中国家在得到技术资金支持的情况下可能行动更有力度,做得更好。"①

第三,法律形式上的灵活性和多样性。根据《维也纳条约法公约》,具有国际法意义的条约即"国家间所缔结而以国际法为准之国际书面协定,不论其载于一项单独文书或两项以上相互有关之文书内,亦不论其特定名称如何",②由此而论,《巴黎协定》无疑也具有国际条约的效力。但也有学者指出,巴黎气候大会通过的协定也可能同时包含具有法律约束力和不具有法律约束力的混合条款,这不在于巴黎协定采取什么形式,而关键取决于协定的内容对缔约方所造成的法律义务。③ 比如,《巴黎协定》最核心的条款对"国家自主贡献"有明确规定,"各缔约方应编制、通报并

---

① 《新闻办举行"巴黎归来谈气变"中外媒体见面会》,中国政府网,https://www.gov.cn/xinwen/2015-12/23/content_5026902.htm,最后访问日期:2019年6月6日。
② 《维也纳条约法公约》,中国人大网,http://www.npc.gov.cn/wxzl/gongbao/2000-12/07/content_5003752.htm,最后访问日期:2019年6月6日。
③ Daniel Bodansky and Lavanya Rajanani, "Key Legal Issues in the 2015 Climate Negotiations," Center for Climate and Energy Solutions, http://www.c2es.org/docUploads/legal-issues-brief-06-2015.pdf, accessed on 20 August 2019.

保持它打算实现的下一次国家自主贡献。缔约方应采取国内减缓措施，以实现这种贡献的目标"，但并没有使国家自主贡献的实施或实现具有法律约束力。[1] 也就是说，国家自主贡献主要是由国家根据其不同国情和能力来决定其实现目标的减缓措施。在这种情况下，作为《巴黎协定》缔约方大会的《公约》缔约方大会对国家自主贡献并没有明确的法律约束力，而法律约束力主要依靠国家（或区域经济一体化组织）内部的立法或行政手段。因此，大多数国家把国家自主贡献转化为国内法，从国内法的角度来确定其所具有的法律约束力。有的国家（或区域经济一体化组织）是把这种自主贡献直接转化为内部的立法，具有强制力。比如欧盟的自主贡献主要根据欧盟委员会在2014年初提出的2030年能源和气候政策框架，并且已经得到欧洲理事会（欧盟首脑会议）的同意。欧盟委员会还将法案提交欧盟理事会和欧洲议会进行表决，因此欧盟提出的自主贡献得到了法律的批准。瑞士和挪威业已将自主贡献目标提交议会批准。俄罗斯表示现行2020年减排目标是国内法案予以确认的，2030年贡献也将拥有相同的法律属性。[2] 而美国由于国会的反对，奥巴马政府主要把气候行动作为一种总统的行政规定，巴黎气候大会之后的美国如要将其自主贡献转化为国内行动，还有许多工作要做。[3] 而中国的自主贡献也主要通过国家制定的"十三五"规划成为政府的行政目标而得到实施。而《巴黎协定》对所有缔约方只提出了一些约束性、程序性条款，比如规定对国家自主贡献每五年进行一次通报并进行全球总结，要求所有缔约方的国家自主贡献逐步增加力度并尽量达到最大，这是具有法律约束力的，但这种贡献的具体实施或实现方式最终要由国家自主决定。另外在资金方面，规定"发达国家缔约方应为协助发展中国家缔约方减缓和适应两方面提供资金，以便继续履行在《公约》下的现有义务"，并提出直到2025年将继续它们的集体筹资目标，

---

[1] "Outcomes of the U. N. Climate Change Conference in Paris," Center for Climate and Energy Solutions, http://www.c2es.org/docUploads/cop-21-paris-summary-12-2015-final.pdf, accessed on 9 August 2019.

[2] 冯相昭等：《从国家自主贡献承诺看全球气候治理体系的变化》，《世界环境》2015年第6期。

[3] Kristin Meek et al., "6 Steps the Obama Administration Can Take in 2016 to Cement Its Climate Legacy," http://www.wri.org/blog/2016/01/6-steps-obama-administration-can-take-2016-cement-its-climate-legacy, accessed on 20 August 2019.

在2025年前设定一个新的不低于每年1000亿美元的集体量化目标。这也是发达国家的一种约束性义务。此外，在行动和支助的透明度方面，要求所有缔约方不低于每两年一次提交温室气体排放的国家清单以及执行和实现国家自主贡献方面取得的进展，同时要求发达国家向发展中国家提供资金、技术转让和能力建设情况的信息，都具有法律约束力。

（二）"共区原则"的重构与再造：《巴黎协定》确立的"共区原则"及分析

2015年底达成的《巴黎协定》，无论在协定法律条款的表述中还是在实际的减排义务和资金技术援助责任等方面，无疑都坚持了"共区原则"。《巴黎协定》共有四次明确提出"共区原则"。在前言部分提出，"为实现《公约》目标，并遵循其原则，包括公平、共同但有区别的责任和各自能力的原则，考虑不同国情"；在第2条第2款提出，"本协定的履行将体现公平以及共同但有区别的责任和各自能力的原则，考虑不同国情"；在第4条第3款提出，"各缔约方的连续自主贡献将比当前的国家自主贡献有所进步，并反映其尽可能大的力度，同时体现其共同但有区别的责任和各自能力，考虑不同国情"；第19款规定，"所有缔约方应当努力拟定并通报长期温室气体排放发展战略，同时注意第2条，顾及其共同但有区别的责任和各自能力，考虑不同国情"。[①] 通过上述内容，我们可以看到该协定从前言到具体实施条款都特别强调"共区原则"，尤其是规定《巴黎协定》的宗旨和核心实施原则的前言部分，强调缔结《巴黎协定》是为了实现《公约》的目标，并明确强调遵循公约的总体原则，包括"共区原则"。这实质上既强调了《巴黎协定》与《公约》的关系，也突出强调了《巴黎协定》本身的实施原则。此外，《巴黎协定》第2条明确提出了协定的目标，突出强调了整个协定的履行将体现"共区原则"；第4条作为《巴黎协定》规定国家自主贡献的核心条款，明确规定了各个国家的国家自主贡献及其温室气体排放发展战略都遵循"共区原则"。

具体而言，通过对《巴黎协定》的决定及《巴黎协定》具体条款的详细分析，对比《公约》及《京都议定书》等一系列气候协议，我们看到

---

① UNFCCC, Decision 1/CP. 21, Adoption of the Paris Agreement.

《巴黎协定》既明确坚持了"共区原则",也在诸多方面发展了这一原则,创造了新的实施细则和条款,在内容和形式上重构了这一重要原则。

1. 对缔约方责任划分的变化:趋同责任下的自主区别责任

"共区原则"最核心的思想就是不同国家根据其不同发展状况承担"相互区别"的治理责任。但根据什么标准进行有效责任"区分",一直是全球气候治理中最为棘手的问题之一。《公约》与《京都议定书》明确区分了附件一国家和非附件一国家,以列举国家的方式,明确规定了一部分国家不同于另一部分国家的治理责任。正是这种划分方法,遭到一些现实责任相对较重国家的抵制和反对。事实上,从《京都议定书》达成直到2015年的巴黎气候大会,治理责任(减排责任与资金援助和技术支持等责任)的划分及其具体法律化,一直是发达国家与发展中国家之间以及它们双方内部争论的核心问题。为了应对这种难以解决的内在冲突,2015年《巴黎协定》避免了直接的"自上而下"的分配式责任划分,而是在一种"共同责任"——所有缔约方都必须做出国家自主贡献并逐步加大力度,接受每五年的盘点——的基础上把缔约方之间"相区别"的责任的划分留给了每个国家自己。每个主权国家可根据不同的责任和能力,考虑不同的国情,在一种共同愿景下提供由其自主决定的贡献,实现责任的"自主区别"。有学者指出:"通过回避后京都气候谈判中本质存在的分配性冲突,《巴黎协定》设法去除国际气候合作的最大障碍之一,它承认没有任何一个大国能够被迫进行重大的减排行动。"[1]

2. 对缔约方分类方式的变化:"二分法"变为实质上的"三分法"

京都时代和后京都时代"共区原则"的一个本质内容就是,将所有缔约方基于不同历史责任和能力大小,划分为承担量化减排义务的附件一国家和被免除减排义务的非附件一国家,并在资金援助、技术转让和能力建设等方面要求附件一国家对非附件一国家承担必要的支持义务。对非附件一国家的"积极歧视性"对待,构成了京都时代最明显的"二分法"和发达国家与发展中国家之间的不可逾越的国际责任"防火墙"。鉴于部分国家对这种"二分法"的不满和抵制,事实上在2009年哥本哈根气候会议

---

[1] Robert Falkner, "The Paris Agreement and the New Logic of International Climate Politics," *International Affairs*, Vol. 92, No. 5, 2016, p. 1108.

之后达成的一些气候协议就已经逐渐改变对缔约方的分类方法，因为与分类方法直接相关的是对相应国家国际责任的不同划分。正因这样，上文已经指出，2015年达成的《巴黎协定》虽然在一些重要的条款中重申了"共区原则"，但通篇不再有附件一和非附件一国家的区分，只有发达国家和发展中国家的区别，而且无论是在国家自主贡献与适应方面，还是在资金援助、透明度与能力建设等方面，虽然区分了发达国家与发展中国家的不同责任与义务，但在这种划分的基础上事实上形成了一个微妙的"三分法"：发达国家、特别易受气候变化不利影响的发展中国家（最不发达国家和小岛屿发展中国家）、其他发展中国家。也就是说，《巴黎协定》非常隐晦地把发展中国家又进行了区分，不仅在能力建设及其相关的资金和技术方面的条款进行了"三元划分"，[①] 而且协定的前言、第4条（减缓）、第7条（适应）、第9条（资金）、第11条（能力建设）、第13条（透明度）等关键性条款都专门对"那些特别易受气候变化不利影响的发展中国家"（最不发达国家和小岛屿发展中国家）做了特殊对待，形成了实质上的"三分法"。比如《巴黎协定》在前言中明确强调"认识到《公约》所述的发展中国家缔约方的具体需要和特殊情况，尤其是那些特别易受气候变化不利影响的发展中国家缔约方的具体需要和特殊情况，充分考虑到最不发达国家在筹资和技术转让行动方面的具体需要和特殊情况"。然后在接下来的有关条款中基本上都贯彻了这种分类结构。比如，在第9条关于资金援助的条款中，明确要求"发达国家缔约方应为协助发展中国家缔约方减缓和适应两方面提供资金"，同时也"鼓励其他缔约方自愿提供或继续提供这种支助"，并特别强调"最不发达国家和小岛屿发展中国家的优先事项和需要"；在协定第11条关于能力建设的条款中，也专门强调了最不发达国家和小岛屿发展中国家的特殊需要；在第13条关于行动和支助的透明度框架中，"应为依能力需要灵活性的发展中国家缔约方提供灵活性"，同时强调认识到最不发达国家和小岛屿发展中国家的特殊情况。这种划分方法实质上是要新兴发展中国家做出更大贡献，使这些国家的责任和贡献逐步与发达国家趋同，进一步弱化了"共区

[①] 曾文革、冯帅：《巴黎协定能力建设条款：成就、不足与展望》，《环境保护》2015年第24期。

原则"的适用基础。①

3. 缔约方责任划分基础的变化：从静态的"历史责任+经济能力"向动态的"历史责任+现实责任+经济能力"转变

依据何种标准来划分和构筑不同缔约方之间的气候治理责任与义务，是各方围绕对"共区原则"具体解读和重构进行斗争与博弈的关键内容。各缔约方在"共同责任"的前提下坚持"相区别"的责任，究其本质，主要是基于温室气体的历史排放、现实排放及各方在应对（减缓）和适应气候变化影响的经济（技术）能力的差别而做出的决定，符合全球正义的现实道义诉求。"有区别的责任"本质上是与"各自能力"的差异相连的，所以"共区原则"一直是与"各自能力原则"紧密相连、不可分割的。在《公约》及《京都议定书》签订时期，广大发展中国家依据温室气体的长期滞留性和排放的历史积累是造成地球暖化的直接原因，以及发达国家在经济（技术）能力方面明显强于发展中国家，坚持"有区别的责任"就是要求发达国家率先行动，免除发展中国家的减排义务，并给发展中国家提供资金和技术援助，支助发展中国家提高能力。"共同但有区别的责任和各自能力原则，是历史责任、发展排放和现实能力三者的统一"，②所以，京都时代和后京都时代"共区原则"的法律基础事实上是历史上形成的一个较长时段内南北差异的现实静态反映。随着国际政治经济的发展演变，发展中国家尤其是新兴发展中国家的现实排放持续加大，其经济技术能力也在一定程度上有所提升。虽然，无论从历史积累还是人均排放来看，新兴发展中国家仍然远低于发达国家，但从现实责任的角度来看，其持续增长的温室气体排放对全球温度升高的影响也在增大，这种现实责任已不容回避。正因如此，2015年前后关于《巴黎协定》的谈判中，新兴发展中国家面临越来越大的压力，最终接受了以自主区别为基础的"国家自主决定贡献"，根据历史与现实的温室气体排放以及动态演变的经济技术能力，重新构筑了"共同但有区别的责任"。而且特别需要指出的是，《巴黎协定》所有"共区原则"的条款后面都增加了"考虑不同国情"。对不同国

---

① 李海棠：《新形势下国际气候治理体系的构建——以〈巴黎协定〉为视角》，《中国政法大学学报》2016年第3期。
② 曹明德：《中国参与国际气候治理的法律立场和策略：以气候正义为视角》，《中国法学》2016年第1期。

家国情的考虑与"有区别的责任"是一脉相承的,正是考虑到不同国家的不同国情,才要求在承担国际责任和义务的时候有所区别。但"考虑不同国情"的增加到底是强化了"共区原则"还是弱化了这一原则,对此,不同国家的解读可能会不尽相同。对于发展中国家,尤其是新兴发展中国家而言,坚持"共区原则"的时候"考虑不同国情",实质上是坚持其在承担责任和义务方面与发达国家继续相区别,鉴于不同的国情,无论共同的责任多么强大,也无论近年来的发展使发展中国家有了多大程度的变化,发展中国家仍然与发达国家有着本质的区别,所以需要继续承担"有区别的责任";但对部分发达国家而言,"考虑不同国情"实质上是要以动态的和更加现实的角度来看待现在的发展中国家尤其是新兴发展中国家与《公约》和《京都议定书》签订时相比发生的重大变化,既包括温室气体排放也包括日益增强的经济技术能力,同时也要考虑未来发展趋势下的"不同国情",所以,要求发展中国家尤其是新兴发展中国家承担更多的国际责任和义务。基于这种分析,《巴黎协定》所坚持的"共区原则"的现实基础正在发生重大的调整与变化。一种动态的、更加强调现实责任和现实能力演变的法律基础将决定《巴黎协定》在具体实施过程中如何贯彻和落实其所坚持的"共区原则"。

(三)《巴黎协定》实施细则的完成及其主要内容

2018年12月《公约》缔约方第24次大会(COP24)在波兰卡托维兹举行,最终各方基本完成《巴黎协定》实施细则(rulebook)绝大部分内容的谈判,通过了"卡托维兹气候一揽子协议"(Katowice Climate Package)[①] 的相关文件。2019年12月又在西班牙马德里举行了《公约》缔约方第25次大会(COP25)(智利主办),通过了《智利—马德里行动时刻》等文件,进一步完善了实施细则,呼吁缔约方采取进一步行动。2021年的格拉斯哥气候大会最终完成了《巴黎协定》所有实施细则的谈判。《巴黎协定》实施细则包括了减缓(缔约方提供国家自主贡献)、适应、资金、技术开发

---

① COP24, "Katowice Climate Package, Proposal by the President, Informal compilation of L-documents Version," 15 December 2018, https://unfccc.int/sites/default/files/resource/Informal%20Compilation_proposal%20by%20the%20President_rev.pdf, accessed on 20 August 2019.

与转让、公众教育与公众参与、透明度、全球盘点和履约等重大问题的实施指南，详细列出了各个问题领域的操作规则（模式、程序和指南），使《巴黎协定》确立的行动原则和理念转化为具体行动指南，《巴黎协定》的重要条款都有了具体的实施细则。

1.《巴黎协定》实施细则的主要内容

卡托维兹气候大会最后达成的《巴黎协定》实施细则和格拉斯哥气候大会完成的谈判包括关于《巴黎协定》第4条（减缓和国家自主贡献问题）、第6条（合作履约问题）、第7条（适应问题）、第9条（资金问题）、第10条（技术开发与转让问题）、第12条（公众教育与公众参与问题）、第13条（行动与支助的透明度框架问题）、第14条（全球盘点问题）和第15条（履约与遵约问题）等九大问题的实施指南。

（1）关于国家自主贡献的操作化。《巴黎协定》第4条第8款规定，所有缔约方在通报其国家自主贡献时，应根据1/CP.21号决定和作为《巴黎协定》缔约方大会的《公约》缔约方大会将来做出的任何有关决定，为清晰、透明和了解而提供必要的信息（ICTU）。卡托维兹气候大会最后做出的决定要求所有缔约方应（shall）从它们第二次及随后的国家自主贡献通报开始提供这些信息，同时也积极鼓励缔约方在它们的第一次国家自主贡献中贯彻执行。发达国家和发展中国家之间不做区分，但允许缔约方自行决定哪一种信息更适用于它们的国家自主贡献而进行自我区分。这些信息主要包括目标的参考点、时间框架和实施期限、范围（哪些气体和覆盖哪些部门）、计划进程、假定和方法、国家自主贡献怎样才是公平和有力度的以及其国家自主贡献怎样贡献于《巴黎协定》的长期目标。对于国家自主贡献的核算，最后决定如果缔约方的国家自主贡献不能使用IPCC指南所包含的方法进行核算的话，要求提供它们自己的核算方法，在实施其国家自主贡献期间这些方法的任何变化都要进行汇报。缔约方需要提供关于其核算方法的详细信息，并确保其连续性。[①] 关于缔约方国家自主贡献共同的时间框架问题，实施细则决定，从2031年开始所有缔约方应当（shall）应用共同的时间框架，并要求执行附属机构（SBI）在其第50次

---

① UNFCCC, Decision 4/CMA.1, Further guidance in relation to the mitigation section of decision 1/CP.21.

会议上（2019年）继续考虑缔约方国家自主贡献共同的时间框架问题，以期就此提出建议，由《巴黎协定》缔约方大会审议和通过。①

（2）关于合作履约的方式。《巴黎协定》第6条规定缔约方可以选择自愿合作的方式来实现它们的国家自主贡献，包括使用基于市场机制的方式。在该条的具体条款中，建立了三条合作履约的路径：一是第6条第2~3款为缔约方提供了缔约方直接参与"合作方式"并"使用国际转让的减缓成果（ITMOs）"来实现其国家自主贡献；二是第6条第4~7款规定建立一个新的机制"以促进温室气体排放的减缓，并支持可持续发展"；三是在第6条第8~9款提供了使费用市场化的方式。在卡托维兹气候大会的谈判中，最后缔约方之间对于ITMOs以及如何进行转让等问题没有达成共识。②但在关于透明度框架的实施细则中，各方对于《巴黎协定》第6条确保国际转让减缓成果环境完整性达成了一个最小共识，要求在缔约方双年度透明度报告中，涉及使用ITMOs来实现其国家自主贡献或有其他国际减缓目的的缔约方，应当（shall）说明它们怎样确保避免重复核算。③格拉斯哥气候大会最终对ITMOs的内涵、转让机制及计算方法等做出了详细规定，包括避免减排量的重复计算、强制注销减排信用、减排收益分成等。④

（3）关于适应问题。实施细则规定，适应通报是国家驱动的、灵活的，不应因此增加发展中国家缔约方的任何额外负担，不作为缔约方之间比较的基础，也不受审查。缔约方还可酌情提交和更新其适应通报，作为《巴黎协定》第13条第8款规定的影响和适应报告的组成部分或与之一起提交。⑤在其最后决定中，邀请各缔约方在其适应通报中提供关于国家情

---

① UNFCCC, Decision 6/CMA.1, Common time frames for nationally determined contributions referred to in Article 4, paragraph 10, of the Paris Agreement.
② UNFCCC, Decision 8/CMA.1, Matters relating to Article 6 of the Paris Agreement and paragraphs 36 – 40 of decision 1/CP.21.
③ UNFCCC, Decision 18/CMA.1, Modalities, procedures and guidelines for the transparency framework for action and support referred to in Article 13 of the Paris Agreement, Annex, para graph 77 (d).
④ UNFCCC, Decision 2/CMA.3, Guidance on cooperative approaches referred to in Article 6, paragraph 2, of the Paris Agreement; Decision 3/CMA.3, Rules, modalities and procedures for the mechanism established by Article 6, paragraph 4, of the Paris Agreement.
⑤ UNFCCC, Decision 9/CMA.1, Further guidance in relation to the adaptation communication, including, inter alia, as a component of nationally determined contributions, referred to in Article 7, paragraphs 10 and 11, of the Paris Agreement.

况、适应优先事项、战略、政策、计划、目标和行动等要素的信息,特别是支助需求及适应行动和计划的执行情况。根据发展中国家缔约方的相应建议,最终决定在2025年《巴黎协定》缔约方大会盘点并在必要时修订适应通报指南。

(4) 关于资金问题。对发展中国家的气候行动提供资金支助历来都是国际气候谈判的焦点问题。最后达成的实施细则文本重申了《巴黎协定》第9条第5款的规定,发达国家缔约方应适当根据情况,每两年就与本条第1款和第3款相关的指示性定量和定性信息进行通报,包括提供给发展中国家缔约方的公共财政资源预计水平。鼓励提供金融资源的其他缔约方在自愿的基础上每两年通报这样的信息。从2021年起,要求《公约》秘书处编制一份上述两年期通报所含信息的汇编和综合,以期向全球盘点提供信息;并决定从2021年起《巴黎协定》缔约方大会将召开两年一次的高级别气候筹资部长级对话,审议会议期间工作组的信息汇编报告摘要。关于新的气候资金目标,发展中国家推动在卡托维兹启动建立新目标的进程,实施细则决定在2020年《巴黎协定》缔约方大会第3次大会上,在有意义的减缓行动和执行透明度的背景下,考虑到发展中国家的需要和优先事项,审议对每年1000亿美元的最低限额设立一个新的集体量化目标。[1] 实施细则还专门就适应基金(The Adaptation Fund)做出了一个重要规定,把最初在《京都议定书》下设立的适应基金改为在《巴黎协定》缔约方大会的指导下为《巴黎协定》服务,并对该大会负责,自2019年1月1日起生效。并决定在适应基金为《巴黎协定》服务时,应(shall)从《巴黎协定》第6条第4款所建立机制的收益份额和各种自愿的公共和私人资源中筹措资金。[2] 这意味着这一重要基金的持续存在将在未来得到保障,因为清洁发展机制的收益几乎停滞,适应基金多年来不得不依赖发达国家的自愿捐款而获得资金。

(5) 关于行动和支助的透明度框架问题。行动和支助的透明度是《巴黎协定》的基石。该问题的关键在于,如何给所有缔约方设立一个报告体

---

[1] UNFCCC, Decision 14/CMA.1, Setting a new collective quantified goal on finance in accordance with decision 1/CP.21, paragraph 53.

[2] UNFCCC, Decision 13/CMA.1, Matters relating to the Adaptation Fund.

系，而同时又为能力有限的发展中国家提供灵活性。尽管一些发展中国家努力建立一种与发达国家相区别的"二分法"透明度报告体系，但最后达成的实施细则设立了共同的模式、程序和指南（MPGs），要求所有缔约方（最不发达国家和小岛屿发展中国家除外）不晚于2024年开始应用这些制度，现存《公约》下的透明度体系届时将被《巴黎协定》下加强了的透明度体系所取代，2028年以前将对MPGs进行更新。缔约方应当（shall）最晚于2024提交它们第一个两年期透明度报告和国家温室气体清单。提供这些信息时，根据其能力，发展中国家（如果需要这样做的话）在具体领域可以偏离共同规则，由其自行决定。但与此同时，这些国家应（shall）明确指出适用灵活性的具体条款，简要阐明能力限制，指出这些限制可能与哪些条款有关，并提供自行确定的预估改进这些能力限制的时间框架。[①]

（6）关于五年盘点问题。全球盘点（global stocktake）的执行与遵约问题是确保《公约》和《巴黎协定》目标实现的关键环节。卡托维兹实施细则对此做出了非常详细明确的规定：全球盘点将以一种缔约方驱动的、跨问题领域的方式开展，平等和最佳科学将被贯穿始终。同时，全球盘点在《公约》两个常设附属机构（SBI和SBSTA）辅助下将由《巴黎协定》缔约方大会引导，由信息收集、技术评估和结果审议三个阶段构成。全球盘点将开展一个技术性对话，评估在减缓、适应、执行与支助的方式等主题领域的集体进展，并酌情考虑与损失损害问题有关的努力。全球盘点还有一个重要问题，是否以及在何种程度上对非缔约方利害相关方开放。实施细则最后规定，全球盘点将是一个以透明的方式进行的、由非缔约方利害相关方参与的、由缔约方推动的过程，为支持有效和平等的参与，缔约方被允许参与所有的信息输入过程。[②]

（7）促进执行和遵约的问题。实施细则最后决定，《巴黎协定》缔约方大会根据《巴黎协定》第15条第1款，决定建立一个促进执行和遵约的委员会，该委员会通过《巴黎协定》缔约方大会选举，由12个委员组成，分别来自联合国五大地理区域，每个区域2名，加上最不发达国家和

---

① UNFCCC, Decision 18/CMA.1, Modalities, procedures and guidelines for the transparency framework for action and support referred to in Article 13 of the Paris Agreement.
② UNFCCC, Decision 19/CMA.1, Matters relating to Article 14 of the Paris Agreement and paragraphs 99 – 101 of decision 1/CP.21.

小岛屿发展中国家地区各1名,并考虑性别平衡的目标。当某一缔约方出现以下情况,委员会将发起对问题的审议:一是没有根据《巴黎协定》第4条通报或持续其国家自主贡献;二是没有提交《巴黎协定》第13条第7、第9款或者第9条第7款下的强制性报告或信息通报;三是没有参与秘书处所提供信息基础上的促进性多边进展审议(FMCP);四是没有提交《巴黎协定》第9条第5款下的强制性信息通报。委员会做出任何决定时都应尽一切努力达成一致,如果为达成共识所做的一切努力都已耗尽,作为最后手段,可以通过出席大会并参与表决的委员至少3/4多数做出决定。①

2.《巴黎协定》实施细则的特点

根据上述分析,我们看到,《巴黎协定》实施细则至少具有以下几个特点。

第一,仍然遵循了尊重国家主权的原则,以促进性和支持性目的为核心理念。综观130多页的实施细则,绝大多数条款都是为缔约方如何落实《巴黎协定》的有关条款提供详尽的行动模式、程序和指南,很少有惩罚性和对抗性的规定。这体现了自全球气候治理以来一贯坚守的多边主义及协商一致的精神和理念。

第二,在许多问题上,在给予发展中国家灵活性的基础上,坚持了共同标准和规则,发达国家与发展中国家之间的相互区别进一步弱化。实施细则的诸多条款弥合了传统的"二分法"导致的发达国家与发展中国家之间的分歧。最核心的是在对国家自主贡献的内容和所要求的信息通报、行动和支助的透明度框架方面,都给予发展中国家一定的灵活性,但同时对这些灵活性的运用和界定进行了较为严格的要求,并致力于最终的一致性。在此基础上,无论是国家自主贡献的通报信息还是核算,无论是透明度框架的通报方式还是通报内容,实质上都采取了共同的方式,贯彻了《巴黎协定》适用于所有缔约方的基本原则和理念。

第三,在严格贯彻《巴黎协定》自下而上精神的基础上,自上而下的强制性和指令性规定有所加强,对缔约方的约束性增强,自上而下的"硬

---

① UNFCCC, Decision 20/CMA.1, Modalities and procedures for the effective operation of the committee to facilitate implementation and promote compliance referred to in Article 15, paragraph 2, of the Paris Agreement.

法"有较强回归。通过以上对《巴黎协定》实施细则内容的解析，我们看到如此详尽的规定仍然是在宏观和总体层面上对所有缔约方做出的。对于全球气候治理最核心的温室气体减排的具体行动和力度仍然是由国家自主决定的，无论是国家自主贡献的通报信息还是全球盘点，都没有涉及国家内部的行动层面，绝大多数都是形式审查和程序要求。但与此同时，这些形式审查和程序要求却体现出了前所未有的严格和强制，从法律用语来看，要求缔约方按期提交的绝大多数信息通报及其性质与形式都使用了具有强制约束力的"shall"一词，而且还赋予执行与遵约委员会采取力度较大的强制性行动，并在达成共识的一切努力失效的情况下可以做出多数决定，给予执行与遵约委员会较强的强制执行力。这种法律约束力较强的机制与规则对于更好贯彻《巴黎协定》的要求、实现《巴黎协定》的目标无疑具有更加积极的意义。

第四，缔约方国家自主贡献最终包含的范围实质上趋向于以减缓为中心，使国家自主贡献的范围变得相对比较狭窄。对于国家自主贡献的范围到底应该只包括减缓（狭窄）还是应该包括全部相关内容（宽泛）的问题，发达国家和发展中国家之间进行了持续的争论。发展中国家主张国家自主贡献应该包括气候治理相关的全部内容，既包括减缓（温室气体排放），也应该包括适应、资金、技术援助等，但发达国家主张国家自主贡献应以减缓为核心。最终《巴黎协定》缔约方大会决定实际上是采用了以减缓为主的方式，尽管最后决定也强调在一个国家自主贡献的信息指南中除了关于减缓的内容之外，也可以包括其他内容，当缔约方提交它们的国家自主贡献的时候也可以提供其他信息。这种国家自主贡献的特征至少可以维持到2024年，因为国家自主贡献也决定在2024年继续对国家自主贡献特征的指导进行审议。[①] 这实际上是发达国家的重大胜利和美国长期坚守的谈判"红线"，[②] 反映了美国和其他发达国家在全球气候治理中仍然具有较强的影响力。NDC是《巴黎协定》确立的治理模式的最核心内容，这

[①] UNFCCC, Decision 4/CMA.1, Further guidance in relation to the mitigation section of decision 1/CP.21.

[②] Don Lehr and Liane Schalatek, "Great Expectations, Low Execution: The Katowice Climate Change Conference COP 24," https://www.boell.de/en/2019/01/08/great-expectations-low-execution-assessment-katowice-climate-change-conference-cop-24, accessed on 5 February 2019.

种以减缓为中心的 NDC 事实上弱化和降低了国家对全球气候治理所做"贡献"的其他方面,尤其是发达国家在资金援助、技术转让、能力建设等方面对发展中国家的支持,尽管《巴黎协定》实施细则的其他条款在资金、技术、适应等方面也做出了规定,但毕竟没有明确要求将其纳入发达国家的 NDC 中。但这种相对比较单一或简单的 NDC 对于聚焦全球气候治理最核心的行动——减缓——更加有利,使 NDC 的信息通报和核算更加简洁和明确,也有利于实施细则的贯彻执行。

二 后巴黎时代全球气候治理制度建设基本完成的意义

《巴黎协定》实施细则的达成对于正处于敏感而关键时期的全球气候治理意味着什么呢?从全球气候治理的整个历史进程来看,它至少从以下三个方面,推动宏观层面的全球气候治理以及微观层面的世界各国的国内气候行动,使其有了具体、可操作和相互支撑的行动依据和行动指南。

(一)促使各缔约方开始进一步确立和完善其实施《巴黎协定》的国内机制

《巴黎协定》确立的以"自下而上"为主要特征的治理模式,其最核心的内容就是缔约方定期提交"国家自主贡献",把全球减排任务和份额的决定权交给了国家,国家自主贡献的最终内容是由国家决定的。因此,本质而言,《巴黎协定》的实施及其效果最终取决于每个缔约方的国内机制。虽然《巴黎协定》已经非常明确地提出了缔约方要定期提交其国家自主贡献,但对国家自主贡献的内容与特征却并没有做具体说明。就此而言,《巴黎协定》实施细则的基本完成,既为各缔约方定期提交其国家自主贡献以及完成其他相应义务和责任奠定了坚实的法律和制度基础,也促使各缔约方国家建立国内气候治理机制,以提交国家自主贡献、对接专家的审评、提交透明度报告并为参与全球盘点与接受促进履行和遵守委员会的有关工作。《巴黎协定》实施细则为国家履行和遵守协定做出了非常详尽的规定,从国家自主贡献的提交与核算及其清晰、透明和可理解的要求,到缔约方适应信息的通报及其详细内容,到发达国家缔约方以及其他缔约方提供资金、技术转让和其他能力建设支助的具体信息通报,到发展中国家缔约方提供需要和接受的资金、技术转让和能力建设支助的有关信息,再到缔约方驱动的全球盘点,一直到推进和支持促进和遵守《巴黎协定》委员会的相关工作,都必须有相应的国内体制和机制来履行和实施。从《巴黎协定》及其实施细则确立的治理结构来看,这就是一个以"自下而上"的国家驱动为主(减缓、适应、资金援助和技术转让、透明度报告等都在国家层面)与"自上而下"的缔约方大会以及以《公约》秘书处和相应的《公约》系列附属机构为代表的机构驱动(接受缔约方提交的国家自主贡献、审评、盘点、遵约等都在全球层面)相结合的混合治理结构。这种混合治理结构一方面需要国家层面有相应的体制机制与全球层面的体制机制进行对接,比如关于国家自主贡献的信息明确要求包括国内体制安排,另一方面也需要国家之间有体制机制相互对接,比如治理结构中最核心的资金、技术转让和能力建设方面的支助(来自发达国家或其他自愿提供的国家层面)与接受(来自发展中国家),二者之间必须有一套相互对应的体制机制,才能顺利实施完整的支助行动。

(二) 推动实施《巴黎协定》的全球机制进一步完善

《巴黎协定》既有"自下而上"的机制,也有"自上而下"的机制。《巴黎协定》本身就建立了一些促进实施的体制机制,比如巴黎能力建设委员会、促进履行和遵守《巴黎协定》委员会等。一方面,《巴黎协定》实施细则对这些体制机制(委员会)的运行做出了详细的规定,能够使这些体制机制本身运行起来;另一方面,实施细则为促进《公约》和《巴黎协定》的履行并确保其有效性,也建立了一些新的全球层面的体制机制,比如地方社区和土著人民平台促进工作组、实施应对措施的影响问题卡托维兹专家委员会,并决定先前的一些体制继续为《巴黎协定》服务,比如适应委员会、最不发达国家专家组、资金问题常设委员会和技术执行委员会等。除此之外,对缔约方通报的两年期透明度报告开展的技术专家审评、关于进展情况的促进性多边审议工作组,以及为进行全球盘点在附属履行机构和附属科学技术咨询机构之间设立联合联络小组等,都是在全球层面上为促进《巴黎协定》的落实而设立的重要机制。特别是通过了"促进履行和遵守《巴黎协定》委员会"有效运作的模式和程序,对委员会的组成、任期、工作机制、工作启动和进程等做出了完整而详细的规定，比如明确规定委员会应尽一切努力，以协商一致的方式议定任何决定。如果尽一切努力争取协商一致但仍无结果，作为最后办法，可由出席并参加表决的委员中的至少3/4通过决定，使遵约委员会的有效运作和议事规则有了非常明确的法律依据，成为确保《巴黎协定》有效实施的重要制度保障。总体而言，对各缔约方国家自主贡献的接受和审核、五年盘点、透明度框架、遵约机制等都是在全球层面上确保《巴黎协定》实施的体制机制。《巴黎协定》实施细则的基本完成预示着《巴黎协定》全球层面上"自上而下"的审评和执行机制基本完备并具有了有效的运作模式和程序，这为《巴黎协定》治理目标的实现建立了重要的体制机制保障，对于巴黎进程的有效开展乃至对于整个全球气候治理进程都无疑具有十分重要的意义。

（三）使全球气候治理长期存在的一些关键争论和分歧得以基本解决

自全球气候治理进程伊始，世界各国、各种力量出于不同的利益和理念考量而对各种相关问题展开了持续的纷争。这些争论和分歧既是全球气候治理历史上长期存在的，比如对于减排责任的划分以及对发达国家和发展中国家之间的区别等，也是对《巴黎协定》有关条款本身的具体不同解释而导致的，比如对于国家自主贡献的具体内容和特征的解释。其中，最核心的问题是发达国家和发展中国家之间的区别和资金问题。发展中国家长期以来要求在减缓努力方面给予它们灵活性，而发达国家则追求适用于所有缔约方的共同规则，尤其是对于新兴经济体，要求平等的责任。而《巴黎协定》虽然不再有"附件一"和"非附件一"缔约方的"二元"区分，但对于发达国家与发展中国家之间在各方面的区分事实上采取了一种模糊策略。《巴黎协定》实施细则使全球气候治理法制化进程中长期存在的一些关键争论和分歧得以基本解决，在很大程度上增进了南北双方的政治互信，在法律和制度上也为《巴黎协定》的顺利推进奠定了坚实的基础。对于发达国家和发展中国家的区别，实施细则事实上是在保留某种程度区别的基础上要求逐步趋同。比如，在关于国家自主贡献的内容和特征方面，重申并强调应向发展中国家提供支持，强调发达国家应当继续带头，努力实现全经济范围绝对减排目标，发展中国家应当继续加强它们的减缓努力，鼓励它们根据不同的国情，逐步转向全经济范围减排或限排。在此基础上，最终的"促进国家自主贡献清晰、透明和可理解的信息"和对国家自主贡献的核算采取了无差别的规定。与此紧密相关，对于国家自主贡献的范围到底是只包括减缓（狭窄）还是应该包括全部相关内容（宽泛）的问题，发达国家和发展中国家之间进行了持续的争论。发展中国家主张国家自主贡献应该包括气候治理相关的全部内容，既包括减缓（温室气体排放），也应该包括适应、资金、技术援助等，但发达国家主张国家自主贡献应以减缓为核心。尽管最后通过的实施细则也强调"不妨碍在国家自主贡献中列入减缓之外的内容"，"缔约方提交国家自主贡献时可以提供其他信息"，但最终通过的实施细则实际上采用了以减缓为核心的方式。① 这实际上是发达国家，尤其是美国长期坚守的谈判"红线"，② 反映了美国和其他发达国家在全球气候治理中仍然具有较强的影响力。国家自主贡献是《巴黎协定》确立的治理模式最核心的内容，这种以减缓为中心的国家自主贡献事实上弱化和降低了国家对全球气候治理所做"贡献"的其他方面，尤其是发达国家在资金援助、技术转让、能力建设等方面对发展中国家的支助。关于资金问题，发展中国家要求对发达国家提供指示性资金供应报告，进行定期评估和审评，最后通过的实施细则对此既要求发达国家每两年通报一次，也决定在此信息通报首次提交后的次年起，每两年举办一次研讨会，并决定自2021年起每两年举办一次气候资金问题高级别部长对话会，来综合评估资金援助的信息及其充足性问题。与此同时，在要求发达国家缔约方提交的两年期透明度报告中通报支助发展中国家的有关信息。此外，对发展中国家有利的一个决定是将在《巴黎协定》缔约方大会的第3次大会上开始讨论2025年后每年最低1000亿美元的新的集体量化目标。③ 在美国宣布退出《巴黎协定》以及许多工业化国家面临严

---

① UNFCCC, Decision 4/CMA. 1, Further guidance in relation to the mitigation section of decision 1/CP. 21.

② Don Lehr and Liane Schalatek, "Great Expectations, Low Execution: The Katowice Climate Change Conference COP 24," https://www.boell.de/en/2019/01/08/great-expectations-low-execution-assessment-katowice-climate-change-conference-cop-24, accessed on 5 February 2019.

③ UNFCCC, Decision 14/CMA. 1, Setting a new collective quantified goal on finance in accordance with decision 1/CP. 21, paragraph 53.

重政治和经济挑战的大背景下,发达国家同意设定这样一个明确的日期来讨论新的集体量化目标实属不易,这在某种程度上表明在美国"退约"的大背景下,世界各国坚持巴黎进程的坚定意志和政治互信的增加。对发展中国家而言,另一重要的利好信息是关于适应基金的决定。适应基金对许多发展中国家具有重要意义。实施细则决定原先服务于《京都议定书》的适应基金自2019年1月1日起开始服务于《巴黎协定》,一旦《巴黎协定》的合作履约机制收益分成可用,适应基金就完全服务于《巴黎协定》。①

总之,《巴黎协定》实施细则的基本完成是全球气候治理法制化进程中的重要事件。从此,全球气候治理大规模耗时费力的法律和制度建设基本可以告一段落,无论是发达国家还是发展中国家,不再无休止地纠缠于国际责任的划分以及相互之间承担的法律义务的界定,都能够把主要精力用于《巴黎协定》实施细则的贯彻落实上,致力于自身国家自主贡献的实现,调动一切积极力量,使基本完备的《巴黎协定》实施细则有效运转起来,朝着《巴黎协定》既定目标不断前进。同时,各缔约方至此都应该致力于气候变化减缓和适应技术的创新,促进技术开发与转让,正如《巴黎协定》实施细则建立技术框架的决定所强调的,"为了实现《巴黎协定》的宗旨和目标,迫切需要加速和强化技术创新,以便能够在更大和更广的范围内提供无害环境和社会且具有成本效益和更佳性能的气候技术"。②

三 后巴黎时代全球气候治理模式下参与主体的变化

如前所述,全球气候治理体系建设长期以来面临的一个最为棘手的问题大概就是如何既能保持国际制度的强制性和权威性,又能调动各种行为体更加全面和充分地参与,强制性和包容度一直是全球气候治理体系中不可回避的一对矛盾。长期以来,从保证治理目标的实现和治理制度的有效

---

① UNFCCC, Decision 13/CMA.1, Matters relating to the Adaptation Fund.
② UNFCCC, Decision 15/CMA.1, Technology framework under Article 10, paragraph 4, of the Paris Agreement.

性角度来讲，国际社会一直倾向于采取一种由某种国际社会共同认可的权威机构（比如联合国）来自上而下地界定全球气候治理的国际责任，公平地分配全球气候治理的义务，而且使这种机构具有足够的法律权威和强制力，以便保证所有参与者（或行为体）都能够更有效地遵守国际法和国际制度，从而最终有效实现全球气候治理的目标。但是，全球气候治理仍然镶嵌于现存国际政治经济秩序与国际权力格局中，运行于国际无政府体系下，受制于世界各国之间不同国家利益的差异、矛盾甚至冲突。"地球只有一个，但世界却不是。"[1] 如前所述，鉴于全球气候治理对世界各国经济社会发展的深刻影响，无论是《公约》的达成与生效、《京都议定书》的通过与生效，还是《巴黎协定》的达成与生效，都充满了发达国家与发展中国家之间，以及发达国家内部与发展中国家内部的权力博弈与斗争。马拉松式的国际气候谈判、僵局频现的"气候政治"以及收效甚微的全球气候治理都昭示着，这不仅是一个需要协调人与自然关系的人类自身面临的发展难题，更是一个需要协调国与国之间关系的国际社会面临的国际政治挑战。因此，如何调动更多的行为体（主要是主权国家）参与并能够让它们保持足够的行动动力，始终是全球气候治理体系建设（制度设计）中的核心问题。为此，《公约》事实上采取了把所有缔约方根据责任和能力划分为附件一缔约方和非附件一缔约方的"二分法"，并分别对不同的缔约方规定了非常不同的行动义务，要求发达国家缔约方率先采取行动并对发展中国家缔约方提供资金援助、技术转让和能力建设上的帮助。这种"二分法"最突出的就是在《京都议定书》中对所有附件一缔约方明确规定了确定时期的量化减排义务，而免除了非附件一缔约方的减排义务，并对发达国家（附件二缔约方）明确规定了援助发展中国家的义务。这一般被称为"京都模式"。这在当时的国际政治经济结构中对于保障发展中国家的权益无疑具有十分积极的意义，也调动了广大发展中国家的参与积极性。但是，这种模式从一开始就受到一些国家的反对，2001年美国小布什政府正是以此为借口退出了《京都议定书》。随着国际政治经济格局的变化，发展中国家中的新兴经济体兴起，一方面，其政治经济影响力迅速增强，

---

[1] 世界环境与发展委员会：《我们共同的未来》，王之佳等译，吉林人民出版社，1997，第31页。

另一方面，其温室气体排放随着经济社会的发展而急剧上升，使承担量化减排义务的附件一缔约方（发达国家）不愿意再继续接受这种对发展中国家"积极歧视"的"二分法"。《京都议定书》的作用"就应是调动各国和各种行为体集体行动的积极性。但是，'京都模式'的制度设计却导致了相反的效应"，也导致了十分突出的"京都困境"。[①]

"京都困境"既是国家利益（短期的经济发展及减排成本）与全球利益（减少温室气体排放，维护地球气候系统的安全）的冲突，也是无政府体系与主权国家的冲突。它虽然在一定时期内有利于特定的国家（比如对发展中国家的免责），但却伤害了一些关键国家的积极性，不利于全球气候治理。当然，任何治理模式都不可能对所有的国家一样有利。相对而言，"京都模式"虽然维护了国际制度的强制性，在一定程度上保证了制度的顺利贯彻与执行，但这种自上而下的强制性治理模式与"管控"为中心的治理手段本质上是与国家主权相冲突的，最终必定招致受到强制的国家的抵制。因此，在后京都时代的国际气候谈判中，围绕对"共区原则"的重新解释和法律化，南北对立再次突出显现。欧盟的积极性也在一定程度上受到损伤。2009年哥本哈根气候大会失败的根源也就在此。为此，此后的国际气候谈判逐渐从一种自上而下分配国际义务的治理模式向一种自下而上自愿承担义务的模式转变，从一种以"管控"为中心的治理向以"激励"为核心的治理转变，对于减排行动从一种"负担"与"义务"向"贡献"与"自主"转变。《巴黎协定》正式确定了这种转变，并以国际法的形式使之固定下来。在这种治理模式下，对全球气候治理的参与主体而言，主要发生了以下三种变化。

第一，参与主体真正实现了普遍性。在某种意义上，虽然《公约》的缔约方几乎涵盖了世界所有国家和地区，反映了全球气候变化的普遍影响和参与的普遍性，但从承担直接减排义务的角度来看，京都时代和后京都时代全球气候治理的参与主体是"部分的"，只有附件一缔约方国家承担了量化减排义务。当然这是基于当时特定的国际政治经济情势所做出的合

[①] 于宏源、余博闻：《低碳经济背景下的全球气候治理新趋势》，《国际问题研究》2016年第5期；于宏源：《〈巴黎协定〉、新的全球气候治理与中国的战略选择》，《太平洋学报》2016年第11期。

理安排。而《巴黎协定》在全球气候治理进程中第一次确立了对所有缔约方普遍适用的"国家自主贡献"。上文指出，《巴黎协定》要求所有缔约方定期提供同样的"国家自主贡献"，虽然在"贡献"的具体内容上有着非常大的差异，但在法律意义和形式上要求所有的缔约方都为全球气候治理做贡献，真正实现了参与主体的普遍性。因此，迄今为止，《巴黎协定》的缔约方已经达到 195 个，比《京都议定书多哈修正案》更快地吸纳了《公约》的缔约方。

第二，行为体的参与方式和性质发生了变化。与京都时代和后京都时代相比，《巴黎协定》下无论是国家行为体还是非国家行为体，其参与全球气候治理首先是基于"自愿"和"自主"，行为体的参与方式主要是基于全球气候治理的需要而由行为体自主确定，从 2015 年开始，每五年向《公约》秘书处提交自主决定的贡献，就是"国家自主贡献"。这种治理模式的重大改变预示着行为体参与全球气候治理除了法律和形式上的法律约束性之外，不再是由某一机构（比如联合国或《公约》缔约方大会）根据一定的标准而采取"自上而下"的分配义务，其参与的内容由国家自主决定，主要是为应对气候变化减少温室气体排放，还有适应气候变化，而对发达国家缔约方而言，还有为发展中国家缔约方提供资金援助和技术支持、能力建设等。因此，《巴黎协定》下的行为体参与全球气候治理的方式和性质都发生了不同以往的重大变化，当然这种变化的成效到底如何，还有待全球气候治理进展的进一步检验，但相对而言，这种参与方式和性质基本克服了京都时代的一些问题，有助于调动更加广泛的行为体参与行动。

第三，为非国家行为体的参与提供了法律保障和制度通道。非国家行为体是参与并影响全球气候治理进程的重要因素。早在 20 世纪 80 年代末 90 年代初全球气候治理的初始阶段，非国家行为体就参与其中，推动并塑造着全球气候治理体系向前发展。但全球气候治理体系最为核心的法律基础《公约》并没有给予非国家行为体足够的重视，也没有赋予非国家行为体参与全球气候治理"官方"进程的合法地位。这可能是因为，虽然气候议题进入国际政治议程主要是在科学家、国际知识共同体等非国家行为体的积极推动下实现的，但在主权国家林立的国际无政府体系下，全球气候议题的解决必须最终落实到国家层面，主权国家是解决气候变化问题的国际法主体。2014 年，利马气候大会达成了《利马—巴黎行动议程》。作为一个具有重要"官方"色彩的气候行动议程,该议程对于非国家行为体的作用给予了充分肯定,支持由非国家行为体所进行的个体或者集体性气候行动。同时,《公约》秘书处建立了专门登记和注册非国家行为体气候行动的组织机构——非国家行为体气候行动区域,这一平台为非国家行为体的气候行动提供了正式的组织保障。2015 年通过《巴黎协定》的缔约方大会决定及协定本身对非国家行为体参与全球气候治理进程给予了正式的法律承认和鼓励,并把非国家行为体作为《巴黎协定》的"非缔约方利害关系方"对待,在通过《巴黎协定》的缔约方大会决定的前言部分,明确提出"动员所有缔约方和非缔约方利害关系方"开展更有力度的气候行动,后面有 10 处提到"非缔约方利害关系方",并在第五部分专门论述"非缔约方利害关系方"的作用和地位。① 联合国及其相关机构对非国家行为体参与全球气候治理的积极引导和鼓励,标志着非国家行为体在全球气候治理中的身份、地位和作用发生了重大变化。②《巴黎协定》所确立的以"自下而上"为核心特征的治理模式也为非国家行为体的参与提供了制度保障。《巴黎协定》一个最为核心的特征就是其减排方式的"国家自主决定",亦即国家只需要定期(每五年)提交为全球气候治理所做贡献计划的法律义务,但具体的减排数量和方式由国家自主决定。这种"国家自主决定贡献"的治理模式决定了国家可以选择多种政策手段去实现自己的"贡献",一方面需要国家行为体的积极参与,另一方面也为非国家行为体的参与提供了广阔的空间,进一步激发了非国家行为体参与的积极性。比如《巴黎协定》的前言中就明确强调,"认识到按照缔约方各自的国内立法使各级政府和各行为方参与应对气候变化的重要性";第 6 条第 4 款明确规定"建立相关机制,供缔约方自愿使用,以促进温室气体排放的减缓,支持可持续发展",旨在"奖励和便利缔约方授权下的公私实体参与减缓温室气体排放";第 6 条第 8 款强调"缔约方认识到,在可持续发展和消除贫困方面,必须以协调和有效的方式向缔约方提供综合、整体和平

---

① 参见 UNFCCC, Decision 1/CP.21, Adoption of the Paris Agreement。
② 国际知名环境政治期刊 *Environmental Politics* 2017 年第 26 卷第 4 期刊发全球气候治理中的非国家行为体研究专刊,专门探讨巴黎气候大会之后非国家行为体在全球气候治理中的作用和影响。另一国际知名环境政治期刊 *Global Environmental Politics* 2017 年第 17 卷第 1 期也刊发关于非国家行为体对气候治理贡献的文章。

衡的非市场方法"，这些方法旨在"加强公私部门参与执行国家自主贡献"。《巴黎协定》的这些条款，是对非国家行为体地位和作用的肯定和认可，也是对其积极参与全球气候治理的鼓励和支持，为非国家行为体参与全球气候治理、帮助国家实现自主贡献目标提供了法律依据、制度保障和行动空间，大大激发和释放了非国家行为体参与全球气候治理的积极性。

四　后巴黎时代全球气候治理领导格局的变化及其影响

后巴黎时代的全球气候治理比以往时期更加需要有效的国际领导。在后巴黎时代的全球气候治理中，一方面，全球气候治理体系有内容"过载"的趋势，需要解决的问题越来越多，从最初主要涉及减缓（温室气体减排）到现在的减缓、适应、资金、技术、能力建设、透明度等，这种趋势越来越需要功能性和组织化意义上的国际领导的协调与推动；另一方面，全球气候治理与国际领域的其他问题具有越来越紧密的关联和交织，更加需要国际领导的协调与组织。从全球气候治理领导格局的客观现实来看，在后巴黎时代，鉴于美国特朗普政府"退出"而拜登政府又重新"回归"的反复，美国在全球气候治理中的领导力可以说受到了较大的损伤，即便拜登雄心勃勃，但基于其面临的国内国际挑战，也未必能够回到令人满意的领导地位。而欧盟整体力量正在下降，内部面临着多重危机的挑战，英国"脱欧"又进一步削弱了欧盟的影响力。在这种背景下，新兴经济体（中国）影响力的上升，将会对全球气候治理国际领导格局产生较大影响，后巴黎时代全球气候治理国际领导格局呈现更加复杂化的态势。本节着重考察欧盟、中国与美国在全球气候治理国际领导格局中的实力变迁与相互关系。

（一）欧盟：雄心与实力间的悖论

从全球气候治理演进的视角来看，欧盟追求领导地位的目标从未改变。一方面，这是由于长期以来欧盟本身就是塑造全球气候治理议程的关键力量。在2009年的哥本哈根气候大会上，尽管最后没有成功取得实质性进展，凸显了欧盟领导力的受挫，但在通往《巴黎协定》的国际气候谈判中，欧盟改变策略，发挥了积极的作用，其领导力有所回归。2017年在美国"退约"的情况下，欧盟的作用进一步凸显，其在后巴黎时代《巴黎协定》实施细则制定和其他方面具有重要影响力。另一方面，2019年新一届欧盟委员会成立，欧盟委员会主席乌尔苏拉·冯德莱恩（Ursula von der Leyen）在施政纲领中特别强调了欧盟要在全球气候治理中继续发挥领导作用的政治意愿，并采取了一系列政策措施，提出了名为"欧洲绿色新政"（European Green Deal）的重大举措，提出到2030年实现减排至少55%（在1990年的基础上），承诺要把欧洲变成世界上第一个"气候中和"（climate-neutral）的大洲，并在此后的欧盟委员会议程中把气候问题作为推动欧盟经济社会转型的重要事项来积极推进。为了实现这一目标，欧盟委员会在2020年3月建议制定欧洲第一部气候法并公布了《欧洲气候法》（*European Climate Law*）草案，把这一目标变成欧盟的法律。欧盟委员会特别强调，要依赖其力量，发挥气候变化、环境治理等方面的全球领导者的作用。[①] 但欧盟当前面临的诸多现实问题使欧盟不具有独立发挥领导作用的能力，使其领导"雄心"受到较大影响。

第一，欧盟碳实力的下降。在全球气候治理中，碳实力是决定气候话语权的重要内容，中美欧三方碳实力的结构性变化是决定后巴黎进程走向的重要因素。[②] 与京都时代国际气候谈判时期欧盟碳排放比重份额（15%）相比，2019年欧盟的温室气体排放量份额已经下降到8.6%，温室气体排放比已远低于中国（26.8%）和美国（13.1%）。[③] 温室气体排放量的下降表明欧盟的减排政策措施成效明显，为欧盟赢得了方向型领导资源，但反过来也使欧盟在国际气候谈判中的结构型领导资源下降。这是欧盟在全球气候治理中面临的"悖论"。

第二，欧盟内部面临一系列危机与挑战。自2008年世界金融危机以来，欧盟深陷债务危机，内部经济复苏乏力，经济影响力有所下降。与此

---

① European Commission, "The European Green Deal," COM (2019) 640 final, Brussels, 11 December 2019; Mario Giuseppe Varrenti, "What the 'European Green Deal' Means for the EU's External Action," *College of Europe Policy Brief*, No. 1, February 2020.

② Jairam Ramesh, "Discusses Climate Change Negotiations," 4 October 2014, https://www.belfercenter.org/publication/indias-chief-climate-negotiator-minister-jairam-ramesh-discusses-climate-change, accessed on 1 October 2018.

③ UNEP, *Emissions Gap Report 2020*, Nairobi, 2020, p. 9.

同时，难民危机、恐怖袭击危机以及民粹主义等相互交织，导致欧盟气候外交的整体影响力下降。这种严重的内部危机使欧盟越来越难以依靠绝对的结构型领导力来引领全球气候变化问题的走向，① 只能通过发挥软实力或是运作非正式机制的联盟方式推进其预期谈判目标。②

第三，英国"脱欧"进一步掣肘了欧盟气候领导力的发挥。英国与欧盟其他成员国的合作实现了欧盟的集团优势，失去英国，欧盟的环境、气候一体化能力将会被削弱。③ 英国前环境大臣艾德·米利班德也指出，在"脱欧"公投时，人们都没有考虑到这一点，但在巴黎进程中却无法忽视。英国的国民生产总值约占全球的5%，而温室气体排放比重占全球的5%以下。失去英国后，欧盟以上两个指标将损失15%～20%的份额。④ 英国"脱欧"对欧盟总体气候领导力的发挥具有较大的消极影响。

第四，作为一个超国家经济一体化组织，欧盟内部的结构性问题一直是制约其领导力发挥的重要影响因素。欧盟成员国众多，东西欧和南北欧之间的利益需求（认知）和发展现实存在很大的差异，在应对气候问题上需要不断协调以形成统一的立场，甚至有其他谈判方对欧盟作为一个单一谈判主体表示质疑。⑤ 近年来，随着欧盟内部危机挑战加剧，协调内部立场的难度加大，也影响了欧盟领导力的发挥。

（二）中国：寻求实力与审慎间的契合

虽然中国在发展阶段、环境技术和国际议程设定能力等方面与西方发

---

① Karin Bäckstrand & Ole Elgström, "The EU's Role in Climate Change Negotiations: From Leader to 'Leadiator'," *Journal of European Public Policy*, Vol. 20, No. 10, 2013, pp. 1369 - 1386; 李佩：《欧盟气候变化领导力下降的原因及其影响》，华东师范大学，硕士学位论文，2016年，第30～31页。

② Miranda A. Schreurs, "The Paris Climate Agreement and the Three Largest Emitters: China, the United States, and the European Union," *Politics and Governance*, Vol. 4, No. 3, 2016, p. 220.

③ 董亮：《欧盟在巴黎气候进程中的领导力：局限性与不确定性》，《欧洲研究》2017年第3期。

④ Sebastian Oberthür, "How Would a Brexit Affect the Environment?," 23 June 2016, http://blogs.lse.ac.uk/europpblog/2016/06/23/how-would-a-brexit-affect-the-environment/, accessed on 15 November 2018.

⑤ Stavros Afionis, "The European Union as a Negotiator in the International Climate Change Regime," *International Environmental Agreements: Politics, Law and Economics*, Vol. 11, No. 4, 2011, pp. 343 - 344.

达国家相比还存在一定差距，但随着中国经济实力的增长、温室气体排放比重增加以及中国清洁能源的投资及其发展，大大提升了中国在全球气候治理中的地位和作用。中国不仅拥有强大的结构型领导资源，也拥有越来越多的方向型（理念型）和工具型领导资源。中国无论是在对全球气候变化的影响（问题成因）方面，还是在对全球气候变化的解决（问题解决）方面，都具有无可替代的作用。在后巴黎时代的全球气候治理中，中国将发挥更加积极的建设性引领作用，成为全球气候治理的重要引领力量和贡献力量。

早在2014年，习近平在德国科尔伯基金会的演讲中，代表中国政府首次谈到中国要为全球问题的解决提供"中国方案"，强调："我们将从世界和平与发展的大义出发，贡献处理当代国际关系的中国智慧，贡献完善全球治理的中国方案，为人类社会应对21世纪的各种挑战作出自己的贡献。"[1] 这是中国与全球治理之间关系的一个转折点，标志着中国将为全球性问题的解决贡献更大的力量。党的十九大报告也明确指出："中国共产党是为中国人民谋幸福的政党，也是为人类进步事业而奋斗的政党。中国共产党始终把为人类作出新的更大的贡献作为自己的使命。"[2] 这表明中国的外交正在发生积极转型，随着中国全球影响力的大幅提升，中国愿意为更多全球性问题的解决贡献自己的力量，提供更多的全球公共产品，尤其是在全球气候治理领域，中国将积极贡献自己的力量，为推动全球生态文明建设而发挥引领作用。2020年9月22日，习近平在第75届联合国大会一般性辩论中郑重承诺"中国将提高国家自主贡献力度，采取更加有力的政策和措施，二氧化碳排放力争于2030年前达到峰值，努力争取2060年前实现碳中和"，[3] 并在此后的多个国际场合重申这一重大承诺。"这是中国基于推动构建人类命运共同体的责任担当和实现可持续发展的内在要求作出的重大战略决策。"[4]

---

[1] 《习近平：历史是最好老师，给每一个国家未来的发展提供启示》，新华网，http://news.xinhuanet.com/world/2014-03/29/c_1110007614.htm，最后访问日期：2014年5月8日。
[2] 习近平：《决胜全面建成小康社会 夺取新时代中国特色社会主义伟大胜利——在中国共产党第十九次代表大会上的报告》，人民出版社，2017，第57~58页。
[3] 习近平：《在第七十五届联合国大会一般性辩论上的讲话》，《人民日报》2020年9月23日，第3版。
[4] 习近平：《共同构建人与自然生命共同体——在"领导人气候峰会"的讲话》，《人民日报》2021年4月23日，第2版。

随着中国实力的增长以及全球气候治理形势的变化，国际社会也越来越多地希望中国承担更大的责任，发挥更积极的作用，甚至领导作用。[①]但由于全球气候治理的领导者无疑需要承担更大的减排责任，以及对气候脆弱性和敏感性较强国家提供更多的资金和技术援助，中国目前的国家力量还无法完全承担这些国际责任。如果中国承担了超过自身能力的责任，最终会影响到中国自身的发展战略和发展步调，既不利于中国自身发展，也不利于全球气候治理目标的实现。与此同时，中国对自身的发展也有清醒的认知，中国领导人多次强调，中国仍处于并将长期处于社会主义初级阶段的基本国情没有变，中国是世界上最大发展中国家的国际地位没有变，中国仍然面临国内经济转型和乡村振兴等艰巨的发展任务。这就需要我们准确把握引领全球气候治理与"两个没有变"的关系，避免炒作"中国领导力"，要准确把握发展中大国、负责任大国的战略定位，对可能承担更多的减排责任和出资义务等重大风险要有基于事实的分析和判断，在积极引领全球气候治理体系改革和建设中，坚决捍卫国家核心发展权益。所以，当前中国一方面要积极承担自身应该承担的国际责任并回应国际社会的期许，但另一方面更要审慎看待自身的国家实力，不能承担超越自身力量的责任。中国必须根据自身实力及发展节奏，处理好自身国力与国际期望之间的张力问题。

（三）美国：特朗普"退出"与拜登"回归"之间的张力

《巴黎协定》的签署及生效是全球气候治理进程中的里程碑事件，对于推进全球气候治理目标的实现具有重要意义。然而，正当国际社会铆足干劲，继续推动全球气候治理巴黎进程向着既定目标积极前进的关键时期，2016年以来国际政治经济格局急剧变化形势下欧美国家的"逆全球化"潮流也开始涌动，尤其是以特朗普当选总统为标志。特朗普在"美国优先"的口号下肆意推行"退出外交"，2017年6月1日，以《巴黎协

[①] 庄贵阳、薄凡、张靖：《中国在全球气候治理中的角色定位与战略选择》，《世界经济与政治》2018年第4期；Chao Zhang, "Why China Should Take the Lead on Climate Change," *The Diplomat*, 14 December 2017, https://thediplomat.com/2017/12/why-china-should-take-the-lead-on-climate-change/, accessed on 3 June 2018; ChinaFile, "Will China Take the Lead on Climate Change," A China File Conversation, 21 November 2016, http://www.chinafile.com/conversation/will-china-take-lead-climate-change, accessed on 3 June 2018.

定》损害美国经济为由,特朗普宣布美国退出《巴黎协定》并采取了一系列"去气候化"的政策行动。[①] 作为世界第一大经济体和第二大温室气体排放国,美国"退约"无疑对全球气候治理产生了消极影响,在一定程度上冲击和损害了刚刚确立起来的新的治理模式。虽然在《巴黎协定》缔约方的坚持和推动下,美国的"退约"行为并未从根本上动摇后巴黎时代的治理机制,但使气候治理与全球温升2℃目标的减排差距更趋扩大,使气候资金和技术转让的缺口更大,影响发展中国家的履约能力和政治意愿。尤其是,鉴于美国在全球政治经济中的客观影响力,美国在全球气候治理中的反复和周期性摇摆在给应对气候变化的全球行动带来消极影响的同时,也严重损害了美国在全球气候治理中内部政策的连续性和对外的全球信誉。经过特朗普四年任期在气候变化问题上的倒退,加之美国日趋极化的内部政治和化石能源仍有广阔市场的经济结构,即便拜登入主白宫以来把气候变化问题置于其内政与外交的核心地位,其他国家仍对美国重返气候治理主导地位持怀疑态度,"拜登必须在国内外政治分裂的情况下,证明美国在气候问题上的合法性"。[②] 美国国内政治的变化,常常导致美国对世界承诺的放弃或改变,这是全球气候治理中的一个重大问题。毫无疑问,美国两党的政治斗争已经严重削弱了美国的气候影响力,也影响了全球气候治理的顺利推进。

(四) 全球气候治理绿色合作型领导的显现与大国在全球气候治理体系中的国际领导责任

上述分析表明,后巴黎时代的全球气候治理对国际领导的需求进一步上升。但一方面由于其本身的特殊性,全球气候治理是一个典型的全球性问题,任何国家(即便是当今世界最强的国家)都无法也无力单独去"领导"全球气候治理进程;另一方面也由于中美欧都各自面临着内部发展的重要问题,尤其是在新冠疫情的严重冲击下,恢复和发展经济的任务比以往任何时候更加迫切,世界各国的内顾倾向都有所加剧。在这种情况下,

---

① 李慧明:《特朗普政府"去气候化"行动背景下欧盟的气候政策分析》,《欧洲研究》2018年第5期。
② Antony Froggatt and Rebecca Peters, "Biden's Summit on Climate," 20 April 2021, https://www.chathamhouse.org/2021/04/bidens-summit-climate, accessed on 26 April 2021.

全球气候治理亟须一种相互协调的集体领导。比如，在2017~2020年的美国"退约"时期，欧盟和中国积极协调自己的气候政策立场，在推进后巴黎时代全球气候治理从理念引领与制度构建层面向具体落实层面转变做出了重要贡献。为了推动全球气候治理向前发展，欧盟和中国都各自做出了一些政策调整，并加强了在相关领域的政策协调。这本身就是提供全球公共产品的行为，体现出较强的公益性质。但这种协作的深度和广度还不够，有些合作也是临时应激性的，中国的市场经济地位问题也影响到了双方在气候变化问题上协作的强化和持久性。[1] 在领导资源和领导方式方面，欧盟和中国的集体领导更多采用的是理念和方向型资源，采取榜样示范的方式，如中国近年来持续增加的清洁能源投资和中欧在科技和清洁能源领域的积极合作。同时，辅以外交策略和政治经济资源的使用。比如中国和法国在G20峰会期间开展的外交活动等以及对最不发达国家和气候脆弱性较强国家在资金、技术转让和能力建设等方面的援助。美国"退约"之后全球气候治理的现实进展表明，各方支持下的这种国际合作领导也取得了相对较高的成效，顺利（尽管经过了艰苦谈判）达成《巴黎协定》实施细则就是一个重要体现。而美国在2021年回归全球气候治理体系之后，基于国际国内的现实因素，开始重视"多边主义"，美国总统拜登在不同场合多次强调与其他国家尤其是大国加强在气候变化问题上的合作，在2021年4月22日的领导人气候峰会上的发言中，拜登指出："没有哪个国家能够独自解决这场危机。我们所有国家，尤其是我们这些世界上最大的经济体，必须挺身而出。"[2] 约翰·克里也在气候峰会召开期间的新闻发布会上的讲话中指出，气候峰会为全球气候治理和《巴黎协定》目标的实现搭建了一个巨大的基石，其重要性在于将世界又重新团结在一起。[3] 在格拉斯

---

[1] 薄燕：《全球气候治理中的中美欧三边关系：新变化与连续性》，《区域与全球发展》2018年第2期。

[2] The White House, "Remarks by President Biden at the Virtual Leaders Summit on Climate Opening Session," https://www.whitehouse.gov/briefing-room/speeches-remarks/2021/04/22/remarks-by-president-biden-at-the-virtual-leaders-summit-on-climate-opening-session/, accessed on 23 April 2021.

[3] The White House, "Press Briefing by Press Secretary Jen Psaki, Special Presidential Envoy for Climate John Kerry, and National Climate Advisor Gina McCarthy," 22 April 2021, https://www.whitehouse.gov/briefing-room/press-briefings/2021/04/22/press-briefing-by-press-secretary-jen-psaki-special-presidential-envoy-for-climate-john-kerry-and-national-climate-advisor-gina-mccarthy-april-22-2021/, accessed on 23 April 2021.

哥气候大会期间，中国与美国联合发布了《中美关于在21世纪20年代强化气候行动的格拉斯哥联合宣言》，表明中美在气候变化问题上有着较大的合作空间。虽然美国对"多边主义"的重视更多是出于尽快融入全球气候政治的需要，有着策略性考虑，但在全球气候变化日益严峻的情况下，国际社会应该基于当前的现实需求，积极推动中美欧之间形成某种更具功能性的绿色合作型领导，而这本身也是从当前国际领导格局的实际出发的。

上文已经指出，纵观全球气候治理30多年的发展，美国长期在扮演消极的领导者，甚至是全球气候治理的"阻碍者"，而欧盟总体而言是一个积极的领导者，而中国更多是在"77国集团加中国"的阵营之中发挥一个潜在领导者的作用，三者在各自的阵营内经营自己的领导地位。如图4-1所示，在长期的全球气候治理进程中，基本上形成了三大集团：以美国为首的伞形集团、欧盟和发展中国家集团。在当前国际经济和政治格局发生重大变化的背景下，这三大集团开始出现不断的分化与重组，伞形集团内部和发展中国家集团都出现了一定程度的分化，发展中国家的小岛屿国家联盟和最不发达国家的立场开始向欧盟倾斜，要求世界排放大国承担更多的减排责任。当前，国际社会尽管采取了一系列措施，但要实现《巴黎协定》提出的目标，仍有巨大的排放差距。联合国环境规划署2022年10月发布的最新排放差距报告指出，如果没有额外的行动，当前正在采取的政策预计导致21世纪末全球升温2.8℃，而无条件和有条件的缔约方国家自主贡献的实施只会将温升降至2.6℃或2.4℃，远高于《巴黎协定》设定的2℃温控目标。[①] 在这种形势下，随着全球气候变化紧迫性的日益凸显，世界主要国家都提出或正在商定"碳中和"或"净零排放目标"。在某种程度上，全球气候治理的倒逼机制正在发挥作用，中美欧的三边互动表明以联合国气候制度为核心的绿色国际合作领导体制有可能逐步显现。

全球气候治理给所有国家的发展道路和发展方式选择都设置了严格的限制，绿色低碳发展的全球共识正在形成，促进绿色低碳发展既是全球的公意，也是全球的公益。纵观全球气候治理的实践，按照我们对国际领导的界定，并非只有大国能够发挥领导作用，但无论是从经济实力还是从减

---

① UNEP, *Emission Gap Report 2022: The Closing Window-Climate Crisis Calls for Rapid Transformation of Societies*, Narobi, 2022.

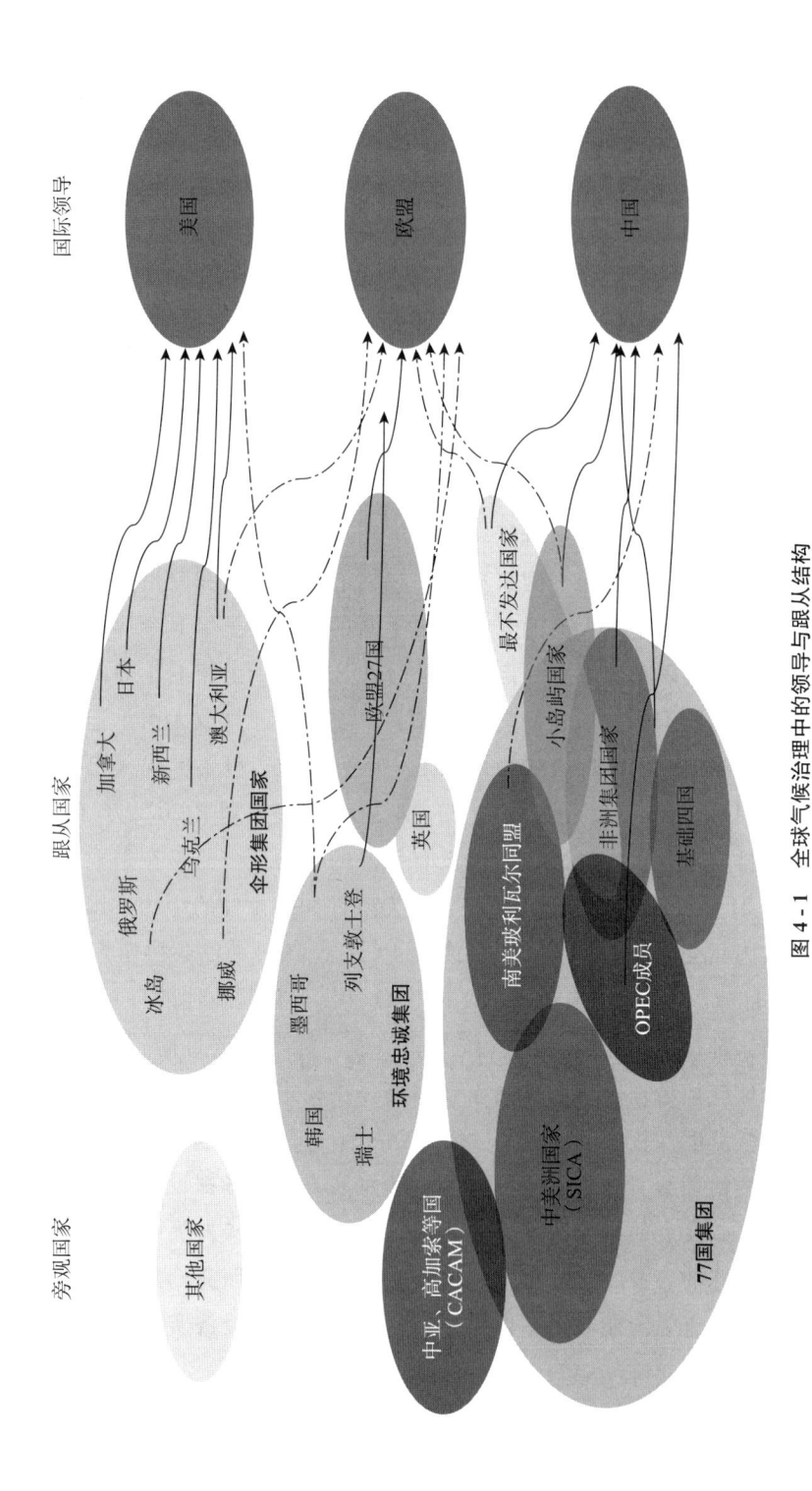

图 4-1 全球气候治理中的领导与跟从结构

注：图中实线箭头指追随或跟随，虚线箭头指有可能追随或跟随，没有标注的国家为立场不明确或旁观国家。
资料来源：笔者自制。

第四章　后巴黎时代的全球气候治理体系：主要特征与综合评价

排的实际责任来看，大国无疑具有更大的能力，也需要承担更多的国际责任。数据显示，2018年全球温室气体排放份额前十位国家的排放总额占全球排放份额的近70%，而中国、美国和欧盟三者就占到了全球排放额的近50%。这在很大程度上反映了大国或国家集团在全球气候治理中的强大结构性权力及其承担的相应责任。近年来，随着国际气候政治格局的变迁，特别是由于美国和"基础四国"事实上主导了《哥本哈根协议》的达成，许多学者指出了美国和中国在国际气候政治中结构性权力的上升。有学者曾经指出，在当前的全球气候治理中，美国和中国正在陷入某种消极的权力均势状态（balance of power），[①] 美国试图通过绑定中国来达到其在国际气候谈判中的政治目的，事实上已使全球气候治理陷入了深刻的结构性僵局之中。但是，中美之间的这种结构性矛盾会随着美国内部政治的变化而对全球气候治理造成不同的影响。2009～2016年，在民主党奥巴马执政时期，中国与美国在气候变化问题上进行了友好的合作，共同推动了2015年《巴黎协定》的达成及2016年的顺利生效。随着民主党拜登的上台，气候政治的钟摆又朝着积极的方向转变，中美可以继续加强合作。正如在2021年4月17日美国总统气候特使克里访华期间中美发表的《中美应对气候危机联合声明》所强调的，"双方回顾两国气候变化领域的领导力与合作，为巴黎协定的制定、通过、签署和生效作出历史性贡献"，"走向未来，中美两国坚持携手并与其他各方一道加强巴黎协定的实施"。而与此同时，中欧之间也就气候变化加强沟通和协调。随着美国民主党拜登政府在气候变化问题上采取完全不同于特朗普政府的政策行动，中美两国在全球气候治理领域将会朝着积极的合作方向转变，加之欧盟在2011年德班气候大会及其之后发挥出来的协调作用，从中承担起"领导兼调解者"（leader-cum-mediator）[②] 的角色，中美欧之间的气候协调事实上正在加强。

安东尼·吉登斯（Anthony Giddens）曾经指出："尽管存在分歧和权力

[①] Babette Never, "Green Power and Performance in Global Environmental Governance," German Institute of Global and Area Studies (GIGA), *Focus*, No. 6, 2016, p. 3.

[②] Karin Bäckstrand 和 Ole Elgström 为欧盟在国际气候谈判中的作用创造了一个新名词"leadiator"，就是leader-cum-mediator。参见 Karin Bäckstrand and Ole Elgström, "The EU's Role in Climate Change Negotiations: From Leader to 'Leadiator'," *Journal of European Public Policy*, Vol. 20, No. 10, 2013, pp. 1369-1386。

斗争，应对气候变化却可能成为创造一个更合作的世界的跳板。"① 作为全球气候治理中最具有影响力的三大力量，中美欧当前的举措无疑意味着三方正朝着国际合作领导的方向前行，上述中美欧应对气候变化的积极行动表明，在后巴黎时代全球气候治理的道路上，尽管依然存在激烈的利益博弈，但中美欧正在寻求合作。在联合国气候体制的框架下，欧盟正在发挥方向型和理念型的领导作用，而中国的气候政策也更加积极，同时，美国拜登政府尽管仍然受到国会的牵制，但其气候政策也在积极转变。尽管当前中美欧的减排承诺与《巴黎协定》确立的目标还有差距，但中国、美国和欧盟的明确减排政策对于《巴黎协定》目标的实现无疑具有非常积极的意义，尤其是美国拜登政府的减排承诺及其行动与特朗普时代相比是一个非常重大的积极转变。全球气候变化的严峻性要求各国携手同行，大国的积极行动无疑具有十分重要的推动作用，在中国、美国和欧盟的推动下，全球气候治理的领导格局也正在发生积极变化，开始朝着绿色合作型国际领导的方向转变，这对于全球气候治理体系的改革和完善无疑也具有积极的意义。

五 对后巴黎时代全球气候治理体系的综合评价

通过上述分析，我们看到《巴黎协定》确立的新治理体系具有较强的优势，它在很大程度上适应了后巴黎时代全球气候治理的现实，表现出较强的务实性和灵活性。这一治理体系经受了美国退出和新冠疫情的严重冲击而显现出较强的适应性，本身就证明了这一体系的优势。但是，除此之外，评价一个问题领域所确立的治理体系的标准或指标，大概主要取决于这一治理体系对于它所要应对和解决的问题本身的有效性，或者说它在多大程度上能够促进或有助于促使这一体系建立的问题的解决。对于全球气候治理体系而言，衡量其优劣的最核心标准就是它在多大程度上能够促进全球气候变化问题的解决。就此而言，也就是需要解决全球气候治理体系

---

① 〔英〕安东尼·吉登斯：《气候变化的政治》，曹荣湘译，社会科学文献出版社，2009，第255页。

的有效性问题。体系或制度的有效性问题是一个棘手的问题。因为一个问题的最终解决取决于多种因素，更何况全球气候变化本身是一个异常复杂的全球性问题。鉴于《巴黎协定》实质上从2021年才开始真正实施，而且其成效的显现将是一个较长的过程，因而对其有效性进行衡量显然为时尚早。但根据《巴黎协定》生效以来的运行历程，我们仍然可以对其有一个大致的评价。

（一）《巴黎协定》确立的全球气候治理体系在很大程度上有效地动员了更加广泛的行为体参与

截至2023年8月，《公约》198个缔约方中有195个已经批准或接受了《巴黎协定》，厄立特里亚也于2023年2月7日批准了该协定，只有伊朗、利比亚、也门仍未批准或接受。而且更为重要的是，《公约》缔约方中有195个提供了"国家自主贡献"。《公约》秘书处2022年10月为第27次缔约方大会（COP27）准备的一个对缔约方所提交"国家自主贡献"的综合评价报告，对截至2022年9月23日《巴黎协定》193个缔约方提交的"国家自主贡献"中的166个进行了评估。结果显示，所有缔约方都提供了来自适应行动和/或经济多样化计划的减缓目标或减缓共同收益的信息。减缓目标从全经济范围的绝对减排目标到低排放发展的战略、政策、计划和行动，覆盖2019年全球温室气体排放总量的94.9%。几乎所有缔约方（95%）都根据缔约方大会的指导意见提供了促进其"国家自主贡献"的清晰、透明和可理解的必要信息。报告显示，考虑到所有最新国家自主贡献（包括所有有条件的要素）的全面实施，预计全球温室气体排放总量在2030年前达到峰值的可能性比以前的估计更大。[①] 由此可见，《巴黎协定》的治理体系起到了较为积极的作用，为动员缔约方更积极参与全球气候治理行动起到了应有的作用。然而，即使目前所有缔约方提供的"国家自主贡献"能够完全实现，距离《巴黎协定》确立的温升控制目标还有很大的差距。

---

① UNFCCC, *Nationally Determined Contributions under the Paris Agreement: Synthesis Report by the Secretariat*, FCCC/PA/CMA/2022/4, 26 October 2022.

（二）《巴黎协定》维持了全球气候治理体系的稳定性和适应性

纵观全球气候治理制度建设30多年的发展演进，制度设计实质上越来越适应于现实国际政治的需要而变得越来越务实和理性。以2015年《巴黎协定》的达成为标志，新一轮全球气候治理法律和制度框架构建任务已经基本完成，国际社会试图创建一个具有较强稳定性和连续性的治理制度框架的目标基本实现。有学者指出："巴黎协定的最大亮点在于全球气候架构不会被推倒重来，出现大的折腾，不会倒退。"[1] 可以说，全球气候治理的制度建设取得了前所未有的成就，确保了治理制度的坚韧性和稳定性。2017年美国宣布退出《巴黎协定》之后，国际社会仍然持续推进治理行动并在2018年基本完成了《巴黎协定》实施细则的谈判，充分证明了这种制度的稳定性。然而，制度建设的最终目的是确保治理效果，再完善的制度设计如果不能保证治理目标的实现，则这样的制度仍然面临新的问题与挑战。就此而言，《巴黎协定》确立的全球气候治理体系无疑仍然具有继续完善的空间，也需要各种力量共同推动其适应更加复杂多变并且日趋严峻的气候变化形势，以期能够经过艰苦努力实现《巴黎协定》确立的目标。

六 后巴黎时代全球气候治理体系建设面临的新形势及新挑战

自2015年《巴黎协定》达成以来，全球气候治理尽管经历了美国特朗普政府退出和新冠疫情全球蔓延的冲击，但基本保持了稳定，显示了后巴黎时代全球气候治理体系的相对有效，但包括治理制度建设在内的整个全球气候治理体系建设和完善的任务并非就此已经解决，全球气候治理是一个动态发展的进程，需要根据全球气候变化的最新情况做出适时的调整，以便确保全球气候治理体系的成效。

---

[1] 潘家华：《应对气候变化的后巴黎进程：仍需转型性突破》，《环境保护》2015年第24期。

(一) 后巴黎时代全球气候治理制度建设的新形势

后巴黎时代全球气候治理制度建设面临的最重要的问题之一是《巴黎协定》所要求的"国家自主贡献"与目标之间还存在着巨大的差距,因此迫切需要缔约方提高其自主贡献力度。根据气候行动追踪(Climate Action Tracker)最新发布的全球排放状况评估,即使所有缔约方都能实现它们的《巴黎协定》承诺,到21世纪末世界平均气温仍然可能上升3℃,是《巴黎协定》提出的1.5℃目标的2倍。[1] 联合国环境规划署最新发布的《排放差距报告2018》(*Emissions Gap Report 2018*)也得出同样的结论。[2] 纵观全球气候治理制度30多年的演进,制度设计者们绞尽脑汁,一直在理想与现实中求折中,在以下几对矛盾中寻求平衡:全球利益与国家利益、公平与效率、强制性与自主性、动员力与执行力。在一个缺乏世界政府的无政府体系中,面对全球性(减排)责任的分配,国家的主权保护意识很强,这是造成全球气候治理效率低下的最主要结构性因素。此外,国家经济增长(在传统化石能源仍占据主导地位的情况下,经济增长仍然是以碳排放为条件)与温室气体减排之间的巨大张力,国际合作协调的必要性与全球气候治理公共产品性质下国家"搭便车"的巨大诱惑之间的矛盾,都是治理制度与实际成效之间出现巨大鸿沟的根源。而且,巨大的排放差距还因为美国等国家的气候不合作行动而有所加剧。弥补这种巨大的双重差距已经成为后巴黎时代全球气候治理制度建设的最重大挑战,也是检验后巴黎时代全球气候治理制度潜力的核心要素。

随着2018年《巴黎协定》实施细则的基本确立,可以说后巴黎时代全球气候治理的制度框架以及执行规则已经完成。接下来,全球气候治理制度建设最核心的任务已经不是创设一个更加符合气候治理现实需要的宏观或中观制度,而是如何把这些已经确立起来的实施细则付诸气候治理的实践,使这些行动细则真正发挥其应有的作用,把制度设计者们的理念转化为现实结果。就此而言,后巴黎时代全球气候治理的制度建设似乎已经

---

[1] The Climate Action Tracker, "Warming Projections Global Update," December 2018, https://climateactiontracker.org/documents/507/CAT_2018-12-11_Briefing_WarmingProjections-GlobalUpdate_Dec2018.pdf, accessed on 5 June 2019.

[2] UNEP, *Emissions Gap Report 2018*, November 2018.

"完成",接下来最核心的任务是落实这些制度。但在现实当中,《巴黎协定》实施细则的诸多条款都是动态的,要根据现实效果和现实需求进行调整和完善。也就是说,《巴黎协定》实施细则也并非一个已经完成了的"一劳永逸"的治理制度,而仍然是一个"未完成"的任务。而无论是全球气候治理几十年的实践经验所表明的,还是一如其他全球治理领域的治理经验所展示的,在艰难的制度建设"基本完成"之后,实施与执行阶段都将变得更加困难,因为这才是到了最终利益分配和权利划分的"最后关头"。因此,在接下来的全球气候治理行动中,如何严格把《巴黎协定》的实施细则执行下去,并在实施过程中根据现实变化而适时进行调整和完善这些实施细则,这大概是接下来全球气候治理制度建设将面临的更加严峻的新挑战。

(二) 后巴黎时代全球气候治理体系建设面临的新挑战

以《巴黎协定》及其实施细则所奠定的后巴黎时代全球气候治理的制度架构和具体行动规则无疑具有了较强的稳定性和灵活性,足以容纳和承受后巴黎时代全球气候治理实践的重大挑战与变化。但与此同时,"自上而下"带有较强约束力的强制性和指令性"硬法"似乎又在回归。制度建设需要在强制性与自主性之间逐渐找到最佳平衡点,以确保《巴黎协定》治理目标的最终实现。在这种大的趋势下,全球气候治理制度建设仍将面临新的挑战。

第一,《巴黎协定》实施细则的落实可能仍然无法促使缔约方提高其"国家自主贡献"的力度,《巴黎协定》确立的温升2℃(或1.5℃)目标实现仍然面临重大挑战。如何通过《巴黎协定》实施细则的严格执行,提升各缔约方国家自主贡献的减排力度,弥补所需的减排量与现有国家自主贡献预期排放量之间的巨大排放差距,这应该是《巴黎协定》实施细则基本完成之后全球气候治理行动面临的最核心任务。但目前来看,《巴黎协定》实施细则的执行还不足以确保这一任务的完成,国际社会必须采取更加严格和有力的其他相应措施,以动员更多的力量参与到全球气候治理中,才能对《巴黎协定》温升目标有更大的保障和可能。如果《巴黎协定》的目标无法实现,全球气候系统将进一步紊乱,导致全球生态系统、经济社会甚至一些国家的安全受到严重影响,从而出现无法预见的风险。

第四章　后巴黎时代的全球气候治理体系：主要特征与综合评价

第二，如何保障非国家行为体在后巴黎时代全球气候治理中的地位和行动实效。为动员更多的力量参与到全球气候治理中，《巴黎协定》给予非国家行为体非常重要的地位和作用，寄希望于非国家行为体在后巴黎时代的全球气候治理中发挥更加积极的作用，以弥补国家的行动不力。但是2018年达成的《巴黎协定》实施细则除了在全球盘点机制中明确规定"非缔约方利害相关方参与"之外，对非国家行为体参与实施细则的落实没有更进一步的法律和制度保障。这实质上将非国家行为体（非缔约方利害相关方）置于一种非常不利的风险境地，不利于动员和发挥非国家行为体的积极力量。当前后巴黎时代全球气候治理的制度设计中，对非国家行为体给予非常高的期望，把非国家行为体称为"非缔约方利害相关方"，但这种期望的实现更多是寄希望于非国家行为体自身的自愿行动和主观意愿，而没有具体的制度和机制来规范和约束这些非国家行为体的气候行动。比如，《巴黎协定》下的核心减排机制是"国家自主贡献"，那么，某个国家内部非国家行为体的自愿气候行动（如减排）与国家的"自主贡献"是什么关系？非国家行为体作为"非缔约方"但又是"利害相关方"，如何理解和建构它与国家（缔约方）的法律关系？诸如此类的问题可能是影响后巴黎时代全球气候治理成效的重要因素，需要在后巴黎时代全球气候治理制度设计和运行过程中得到更好的解决。

第三，如何动态界定发达国家和发展中国家在后巴黎时代全球气候治理中责任与义务上的"差别"并构建与之相适应的治理制度。全球气候治理制度设计和运行始终有一个核心问题，就是处理发达国家与发展中国家之间的"差别"。1992年的《公约》确立了"共同但有区别的责任"原则，以此作为全球气候治理区别对待发达国家和发展中国家的基石。2015年的《巴黎协定》在制度建构中，虽然仍然强调坚持"共同但有区别的责任"原则，但不在严格区分发达国家和发展中国家，要求所有缔约方提供形式上同样的"国家自主贡献"。然而，发达国家与发展中国家之间的责任区别仍然是必要和必需的，否则会挫伤一些国家的积极性，但这种区别要在《巴黎协定》实施细则执行过程的动态变化中进行，这很显然仍然是后巴黎时代全球气候治理面临的巨大挑战之一。

第四，如何在当前"逆全球化"、"民粹主义"和传统国际权力政治思潮抬头的形势下弥补全球气候治理"赤字"。传统全球化给世界带来巨大财富的同时，也带来了许多问题，亟须用新的全球化替代存在很多问题的传统全球化。一方面，抵制"逆全球化"和"民粹主义"潮流，确保全球化朝着一个更加公平合理的方向前进；另一方面，持续推动全球气候治理继续被纳入联合国大会、G20峰会等重要国际制度框架，以确保全球议事日程中各国仍然保持对气候变化议题的较高关注度。全球气候治理仍将是一场持久的挑战，从理念到实践、从说辞到行动、从制度（机制）到执行的转化仍将是一个缓慢的渐进过程。在这样一个传统安全议题强势回归和某些国家"逆全球化"行动不断搅动国际事务的不确定时代，如何不使其为日益纷繁复杂的其他全球性事务所掩盖，保持国际社会对全球气候变化议题的持续关注和持续的行动，久久为功，这的确是当前全球气候治理面临的重大考验和风险，需要世界各国和各种非国家行为体保持耐心和信心，采取渐进的步伐逐步弥补巨大的排放差距和"治理赤字"。

第五，如何通过构建人类命运共同体理念的引领，确保后巴黎时代全球气候治理国际领导朝着绿色合作型方向积极发展。全球气候变化在很大程度上已经使世界各国日益形成一个客观意义上的命运共同体。维持这一共同体的存续需要世界各国朝着《巴黎协定》的既定目标不断前行，这需要世界主要大国真正担负起领导责任，推动全球低碳转型，实现绿色发展。可以说，随着全球气候变化问题的日益凸显，人类社会从来没像今天这样面临着"共同命运"，打造全球气候治理的人类命运共同体切实体现了全球的利益所在。但现实的需要和理想的信念只有在制度化的道路上才能真正实现。大国之间充满了信任赤字，战略上的国家利益仍然凌驾于全球利益之上，致使应对气候变化的国际合作难以维持。世界上几乎所有的国家都参与了全球气候治理，国家利益与地区利益、全球利益的冲突在所难免。没有大多数国家认同的制度化保障，任何人类命运共同体的理念只能成为一种"理想"而已，必须有强大的现实国家力量在制度化的基础上主动推动与积极建构，才能真正打造全球气候治理命运共同体。就此而言，中国近年来积极倡导的构建人类命运共同体的理念和外交实践正顺应了这一全球趋势，并已经得到了大多数国家的认同和支持。但是，如何把这一理念真正转化为指导全球气候治理的共同行动，面对复杂多样的国家利益和集团政治，这无疑是一个充满挑战的任务，需要包括中国在内的主要大国运用高超的外交智慧，去应对并解决这一难题。

第五章　后巴黎时代的全球气候治理体系：动态变化与现实挑战

《巴黎协定》达成及生效之后，国际社会围绕《巴黎协定》的实施展开深入谈判。这在一定程度上是对《巴黎协定》确立的治理体系的具体化和进一步重构。在这一进程中，鉴于国际政治经济格局变化以及一些国家国内政治议程的变化，后巴黎时代的全球气候治理体系也受到宏观层面国际政治议程的影响，其中最主要的是美国特朗普政府自2017年上台以来采取的以退出《巴黎协定》为核心的"去气候化"政策，以及2020年初开始暴发并蔓延至全球的新冠疫情的深刻影响。

一　2017年美国特朗普政府退出《巴黎协定》及其现实影响

2017年6月1日，时任美国总统特朗普宣布退出《巴黎协定》，并于8月4日正式向联合国递交退出文书。按照《巴黎协定》的法律规定，2019年11月4日，特朗普政府正式确认了退出《巴黎协定》的意愿，2020年11月4日美国正式退出了《巴黎协定》。作为世界第一大经济体，美国的退出对于全球气候治理而言，无疑具有非常重大的消极影响，引发国际社会的强烈反对。与此同时，特朗普政府还采取了恢复传统煤炭产业、取消奥巴马政府时期的《清洁电力计划》等"去气候化"政策。美国宣布退出《巴黎协定》以及一系列"去气候化"政策引发国际社会的强烈反响，对全球气候治理进程产生了深远的影响，给全球气候治理带来了巨大的不确定性，全球气候治理再次处于十分关键的十字路口。

（一）特朗普政府的"去气候化"政策行动

自全球气候变化进入国际政治议程以来，美国联邦政府对全球气候治理的态度和政策表现出周期性的摇摆，民主党政府态度相对积极，共和党政府反其道而行之。2016年特朗普在竞选期间就多次质疑气候变化，称全球变暖是中国试图削弱美国工业竞争力而制造的骗局。在宣布退出《巴黎协定》的声明中，特朗普认为这是"一个窃取美国财富的计划"，认为美国一些"经济陷入困境的城市没有钱来雇佣足够的警察，或者修复重要的基础设施"，"成千上万的公民失去工作"，但在《巴黎协定》下"却要拿出原本应该投入美国的数百亿美元投入其他国家，而这些国家却把工厂和工作从我们这拿走"。强调美国将停止落实不具有约束力的《巴黎协定》。《巴黎协定》"让美国处于不利位置，而让其他国家受益。美国将重新开启谈判，寻求达成一份对美国公平的协议"。[①] 2017年10月10日，美国环境保护局局长斯科特·普鲁伊特签署文件，正式宣布将废除奥巴马政府推出的气候政策《清洁电力计划》。美国环保局在对《清洁电力计划》进行评估后，认为这项政策"超出了美国环保局的法定权限"，"废除《清洁电力计划》将促进美国能源发展，减少不必要的相关监管负担"。[②]《清洁电力计划》于2015年由时任美国环保局局长吉娜·麦卡锡推出，是奥巴马政府气候政策的核心，要求美国发电厂到2030年在2005年的基础上减排32%。麦卡锡在一份声明中回应说，废除《清洁电力计划》，同时没有任何时间表或承诺提出新规定减少碳排放，这是气候政策的"全面倒退"。与此同时，特朗普还解除暂停美国煤炭开采租赁的规定，部分恢复煤炭生产，还大幅削减清洁能源及技术开发等领域的经费，停止兑现对绿色气候基金的注资等，这些政策行动短期内给美国内部的气候政策和全球气候治理带来了一定的负面影响。

特朗普政府宣布退出《巴黎协定》，并决定废除奥巴马政府推出的

[①] The White House, "Statement by President Trump on the Paris Climate Accord," https://www.whitehouse.gov/the-press-office/2017/06/01/statement-president-trump-paris-climate-accord, accessed on 3 June 2017.

[②]《特朗普政府正式宣布废除〈清洁电力计划〉》，新华网，http://news.xinhuanet.com/world/2017-10/11/c_1121786263.htm，最后访问日期：2017年11月28日。

《清洁电力计划》等行为，标志着美国气候政策的重大退步，2001年时任美国总统小布什退出《京都议定书》的剧情再次在美国上演，对美国以及国际社会应对全球气候变化造成严重影响。

（二）特朗普政府的"去气候化"政策行动对全球气候治理的影响

对于美国退出《巴黎协定》给全球气候治理带来的重要影响，国内外学术界已经进行了十分详尽的分析，[①] 从国际社会的反应以及全球气候治理进程本身的发展来看，美国"退约"背景下全球气候治理面临的新形势和新挑战主要有以下几个方面。

第一，美国的"退约"以及特朗普政府采取的一些"去气候化"政策行动，进一步加大了排放缺口和气候治理的资金缺口，增加了实现《巴黎协定》目标的难度。各种研究表明，鉴于美国本身的经济体量以及在气候变化科学研究方面的重要影响，特朗普政府退出《巴黎协定》将有可能导致美国2030年排放上升16.4（12.5～20.1）亿吨二氧化碳当量，相当于使美国本来就缺口巨大的排放差距又额外增加了8.8%～13.4%的新差距；另外，在气候治理的资金缺口和给治理本身带来的消极影响也比较大，特朗普政府大幅削减气候政策、科研相关的预算，其中削减环境保护署（EPA）的年度预算超过26亿美元（占比31%），取消先进能源研究计划署（ARPA-E）、17项创新技术贷款担保项目以及先进技术汽车制造项目等，停止向绿色气候资金（GCF）提供资助，[②] 这无疑增大了《巴黎协定》目标的实现难度。[③]

[①] 柴麒敏等：《特朗普"去气候化"政策对全球气候治理的影响》，《中国人口·资源与环境》2017年第8期；张海滨等：《美国退出〈巴黎协定〉的原因、影响及中国的对策》，《气候变化研究进展》2017年第5期；潘家华：《负面冲击　正向效应——美国总统特朗普宣布退出〈巴黎协定〉的影响分析》，《中国科学院院刊》2017年第9期；张永香等：《美国退出〈巴黎协定〉对全球气候治理的影响》，《气候变化研究进展》2017年第5期；Robert Falkner, "Trump's Withdrawl from Paris Agreement: What Next for International Climate Policy?," http://www.lse.ac.uk/GranthamInstitute/news/trumps-withdrawal-from-the-paris-agreement-what-next-for-international-climate-policy/, accessed on 5 August 2017.

[②] The White House, "America First: A Budget Blueprint to Make America Great Again," Washington DC, The White House Office of Management and Budget, 2017.

[③] 傅莎、柴麒敏、徐华清：《美国宣布退出〈巴黎协定〉后全球气候减缓、资金和治理差距分析》，《气候变化研究进展》2017年第5期；张海滨等：《美国退出〈巴黎协定〉的原因、影响及中国的对策》，《气候变化研究进展》2017年第5期。

第二，全球气候治理的领导赤字更加突出，这既给美国以外的其他国家或国际组织（中国、欧盟）提供了发挥领导作用的重大机遇，但无疑也给这些国家或国际组织发挥引领作用增加了困难。全球气候治理作为一个协调全球近 200 个国家或国际组织的进程，其一直是在领导缺失（赤字）①的背景下走过来的，尽管欧盟一直声称发挥领导作用（leadership），② 但全球气候治理的"领导"问题一直是困扰治理取得进展和成效的突出问题。美国的"退约"无疑进一步加剧了气候治理的领导赤字。欧盟虽然仍然声称将继续领导应对气候变化的战斗，③ 但欧盟自身正面临诸多内部挑战，而且无论是其经济实力还是温室气体排放量近年来都有所下降，在许多问题上显得力不从心。这种情况下，欧盟在战略上加强了与中国的合作。然而有研究人员指出，中欧历来在气候变化问题上的治理理念和立场分歧是大于中美的，缺少合作领导的根本基础，④ 也就是说中欧双方合作领导的意愿虽然由于美国的"退约"而有所加强，但双方合作的基础可能并不牢固。但是，美国的"退约"行动以及特朗普政府采取的其他行动，客观上促使中国与欧盟在气候变化问题上的合作有所加强。2018 年 7 月 16 日，中国与欧盟第 20 次领导人会晤发表的联合声明明确强调，中欧双方重申应对气候变化的重要性，致力于积极推动在卡托维兹《公约》第 24 次缔约方大会上为完成《巴黎协定》实施细则做出积极贡献，以确保充分有效落实《巴黎协定》，并签署《中欧领导人气候变化和清洁能源联合声明》和《中华人民共和国生态环境部和欧盟委员会关于加强碳排放交易合作的谅解备忘录》。⑤ 这是在美国"退约"背景下，中欧加强气候合作的重要行

---

① 于宏源、王文涛:《制度碎片和领导力缺失：全球环境治理双赤字研究》，《国际政治研究》2013 年第 3 期；李慧明：《秩序转型、霸权式微与全球气候政治：全球气候治理制度碎片化与领导缺失的根源?》，《南京政治学院学报》2014 年第 6 期。
② 李慧明：《生态现代化与气候治理——欧盟国际气候谈判立场研究》，社会科学文献出版社，2017；Rüdiger K. W. Wurzel and James Connelly, eds., *The European Union as a Leader in International Climate Change Politics*, London: Routledge, 2011。
③ European Council, "European Council Conclusions on the Paris Agreement on Climate Change," Press Release 404/17, Brussels, 23 June 2017, http://www.consilium.europa.eu/media/23985/22-23-euco-final-conclusions.pdf, accessed on 3 January 2018.
④ 傅莎、柴麒敏、徐华清：《美国宣布退出〈巴黎协定〉后全球气候减缓、资金和治理差距分析》，《气候变化研究进展》2017 年第 5 期。
⑤ 《第二十次中国欧盟领导人会晤联合声明》，新华网，http://www.xinhuanet.com/politics/2018-07/16/c_1123133778.htm，最后访问日期：2018 年 10 月 20 日。

动,反映了中国与欧盟对当前全球气候治理形势的重要共识,正如《中欧领导人气候变化和清洁能源联合声明》所强调的,"《巴黎协定》证明,基于共同政治意愿和互信,多边主义能够为应对当今最重大的全球性问题提供公平有效的解决方案。双方强调其全面、有效实施《巴黎协定》的最高政治承诺,包括在减缓、适应、资金、技术开发和转让、能力建设、行动和支持透明度等各方面"。①

但是,正如有学者所指出的,"即使美国宣布不再承担《巴黎协定》下的义务,全球广泛开展的应对气候变化的合作进程已是不可逆转,全球推动能源体系低碳化变革的潮流也不可逆转,世界范围内加快经济发展方式转变,走气候适宜型低碳发展路径的趋势也不可逆转"。② 这主要有以下两方面的原因。

一方面,除美国以外的绝大多数国家都表达了坚决实施《巴黎协定》的决心和意志。特朗普政府宣布退出《巴黎协定》引起了国际社会的广泛批评和不满,德国、法国、加拿大和英国领导人当天均对此表示"失望",联合国秘书长古特雷斯更是表示"极其失望"。中国外交部发言人也表示,将继续加强国际合作,共同推动《巴黎协定》实施细则的后续谈判和有效落实,推动全球绿色、低碳、可持续发展。国际社会普遍表达了继续推动《巴黎协定》实施的坚定决心,《巴黎协定》不容重新谈判。总体而言,经过 2017 年 5 月在意大利召开的七国集团峰会、7 月在德国汉堡召开的二十国集团峰会以及 11 月在波恩举办(斐济主办)的《公约》缔约方大会,国际社会并没有因美国宣布退出《巴黎协定》而受到动摇,最后发布的七国集团和二十国集团领导人宣言在谈到气候变化问题时都采取了单列美国的"6+1"和"19+1"的方式,美国明显受到孤立。二十国集团领导人宣言强调"我们注意到美国从《巴黎协定》退出的决定",但"二十国集团成员国的其他领导人声明《巴黎协定》是不可逆转的","重申对《巴黎协定》的坚强承诺"并通过了"为了增长的气候和能源行动规划"。③

---

① 《第二十次中国欧盟领导人会晤联合声明》,新华网,http://www.xinhuanet.com/politics/2018-07/16/c_1123133778.htm,最后访问日期:2018 年 10 月 20 日。
② 何建坤:《全球气候治理形势与我国低碳发展对策》,《中国地质大学学报》(社会科学版)2017 年第 5 期。
③ G20, "G20 Leaders' Declaration: Shaping an Interconnected World," Hamburg, 7/8 July, 2017.

而波恩气候大会是美国宣布"退约"后的第一次《公约》缔约方大会,最终通过了名为"斐济实施动力"(Fiji Momentum for Implementation)的一系列积极成果,就《巴黎协定》实施涉及的各方面问题形成了谈判文案,为2018年完成实施细则谈判奠定了基础。① 这充分表明了美国以外国家积极落实《巴黎协定》的决心和意志。

另一方面,美国自身在国际气候政治格局中的影响力也在下降,已经不再具备单方面否决和破坏全球气候治理进程的能力。首先,美国在全球温室气体排放中所占比例大大下降,在京都时代美国温室气体排放占附件一国家总额的36%,2014年其排放只占全球排放总量的15%;其次,美国占全球经济总量的比重也在下降,京都时代美国GDP占世界经济总量的31%,而当前只占世界经济总量的23%;最后,美国的地缘政治影响力也大幅下降,随着新兴经济体的兴起,美国在全球的政治经济影响力大不如前。②

(三)世界主要国家或国际组织对美国"退约"行动的强烈反应

面对美国特朗普政府的"退约",绝大多数国家和国际组织都坚决表示《巴黎协定》不容重新谈判,将积极行动,推动巴黎进程取得重要进展。特朗普政府宣布"退约"的当天,联合国秘书长古特雷斯通过发言人发表声明,"美国退出《巴黎协定》对全世界减少温室气体排放、促进全球安全的努力来说'是一件令人极其失望的事'"。③ 与此同时,许多非国家行为体也纷纷谴责美国的"退约"行为,反而更加积极参与全球气候治理,使全球气候治理形成一股自下而上的推动力。包括美国一些州和城市、诸多企业等非国家行为体都在积极推动落实全球气候治理的目标,④

---

① 《应对气候变化,中国展现引导力》,《人民日报》2017年11月19日,第3版。
② 赵行姝:《〈巴黎协定〉与特朗普政府的履约前景》,《气候变化研究进展》2017年第5期。
③ UN, "US Decision to Withdraw from Paris Climate Accord a 'Major Disappointment'," https://refugeesmigrants.un.org/us-decision-withdraw-paris-climate-accord-major-disappointment---un, accessed on 29 November 2017.
④ 比如,美国在特朗普宣布退出《巴黎协定》不久,一个由纽约前市长迈克尔·布隆伯格组织的名为"我们仍然在"(we are still in)的联盟声称继续遵守《巴黎协定》,抵制特朗普的退出决定。该组织已经涉及125个城市,9个州,902家企业和投资者,183所学院和大学,包括全美1.2亿民众。

全球低碳技术及其产品方面的投资和市场也在持续扩大。

1. 欧盟及其主要成员国对美国退出《巴黎协定》的态度和反应

针对特朗普政府的"退约",欧盟委员会、欧盟理事会和欧洲理事会纷纷发表声明或谈话予以激烈批评。欧盟气候行动及能源事务委员卡尼特(Cañete)当天发表声明,对特朗普政府的单边行动表示深深的遗憾,强调将会继续支持《巴黎协定》,世界将会继续依赖欧盟的领导去应对气候变化。[①] 2017年6月14日,欧盟委员会主席容克(Juncker)在欧洲议会就特朗普政府退出《巴黎协定》事件发表演讲,对特朗普的决定表示失望和遗憾,强调美国"退约"并不意味着协定的终结,相信世界其他国家将会更加团结,更加致力于协定的执行和落实。[②] 同一天,欧洲议会在斯特拉斯堡以压倒性的534票赞成,88票反对,56票弃权,通过了一项决议,制定并批准新的碳减排规则以加强欧盟应对气候协议的承诺,并对美国退出《巴黎协定》进行了批评。[③] 2017年6月19日,欧盟理事会专门就特朗普政府"退约"事件发表声明,对美国单边主义决定深表遗憾,强调《巴黎协定》符合全球气候治理的目标,不能重新谈判。同时指出,联合国作为以规则为基础的多边治理体系的核心,必须予以坚定不移(steadfast)的支持。[④] 2017年6月23日,欧洲理事会重申《巴黎协定》是有效应对气候变化全球努力的基石,不能重新谈判。欧盟及其成员要快速、充分地执行《巴黎协定》,为实现气候金融目标做出贡献,

---

① Miguel Arias Cañete, "Statement by the Commissioner for Climate Action and Energy, Miguel Arias Cañete on the US Announcement to Withdraw from the Paris Agreement," 1 June 2017, New York, http://eu-un.europa.eu/statement-commissioner-climate-action-energy-miguel-arias-canete-us-announcement-withdraw-paris-agreement/, accessed on 29 November, 2017.

② Jean-Claude Juncker, "Speech by Commission President Juncker at the European Parliament on President Trump's Decision to Withdraw the U.S. from the COP 21 Climate Agreement," 14 June 2017, https://eeas.europa.eu/delegations/un-new-york/28212/speech-president-juncker-european-parliament-presdent-trumps-decision-withdraw-us-cop-21_en, accessed on 8 August 2019.

③ Mu Xuequan, "European Parliament Criticizes U.S. Withdrawal from Paris Agreement," Xinhua, 15 June 2017, http://www.xinhuanet.com/english/2017-06/15/c_136366059.htm, accessed on 8 August 2019.

④ Council of the EU, "Council Conclusions on Climate Change Following the United States Administration's Decision to Withdraw from the Paris Agreement," 16 June 2017, Press release 358/17, http://www.consilium.europa.eu/en/press/press-releases/2017/06/19/climate-change/, accessed on 9 August 2019.

继续在应对气候变化上发挥领导作用。①

同时,欧盟的主要成员国也纷纷表达对美国退出《巴黎协定》的不满。美国"退约"当天,法国总统马克龙发表了题为《让我们的星球再次伟大》的电视讲话,指出"美国总统特朗普的决定对他的国家和人民来说是个错误,对星球的未来是个错误,《巴黎协定》仍然不可逆转,排除其他任何重新谈判的可能性"。②此外,其与德国总理默克尔以及意大利总理真蒂洛尼发表了一份联合声明,对美国政府宣布退出《巴黎协定》感到遗憾,言明《巴黎协定》不能重新谈判,它是保护我们星球、社会和经济的重要工具。③英国领导人当天也对美此举表示"失望"。

2. "基础四国"对美国退出《巴黎协定》的态度和反应

美国宣布退出《巴黎协定》当天,中国外交部发言人华春莹在例行记者会上表示,气候变化是全球性挑战,没有任何一个国家能够置身事外,中方愿与有关各方共同努力,维护《巴黎协定》成果,推动全球绿色、低碳、可持续发展。④中国时任总理李克强在同日德两国总理共见记者时表示,中国"将会继续履行《巴黎协定》承诺,也希望同世界各国就此加强合作"。⑤巴西外交部和环境部对美国这一决定表示失望,对其在多边对话合作方面产生的负面影响表示担忧。在美国宣布"退约"前一天,印度总理纳伦德拉·莫迪在G7会议之后与德国总理默克尔进行会晤时指出,不采取行动应对气候变化将是"一种道德犯罪行为",坚决支持默克尔对气候

---

① European Council, "European Council Conclusions on the Paris Agreement on Climate Change," Press Release 404/17, Brussels, 23 June 2017, http://www.consilium.europa.eu/media/23985/22-23-euco-final-conclusions.pdf, accessed on 3 January 2018.

② "Make Our Planet Great Again: Macron Rebukes Trump over Paris Withdrawal," *The Guardian*, 2 June 2017, https://www.theguardian.com/environment/video/2017/jun/02/make-our-planet-great-again-macron-rebukes-trump-over-paris-withdrawal-video, accessed on 2 June 2017.

③ Julia Jacobo, "Reactions Swift after Trump's Withdrawal from Paris Climate Accord," 1 June 2017, https://abcnews.go.com/Politics/public-figures-react-trumps-decision-withdraw-paris/story?id=47767113, accessed on 9 August 2019.

④ 《外交部:无论其他国家立场如何变化 中国将认真履行〈巴黎协定〉》,央广网,2017年6月1日,https://china.cnr.cn/NewsFeeds/20170601/t20170601_523781975.shtml,最后访问日期:2019年6月6日。

⑤ 李克强:《中国将继续履行巴黎协定承诺》,中国政府网,2017年6月1日,https://www.gov.cn/guowuyuan/2017-06/01/content_5198963.htm,最后访问日期:2019年8月9日。

变化采取行动的承诺。①

2017 年 11 月 13 日，"基础四国"第 25 次气候变化部长级会议在德国波恩《公约》秘书处总部举行，部长们强调了"基础四国"全面、有效、持续实施《公约》及其《京都议定书》和《巴黎协定》各个方面的最高政治承诺，敦促所有签约方从全人类及子孙后代的权益出发，继续留在进程内并继续支持《巴黎协定》。2018 年 5 月 20 日，"基础四国"第 26 次气候变化部长级会议在南非德班举行，对"基础四国"上述立场和观点再次给予强调。②

3. 伞形集团其他国家对美国退出《巴黎协定》的态度和反应

原先一直追随美国的伞形集团其他国家日本、挪威、澳大利亚和加拿大等国政府均对特朗普政府的行动表示失望和谴责，并没有随美国起舞。特朗普政府宣布"退约"的当天，原先伞形集团的很多国家如日本、挪威、澳大利亚、加拿大等国均表示了失望和谴责之情。日本环境相山本公一称"非常失望，与《巴黎协定》这一人类智慧背道而驰，令人愤怒"。挪威首相埃尔娜·索尔贝格对美国的行为表示遗憾，并表示要加强与欧盟的合作，确保《巴黎协定》目标的实现。③ 随着美国宣布退出《巴黎协定》，澳大利亚政府也面临追随美国退出协定的内部压力，但是总理特恩布尔（Turnbull）和外长毕晓普（Bishop）均予以拒绝。此外，毕晓普还指出，澳大利亚或许将在气候问题的协商中发挥更大作用。④ 加拿大总理特鲁多发表声明，对美国退出《巴黎协定》"深感失望"，并承诺加拿大将一如既往落实其应对气候变化和促进清洁经济增长的承诺。相比上述几国，

---

① Frank Zeller, "Indian PM Modi Praises Merkel's 'Vision, Urges Climate Action'," The Local, 30 May 2017, https://www.thelocal.de/20170530/indian-pm-modi-praises-merkels-vision-urges-climate-action, accessed on 9 August 2019.

② 《第二十六次"基础四国"气候变化部长级会议在南非德班举行》，生态环境部网站，2018 年 5 月 29 日，http://www.zhb.gov.cn/gkml/sthjbgw/qt/201805/t20180529_441752.htm，最后访问日期：2018 年 7 月 25 日。

③ "Norway PM 'Disappointed' over U.S. Withdrawal from Paris Climate Deal," Xinhua, 2 June 2017, http://www.xinhuanet.com/english/2017-06/02/c_136332783.htm, accessed on 5 June 2019.

④ 《美国退出〈巴黎协定〉澳洲表示不会追随》，海外网，2017 年 6 月 5 日，http://m.haiwainet.cn/middle/3542250/2017/0605/content_30949609_1.html，最后访问日期：2019 年 6 月 6 日。

俄罗斯总统普京的态度有点相对保守，这也符合俄罗斯在气候变化问题上的一贯做法。普京在俄罗斯的一个经济论坛上发表讲话时说，尽管他认为美国最好是改变协议而不是放弃协议，但他并不急于谴责特朗普的决定。[1]

（四）世界主要国家对美国退出《京都议定书》和《巴黎协定》的不同反应及其深刻背景

美国宣布退出《巴黎协定》并不是其第一次退出全球气候治理的关键性协议。2001年正是《京都议定书》生效的关键时期，时任美国总统小布什宣布美国退出《京都议定书》，对全球气候治理进程产生了严重影响。美国的两次"退约"，都引起国际社会的广泛谴责和批评，不同国家或国家集团对美国两次"退约"都表现出了失望之情，希望美国重新回到条约框架下来。但仔细分析国际社会对美国两次"退约"的具体反应，仍能发现其中的差异之处。相比美国退出《京都议定书》的反应，这次各国（集团）对美国"退约"的批评和谴责之声更为激烈，坚持继续履约《巴黎协定》和应对气候变化的决心也更加坚决。

1. 世界主要国家或国家集团对美国两次"退约"反应的比较

第一，欧盟对美国此次"退约"的反应更加强烈和坚决。2001年3月28日美国小布什政府宣布退出《京都议定书》后，遭到了欧盟及其成员国的抗议和劝诫。当时正在华盛顿访问的德国总理施罗德29日与布什总统举行会谈后对记者说，他与布什在讨论的几乎所有问题上都取得了一致，但"唯独气候变化问题除外"。欧盟委员会环境委员瓦尔斯特伦在布鲁塞尔举行的记者招待会上说，欧盟对美国的决定表示严重不满，美国政府在议定书上签字，就应遵守规则，承担义务。[2] 但自始至终，欧盟的高级机构都没对美国退出《京都议定书》做专门的回应。而此次在特朗普宣布"退约"的当天，欧盟委员会主席、气候行动和能源委员就发表声明进行回应。接着不久，欧盟委员会于6月14日、欧盟理事会于6月19日和欧洲

---

[1] Patrick Reevell, "Putin on Trump's Withdrawal from Paris Accord: 'Don't Worry, Be Happy'," Good Morning America, 3 June 2017, https://www.yahoo.com/gma/putin-trumps-withdrawal-paris-accord-dont-worry-happy-162005378--abc-news-topstories.html, accessed on 9 August 2019.

[2] 《美国退出〈京都议定书〉 国际社会一片哗然》，搜狐网，http://news.sohu.com/99/61/news144456199.shtml，最后访问日期：2019年6月6日。

理事会于 6 月 22 日先后就美国"退约"行为发表声明或讲话，并进行了针锋相对的回应。除此之外，欧盟主要成员国法国、德国以及意大利等国家对特朗普政府"退约"的抨击意味更浓，直接回应《巴黎协定》不容谈判。法国总统马克龙更是发表题为《让我们的星球再次伟大》的电视讲话，直面批评特朗普政府"让美国再次伟大"而"退约"的利己主义行为。

第二，伞形集团其他国家并未效仿美国"退约"，而是展现出继续履约的决心。2001 年 3 月美国宣布退出《京都议定书》以后，日本、澳大利亚以及加拿大等伞形集团国家发表声明，要求美国重新考虑退出《京都议定书》的决定。但没过几年，这些国家就开始表现出抛弃议定书或拒绝承担《京都议定书》第二承诺期义务的态度。2011 年 12 月 12 日，加拿大环境部部长彼得·肯特在新闻发布会上正式宣布退出《京都议定书》，在次年的多哈气候大会上，加拿大、日本、新西兰和俄罗斯均明确表示，拒绝参加《京都议定书》第二承诺期。可见，美国退出《京都议定书》对伞形集团其他国家在应对气候变化方面的负面影响比较大。

此次特朗普政府宣布退出《巴黎协定》，就目前来看对伞形集团国家应对气候变化的努力和意愿并未带来明显的负面影响，相反，各国对美国退约的批评和谴责前所未有的激烈。日本环境相山本公一称，美国"退约"与"人类智慧背道而驰，令人愤怒"。日本新闻网评价，日本在职的内阁大臣对于"最友好国家"的总统展开如此激烈的批判，是"真的愤怒到无法忍耐"。[①] 2017 年 12 月 8 日，加拿大环境及气候变化部部长凯瑟琳·麦肯纳在北京接受"中国青年报·中青在线"记者采访时强调："《巴黎协定》是不可逆转、不可重新谈判的。加拿大与中国将加强合作，共同推动各国落实《巴黎协定》框架下的工作计划，在全球环境事务中展现领导力。"[②] 为确保中加两国在国际环境事务中加强协调与合作，加拿大与中国政府目前已建立了两个高级别对话机制：一是由中国国家发改委、加拿大环境和气候变化部牵头的中加气候变化部长级对话，着眼于为两国在气候变

[①]《美国退出巴黎协定小伙伴很不爽，日本怒批与人类智慧背道而驰》，澎湃新闻网，2017 年 6 月 2 日，https://www.thepaper.cn/newsDetail_forward_1699425，最后访问日期：2019 年 6 月 6 日。

[②]《加拿大环境及气候变化部部长凯瑟琳·麦肯纳：加中在全球环境事务中将扮演主导角色》，《中国青年报》2017 年 12 月 13 日，第 6 版。

化领域的全面政策对话提供平台；二是由加拿大自然资源部和中国国家能源局牵头的清洁能源部长级对话，旨在为促进清洁能源解决方案提供平台。①

第三，"基础四国"不仅积极履约，而且努力成为全球气候谈判的引领者。针对2001年美国小布什政府退出《京都议定书》，包括中国在内的"基础四国"对此表示了遗憾并进行了规劝，在不同场合表示希望美国能够回到《京都议定书》框架下，切实履行发达国家的责任和义务，继续履行减排承诺，以积极和建设性的态度参与应对气候变化国际合作进程。针对此次美国特朗普政府的"退约"，"基础四国"除了规劝其回到《巴黎协定》框架下承担该协定下的履约义务外，还展示了自身履约《巴黎协定》推动全球气候治理的责任担当，承诺与其他缔约方一道确保全面有效持续实施《公约》及其《京都议定书》和《巴黎协定》。② 而且，在中方积极推动下，"基础四国"第26次气候变化部长级会议发表的联合声明中写入"在低碳和气候适应型发展领域构建人类命运共同体"，这是"构建人类命运共同体"理念首次体现在应对气候变化领域多边国际文件中。这说明了中国作为新兴大国不仅努力履行了自身在《巴黎协定》下的义务，而且展示了"引导应对气候变化国际合作，成为全球生态文明建设的重要参与者、贡献者、引领者"的决心。

2. 国际社会针对两次美国"退约"不同反应的原因

当前世界各国对特朗普政府宣布退出《巴黎协定》的反应更加强烈，对履约《巴黎协定》的意愿更加坚决，除了因为应对气候变化符合全人类共同利益的道义和公平外，更多是各国基于自身利益综合考量的选择。

第一，气候变化的负面影响客观存在，并且已经深入人心。越来越多的证据表明，全球正在经历历史罕见的可持续变暖的过程。政府间气候变化专门委员会在其发布的第五份气候变化报告中指出，全球在过去的130年升温0.85℃，气温在升高，这是不争的事实，近200年来，全球海陆平均温度升高了0.85℃，并且都是呈线性上升趋势。2003~2013年，十年平

---

① 《加拿大环境及气候变化部部长凯瑟琳·麦肯纳：加中在全球环境事务中将扮演主导角色》，《中国青年报》2017年12月13日，第6版。
② 《第二十六次"基础四国"气候变化部长级会议在南非德班举行》，生态环境部网站，2018年5月29日，http://www.zhb.gov.cn/gkml/sthjbgw/qt/201805/t20180529_441752.htm，最后访问日期：2018年7月25日。

均温度比1850~1900年这50年的年平均温度上升了0.78℃。数据表明，近30年可能为"史上最热"的时期。① 温度上升，使冰川消融的速度在加快。1979~2012年，北极圈平均每十年冰面减少3.5%~4.1%；尤其是在过去20年中，格陵兰和南极的冰盖持续消融，全球范围内冰川进一步萎缩，北极和北半球的冰雪覆盖面积持续缩小。大面积的冰雪消融引起海平面上升，1901~2010年，全球海平面高度上升0.19米。② 科学家预测，到2100年，温室气体含量将增加到1000ppm，全球气温升高3.5~6.5℃，海平面将上升15~95厘米。③

第二，低碳经济是未来发展的趋势和潮流。全球气候治理的最核心要义在于减少人类经济社会活动中的碳排放，走向低碳经济是气候变化背景下人类的必然选择，是应对气候变化的必由之路。④ 2015年《巴黎协定》的达成正在加速推进全球低碳化潮流，由此引发全球能源体系、经济发展方式（产业结构）乃至世界各国的发展理念、企业的运行和民众的生活方式等世界经济与社会各个层面的重大变革。⑤ 如果说当前世界经济正向低碳经济转型，而未来的时代将是一个低碳经济时代，那么这种时代特征将不但要求世界各国的经济发展方式以及支撑经济发展的资源与能源要素进行根本转型，而且要求整个政治、文化和社会系统进行与之相适应的根本变革。这事实上表明全球气候治理正在从根本上重塑我们当前时代及未来时代的文明内涵和秩序特征，这就是全球气候变化及其应对带给我们时代的最根本影响。⑥ 全球气候变化的影响使传统的高碳经济无法再继续，走向低碳经济已经越来越成为当前的世界发展潮流，它对于置身其中的国家的发展方式和手段选择越来越具有强制性。因此，全球气候变化致使我们生

---

① IPCC, "SPM of Climate Change 2013: The Physical Science Basis," 2013, p. 5, http://www.ipcc.ch/pdf/assessment-report/ar5/wg1/WG1AR5_SPM_FINAL.pdf, accessed on 10 January 2020.

② IPCC, "SPM of Climate Change 2013: The Physical Science Basis," 2013, p. 11, http://www.ipcc.ch/pdf/assessment-report/ar5/wg1/WG1AR5_SPM_FINAL.pdf, accessed on 10 January 2020.

③ 于宏源编著《环境变化和权势转移：制度、博弈和应对》，上海人民出版社，2011，第23页。

④ 潘家华：《低碳经济的概念辨识及核心要素分析》，《国际经济评论》2010年第4期。

⑤ 何建坤：《全球低碳化转型与中国的应对战略》，《气候变化研究进展》2016年第5期。

⑥ 李慧明：《全球气候治理与国际秩序转型》，《世界经济与政治》2017年第3期。

活在一个日益"泛生态化"和环境国际化治理的世界，任何国家和民族的发展手段和方式的选择都已经受到严格的限制，而不能再"随心所欲"和"无所顾忌"地行动，环境关切及其国际化制度和规范已经成为一种必须的考量。① 当今时代，为应对气候变化而衍生出的低碳经济已经成为引领新一轮工业革命的启动器，各国进入了以低碳经济和低碳技术为核心的"综合碳实力"较量的新时代，谁能够在当前的低碳经济和低碳技术中占据优势，谁就能在未来的世界政治经济竞争中占据优势，因此，应对气候变化的方式（低碳经济）已经超出了气候变化自身的范畴，成为决定未来国际竞争态势的重要筹码。

第三，国际气候政治格局的发展变化。随着经济全球化的发展，以气候问题为代表的全球公共问题治理日益成为国际政治的"显学"，气候政治日益进入国际政治的高级议程的范畴，全球气候治理成为各国或国家集团相互博弈较量的重要抓手。绿色环保理念在欧洲社会一直有着广泛的群众基础，而且欧盟在能源技术和低碳发展领域的领先地位，有利于欧盟在全球气候治理领域发挥领导作用。近些年欧盟在全球气候治理中的地位有所下降，很大程度上是由于美国奥巴马政府重新表现出对气候谈判主导权的兴趣。美国"退约"，在一定程度上改变了欧盟从哥本哈根气候大会以来尤其是巴黎气候大会以来相对边缘化的地位，为欧盟再次发挥领导作用、引领低碳发展趋势提供了机遇。2018年2月26日，欧盟外交部长理事会通过了关于气候外交的最新决议，强调将继续引领（lead the way）全球气候行动，以全面落实《巴黎协定》，实现2030年议程。表明欧盟正在努力成为履约《巴黎协定》的全球领先角色。② 而且，欧盟在不同场合多次强调以联合国为核心的多边主义治理体系应对全球气候变化的重要性，批评特朗普政府随意退出《巴黎协定》的单边主义的行为，③ 也充分表明

---

① 郇庆治：《环境政治国际比较》，山东大学出版社，2007，第3页。
② Council of the European Union, "Council Conclusions on Climate Diplomacy," 6125/18, 26 February 2018, https://data.consilium.europa.eu/doc/document/ST-6125-2018-INIT/en/pdf, accessed on 8 June 2018.
③ Niklas Bremberg and Dr Malin Mobjörk, "European Union steps up its efforts to become the global leader on addressing climate-related security risks," 6 March 2018, Stockholm International Peace Research Institute, https://www.sipri.org/commentary/essay/2018/european-union-steps-its-efforts-become-global-leader-addressing-climate-related-security-risks, accessed on 8 June 2018.

欧盟在全球气候治理中不同于美国的战略取向。除了欧盟以外，全球气候治理领域的另一大变化就是中国、印度等新兴经济体的发展。随着经济全球化的发展，包括中国、印度、巴西以及南非等国在内的新兴经济体在全球政治经济格局中的地位和影响不断上升，推动包括气候治理在内的全球治理体系的建设和改革成为这些国家提升国际地位、追求国际抱负的重要内容。

（五）欧盟对特朗普政府"去气候化"政策的回应及行动

长期以来，欧盟一直是积极推动全球气候治理的重要力量，在京都时代和后京都时代的国际气候谈判中，欧盟一直试图并在许多关键节点实际上发挥了"领导"作用。[①] 虽然在2009年哥本哈根气候大会上，欧盟因各种原因在最后的谈判中被"边缘化"，欧盟的领导力受到削弱，[②] 但从2011年南非德班气候大会开始到2015年的巴黎气候大会，欧盟通过积极开展国际合作，构建谈判联盟，最终达成了《巴黎协定》，使欧盟的领导力在很大程度上得以恢复。[③] 面对美国特朗普政府的"去气候化"行动，欧盟进行了坚决回应，同时在其内部和国际方面都采取了积极应对之策，继续推动《巴黎协定》的执行与落实。

在认真落实2030年气候和能源目标的同时，面对美国"退约"，欧盟也开展了积极的国际气候外交行动，积极推动《巴黎协定》的落实和全球气候行动的具体化。

第一，利用联合国平台加强《巴黎协定》的后续谈判与落实。2017年6月27日，欧盟外交与安全政策高级代表、欧盟委员会副主席莫盖里尼（Mogherini）在布鲁塞尔会见联合国城市与气候变化特别代表布隆伯格（Bloomberg），强调欧盟不仅完全履行其承诺，而且会继续建立全球联盟以确保国家和非国家行为体进一步强化对《巴黎协定》的承诺，欧盟会继续

[①] 薄燕：《"京都进程"的领导者：为什么是欧盟不是美国？》，《国际论坛》2008年第5期；Sebastian Oberthür and Claire Roche Kellz, "EU Leadership in International Climate Policy: Achievements and Challenges," *The International Spectator*, Vol. 43, No. 3, 2008, pp. 35–50。

[②] 薄燕、陈志敏：《全球气候变化治理中欧盟领导能力的弱化》，《国际问题研究》2011年第1期；Sebastian Oberthür, "The European Union's Performance in the International Climate Change Regime," *European Integration*, Vol. 33, No. 6, 2011, pp. 667–682。

[③] 董亮：《欧盟在巴黎气候进程中的领导力：局限性与不确定性》，《欧洲研究》2017年第3期。

领导全球走一条通往一个更绿和更安全星球的道路。[①] 2017年7月17日，欧盟外交事务理事会通过一个"欧盟在联合国及第72届联大的优先事项"的文件，特别强调欧盟对多边主义的支持，呼吁加强全球治理，完善以规则为基础的全球秩序，并专门分析了气候变化问题，强调《巴黎协定》的实施是塑造全球秩序的关键，欧盟将致力于其普遍批准和全面落实，同时也将继续展示欧盟的领导力，以鼓励所有缔约方维持更高水平的承诺。[②]以上信息充分表明，面对特朗普政府的"退约"，欧盟不会退缩，会更加强力推动《巴黎协定》的实施。

第二，利用《公约》缔约方大会开展外交活动，维持与一些国家的气候联盟关系，推动《巴黎协定》的后续谈判。2017年11月14日，《公约》缔约方大会第23次大会期间，欧盟和非洲、加勒比和太平洋集团（ACP）79个国家共同呼吁推动《巴黎协定》的实施取得切实进步。就在这次大会的高级别阶段，欧盟委员会发起了一个实施《巴黎协定》的新战略伙伴关系，由欧盟伙伴关系机制（2000万欧元）和德国国际气候倡议（500万欧元）联合资助，加大欧盟与世界主要经济体的气候政策协作。

第三，利用双边或多边外交平台，强化《巴黎协定》，弱化美国的冲击。特朗普宣布退出《巴黎协定》的第二天，欧盟和79个非洲、加勒比和太平洋集团国家重申完全实施《巴黎协定》的承诺并呼吁国际社会维持积极行动的动力。[③] 2017年7月，在二十国集团汉堡峰会上，欧盟委员会主席容克和欧洲理事会主席图斯克（Tusk）代表欧盟会见了其他国家领导人。正是在欧盟和东道国德国等国的努力下，峰会最后通过了有利于维持《巴黎协定》的宣言。2017年9月15~16日，在加拿大蒙特利尔，欧盟与加拿大、中国联合组织召开气候行动部长级会议，来自G20部分成员国和

---

① "HP/VP Mogherini meets with Michael Bloomberg, United Nations Special Envoy for Cities and Climate Change," http://eu-un.europa.eu/hrvp-mogherini-meets-michael-bloomberg-united-nations-special-envoy-cities-climate-change/, accessed on 20 December 2017.

② Council of the European Union, "EU priorities at the United Nations and the 72nd United Nations General Assembly," http://eu-un.europa.eu/eu-priorities-united-nations-72nd-united-nations-general-assembly/, accessed on 20 December 2017.

③ European Commission, "EU and 79 African, Caribbean, Pacific Countries Press Ahead on Paris Implementation, Call on Global Community to Maintain Climate Efforts," https://ec.europa.eu/clima/news/eu-and-79-african-caribbean-pacific-countries-press-ahead-paris-implementation-call-global_en, accessed on 3 January 2018.

其他国家共 34 个国家的部长和高级代表出席会议，寻求进一步激发实施《巴黎协定》的全球动力。① 2017 年 10 月 6 日在新德里举行的欧盟与印度峰会上，发表《欧盟—印度清洁能源和气候变化联合声明》，强调欧盟与印度要加强实施《巴黎协定》的伙伴关系并共同促进清洁能源领域的合作。② 2017 年 11 月 7 日，欧盟气候行动及能源事务委员卡尼特与加利福尼亚州州长布朗（Brown）在布鲁塞尔会谈，双方强调加强在排放交易和零碳交通等方面的合作，推动气候治理的发展。③

二 美国"退约"后欧盟与中国协调引领全球气候治理的现实行动

美国宣布"退约"后，中欧双方在双边和多边场合均表现出共同应对气候变化的意愿和努力，并且通过各种渠道，共同采取实际行动推动全球气候治理巴黎进程向前发展。

（一）中欧通过各种双边和多边协调机制加强气候合作

第一，中欧通过部长级会议这种"小多边机制"积极推动《巴黎协定》的落实。欧盟、中国联合加拿大在美国"退约"之后先后两次发起气候行动部长级会议，积极推动《巴黎协定》后续细则的制定和落实，为推动《公约》下多边进程发挥重要的补充性和促进性作用。第二，中欧还通过双边务实合作推动应对气候变化政策的制定和落实。2018 年 7 月 16 日，第 20 次中欧领导人会晤发表的联合声明中强调，"双方重申应对气候变化

---

① European Commission, "EU Co-Hosts Major International Climate Meeting with Canada and China," https://ec.europa.eu/clima/news/eu-co-hosts-major-international-climate-meeting-canada-and-china_en, accessed on 3 January 2018.

② European Commission, "India and EU Strengthen Partnership to Implement the Paris Agreement and Boost Clean Energy Cooperation," https://ec.europa.eu/clima/news/india-and-eu-strengthen-partnership-implement-paris-agreement_en, accessed on 3 January 2018.

③ European Commission, "EU and California in Joint Climate Push, Boost Cooperation," https://ec.europa.eu/clima/news/eu-and-california-joint-climate-push-boost-cooperation_en, accessed on 3 January 2018.

的重要性，……致力于积极推动在卡托维兹《联合国气候变化框架公约》第 24 次缔约方大会上为完成《巴黎协定》实施细则做出积极贡献，以确保充分有效落实《巴黎协定》"，[1] 并专门签署《中欧领导人气候变化和清洁能源联合声明》，强调制定进一步政策切实落实各自的国家自主贡献，积极引领清洁能源转型的重要性。[2] 第三，中国与欧盟（包括核心成员国）通过重要的多边国际会议协调立场，推动全球气候治理巴黎进程。2018 年 11 月 30 日，G20 布宜诺斯艾利斯峰会期间，中国外长、法国外长和联合国秘书长召开三方气候变化会议，重申坚定支持《巴黎协定》这一不可逆进程和强有力行动指南。法国和中国再次重申了全面、有效、透明落实《巴黎协定》的最高政治承诺，为 COP24 的成功提供政治推动力。[3] 第四，在《公约》缔约方大会上积极协调立场，中欧合作推动《巴黎协定》的落实。在推动 COP24 达成《巴黎协定》实施细则中双方都发挥了积极作用，正如欧盟委员会气候行动与能源委员卡涅特（Cañete）强调指出的，"欧盟与发达国家和发展中国家以及主要经济体等盟友，特别是与中国通力合作，目的是为提高雄心，加强全球抗击气候变化的努力"。[4] 中国外交部发言人也指出，会议期间中国代表团本着积极建设性态度，深入参与各项谈判议题磋商，并与各方积极沟通，为弥合各方分歧、推动会议取得成功做出了关键贡献。[5]

（二）中欧坚持巴黎进程的重要影响

美国退出《巴黎协定》无疑给正处于关键时期的全球气候治理带来了较大的冲击和负面影响，鉴于美国本身在全球的经济实力、科技实力和政

---

[1] 《第二十次中国欧盟领导人会晤联合声明》，新华网，http://www.xinhuanet.com/politics/2018-07/16/c_1123133778.htm，最后访问日期：2018 年 10 月 20 日。
[2] 《中欧领导人气候变化和清洁能源联合声明》，《人民日报》2018 年 7 月 17 日，第 8 版。
[3] 中国外交部：《法国外长、中国国务委员兼外长、联合国秘书长气候变化会议新闻公报》，外交部网站，https://www.fmprc.gov.cn/web/ziliao_674904/zt_674979/dnzt_674981/xzxzt/xjpcf1127_695335/zxxx_695337/t1618237.shtm，最后访问日期：2018 年 10 月 25 日。
[4] European Commission, "UN Climate Talks: EU Plays Instrumental Role in Making the Paris Agreement Operational," 15 December 2018, https://ec.europa.eu/clima/news/un-climate-talks-eu-plays-instrumental-role-making-paris-agreement-operational_en, accessed on 1 October 2019.
[5] 中国外交部：《2018 年 12 月 17 日外交部发言人华春莹主持例行记者会》，外交部网站，https://www.fmprc.gov.cn/web/fyrbt_673021/jzhsl_673025/t1622643.shtml，最后访问日期：2018 年 12 月 25 日。

治影响力，美国的"退约"无疑产生了非常负面的影响，无论是减排差距还是资金差距都有所扩大，给全球气候治理带来了更加严峻的挑战，对于协调其他国家的立场也增加了困难。但是，美国"退约"之后两年多，全球气候治理的巴黎进程在美国"反向领导"和不合作的情势下依然继续前行并取得重要进展。这些成果的取得是多边主义的胜利，说明多边机制仍然是有效的。同时，也说明当前全球气候治理的形势已经完全不同于2001年美国退出《京都议定书》之后的形势，美国对全球气候治理的影响力已不再具有"决定性"，这与欧盟和中国在全球气候治理中的相互协作引领是分不开的。美国"退约"以来国际社会的反应也充分表明，全球低碳转型尽管可能有反复甚或倒退，但大的趋势不会发生根本逆转。正如《中欧领导人气候变化和清洁能源联合声明》所强调的，"双方认为，《巴黎协定》是一项历史性成就，将进一步加速全球温室气体低排放和气候适应型发展这一不可逆转的进程"。[①] 有学者也指出，"即使美国宣布不再承担《巴黎协定》下的义务，全球广泛开展的应对气候变化的合作进程已是不可逆转，全球推动能源体系低碳化变革的潮流也不可逆转，世界范围内加快经济发展方式转变，走上气候适宜型低碳发展路径的趋势也不可逆转"。[②]

三 2020年以后新冠疫情的全球蔓延及其对全球气候治理的深刻影响

2020年，一场突如其来的新冠疫情严重冲击了世界各国民众的正常生活，对世界经济发展、国际政治格局都产生了深远的影响。但是，新冠疫情并没有减弱另一个日益严峻的人类危机——全球气候变化。在某种程度上，新冠疫情的全球肆虐是对本已严重失衡的人与自然关系的一种直接而现实的严厉警示。习近平在第75届联合国大会上呼吁："人类不能再忽视大自然一次又一次的警告，沿着只讲索取不讲投入、只讲发展不讲保护、

---

① 《第二十次中国欧盟领导人会晤联合声明》，新华网，http://www.xinhuanet.com/politics/2018-07/16/c_1123133778.htm，最后访问日期：2018年10月20日。
② 何建坤：《全球气候治理形势与我国低碳发展对策》，《中国地质大学学报》（社会科学版）2017年第5期。

只讲利用不讲修复的老路走下去。"① 当前，世界各国都面临恢复经济和正常生活的巨大压力，新冠疫情也使许多应对气候变化的行动受阻和延迟，包括《公约》第26次缔约方大会（COP26）。然而，全球气候变化的更深层次的长远影响促使有关人士呼吁决策者在采取经济复苏政策的时候一定要注重绿色韧性，把经济复苏行动变成一个应对气候变化的重大机遇，推进"绿色复苏"。《公约》秘书处执行秘书帕特里夏·埃斯皮诺萨（Patricia Espinosa）说："应对气候变化危机与新冠危机并不是互不相容的。如果行动得当，那么走出新冠危机的复苏进程将引领我们走出一条更加包容、更加可持续的应对气候危机之路。我们将以更坚定的决心领导全球应对气候危机，让我们的世界更安全、更清洁、更公平、更具韧性，以此缅怀因新冠逝去的生命。"②

新冠疫情以其快速的扩散蔓延和直接的生命威胁暂时性地压倒了当前几乎所有的全球性议题，对全球气候治理无疑也产生了重要影响。一方面，从中短期来看，根据气候行动追踪组织的评估，疫情导致的各国经济社会的"暂停"将使全球化石燃料和工业的 CO_2 排放在2020年至少下降4%~11%，但这主要是经济社会活动的暂时性中止带来的，而非经济转型的结果。如果低碳发展战略和政策不在应对新冠疫情的经济复苏方案中持续的话，尽管全球经济增长率可能会维持较低水平，但到2030年全球温室气体排放量仍可能反弹，甚至超过先前预测的水平。③ 根据国际能源署最新发布的一个报告，新冠疫情对世界经济的冲击导致2020年 CO_2 排放下降5.8%，这是前所未有的，但是随着经济复苏，2020年12月与能源相关的 CO_2 排放量再次开始上升，预估到2021年将会反弹，只比2019年的水平下降1.2%。④ 另一方面，新冠疫情很可能加剧气候变化，因为政府

---

① 习近平：《在第七十五届联合国大会一般性辩论上的讲话》，《人民日报》2020年9月23日，第3版。
② Department for Business, Energy and Industrial Strategy, UK, "New dates agreed for COP26 United Nations Climate Change Conference," https://www.gov.uk/government/news/new-dates-agreed-for-cop26-united-nations-climate-change-conference, accessed on 12 June 2020.
③ Climate Action Tracker, "A Government Roadmap for Addressing the Climate and Post COVID-19 Economic Crises," April 2020.
④ International Energy Agency, *Net Zero by 2050: A Roadmap for Global Energy Sector*, May 2021, p. 30, https://iea.blob.core.windows.net/assets/ad0d4830-bd7e-47b6-838c-40d115733c13/NetZeroby2050-ARoadmapfortheGlobalEnergySector.pdf, accessed on 23 May 2021.

把一些本来要用于气候变化的资源转移到了紧急应对新冠疫情方面,短期内为了迅速复苏经济、解决就业和一些其他社会问题,经济刺激可能会以已经取得成效的气候政策为代价,导致高碳锁定情势更加严重,从而进一步放缓应对气候变化的行动。新冠疫情还对世界各国的国内决策产生了影响,包括推迟一些气候谈判的关键要素,如提交新一轮国家自主贡献;同时,新冠疫情还加剧地缘政治紧张局势,对国际合作前景产生了负面影响,曾经是气候合作关键的中美关系在疫情期间急剧恶化。从中美之间的紧张关系,到全球供应链的重塑,新冠疫情成为可能导致全球化和国际权力格局不断变化的重大转折点之一。①

目前来看,新冠疫情对世界经济的冲击仍在持续,为恢复经济,世界主要国家都已经或正在制定新的经济复苏方案。后疫情时代经济恢复及发展的速度、方式及国际合作将在很大程度上决定温室气体的排放趋势。根据联合国环境规划署发布的《2020年排放差距报告》(Emissions Gap Report 2020),假设CO_2的排放量出现了明显的短期下降,此后的排放量遵循2020年前的增长趋势,预计到2030年由于新冠疫情以及相关的救助和复苏应对而导致的总体经济放缓的影响,将使全球温室气体排放量减少20亿~40亿吨CO_2当量。但是,如果在最初的CO_2排放量短期下降后,由于各国可能把气候政策倒退作为新冠疫情应对的一部分而导致出现脱碳率降低的发展趋势,那么预计到2030年全球减排量将会大大减少,仅有约15亿吨CO_2当量,与新冠疫情暴发前的政策情景相比,实际上可能会增加大约10亿吨CO_2当量。只有以应对新冠疫情经济复苏为契机,大力实现脱碳,预计全球温室气体排放才能在2030年大幅减少,与新冠疫情前的政策情景相比可能减少150亿吨CO_2当量(略高于25%)。② 因此,气候治理的未来完全取决于当前的政策选择,应对新冠疫情经济复苏政策的"脱碳"和"绿化"程度将直接决定全球气候治理目标的实现程度。

---

① Sam Geall, "Kick-Starting the Green Recovery in 2021: An Arc of Engagement for Sustainability," Briefing Paper, Chatham House, March 2021.

② UN Environment Programme, *Emissions Gap Report 2020*, Nairobi, 2020.

四 "欧洲绿色新政"的主要内容及其战略考量

（一）"欧洲绿色新政"下欧盟气候政策的主要内容

上文已经指出，2019年12月，新一届欧盟委员会成立，新任主席冯德莱恩把应对气候变化作为"欧洲绿色新政"的核心，承诺要把欧洲变成世界上第一个"气候中和"的大洲，并在此后的欧盟委员会议程中把气候问题作为推动欧盟经济社会低碳转型的重要事项来积极推进。当前绿色新政下的欧盟气候行动战略主要包括以下几个方面。①目标层面，短期目标是到2030年使温室气体排放量相比1990年至少减少55%，长期目标是到2050年实现气候中和。②推动通过《欧洲气候法》，把2050年气候中和的目标载入法律，使欧洲走上了负责任道路。③通过《欧洲气候公约》（European Climate Pact）广泛动员公众参与，邀请公众、社区和组织参与气候行动，建设一个更绿色的欧洲。④实施2030年气候目标计划，促进2030年温室气体净排放至少减少55%目标的实现。⑤通过新的欧盟气候适应战略，使欧洲在2050年前成为一个气候适应能力强的社会，完全适应不可避免的气候变化带来的影响。⑥一些关键经济社会领域的具体气候行动，包括在能源、工业、交通等部门的行动。采取行动改变人们工作、使用交通工具和生活的方式，进而改变欧洲的能源结构和生产方式等。

推动通过《欧洲气候法》是欧盟委员会实施气候战略的核心举措，把碳减排目标纳入法制的轨道，确保欧盟低碳转型的趋势不可逆转，不会被其他事情打断或偏离。欧盟委员会通过这一法律，把到2050年温室气体净零排放以及2030年减排至少55%目标变成具有法律约束力的行动。考虑到促进成员国之间公平和团结的重要性，欧盟有关机构和成员国有义务在欧盟和国家层面共同采取必要措施实现这一目标。欧盟委员会建议采用2030～2050年欧盟范围内的温室气体减排轨迹，以衡量进展情况，并为公共当局、企业和公民提供预测。到2023年9月，以及此后每五年，欧盟委员会将评估欧盟和各国措施与气候中和目标和2030～2050年碳减排轨迹的一致性，与《巴黎协定》下的每五年全球盘点一致。自从2020年3月欧盟委员会提出这一法律建议，目前已经取得重要进展。2020年12月的欧洲理事会已经通过了2030年减排至少55%的目标。2021年4月21日，欧洲议会和欧盟理事会就《欧洲气候法》草案的有关内容达成临时协议，欧盟委员会主席冯德莱恩对此表示："我很高兴我们就'欧洲绿色新政'的这一核心内容达成了协议。我们对2050年成为第一个气候中和大陆的政治承诺现在也是一项法律承诺了。气候法使欧盟一代人走上了绿色道路。这是我们对子孙后代具有约束力的承诺。"①

与此同时，为了帮助修复新冠疫情带来的经济和社会影响，启动欧洲复苏，并保护和创造就业机会，欧盟委员会于2020年5月27日提出了一项基于充分利用欧盟预算潜力的欧洲复苏计划。该计划建立在"欧洲绿色新政"和可持续发展理念的基础上，旨在使欧盟经济可持续发展并到2050年实现净零排放。2020年7月21日，欧盟领导人就这项复苏计划和2021~2027年的长期预算框架达成了一致，超过50%的长期欧盟预算和"下一代欧盟"复兴计划（总计约1.8万亿欧元）将支持"欧洲绿色新政"，不仅支持欧洲摆脱新冠危机，而且使欧洲走上可持续和有弹性的复苏之路，为建立一个现代化、更具可持续性的欧洲奠定基础。这个长期预算将1.8万亿欧元一揽子计划的30%，即约5500亿欧元用于资助气候行动，并强调"应遵循欧盟2050气候中和的目标，有助于实现欧盟新的2030年气候目标"，为此，"作为一个一般原则，所有的欧盟支出都应该与《巴黎协定》的目标保持一致"，并要欧盟委员会每年汇报气候支出情况。② 2020年12月17日，经过特定立法程序，欧洲议会和欧盟理事会最后通过了这一复苏计划，这是关于欧洲计划进行绿色复苏的重要政治信号。为此，欧盟委员会主席冯德莱恩说："我们将建设一个更绿色、更加数字化、更加韧性的欧洲，为今天和明天的挑战做好准备。"③

---

① European Commission, "Commission Welcomes Provisional Agreement on the European Climate Law," https://ec.europa.eu/commission/presscorner/detail/en/ip_21_1828, accessed on 10 May 2021.

② European Council, "Special Meeting of the European Council (17, 18, 19, 20 and 21 July 2020)," https://www.consilium.europa.eu/media/45109/210720-euco-final-conclusions-en.pdf, accessed on 10 May 2021.

③ European Commission, "EU budget: European Commission welcomes the adoption of the EU's long-term budget for 2021-2027," https://ec.europa.eu/commission/presscorner/detail/en/ip_20_2469, accessed on 10 May 2021.

（二）欧盟气候新政的主要战略考量

"欧洲绿色新政"把应对气候变化作为其核心，显示出欧盟对气候变化问题的高度重视。正如欧盟长期以来的战略考量一样，[1] 鉴于气候变化给经济社会发展带来广泛而深刻的影响，面对多重危机尤其是新冠疫情的冲击，欧盟把应对气候变化作为其推动经济转型、提升经济竞争力、回应民众关切并增强欧盟国际影响力的重要战略支点。对此，笔者认为，欧盟对内和对外至少各有三点重大战略考虑。就其对内战略而言，第一，为实现2050年气候中和目标设定一条更具雄心和成本有效的道路；第二，刺激创造绿色就业机会，继续保持欧盟在经济增长的同时减少温室气体排放的记录；第三，推动欧盟内部经济社会的生态现代化，回应民众对生态环境和气候变化的高度关切，增强欧盟内部的凝聚力。就其对外战略而言，第一，把握全球低碳转型的大势，顺应潮流，抓住机遇，占据低碳经济的主导权，提升欧盟的低碳竞争力；第二，鼓舞国际合作伙伴的雄心壮志，通过率先行动制造"同行压力"，推进《巴黎协定》目标的实现，避免气候变化最严重的后果；第三，提升欧盟在全球气候治理中的话语权和领导力，通过内部的榜样示范作用，发挥更大的领导作用，增强欧盟的绿色规范力量。

五 拜登气候新政的主要内容及其战略考量

（一）拜登气候新政的主要内容

2021年1月20日宣誓就任美国总统后，拜登几乎第一时间就正式签署行政命令重新加入《巴黎协定》。然后，在不到一个月的时间内，拜登又相继签署了"关于保护公众健康和环境以及恢复科学以应对气候危机"、"关于在国内和国外应对气候危机"、"关于重建和加强难民安置方案以及规划气候变化对移民影响"以及"启动美国创新计划创造就业机会和应对气候危机"

---

[1] 李慧明：《生态现代化与气候治理——欧盟国际气候谈判立场研究》，社会科学文献出版社，2017。

等行政命令和政策声明，把应对气候变化作为其施政的核心内容，并开展了一系列积极的气候外交，如在4月22日世界地球日发起举办的领导人气候峰会。我们不妨把拜登政府的积极气候政策称为"拜登气候新政"，它在很大程度上改变（逆转）了特朗普政府在气候变化问题上的不作为和倒退。综合来看，拜登气候新政的具体内容可以分为国内和国际两个层次。

在国内层面有以下四点。一是在联邦政府的行政机构方面，设立了与推行气候新政相匹配的行政机构，确保"全政府"（a whole-of-government approach）的气候行动方式。专门设立了总统气候特使，任命前国务卿约翰·克里担任这一职务，并进入国家安全委员会，显示对气候变化问题的特别重视；专门任命了总统国家气候顾问，并在总统办公厅内设立白宫国内气候政策办公室，负责协调国内气候政策问题的决策过程；成立国家气候工作组，由国家气候顾问担任主席，成员包括21个联邦机构的内阁级领导人和白宫高级官员。二是提出相对有力度的2030年国家自主贡献。在2021年4月22日的领导人气候峰会期间，拜登政府提出最新国家自主贡献目标，到2030年温室气体排放将比2005年减少50%~52%，比此前奥巴马政府设立的减排目标将近提升了一倍，[①] 承诺到2050年实现温室气体净零排放。三是推动清洁能源革命，到2035年将电力系统的排放降至净零。拜登气候新政的核心在于推动清洁能源革命，在2021年1月25日签署的行政命令"确保美国的未来是由全体美国工人创造"中指出，在适当的和符合法律规定的情况下，联邦政府要利用所有可用的采购权限，促进美国电力部门的清洁化，并制定专门计划加强可再生能源（风电、光伏、水电等）开发，到2030年将海上风能增加一倍，到2035年实现电力部门的碳中和。[②] 在"关于在国内和国外应对气候危机"的行政命令中，拜登

[①] The White House, "Fact Sheet: President Biden Sets 2030 Greenhouse Gas Pollution Reduction Target Aimed at Creating Good-Paying Union Jobs and Securing U. S. Leadership on Clean Energy Technologies," 22 April 2021, https://www.whitehouse.gov/brief-ing-room/statements-releases/2021/04/22/fact-sheet-president-biden-sets-2030-greenhouse-gas-pollution-reduction-target-aimed-at-creating-good-paying-union-jobs-and-securing-u-s-leadership-on-clean-energy-technologies/, accessed on 26 April 2021.

[②] The White House, "Executive Order on Ensuring the Future is Made in All of America by All of America's Workers," 25 January 2021, https://www.whitehouse.gov/briefing-room/presidential-actions/2021/01/25/executive-order-on-ensuring-the-future-is-made-in-all-of-america-by-all-of-a-mericas-workers/, accessed on 26 April 2021.

对美国电动汽车的发展做了较为详尽的战略规划,明确指出联邦政府、州以及各级地方的公用车辆要逐步实现净零排放。① 四是发起基础设施投资计划,即"美国就业计划"(The American Jobs Plan)。拟投资2万亿美元,加强气候行动,包括对电网和清洁技术的1000亿美元投资,目标是到2035年实现无碳电力部门;投资1740亿美元,到2030年在美国各地新建50万个电动汽车充电站,并用电动车型取代至少20%的校车。②

在国际层面也有以下三点。一是重返《巴黎协定》。2021年1月20日拜登签署行政命令,重新加入《巴黎协定》,并向《公约》秘书处正式交存了接受(acceptance)法律文书。二是积极开展气候外交,发起举办领导人气候峰会,试图重新发挥"领导"作用,在多边主义平台上加强与主要国家的协调。总统气候特使约翰·克里于同年4月14~17日访问中国,与时任中国气候变化事务特使解振华举行了会谈,取得了一些积极成果。4月22日拜登发起举办了领导人气候峰会,邀请了世界上40位国家(欧盟)领导人参加,积极推动有关国家提升减排力度。三是重新加强对发展中国家的气候金融援助。承诺到2024年美国政府每年提供给发展中国家的公共气候资金在奥巴马第二任期(2013~2016财年)平均水平的基础上翻一番,积极动员私人资本投资气候行动,终结碳密集型化石燃料能源的国际官方融资,使资本流与低排放和适应气候的路径相一致。③

(二)拜登气候新政的主要战略考量

拜登在竞选期间就高度重视气候变化问题,提出雄心勃勃的"清洁能源革命和环境正义拜登计划"(The Biden Plan for a Clean Energy Revolution and Environmental Justice),就任总统之后更是把气候问题推向前所未有的

---

① The White House, "Executive Order on Tackling the Climate Crisis at Home and Abroad," 27 January 2021, https://www.whitehouse.gov/briefing-room/presidential-actions/2021/01/27/executive-order-on-tackling-the-climate-crisis-at-home-and-abroad/, accessed on 26 April 2021.
② The White House, "Fact Sheet: The American Jobs Plan," https://www.whitehouse.gov/briefing-room/statements-releases/2021/03/31/fact-sheet-the-american-jobs-plan/, accessed on 26 April 2021.
③ The White House, "Executive Summary: U. S. International Climate Finance Plan," 22 April 2021, https://www.whitehouse.gov/briefing-room/statements-releases/2021/04/22/executive-summary-u-s-international-climate-finance-plan/, accessed on 26 April 2021.

战略高度，在"关于在国内和国外应对气候危机"的行政命令中，明确把应对气候危机置于其对外政策和国家安全的中心位置。综合来看，拜登如此积极的气候政策至少有以下战略考量。就其对内而言，第一，也是最为迫切的是解决美国受新冠疫情严重冲击的经济的复苏和就业问题；第二，借助美国在低碳技术、金融和市场方面的较强优势，提升美国经济的竞争力，促进美国经济的增长，保持美国在世界上的经济优势地位；第三，强化美国的生态和环境正义价值观，提升美国的软权力，借此巩固民主党的执政地位，为国会的中期选举及其连任提前做准备。就其对外而言，第一，重新树立美国负责任的国家形象，重塑美国在全球气候治理中的领导地位，挽救被特朗普破坏的国际信誉；第二，推动美国低碳经济发展，掌握后巴黎时代国际碳规则的主导权，试图通过推动全球碳减排重塑美国在低碳经济时代的主导地位，"确保美国在2050年之前实现100%的清洁能源经济和净零排放，从而引领世界应对气候变化紧急情况，并率先发挥榜样的力量"[1]；第三，恢复和加强与欧洲（欧盟）的跨大西洋密切关系，向世界其他排放大国施压，与欧盟在碳边界调节、碳金融、排放交易、碳定价和税收方面进行密切合作。

六 新形势下欧美气候新政对全球气候治理的影响及其限度

（一）欧美气候新政的积极影响

鉴于欧盟和美国在全球气候治理中的重要影响力，欧美气候新政对于推进后巴黎时代的气候治理进程无疑具有十分重要的积极意义。第一，为受到新冠疫情严重冲击的后巴黎时代全球气候治理进程重拾政治动力注入了强劲动能。当前的世界各国正在面临诸多风险与挑战相互叠加和相互交织的局面，一个复合型风险社会正在显现。这在很大程度上影响了各国政

---

[1] "The Biden Plan for a Clean Energy Revolution and Environmental Justice," https://joebiden.com/climate-plan/#, accessed on 26 April 2021.

府的决策，尤其是一些更加看重短期政治利益的政府。在国家资源和精力都有限的情况下，新冠疫情的冲击无疑会分散很多国家对气候问题的关注，并推迟或搁置一些本来就较难推进的政策。就此来看，欧美气候新政的积极姿态（至少从言辞和政治上）对于重拾《巴黎协定》达成以来全球气候治理进程中已经显现的良好动力和信心无疑具有较强的激励作用，很大程度上逆转了特朗普政府对全球气候治理进程的负面影响，增加了人们对全球（气候）治理的信心，增强了国家的合作意愿，在某种程度上也形成了国家之间相互比较在应对气候变化中所做"贡献"大小的良好政治氛围，或者形成了一种相互之间的同行压力和倒逼机制，而这一点大概就是《巴黎协定》"自下而上"治理模式设计以及把国家对应对气候变化所担负的"责任"或"义务"改为"贡献"所试图追求的一种理想效果的初步显现。这尤其表现在拜登上台以来推行积极气候新政带来的影响方面。尽管由于美国在气候变化问题上的多次反复，国际舆论对拜登气候新政提出了很多质疑，[1] 但总体而言，包括联合国在内的一些国际组织对拜登气候新政还是比较肯定的，认为其重塑了国际社会的气候雄心，[2] 为全球气候行动提供了强大动力。[3]

第二，提升了全球减排力度，增大了《巴黎协定》确立的全球气候治理目标实现的可能性。上文已经指出，当前全球气候治理仍然面临着巨大挑战，排放差距仍然巨大，亟须提升全球减排力度，弥合排放差距。正是在这种背景下，欧盟和美国积极提升其减排力度不仅直接缩小了全球减排差距，而且本身具有较强的榜样示范作用和动员作用，这尤其表现在拜登气候新政的影响方面。鉴于与特朗普政府"去气候化"政策的巨大反差，拜登的气候行动还是鼓舞人心的。根据气候行动追踪组织的评估，拜登在

---

[1] 《对于拜登政府的"气候承诺"西方媒体提出了三大质疑》，央视网环球资讯+，2021年4月27日，http://m.news.cctv.com/2021/04/27/ARTI3OQ4SaySznNdvrqRG2i8210427.shtml，最后访问日期：2021年5月10日。

[2] UNFCCC, "Climate Ambition Builds at Leaders' Summit on Earth Day," https://unfccc.int/news/climate-ambition-builds-at-leaders-summit-on-earth-day, accessed on 10 May 2021.

[3] Taryn Fransen, David Waskow, Joe Thwaites, Frances Seymour and Yamide Dagnet, "Leaders Summit on Climate Offers Jolt of Momentum for Global Action," *World Resource Institute*, 23 April 2021, https://www.wri.org/insights/leaders-summit-climate-offers-jolt-momentum-global-action, accessed on 10 May 2021.

领导人气候峰会上承诺的减排目标对全球减排具有重要影响，将使2030年的全球排放差距缩小5%~10%，这是2020~2021年这一波气候目标更新行动中做出的最大国家额外减排承诺。这"代表着从上届政府立场的重大转变，并发出了强烈的信号，鼓励国内朝向脱碳系统采取行动。这也促进了国际气候合作，并可能促进美国在气候行动方面宣称的全球领导地位，为其他国家效仿并通过使净零排放变为现实所需的2030年目标定下基调"。① 特别是2021年4月22日拜登发起举办的领导人气候峰会，为全球气候行动创造了新动力。日本、加拿大、阿根廷等国都随之宣布了新的减排目标，中国首次提出"碳达峰、碳中和"的目标，要在"十四五"时期严控煤炭消费增长，这被认为是一个重要的里程碑。英国宣布了新的2035年目标，韩国、新西兰、不丹和孟加拉国都承诺提交更有力度的国家自主贡献，巴西把气候中和的目标从2060年提早至2050年。这些行动无疑对于缩小全球减排差距具有非常重要的现实意义，如果当前这些国家提出的承诺都能够实现（乐观情景），可使2030年的全球排放差距缩小11%~14%，②这将进一步增大《巴黎协定》确立的温升控制2℃目标实现的可能性。当然，距离1.5℃目标实现还有一定的差距，需要所有国家做出更大的努力。

第三，对推动全球绿色复苏既起到了榜样示范作用，也具有实质性的推动价值。鉴于新冠疫情的紧急事态、经济社会发展某种程度上的路径依赖（比如燃煤电厂投资运营的周期较长或转型困难导致的高碳锁定）以及国家短期政治及惰性（比如由于煤炭相对容易的可获得性和使用传统）的影响，推动绿色发展和低碳转型及实现绿色复苏并非简单易行的事情，在很大程度上需要强大的政治支持和政策引导（正如一些国家成功的生态现代化需要"明智"政府的政策支持③），甚至在短期内需要一定的代价或牺牲，而这都需要一种前瞻性和战略性的国家政治引导和推动。就此而言，

---

① Climate Action Tracker, "CAT Climate Target Update Tracker: USA," 23 April 2021, https://climateactiontracker.org/climate-target-update-tracker/usa/, accessed on 10 May 2021.

② Climate Action Tracker, "Climate Summit Momentum: Paris Commitments Improved Warming Estimate to 2.4℃," May 2021, https://climateactiontracker.org/documents/853/CAT_2021-05-04_Briefing_Global-Update_Climate-Summit-Momentum.pdf, accessed on 10 May 2021.

③ Martin Jänicke, "Ecological Modernisation: New Perspectives," *Journal of Cleaner Production*, Vol. 16, No. 5, 2008.

欧盟和美国采取的积极气候政策以及法律框架下的绿色复苏投资预算，无疑给国际投资者发出了一个确定而清晰的低碳转型信号，将推动全球资本流朝着绿色金融和低碳技术的方向流动。这一方面为全球绿色复苏提供了强大的物质（金融）支撑，另一方面也为全球绿色复苏发出了政治和理念上的引导，尤其是欧盟在法律和制度上的相对长期复苏投资计划，为已初步显现的低碳经济和所谓第三（四）次产业革命注入了强大的资本（物质）力量、理念力量甚至制度力量。

第四，为《巴黎协定》的顺利实施奠定了相对良好的法律和政治基础。2021年在全球气候治理进程中是十分关键的一年，这年底在英国格拉斯哥召开的COP26在全球气候治理进程中具有承上启下的重要意义，既是对《巴黎协定》达成以来确立的自下而上治理模式细化进程的总结，也是为《巴黎协定》的真正顺利实施做进一步政治动员。拜登在宣誓就任总统后的第一时间签署命令重新加入了《巴黎协定》，大大增强了《巴黎协定》的完整性和合法性，也充分证明《巴黎协定》在全球气候治理体系中的韧性和稳定性。美国的回归，至少在拜登任期的四年（假如还能够连任的话，将还有四年）为《巴黎协定》诸多机制的顺利运行奠定了良好的法律和政治基础。2020年之后的五年是《巴黎协定》初次运行的关键时期，比如缔约方新一轮国家自主贡献的提交（如前所述，美国已经提交了力度更大的国家自主贡献），2023年的第一次全球盘点，还有透明度和资金机制的具体化等。由于新冠疫情的影响，2020年的COP26和一些实施细则的运行都已被迫推迟，2021年的格拉斯哥气候大会在全球气候治理进程中具有十分关键的意义。[①] 最终，经过各方努力，COP26通过了《格拉斯哥气候协议》等一系列成果，明确宣布逐步退出煤炭等，取得了积极进展。因此，欧美的气候新政对于确保《巴黎协定》的顺利实施以及按照其设计的运行轨迹有效运行，可以说具有十分积极的意义。

---

① UNFCCC, "Patricia Espinosa: This Year is Crucial for the Future of Humanity," 26 April 2021, https://unfccc.int/news/patricia-espinosa-this-year-is-crucial-for-the-future-of-humanity, accessed on 10 May 2021; Anthony Froggatt, "2021: A 'Super Year' for Climate and Environment Action," Chatham House, 22 March 2021, https://www.chathamhouse.org/2021/03/2021-super-year-climate-and-environment-action, accessed on 10 May 2021.

（二）欧美气候新政影响的限度

但与此同时，一方面鉴于欧美气候新政本身所面对的内部政治经济羁绊与挑战，另一方面也鉴于欧美气候新政本身所做承诺力度的有限性，以及它们对外所呈现出来的竞争性和私利性，其效力的发挥受到了很大限制。首先，无论是欧盟还是美国，当前都面临复杂的内部危机和内部政治牵制。对于欧盟而言，虽然长期以来在气候变化问题上一直持比较积极的立场，欧洲的民众对气候行动也大力支持，但当前欧盟面临内部经济复苏的巨大压力，还有民粹主义抬头趋势下右翼政治的影响，另外还有欧盟内部成员国之间发展的不平衡，导致一些中东欧和南欧国家在气候变化问题上反对较为积极的减排政策。而对于美国来讲，特朗普遗留的政治遗产在一定程度上仍然在影响着拜登气候新政的执行与推进。长期以来，美国内部两党政治的极端化导致在气候变化问题上存在非常明显的党派分野，党派政治利益而不是国家的整体利益限制了美国采取持续较强的气候（能源）政策，上文已经指出，这在很大程度上损害了美国在全球气候治理中的国际信誉。"国际社会注意到了美国气候政策潜在的短命性，因此，拜登将不得不加倍努力，以证明政策上有了有力的变化"，"然而，国际气候领导人将拭目以待，等待能够弥合美国政治分歧、提供长期稳定政府立场的国内政策和措施"。① 拜登政府在多大程度上能够调和两党在气候问题上的政治极化以推进其气候目标的实现，确实面临很多挑战。

其次，欧盟和美国提出的减排力度以及提供的气候金融与技术援助与它们在全球气候治理中所担负的责任还有一定差距，这在一定程度上影响了它们的政治效应。根据气候行动追踪组织评估，美国到2030年在2005年的水平上减排57%~63%才与《巴黎协定》提出的温控1.5℃的路径一致（假设美国还将为发展中国家减排提供支持），并将使美国走上实现2050年净零排放目标的更好轨道。② 考虑到美国更高的责任（长期的排放历史和非常高的人均排放量）和能力（世界上最富有的国家之一），如果

---

① Antony Froggatt and Daniel Quiggin, "China, EU and US Cooperation on Climate and Energy: An Ever-Changing Relationship," Research Paper, Chatham House, March 2021.
② Climate Action Tracker, "CAT Climate Target Update Tracker: USA," update 23 April 2021, https://climateactiontracker.org/climate-target-update-tracker/usa/, accessed on 10 May 2021.

仅从美国国内角度来看，美国到2030年的排放量应在2005年的水平上减少80%~86%［包括土地利用变化和林业（LULUCF）］，如果不包括LULUCF，则应减少75%，才能够显示美国的气候领导作用。[1] 而对于欧盟而言，根据气候行动追踪组织评估，虽然2030年至少减排55%的目标是朝着正确方向迈出的重要一步，但仍不足以使欧盟与《巴黎协定》1.5℃的目标保持一致，如要达到这一目标，欧盟需要减排58%~70%。[2] 同时，欧美等发达国家在《坎昆协议》所做的2020年前每年动员1000亿美元的气候资金援助发展中国家的承诺还远未达到。美国奥巴马政府时期曾承诺向"绿色气候基金"提供30亿美元支助，但实际的拨款仅有10亿美元。此后，特朗普政府更是直接表态拒绝提供后续资金。至今，美国政府仍有20亿美元气候资金没有落实。拜登计划在2022财政年度向"绿色气候基金"提供12亿美元资金，虽然改变了特朗普政府的倒退做法，但还不够偿还以前的欠账。[3] 欧盟及其成员国（包括英国）和欧洲投资银行是向发展中国家提供公共气候融资的最大贡献者，2019年融资达到232亿欧元。但根据经合组织（OECD）2020年发布的一个报告，截至2018年发达国家总的气候融资（包括公共气候融资、与气候相关的官方支持出口信贷以及私人气候融资）是789亿美元，[4] 距离1000亿美元的目标还有很大差距。

最后，更加宏观层面的国际政治及地缘政治关系影响了欧美之间以及欧美与发展中国家之间的气候合作，尤其是与中国的气候合作。鉴于全球气候治理本身对国家经济社会发展的深远意蕴以及对国家在未来低碳经济时代国际竞争中地位的深刻影响，[5] 欧美的气候战略也深受更加宏观的中美欧三边关系以及各自双边关系的影响，它们本身也深嵌于宏观层面的国际政治经济格局中，在一定程度上为国家的宏观战略服务。上文已经分析

---

[1] Climate Action Tracker, "To Show Climate Leadership, US 2030 Target Should Be At Least 57 – 63%," March 2021, https://climateactiontracker.org/documents/846/2021_03_CAT_1.5C-consistent_US_NDC.pdf, accessed on 10 May 2021.

[2] Climate Action Tracker, "CAT Climate Target Update Tracker: EU," update 18 December 2020, https://climateactiontracker.org/climate-target-update-tracker/eu/, accessed on 10 May 2021.

[3] European Commission, "International Climate Finance," https://ec.europa.eu/clima/policies/international/finance_en, accessed on 15 May 2021.

[4] OECD, Climate Finance Provided and Mobilised by Developed Countries in 2013 – 18, OECD Publishing, Paris, 2020, https://doi.org/10.1787/f0773d55-en.

[5] 李慧明：《全球气候治理与国际秩序转型》，《世界经济与政治》2017年第3期。

了美欧在气候问题上的主要分歧和问题。接下来主要分析宏观层面的中美关系对中美气候合作以及对中欧气候合作的影响。在很大程度上,当前中美关系制约了中美气候合作的深度发展。近期中美在气候变化问题上互动良好,总统气候特使约翰·克里专门访华,与时任中国气候变化事务特使解振华进行了会谈,双方共同发表《中美应对气候危机联合声明》,习近平也通过视频方式应邀参加了2021年4月22日拜登发起举办的领导人气候峰会,但在气候变化问题上美国与中国也存在竞争关系。美国的战略在一定程度上也影响了欧盟与中国战略层面的关系,中欧气候合作也受到影响。

第六章 全球气候治理体系中的中国：身份变迁与责任变化

鉴于中国的人口规模、经济实力和政治影响力，中国始终是全球气候治理中的重要行为体。20世纪80年代后期气候变化问题进入国际政治议程以来，中国就一直是全球气候治理体系建设的重要参与者和贡献者。近年来，随着中国经济的快速发展、温室气体排放的增加和国际地位的上升，中国在全球气候治理中的影响力更加突出，已经成为全球气候治理的参与者、贡献者、引领者。本章着重从中国参与全球气候治理的历史进程出发，分析和探讨中国在全球气候治理体系中的身份变迁与责任变化。

一 国家身份及中国在全球气候治理中的身份变迁

一个国家（国际组织）在特定全球性问题领域中的身份定位是一个较为复杂的问题。一方面，对于到底什么是身份，可能不同的研究人员有不同的看法；另一方面，即便对身份的内涵能够达成共识，界定身份的指标或依据也可能更加复杂，不同的研究人员对此可能有着更加不同的理解和认知。为此，本书基于现有学术研究成果，依据本书的研究需要，对中国在全球气候治理中的身份变迁及其界定依据进行了简要论述。

（一）国家身份的内涵及其界定依据

国家身份就是国际社会中的国家基于对自身特质的自我理解（self-understanding）而与他者相互建构、不断变化的一种"意象"。它在很大程度上是一个具有社会性的理论问题。[①] 全球气候治理作为一个典型的全球性行动，国家在其中的身份首先基于自身的客观力量以及基于这种力量所界定的责任与能力，同时，各国在与其他行为体的互动中逐步形成了对自身角色的特定认知。就此而言，中国在全球气候治理中的身份定位既取决于中国自身在全球气候治理中的客观实力（经济力量、碳排放量、减缓气候变化的技术与市场份额）以及在这种国家客观力量基础上的影响力，也取决于中国自身基于这种客观力量所持的参与全球气候治理的态度以及所采取的政策，还取决于国际社会其他行为体对中国气候行动的基本认知。

鉴于国家身份的特殊性，当前，在学术研究中，不同的研究人员基于研究的需要和研究旨趣，对国家在特定问题领域中身份的界定给出了不同的标准。欧美学术界一般都从基于利益的研究方法出发，依据特定国家在特定环境（气候）问题领域的生态脆弱性和治理所付出的成本，把国家分为领导者（推动者）、中间者、旁观者和拖后腿者。[②] 也有学者从国家内部的政治、国际机制对中国关于气候变化问题认知的影响及国际权力政治等视角出发，来分析中国在全球气候治理中的政策立场，然后据此评判中国的角色与身份。[③] 国内学术界对此采取了一种混合指标的界定方式，比如有的学者依据中国参与全球气候治理的态度和中国自身的客观实力，把中国在全球气候治理中的身份变迁划分为"积极被动的发展中国家"（1990～1994 年）、"谨慎保守的低收入发展中国家"（1995～2001 年）和"负责任的发展中大国"（2002 年至今）三个阶段。[④] 也有学者虽然没有明确界定

[①] 参见〔美〕亚历山大·温特《国际政治的社会理论》，秦亚青译，上海人民出版社，2010。

[②] Detlef Sprinz and Tapani Vaahtoranta, "The Interest-based Explanation of International Environmental Policy," *International Organization*, Vol. 48, No. 1, 1994; Ian H. Rowlands, "Explaining National Climate Policies," *Global Environmental Change*, Vol. 5, No. 3, 1995.

[③] Michael T. Hatch, "Chinese Politics, Energy Policy, and the International Climate Change Negotiations," in Paul G. Harris ed., *Global Warming and East Asia: Domestic and International Politics of Climate Change*, London: Routledge, 2003, pp. 43 – 45.

[④] 肖兰兰：《中国在国际气候谈判中的身份定位及其对国际气候制度的建构》，《太平洋学报》2013 年第 2 期。

中国在全球气候治理中的身份,但对参与全球气候治理(国际气候谈判)历程的态度与立场进行了划分,分为被动却积极参与(1990~1994年)、谨慎保守参与(1995~2001年)以及活跃开放参与(2002年至今)三个发展阶段。[①] 也有学者将中国参与联合国气候变化谈判30多年的历史进程和角色变迁大致划分为积极参与者(1990~2006年)、积极贡献者(2007~2014年)和积极引领者(2015年至今)三个阶段。[②]

那么,对中国在全球气候治理中身份界定的依据是什么?换言之,我们将依据什么指标来界定中国在全球气候治理中的身份?综合上述国内外研究,本章主要从以下两个维度来理解和界定中国在全球气候治理中身份的变迁。一是中国在全球气候治理体系中的国际责任与法律义务的变化;二是中国参与全球气候治理的态度和政策立场的变化。

(二)中国在巴黎气候大会前全球气候治理中的身份变迁

1. 中国在全球气候治理中责任与义务的变化

鉴于中国发展中国家的身份,在《公约》下,中国是非附件一缔约方。因此,京都时代的中国,根据"共区原则",不承担量化减排义务,作为发展中国家拥有继续增加碳排放的权利,而且需要发达国家缔约方提供资金和技术援助。在后京都时代,根据"巴厘行动计划",发展中国家在可持续发展的框架下,在得到可衡量、可报告和可核实的资金、技术与能力建设支持下采取适当减缓行动。[③] 因此,2009年哥本哈根气候大会之前,中国提出了到2020年单位GDP二氧化碳排放比2005年减少40%~45%,把碳排放强度作为约束性指标纳入国民经济和社会发展的中长期规划,并制定相应的国内统计、监测、考核办法。同时,决定通过大力发展可再生能源、积极推进核电建设等行动,到2020年,我国非化石能源占一次能源消费的比重达到15%左右,通过植树造林和加强森林管理,森林面积比2005年增加4000万公顷,森林蓄积量比2005年增加13亿立方米。

[①] 严双伍、肖兰兰:《中国参与国际气候谈判的立场演变》,《当代亚太》2010年第1期。
[②] 张海滨等:《中国参与国际气候变化谈判30年:历史进程及角色变迁》,《阅江学刊》2021年第6期,第15~40页。
[③] UNFCCC, Decision 1/CP. 13, Bali Action Plan.

本质而言，中国采取的适当减缓行动与发达国家的量化减排行动还有较大区别，但这是中国自全球气候治理进程开始以来第一次明确承诺具有确定时间表的量化减排目标，这表明中国在气候变化问题上立场和政策的重大变化。2010年根据《哥本哈根协议》，中国正式向《公约》秘书处提交了2020年行动目标。严格来讲，中国的碳减排目标是一种自愿减排行动，与发达国家承担的减排义务还有本质区别，但这也反映了中国在全球气候治理中责任与义务的变化，中国无法再像京都时代那样以发展中国家身份"置身事外"。

2. 中国参与全球气候治理态度和政策立场的变迁

综合国内外对中国在全球气候治理中态度和政策立场的分析，大致以2011年德班气候大会为界，之前国外学术研究和媒体舆论对中国的行为表现和身份界定都较为负面，虽然有时候也承认中国在一些具体议题上表现出一定的灵活性，但认为中国在全球气候治理中的总体表现是"保守的"（conservative）、"防守的"（defensive）、"不合作的"（uncooperative）、"没有建设性的"（unconstructive）、"倔强对抗的"（recalcitrant），[1] 尤其是由于2009年哥本哈根气候大会没有达成实质性协议，一些西方媒体和政客把责任转嫁到中国头上，指责中国的不合作态度导致谈判没有成功，有些国家甚至认为是中国阻碍了新国际气候协议的达成。[2] 而中国国内的学者从中国自身的发展中国家身份出发强调中国的合作性，认为中国是"积极而谨慎的参与者"，[3] 中国在坚持不承担量化减排温室气体义务的同时，"以

---

[1] Elizabeth Economy, "Chinese Policy-Making and Global Climate Change: Two-Front Diplomacy and the International Community," in Miranda A. Schreurs and Elizabeth Economy, eds., *The Internationalization of Environmental Protection*, Cambridge: Cambridge University Press, 1997, pp. 19 – 41; Yuka Kobayashi, "Navigating between 'Luxury' and 'Survival' Emissions: Tensions in China's Multilateral and Bilateral Climate Change Diplomacy," in Paul G. Harris, ed., *Global Warming and East Asia: Domestic and International Politics of Climate Change*, London: Routledge, 2003, p. 93.

[2] Mark Lynas, "How Do I Know China Wrecked the Copenhagen Deal? I Was in the Room," *The Guardian*, 22 December 2009; Peter Christoff, "Cold Climate in Copenhagen: China and the United States at COP15," *Environmental Politics*, Vol. 19, No. 4, 2010, pp. 637 – 656; 何建坤：《诋毁〈哥本哈根协定〉就是否认历史"气候债"》，《人民日报》2010年1月5日，第23版。

[3] 薄燕、陈志敏：《全球气候变化治理中的中国与欧盟》，《现代国际关系》2009年第2期。

比过去灵活、更合作的态度参与国际气候变化谈判"。① 也有国内学者基于合作意愿和合作能力角度，认为中国的合作能力在客观上和主观上对中国参与国际气候谈判和履行国际承诺的行为产生了重要影响。中国不断提升的合作意愿和合作能力使其在一些议题上表现出极大的合作性，但是其合作能力的有限性使中国不愿意承担具有国际约束力的减排义务。② 经过2009年哥本哈根气候大会的震荡与反思，国外学者和舆论开始更多从中国内部的发展困境和两难来理解中国的行为，③ 2011年德班气候大会以后，中国表现出越来越积极主动的参与和合作态度，尤其是在走向《巴黎协定》谈判及其达成的过程中，国际社会基本上都认为中国发挥了建设性的作用。

纵观中国在整个全球气候治理进程中的身份变迁，我们看到，随着中国在全球气候治理中客观力量的变化，中国对自身在全球气候治理中的责任与义务的认知也发生了很大变化，当然，这里还有国际社会对全球气候变化科学认识的深化以及中国自身受全球气候变化影响的显现，中国在全球气候治理中的态度和政策立场已经发生了非常大的变化，从最初的谨慎参与，到主动承担减排的责任与义务，再到在某些议题领域开始发挥积极的引领作用。在走向《巴黎协定》谈判、协定达成和生效的进程中，中国事实上开始发挥积极的引领作用。2014年6月以来，中国连续与英国、美国、印度、巴西、欧盟等世界主要大国（国际组织）发表了气候变化联合声明，还与美国、法国发表了元首气候变化联合声明。通过表6-1我们看到，一方面，中国在通向巴黎气候大会的进程中积极团结发展中大国，坚持《公约》原则，极力争取发展中国家的正当权利，促使发达国家履行其京都时代以及哥本哈根气候大会之后的减排和资金等承诺；另一方面，中国也积极协调自身立场，与英国、美国和欧盟等发达国家（国际组织）紧密合作，积极回应其立场要求，在推动联合国气候谈判取得实质进展过程中发挥了"桥梁"和"纽带"的作用。

---

① 张海滨：《中国与国际气候变化谈判》，《国际政治研究》2007年第1期。
② 薄燕：《合作意愿与合作能力——一种中国参与全球气候变化治理的新框架》，《世界经济与政治》2013年第1期。
③ Stephen Minas, "China's Climate Change Dilemma: Policy and Management for Conditions of Complexity," *Emergence: Complexity and Organization*, Vol. 14, No. 2, 2012, pp. 40-53.

第六章 全球气候治理体系中的中国：身份变迁与责任变化

表 6-1　巴黎气候大会前后中国与世界主要国家（及欧盟）发表的气候变化联合声明

联合声明	时间	地点	关于气候变化问题的表述	中国的主要承诺	对巴黎气候大会或《巴黎协定》的声明
中英气候变化联合声明	2014-06-17	伦敦	气候变化危险所带来的威胁是我们面临的最大全球挑战之一	必须共同努力来建立采取雄心勃勃气候变化行动的全球框架	我们必须加倍努力建立全球共识，以在巴黎通过一个在《公约》下适用于所有缔约方的议定书、其他法律文书或具有法律效力的议定成果
中美气候变化联合声明	2014-11-12	北京	人类面临的最大威胁	计划2030年左右二氧化碳排放达到峰值且将努力早日达峰，并计划到2030年非化石能源占一次能源消费比重提高到20%左右①	加强气候变化双边合作的重要性，并将携手与其他国家一道努力，以便在2015年联合国巴黎气候大会上达成在《公约》下适用于所有缔约方的一项议定书、其他法律文书或具有法律效力的议定成果。双方致力于达成富有雄心的2015年协议，体现共同但有区别的责任和各自能力原则，考虑到各国不同国情
中华人民共和国政府和印度共和国政府关于气候变化的联合声明	2015-05-15	北京	气候变化及其负面影响是全人类的共同关切和21世纪最大的全球挑战之一	正在全力准备与2015年协议相关的各自国家自主决定贡献，争取在巴黎气候大会前尽早提交	双方将携手并与其他缔约方一道，共同推动多边谈判进程于2015年在《公约》下达成全面、平衡、公平和有效的协议，以确保《公约》的全面、有效和持续实施。在此背景下，双方表示全力支持今年将在法国巴黎举行的联合国气候大会取得成功
中华人民共和国政府和巴西联邦共和国政府关于气候变化的联合声明	2015-05-19	巴西利亚	气候变化及其负面影响是全人类的共同关切和21世纪最大的全球挑战之一	按照联合国华沙和利马气候变化大会的决定，加紧准备其为实现《公约》目标而做出的国家自主决定贡献，采取的有力度国内行动及所取得的成效将在贡献中予以恰当反映	将致力于在今年年底法国巴黎举行的联合国气候变化大会上，达成一项平衡、全面、公平和富有雄心的《公约》下协议，以确保《公约》的全面、有效和持续实施。中国和巴西将携手与其他缔约方，特别是"基础四国"其他成员一道为实现此目标而努力

---

① 这是中国在涉及气候变化问题上首次明确排放峰值的时间。

续表

联合声明	时间	地点	关于气候变化问题的表述	中国的主要承诺	对巴黎气候大会或《巴黎协定》的声明
中欧气候变化联合声明	2015-06-29	布鲁塞尔	人类面临的重大挑战	双方注意到其各自宣布的到2030年的应对气候变化强化行动，作为中国为一方、欧盟及其成员国为另一方实现《公约》第2条所规定目标而计划做出的国家自主决定贡献	致力于携手努力推动2015年巴黎气候大会达成一项富有雄心、具有法律约束力的协议，加强《公约》的实施。协议应以公平为基础，体现共同但有区别的责任和各自能力原则，考虑到各国不同国情
中美元首气候变化联合声明	2015-09-25	华盛顿	人类面临的最重大挑战之一	到2030年单位国内生产总值二氧化碳排放将比2005年下降60%~65%，森林蓄积量比2005年增加45亿立方米左右；拿出200亿元人民币建立"中国气候变化南南合作基金"	致力于在巴黎达成一项成功的气候协议，标志着多边气候外交的新时代和两国双边关系的新支柱。坚定决心携手并与其他国家一道努力，达成一项富有雄心、圆满成功的巴黎成果，在考虑2℃以内全球温度目标的同时，推进落实《公约》目标
中法元首气候变化联合声明	2015-11-02	北京	人类面临的最重大挑战之一	支持每五年以全面的方式盘点实现经议定长期目标的总体进展。盘点的结果将为缔约方以国家自主决定的方式定期加强行动提供信息	坚定决心携手并与其他国家领导人一道努力，达成一项富有雄心、具有法律约束力的巴黎协议，以公平为基础并体现共同但有区别的责任和各自能力原则，考虑到不同国情，同时考虑2℃以内全球温度目标
中美元首气候变化联合声明	2016-03-31	华盛顿	气候威胁	将于2016年4月22日签署《巴黎协定》，并采取国内步骤以便今年尽早参加《巴黎协定》，以使《巴黎协定》尽早生效	《巴黎协定》标志着应对气候变化的全球性承诺，也发出了需要迅速向低碳和气候适应型经济转型的强有力信号

资料来源：笔者根据各气候变化联合声明整理。

二 中国在后巴黎时代全球气候治理体系中的身份定位

进入后巴黎时代，一方面，中国已经成为全球气候治理的关键行为体，中国在全球气候治理领域的影响力日益上升；另一方面，中国也充分认识到了应对全球气候变化对中国经济社会发展以及生态文明建设的重要影响。在这种背景下，中国在全球气候治理中的责任认知和立场态度都发生了更加积极的转变，中国在《巴黎协定》达成和生效过程中发挥了关键作用，并成为后巴黎时代全球碳中和潮流的重要推动力量。

（一）后巴黎时代全球气候治理新形势下中国客观力量的变化

首先，中国经济力量正在持续增强。自2010年中国国内生产总值（GDP）超越日本成为世界第二，中国的GDP保持了中高速的增长，与美国的差距正在缩小，这客观上反映了中国在世界政治和经济格局中的地位正在上升。从2017~2019年各国的GDP排名来看，根据世界银行的数据（见图6-1），作为一个超国家联合体，欧盟GDP总量仅次于美国，但它毕竟不是一个主权国家，其GDP指标在一定程度上只具有参考价值。从统计数据来看，中国能够一直处于世界第二大经济体地位而且GDP占比持续提高，2019年已经达到美国的66%，这说明中国的经济实力正在不断提高。

其次，中国在环境相关的技术领域的研发和清洁能源领域的投资都有较大幅度的增长。如图6-2所示，根据经合组织技术专利申请统计，与环境相关的技术专利申请数量较多的国家中，中国在近年来有了较大的增加，表明中国在环境相关的技术研究和开发领域有了较大的发展。与此同时，中国已经成为当前清洁能源投资的主要引擎。由图6-3可知，2012年之前，欧洲一直是清洁能源投资的积极推动者，投资额位居世界首位，但自2013年开始，中国就开始取代欧洲成为世界上最大的清洁能源投资者。2017年中国清洁能源投资额度达到1484亿美元，2018年和2019年虽然投资额度有所回落，但仍然是世界最大的清洁能源投资者。中国持续加

人类命运共同体与全球气候治理体系改革

图 6-1　世界主要国家（及欧盟）的 GDP

注：图中数据为 2019 年 GDP。
资料来源：世界银行 GDP 统计数据，笔者根据世界银行数据自制统计图。

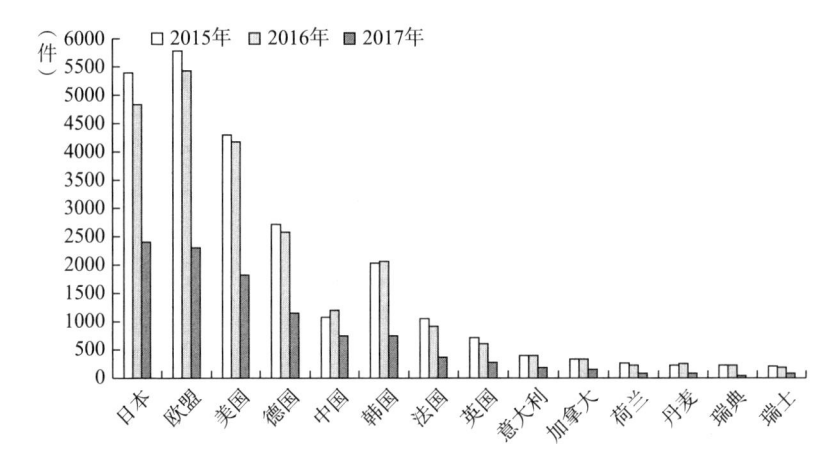

图 6-2　世界主要国家（及欧盟）与环境相关的技术专利申请数量

资料来源：OECD, Patents by Technology, Selected Environment-related Technologies, https://stats.oecd.org/Index.aspx?DatasetCode=PATS_IPC#.

强清洁能源的投资与开发，已经成为全球清洁能源开发利用的引领者。[①] 2018 年，中国太阳能发电增长最快（+51%），其次是风能（+24%）和生物质能及地热能（+14%），水电增长 3.2%。[②] 2021 年，中国可再生能

[①] 李昕蕾：《清洁能源外交：全球态势与中国路径》，中国社会科学出版社，2019。
[②] BP：《BP 世界能源统计年鉴 2019：2018 年的中国能源市场》，https://www.bp.com/content/dam/bp/country-sites/zh_cn/china/home/reports/statistical-review-of-world-energy/2019/2019sronepager.pdf，最后访问日期：2020 年 1 月 11 日。

244

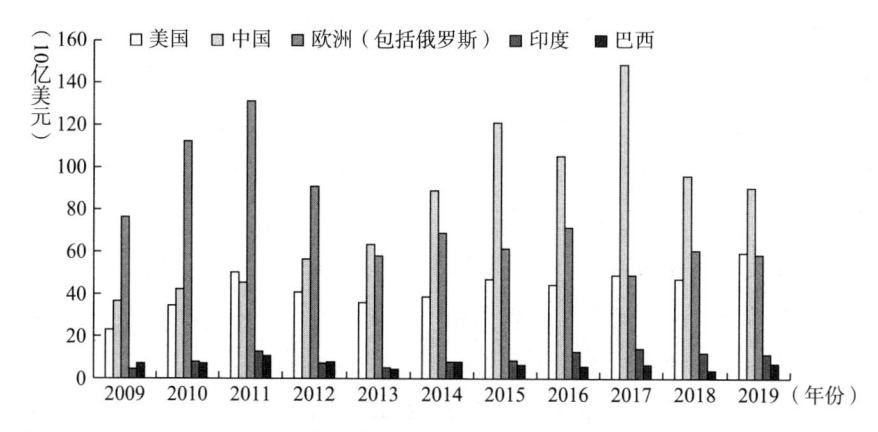

图 6-3　世界主要国家和地区可再生能源投资

资料来源：REN21, *Renewables 2020 Global Status Report*, June, 2020, pp.168-169。

源新增装机 1.34 亿千瓦，占全国新增发电装机的 76.1%。全国非化石能源发电装机首次超过煤电，装机容量达到 11.2 亿千瓦，可再生能源发电装机达到 10.63 亿千瓦，占总发电装机容量的 44.8%，水电、风电、太阳能发电装机均超过 3 亿千瓦，海上风电装机跃居世界第一。[①] 中国已经成为全球可再生能源技术和绿色能源投资的领导型国家，成为最大的可再生能源专利申请国，超过了美国、日本和欧洲整体。[②]

（二）中国在全球气候治理新形势下的身份定位

通过上述分析，我们看到中国已经成为全球气候治理中的关键国家。但是，从经济发展和人类发展指数来看，中国仍然是一个发展中国家，提高民众生活水平和实现共同富裕仍然是中国当前的紧迫任务。当然，中国的经济发展和人民生活水平的提高都在可持续发展的框架内，选择低碳发展的道路，坚定贯彻绿色发展理念，加大生态文明建设的力度，对资源的利用以及发展方式的选择，都特别注意生态环境的保护，都从维持中华民族永续发展和为全球生态系统安全做贡献的目标出发。同时，在全球气候

---

① 《中国落实国家自主贡献目标进展报告（2022）》，https://www.mee.gov.cn/ywgz/ydqhbh/qhbhlf/202211/W020221111763716523691.pdf，最后访问日期：2023 年 8 月 21 日。

② IEEFA, "China Leads Exports of Renewable Technology, Investing in Green Energy Globally," Institute for Energy Economics and Financial Analysis, https://ieefa.org/china-leads-exports-of-renewable-technology-investing-in-green-energy-globally/, accessed on 10 January 2020.

治理中，本着共谋全球生态文明建设的理念和原则，"要坚持环境友好，引导应对气候变化国际合作"，在推动"一带一路"建设中"让生态文明的理念和实践造福沿线各国人民"。① 因此，"中共十八大以来，在习近平生态文明思想指引下，中国贯彻新发展理念，将应对气候变化摆在国家治理更加突出的位置，不断提高碳排放强度削减幅度，不断强化自主贡献目标，以最大努力提高应对气候变化力度，推动经济社会发展全面绿色转型，建设人与自然和谐共生的现代化"。② 积极应对气候变化是中国实现可持续发展的内在要求，也是推动构建人类命运共同体的责任担当。这是中国在全球气候治理新形势下，积极统筹国际与国内两个大局，坚定履行自身在全球气候治理中的使命与责任，顺应低碳发展（绿色发展）的全球性潮流，积极推动构建人与自然生命共同体的重要表现。

一方面，中国正在深入贯彻绿色发展理念，大力推进生态文明建设，"引导应对气候变化国际合作，成为全球生态文明建设的重要参与者、贡献者、引领者"；③ 但另一方面，中国仍然是一个发展中国家，东西部发展程度差距巨大，国内仍然面临着艰巨的发展任务。面对全球气候治理的新形势和新动向，中国必须采取更加坚定和更加清晰的行动战略，既有效维护自身在全球气候治理中的权益，又能够为全球气候治理和全球生态文明建设做出自己应有的贡献。

（三）中国在全球气候治理"行动转向"背景下的身份定位

随着经济实力的增强和温室气体排放的增加，中国在全球气候治理中的身份地位正在发生重大变化，中国已经成为全球气候治理的重要贡献者和引领者。习近平在2018年的全国生态环境保护大会上明确提出，"要实施积极应对气候变化国家战略，推动和引导建立公平合理、合作共赢的全球气候治理体系，彰显我国负责任大国形象，推动构建人类命运共同体"。④

---

① 习近平：《推动我国生态文明建设迈上新台阶》，《求是》2019年第3期。
② 中华人民共和国国务院新闻办公室：《中国应对气候变化的政策与行动》，人民出版社，2021，第1页。
③ 习近平：《决胜全面建成小康社会 夺取新时代中国特色社会主义伟大胜利——在中国共产党第十九次全国代表大会上的报告》，人民出版社，2017，第6页。
④ 习近平：《推动我国生态文明建设迈上新台阶》，《求是》2019年第3期。

正是基于这种共识，中国高度重视应对全球气候变化，采取了积极有力的行动措施，在应对全球气候变化和推动疫情后经济复苏的背景下，中国把碳达峰碳中和纳入生态文明建设整体布局和经济社会发展全局，推动减污降碳协同增效成为促进经济社会发展全面绿色转型的总抓手，坚持降碳、减污、扩绿、增长协同推进。① 中国的气候行动取得了显著成效，为全球气候治理做出了积极贡献。截至 2019 年底，中国已经超额完成 2020 年气候行动目标。中国也通过南南合作等方式为提升发展中国家的气候治理能力做出了努力。在后巴黎时代的国际气候谈判中，中国发挥了非常重要的作用。在 2018 年卡托维兹气候大会《巴黎协定》实施细则谈判期间，中国代表团本着积极的建设性态度，深入参与各项谈判议题磋商，并与各方积极沟通，为弥合各方分歧、推动会议取得成功做出了关键贡献。② 在 2019 年 12 月的马德里气候大会期间，中国代表团始终发挥着积极的建设性作用，虽然大会在核心议题《巴黎协定》第 6 条的相关谈判中未能取得一致意见，但中国表示仍将继续推动相关各方争取早日达成共识。③ 在 2021 年的格拉斯哥气候大会上，习近平向格拉斯哥气候大会世界领导人峰会发表书面致辞指出，"当前，气候变化不利影响日益显现，全球行动紧迫性持续上升。如何应对气候变化、推动世界经济复苏，是我们面临的时代课题"。④ 在格拉斯哥气候大会上，中国积极推动各方加大行动力度，与各方保持着密切沟通和联系，尤其是和美国发表了《中美关于 21 世纪 20 年代强化气候行动的格拉斯哥联合宣言》，为推动大会取得成功发挥了关键作用。⑤ 在 2022 年的沙姆沙伊赫气候大会上，中国为会议取得一揽子积极成果做出重要贡献。国际社会普遍称赞应对气候变化的中国主张、中国

---

① 《中国落实国家自主贡献目标进展报告（2022）》，https://www.mee.gov.cn/ywgz/ydqhbh/qhbhlf/202211/W020221111763716523691.pdf，最后访问日期：2023 年 8 月 21 日。

② 《2018 年 12 月 17 日外交部发言人华春莹主持例行记者会》，外交部网站，https://www.fmprc.gov.cn/web/fyrbt_673021/jzhsl_673025/t1622643.shtml，最后访问日期：2018 年 12 月 25 日。

③ 张家伟、任珂、冯俊伟：《新闻分析：联合国气候变化马德里大会留下了什么》，新华网，http://www.xinhuanet.com//2019-12/16/c_1125353589.htm，最后访问日期：2020 年 1 月 10 日。

④ 《习近平向〈联合国气候变化框架公约〉第二十六次缔约方大会世界领导人峰会发表书面致辞》，《人民日报》2021 年 11 月 2 日，第 1 版。

⑤ 寇江泽：《中美达成强化气候行动联合宣言》，《人民日报》2021 年 11 月 12 日，第 16 版。

智慧、中国方案,认为中国在应对气候变化问题上展现出负责任大国担当,发挥了重要引领作用。①《公约》秘书处执行秘书西蒙·斯蒂尔在与中国代表团举行会谈时,高度赞赏中国始终积极应对气候变化的坚定立场、将气候承诺化为实际行动的精神。他认为,当前,国际社会正面临能源危机,中国在气候变化领域持续取得实质性进展,在推进全球应对气候变化进程中发挥了重要作用。②

全球气候变化问题事关全人类的共同利益,事关全人类的共同命运,积极应对全球气候变化就是为提供全球公共产品做贡献,也符合人类的基本道德原则。习近平2021年4月22日参加美国拜登政府发起举办的领导人气候峰会时郑重指出:"作为全球生态文明建设的参与者、贡献者、引领者,中国坚定践行多边主义,努力推动构建公平合理、合作共赢的全球环境治理体系。"③ 中国已建立起碳达峰碳中和"1+N"政策体系,制定中长期温室气体排放控制战略,推进全国碳排放权交易市场建设,编制实施国家适应气候变化战略。2021年10月,中国正式提交《中国落实国家自主贡献成效和新目标新举措》和《中国本世纪中叶长期温室气体低排放发展战略》。这是中国履行《巴黎协定》的具体举措,体现了中国推动绿色低碳发展、积极应对全球气候变化的决心和努力。④ 截至2022年6月,中国已经与38个发展中国家签署了43份气候变化合作文件,通过援助气象卫星、光伏发电系统、新能源汽车等应对气候变化相关物资,帮助有关国家提高应对气候变化能力。⑤ 在2023年7月17~18日召开的全国生态环境保护大会上,习近平总书记强调,党的十八大以来,把生态文明建设作为关系中华民族永续发展的根本大计,开展了一系列开创性工作,"紧跟

---

① 张春友、陈润泽、苏宁:《中国积极参与应对气候变化全球治理》,《法治日报》2022年11月28日,第5版。
② 黄培昭:《联合国气候大会首次将气候赔偿问题列入正式议程》,《人民日报》2022年11月14日,第14版。
③ 习近平:《共同构建人与自然生命共同体——在"领导人气候峰会"上的讲话》,《人民日报》2021年4月23日,第02版。
④ 中华人民共和国生态环境部:《中国应对气候变化的政策与行动2022年度报告》,2022年10月,https://www.mee.gov.cn/ywgz/ydqhbh/syqhbh/202210/W020221027551216559294.pdf,最后访问日期:2023年8月21日。
⑤ 张春友、陈润泽、苏宁:《中国积极参与应对气候变化全球治理》,《法治日报》2022年11月28日,第5版。

时代、放眼世界，承担大国责任、展现大国担当，实现由全球环境治理参与者到引领者的重大转变"。① 因此，随着中国综合国力的提升，中国在全球气候治理舞台上日益成为发挥积极引领作用的行为体，在落实"双碳"的推动下，中国正以自身积极的政策和行动来兑现自己的庄严承诺，越来越成为全球气候治理的重要贡献者和引领者，为应对全球气候变化、维护全人类共同利益做出了中国应有的贡献。

综上所述，作为负责任大国，一方面，中国应该积极承担符合自身发展阶段和国情的国际责任，切实实施应对气候变化的政策行动，积极稳妥推进碳达峰碳中和，根据自身国力，在全球气候治理某些重要问题领域发挥更加积极的作用，甚至领导作用（比如中国近年来在可再生能源技术开发利用和投资方面一直处于世界前列）；但另一方面，中国也要防止被"捧杀"，量力而行，不承担超越自身国力的国际责任，加强与发达国家和发展中国家的国际气候合作，在全球气候治理中发挥更加具有建设性的某种引领和推动作用。

三 百年大变局下中国与世界的复合生态关系

鉴于中国庞大的人口规模、高速增长的经济以及快速的城镇化进程，中国的发展已经成为影响世界的一个关键性变量。作为一个新兴的发展中大国，中国不但深受这个急剧变化的世界的影响，而且更是这个世界急剧变化的重要推动力量，中国的世界观（国际理念）及其指导下的国际行动已经日益成为影响并塑造这个世界的关键因素。无论是中国的海外资源和能源需求，还是中国日益增加的海外投资，抑或中国日益活跃的海洋和极地（科考）活动，甚至还有2020年初暴发的全球新冠疫情，都深刻反映出中国与世界不断加深的生态互应关系。这从生态向度上反映出中国与世界的休戚与共，也昭示中国与世界的生态关系是复杂而深刻的，这既是中国推动构建人类命运共同体的现实基础，也是中国推动构建人类命运共同

---

① 《习近平在全国生态环境保护大会上强调全面推进美丽中国建设加快推进人与自然和谐共生的现代化》，《人民日报》2023年7月19日，第1版。

体的必要条件。我们大致可以从以下三个层面把握和理解中国与世界的复合生态关系（见图6-4）。

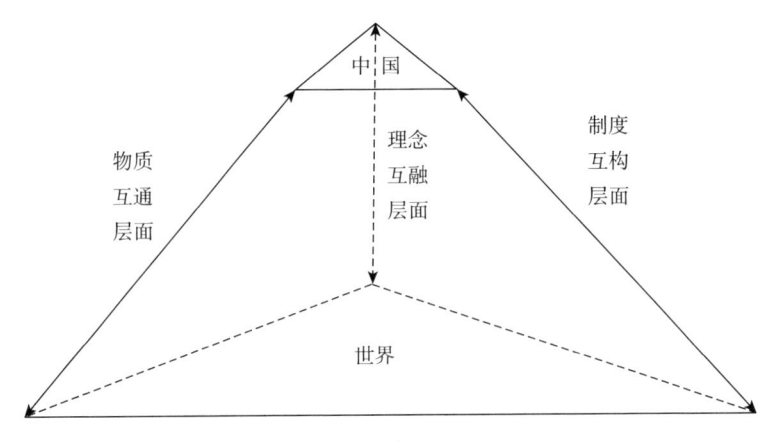

图6-4 中国与世界的复合生态关系
资料来源：笔者自制。

（一）物质互通层面

在物质性互动关系的经贸领域中，中国与世界已经形成深刻联动的响应关系。2001~2018年，中国货物贸易进口额从2436亿美元增至21358亿美元，年均增长13.6%，高于全球平均水平6.8个百分点；服务贸易进口额从393亿美元增至5250亿美元，年均增长16.5%，占全球服务贸易进口总额的9.4%。[①] 中国在2009年成为全球最大的商品出口国，2013年又成为全球最大的商品贸易国，在全球商品贸易总额中的占比从2000年的1.9%增长到2017年的11.4%。在物质互通关系的能源和碳排放领域，中国与世界有着更加强劲的相互影响关系。当前，中国在世界能源领域具有双重身份，既是世界上最大的化石燃料生产国，也是世界上最大的化石燃料进口国。2011年，中国赶超日本，成为世界上最大的煤炭进口国。2013年，煤炭进口量超过3亿吨，成为世界上有史以来单年煤炭进口量最大的国家。[②]

[①] 中华人民共和国国务院新闻办公室：《新时代的中国与世界》，人民出版社，2019，第10页。
[②] 国际能源署编著《世界能源展望中国特别报告（中国能源展望2017）》，石油工业出版社，2017，第25页。

2000年，中国原油进口约140万桶/天，比美国当年进口量低15%，[1] 而到2016年，1150万桶的日均需求量和400万桶的日均产量之间的差距，使中国一跃成为世界上最大的石油进口国。[2] 预测显示，2040年，中国的原油进口量会继续增长，达到1130万桶/天，是美国进口量的两倍。[3] 截至2019年，中国连续19年成为全球能源增长的最主要来源，2019年中国能源消费占全球总量的24.3%，消费增长占全球净增长的3/4。[4] 近年来，中国的温室气体排放量仍然占世界较高比重，而与此同时，为了减少对化石能源的依赖和降低温室气体排放量，中国一直在大力投资开发可再生能源，2017年共计投入了约1270亿美元，占全球投资总额的45%，相当于美国或欧洲（均为410亿美元）的3倍，[5] 中国可再生能源的装机容量和可再生能源投资总量已经居世界首位，并在全球多个清洁能源技术开发和利用方面处于世界领先水平。[6]

（二）制度互构层面

经过改革开放40多年的发展，中国已经成为世界上几乎所有国际环境（气候）协议的重要成员国和参与者。迄今为止，中国已经是世界上50多个国际多边环境条约的缔约方，[7] 并积极参与构建了绝大多数全球或国际性多边生态环境（气候）制度，在其中发挥日益重要的作用。[8] 中国与全球气候治理制度的互构就非常突出地反映了这一点。中国从国际气候谈判开始就参与其中，对《公约》及其《京都议定书》和《巴黎协定》的达成都发挥了建设性作用，对气候制度核心原则——"共同但有区别的原则"——的确立以及减缓、适应、资金和技术四大议题的设置等都起到非

---

[1] 国际能源署编著《世界能源展望中国特别报告》，石油工业出版社，2017，第121~122页。
[2] 国际能源署编著《世界能源展望中国特别报告》，石油工业出版社，2017，第2页。
[3] 国际能源署编著《世界能源展望中国特别报告》，石油工业出版社，2017，第121~122页。
[4] BP, *Statistical Review of World Energy 2020*, 69th Edition.
[5] 麦肯锡全球研究院：《中国与世界：理解变化中的经济联系》，2019年7月。
[6] 李昕蕾：《清洁能源外交：全球态势与中国路径》，中国社会科学出版社，2019，第183~190页。
[7] 根据外交部网站的"条约数据库"多边环境条约数据。参见 http://treaty.mfa.gov.cn/Treaty/web/index.jsp，最后访问日期：2020年10月10日。
[8] 王之佳编著《中国环境外交》（上、下），中国环境科学出版社，2012。

常关键的作用。① 在全球气候治理《巴黎协定》达成之前，中国与美国、英国、法国及印度和巴西等国家发布的联合声明奠定了《巴黎协定》的重要制度基础，并与美国等国一道积极推动其快速生效。② 当然，中国除了积极参与全球（国际）生态环境（气候）制度的建构以外，自身也被一些重要的制度建构，并将其内化为中国自身的治理制度和机制。也就是说，这些多边环境协议和制度不仅受到中国的影响和建构，而且对中国国内的制度建设和实践活动也产生重要的影响，其中一部分最后也被内化为中国的制度。如国际气候制度对中国的气候归口单位的调整和设置、政府议事日程的变动以及具体气候政策和实践应对等诸多方面都产生了非常重要的影响。③

（三）理念互融层面

中国传统文化中有着非常重要的注重生态环境保护的思想和理念，无论是天人合一的思想，还是道法自然的哲学，对中国和世界都曾有重要影响，这些思想和理念无疑仍然在潜移默化中影响着当代中国的发展理念，④ 进而也影响着当前中国与世界环境治理理念的互动。20 世纪 70 年代以后，通过参加一系列国际环境气候大会，中国人从哲学层面重新审视人与大自然的关系。中国意识到人类的需求不能超越地球生态系统的承载能力，包括人在内的所有存在物的性质，是由它与其他存在物以及与自然整体的关系决定的。⑤ 1992 年，世界环境与发展大会在里约热内卢召开，提出了可持续发展理论。中国顺应这一历史潮流，将可持续发展定为基本国策，使中国的生态环境保护在 20 世纪 90 年代中期以后深深体现了可持续发展的价值取向。⑥ 2003 年，国家环保总局副局长潘岳指出："环境文化是人类的新文化运动，是人类思想观念领域的深刻变革，是对传统工业文明的反

---

① 肖兰兰：《互动视域下中国参与国际气候制度建构研究》，人民出版社，2019，第 92~100 页。
② 李慧明：《全球气候治理新变化与中国的气候外交》，《南京工业大学学报》（社会科学版）2017 年第 1 期。
③ 肖兰兰：《国际气候制度在中国内化的表现、动力及其影响》，《理论月刊》2015 年第 8 期。
④ 郇庆治：《习近平生态文明思想中的传统文化元素》，《福建师范大学学报》（哲学社会科学版）2019 年第 6 期。
⑤ 曲格平：《从斯德哥尔摩到约翰内斯堡的发展道路》，《中国环保产业》2002 年第 12 期。
⑥ 吴晓军：《改革开放后中国生态环境保护历史评析》，《甘肃社会科学》2004 年第 1 期。

思和超越，是在更高层次上对自然法则的尊重与回归。"[1] 2007 年 10 月，党的十七大首次把生态文明写入了党的政治报告中，将建设资源节约型、环境友好型社会写入党章，党的十八届三中全会更是提出要划定生态红线，[2] 从制度层面推进生态文明建设。总体而言，党和国家的生态治理理念经历了从环境保护基本国策到可持续发展，再到建设资源节约型社会、环境友好型社会"两型社会"，最后到建设社会主义生态文明的话语嬗变。[3] 在这一内在演化的过程中，随着中国与世界关系的日益深化，无论是在国际环境外交舞台上，还是在一些重大的全球性生态环境问题的治理中，中国的影响力都在不断增强。当前，中国已经成为全球生态文明建设的重要参与者、贡献者、引领者，中国提出的生态文明、建设美丽世界以及在应对全球气候变化议题上做出的重要贡献，充分显示了中国与世界在生态治理的理念层面已经深入交融，中国已经成为全球生态治理理念的重要贡献者。[4]

从上述三个层面中我们看到，鉴于中国本身的特殊性，40 多年的改革开放已经使中国深深地融入了这个复杂联动的世界生态网络中，在生态层面与世界产生了多样的密切互动关系。在这种复杂的复合关系中，中国庞大的能源消费和需求、日益步入国际高端消费链的现实以及巨大的碳排放量等，使中国难以避免地出现了生态环境问题和气候变化，这是中国与世界复合生态关系中的消极方面。与此同时，随着中国本身的生态环境意识和经济科技力量的增强，中国参与全球生态环境（气候）治理的意愿和能力也在增强，中国已经成为许多全球性生态环境（气候）问题最重要的应对力量和解决问题的希望之所在。当前，中国正在日益成为应对全球性生态环境（气候）问题的建设性力量，中国已经成为推动建设全球生态文明、凝聚全球可持续发展强大合力的重要力量。

---

[1] 潘岳：《环境文化与民族复兴》，《经济社会体制比较》2003 年第 6 期。
[2] 《中共中央关于全面深化改革若干重大问题的决定》，人民出版社，2013，第 53 页。
[3] 郇庆治：《改革开放四十年中国共产党绿色现代化话语的嬗变》，《云梦学刊》2019 年第 1 期。
[4] 解振华、潘家华：《中国的绿色发展之路》，外文出版社，2018；王毅等：《绿色发展改变中国：如何看中国生态文明建设》，外文出版社，2019。

四 全球气候治理体系转型背景下中国面临的主要挑战

中国在巴黎时代全球气候治理中的身份和地位与京都时代及后京都时代相比发生了重大变化。在《巴黎协定》中，虽然中国仍然坚持了发展中国家身份和与发达国家"有区别"的责任，但统一的"国家自主贡献"也使中国与发达国家一样开始承担相应的减排义务并为全球排放峰值早日达到做相应的贡献，这表明中国不再像京都时代及后京都时代那样可以置身于全球减排行动"之外"。鉴于上述巴黎时代全球气候治理的发展趋势，作为《巴黎协定》承诺实施"国家自主贡献"的重要缔约方，中国自身应该在以下三个方面加强应对。

一是提升自身的气候治理能力，积极应对国际社会的监督、跟踪、评审、排名，或自己为全球气候治理制定一套得到大多数缔约方公认的全球排名标准。《巴黎协定》在关于国家自主贡献与行动和支助的透明度方面都做出了较为明确的规定，要求所有缔约方提供清晰、透明和必要的国家自主贡献信息，还要酌情包括其他一些信息，如基准年、执行时限、范围以及该贡献如何为实现《公约》第二条目标做出贡献等，而且要逐步增加力度，每五年通报一次；而在行动的透明度方面要求除最不发达国家和小岛屿发展中国家之外，所有缔约方不低于每两年提交一次温室气体排放清单报告、国家自主贡献的进展情况和适应情况的信息等。这就要求中国在编制自己的自主贡献方面不断完善信息内容，加强实施，如期实现自身的承诺；同时，继续积极参与巴黎时代全球气候治理各种规则、机制和制度的创设与完善，或者积极配合全球气候治理有关机构，制定一套得到大多数缔约方公认的评价标准，对各缔约方的国家自主贡献及实现程度进行排名，加强国际舆论和国际道德监督，促进《公约》目标和《巴黎协定》提出的温度上升目标的实现，既维护发展中国家的应有权益，也为全球气候治理体系的进一步完善做出自己的贡献。

二是顺应气候治理体系发展趋势，推动或引领治理模式适当向"自上而下"方式的回归，提出切实可行的方案。在《巴黎协定》谈判达成过程中，中国事实上已经发挥了积极的引领作用，后巴黎时代的全球气候治理也必将需要中国发挥某种程度的"领导"作用。[①] 中国一方面需要认真履行自己的承诺，为全球气候治理做出表率；另一方面也需要在将来的气候治理中把握气候治理的议程设定，强化规则意识，与《公约》的执行机构和有关附属机构一道，促进气候治理现有"硬法"的完善，推动或引领气候治理方式适当向"自上而下"的方式回归，维护并强化《巴黎协定》各种执行机构的权威，落实《巴黎协定》的各项规定，在减缓、适应、资金、技术开发和转让、能力建设、行动和支助的透明度、全球总结和促进协定的遵守等各个方面完善运行机制，以全球气候治理的总目标和《巴黎协定》提出的温升目标为准绳，维护全球气候正义，促进国家之间的公平，逐步缩小全球的排放差距，最终实现《公约》提出的气候治理目标，增进全人类的福祉。

三是顺应全球潮流，以本国经济社会发展的绿色转型为全球气候治理做出应有的贡献。《巴黎协定》标志着全球气候治理步入了一个新的历史阶段，也预示着全球化石燃料时代将会走向终结，[②] 绿色发展成为全球性潮流。[③] 在这种背景下，中国必须认清绿色发展的潮流，统筹国内国际两个大局，加快绿色发展。一方面，中国自身的发展必须加快绿色转型步伐，实现绿色发展。中国在2021年10月向《公约》秘书处提交了《中国落实国家自主贡献成效和新目标新举措》，更新了中国国家自主贡献，提出中国二氧化碳排放力争于2030年前达到峰值，努力争取2060年前实现碳中和。到2030年，中国单位国内生产总值二氧化碳排放将比2005年下降65%以上，非化石能源占一次能源消费比重将达到25%左右，森林蓄积量将比2005年增加60亿立方米，风电、太阳能发电总装机容量将达到12亿千瓦以上。中国还将继续主动适应气候变化，在农业、林业、水资源等重点领域和城市、沿海、生态脆弱地区形成有效抵御气候变化风

---

① 李慧明：《全球气候治理制度碎片化时代的国际领导及中国的战略选择》，《当代亚太》2015年第4期。

② John Vidal, "Paris Climate Agreement May 'Signal End of Fossil Fuel Era,'" *The Guardian*, 13 December 2015, http://www.theguardian.com/environment/2015/dec/13/paris-climate-agreement-signal-end-of-fossil-fuel-era, accessed on 10 January 2020.

③ 胡鞍钢：《中国：创新绿色发展》，中国人民大学出版社，2012；张梅：《绿色发展：全球态势与中国的出路》，《国际问题研究》2013年第5期。

险的机制和能力，逐步完善预测预警和防灾减灾体系。与此相应，中国也提出了一系列强化气候行动的政策和措施。[1] 这就要求中国在整体国家发展战略上做出调整。绿色发展和低碳转型已经成为中国落实新发展理念、推动高质量发展的关键举措，也是中国积极应对气候变化的重要行动。党的十八届五中全会强调"必须坚持节约资源和保护环境的基本国策，坚持可持续发展，坚定走生产发展、生活富裕、生态良好的文明发展道路，加快建设资源节约型、环境友好型社会，形成人与自然和谐发展现代化建设新格局，推进美丽中国建设，为全球生态安全作出新贡献"。[2] 另一方面，中国的发展已经完全融入了全球化的大潮之中，中国也必须依靠自身的绿色发展为全球的绿色转型做出积极贡献。当前，中国的海外能源和资源需求以及中国的海外投资越来越多，中国经济总量大，在某种程度上对全球经济的复苏和发展转型具有决定意义，因此，中国自身的发展战略必须具有全球意识，中国在发展中也必须具有全球担当；同时，中国自身的发展也面临前所未有的资源环境压力，世界银行的研究指出："中国当前的增长模式已对土地、空气和水等环境因素产生了很大压力，对自然资源供给的压力也日益增加。今后的挑战在于通过采用绿色增长模式，把这些压力转化为经济增长的新源泉，在解决中国自身诸多紧迫环境问题的同时，开拓绿色科技的新全球市场。"[3] 而且，在全球绿色发展转型方面，欧美日等发达国家正在进行深刻的经济结构调整，把低碳能源技术作为核心竞争力进行打造，试图抢占未来低碳经济的高地。[4] 中国也面临巨大的国际竞争压力和严峻的挑战。在这种情况下，中国必须统筹好国内国际两个大局，加强顶层设计，实现绿色发展，既为中国自身的发展转型打下坚实的绿色基础，有效应对日益严峻的国际竞争，也为全球气候治理做出中国的绿色

---

[1] 《中国落实国家自主贡献成效和新目标新举措》，参见《联合国气候变化框架公约》网站，https://unfccc.int/sites/default/files/NDC/2022-06/中国落实国家自主贡献成效和新目标新举措.pdf，最后访问日期：2023年8月21日。

[2] 《中共中央关于制定国民经济和社会发展第十三个五年规划的建议》，新华网，http://news.xinhuanet.com/fortune/2015-11/03/c_1117027676.htm，最后访问日期：2020年1月10日。

[3] 世界银行、国务院发展研究中心联合课题组：《2030年的中国：建设现代、和谐、有创造力的社会》，中国财政经济出版社，2013，第9页。

[4] 蔡林海：《低碳经济：绿色革命与全球创新竞争大格局》，经济科学出版社，2009。

贡献，积极融入甚至引领全球绿色发展大潮，作为一个负责任的大国，为世界提供更多的气候"公共物品"。有学者指出："中国气候变化政策的框架应该基于核心利益以及国家条件去制定。同时，中国也应该从人类发展的利益出发，不仅要参与到世界的绿色发展中去，而且要试着担当在绿色发展中的领导角色。"[1]

五 中国在全球气候治理新形势下的国际责任与利益诉求

基于中国在全球气候治理新形势下的身份变迁，为有效应对上述挑战，中国必须全面认识全球气候治理的发展态势以及自身在其中的作用，认清全球低碳经济的发展潮流，才能有效应对国内发展面临日益增加的资源环境压力，同时也能有效缓解国际上的"中国环境威胁论"，[2] 为全球气候治理做出应有的贡献。而所有这些归结到一点，那就是中国必须走绿色发展的道路，在全球绿色发展中起到真正的引领作用。如图6-5所示，中国已经是当前全球气候治理的关键行为体，中国在全球气候治理中面临的最主要国际责任就是控制温室气体排放，推动中国的经济社会实现低碳转型，这既是实现高质量发展的内在要求，也是维护全人类利益的职责所在。本书认为，中国在全球气候治理中的利益诉求可以概括为以下六点。①保持经济持续快速发展。这是中国作为最大发展中国家的身份以及人民群众改善物质文化生活的诉求所决定的，也是保障国家稳定和国力增长所需要的。②维护国家主权独立完整。国际环境制度给中国的限制在日益增加，但中国必须要求独立自主履行职责。③积极承担减排义务。无论会付出多大代价，从长远来看，减缓气候变化，"将大气中温室气体的浓度稳定在防止气候系统受到危险的人为干扰的水平上"（《公约》第二条）都是符合中国根本利益的战略要求。④积极参与气候制度构建，增强中国的

---

[1] 胡鞍钢：《超级中国》，浙江人民出版社，2015，第178页。
[2] 关于"中国环境威胁论"的分析与研究，可参见于宏源《国际气候环境外交：中国的应对》，东方出版中心，2013。

话语权，维护发展中国家的团结，树立良好的国家形象。这是中国的国际利益所在。⑤争取发达国家的资金技术支持。这不但是中国有效应对气候变化的需要，也是实现中国经济社会可持续发展的需要。⑥赶上低碳经济的潮流，最终占据主导地位。这是中国的长远利益诉求和战略性追求。客观分析，这些利益诉求之间有些是相互冲突的，正如我们的身份冲突一样。而协调和解决身份冲突与利益冲突的唯一战略路径就是以绿色发展方式，走低碳经济道路。①

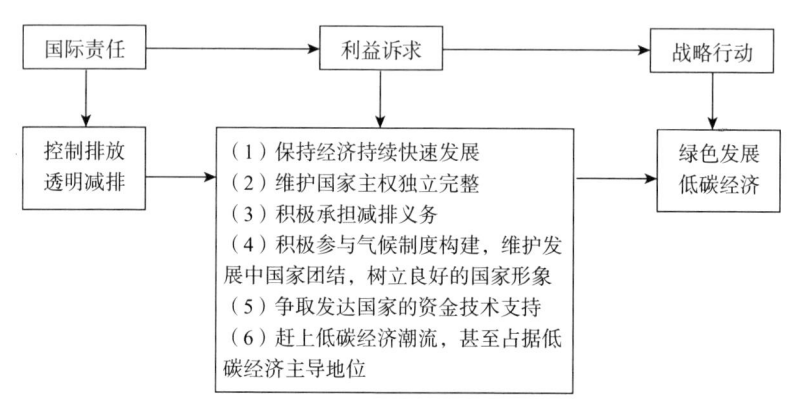

图 6-5 中国在全球气候治理中的国际责任、利益诉求与战略行动
资料来源：笔者自制。

对于参与全球气候治理，中国一方面要站在全人类的高度来积极参与和引领，另一方面也要量力而行，根据中国本身的实际状况客观界定自身的身份和国际责任。党的十九大报告也指出，中国"引导应对气候变化国际合作，成为全球生态文明建设的重要参与者、贡献者、引领者"，② 首次把引领气候治理和全球生态文明建设写进党的报告，并明确把推动构建人类命运共同体作为中国外交的重要理念和目标。党的十九大报告明确指出："中国共产党是为中国人民谋幸福的政党，也是为人类进步事业而奋斗的政党。中国共产党始终把为人类作出新的更大的贡献作为自己

---

① 胡鞍钢：《中国：创新绿色发展》，中国人民大学出版社，2012。
② 习近平：《决胜全面建成小康社会 夺取新时代中国特色社会主义伟大胜利——在中国共产党第十九次代表大会上的报告》，人民出版社，2017，第 6 页。

的使命。"① 党的二十大报告再次强调"必须坚持胸怀天下",指出"中国共产党是为中国人民谋幸福、为中华民族谋复兴的党,也是为人类谋进步、为世界谋大同的党。我们要拓展世界眼光,深刻洞察人类发展进步潮流,积极回应各国人民普遍关切,为解决人类面临的共同问题作出贡献,以海纳百川的宽阔胸襟借鉴吸收人类一切优秀文明成果,推动建设更加美好的世界"。② 党的二十大报告也明确做出了以中国式现代化全面推进中华民族伟大复兴的战略部署,其中促进人与自然和谐共生是中国式现代化的本质要求之一,而积极稳妥推进碳达峰碳中和、积极参与应对气候变化全球治理是实现中国式现代化的重要战略举措,所有这些都表明中国的外交正在发生积极转型。随着中国全球影响力的大幅提升,中国愿意为更多全球性问题的解决贡献自己的力量,提供更多的全球公共产品。中国在向《公约》秘书处提交的《中国落实国家自主贡献成效和新目标新举措》中强调指出,人与自然是生命共同体,应对气候变化是人类共同的事业,需要国际社会坚持多边主义,持续推动绿色低碳发展,共同构建人类命运共同体。③ 中国已经充分认识到,应对气候变化既是中国可持续发展的内在需要,也是推动构建人类命运共同体的责任担当。中国已经把应对气候变化作为推动高质量发展、加强生态文明建设和构建人类命运共同体的重要内容,将应对气候变化融入了国民经济和社会发展规划。毫无疑问,在习近平新时代中国特色社会主义思想的指引下,中国必将实施更加积极的应对气候变化的国家战略。

---

① 习近平:《决胜全面建成小康社会 夺取新时代中国特色社会主义伟大胜利——在中国共产党第十九次代表大会上的报告》,人民出版社,2017,第57~58页。
② 习近平:《高举中国特色社会主义伟大旗帜 为全面建设社会主义现代化国家而团结奋斗——在中国共产党第二十次全国代表大会上的报告》,人民出版社,2022,第21页。
③ 《中国落实国家自主贡献成效和新目标新举措》,参见《联合国气候变化框架公约》网站,https://unfccc.int/sites/default/files/NDC/2022-06/中国落实国家自主贡献成效和新目标新举措.pdf,最后访问日期:2023年8月21日。

第七章 中国推动全球气候治理体系改革和建设：战略目标与行动方略

应对气候变化、建设美丽家园是人类的共同责任。在后巴黎时代的全球气候治理体系中，中国已经成为影响全局的关键行为体。鉴于全球气候治理的全局性影响以及中国本身在全球低碳转型中的特殊地位，从统筹国内国际两个大局的视角来看，积极参与并引领全球气候治理，努力推动构建公平合理、合作共赢的全球气候治理体系，不但是中国推进生态文明建设、实现可持续发展的内在要求，而且是中国为应对全球气候变化应尽的国际责任，也是中国推动构建人类命运共同体的重要依托和支点。本章立足全球气候治理体系及中国在其中身份定位的新变化，基于中国推动构建人类命运共同体的责任担当，阐释中国推动全球气候治理体系改革和建设的战略目标和行动方略。

一 多重危机下全球气候治理的紧迫性与中国的关键地位

当前，全球气候治理正处于十分关键的十字路口，《巴黎协定》生效以来世界各国都在通力协作，推进《巴黎协定》所确定的治理体系的具体化和行动落实。然而，世界正在步入一个越来越充满挑战与不确定性的状态。传统安全与非传统安全相互交织，各种危机呈叠加态势。新冠疫情给世界各国经济社会发展带来的冲击还未消除，而俄乌冲突不但对整个欧洲能源供应造成重大影响，也使整个世界产生了巨大的震荡，导致了严重的世界性能源危机,而且在世界范围内造成粮食供应短缺、金融动荡,"在各个方面加剧了至少一代人未曾见到过的全球生活成本危机,它破坏了我们的生活、生计和人们对 2030 年实现更美好世界的愿望"。[1] 俄乌冲突给严重依赖俄罗斯化石能源供应的欧盟带来前所未有的冲击,化石能源价格的飙升给欧盟国家造成严重经济损失,一些国家开始重启燃煤发电,一些国家推迟了燃煤发电的淘汰时间,这短期内无疑将对欧盟的气候政策和能源转型造成较大的制约。在美国方面,美国特朗普政府退出《巴黎协定》给后巴黎时代的气候治理带来较大冲击,虽然 2021 年拜登政府执政以来重返《巴黎协定》并采取了一系列积极的措施,但美国内部的两党之争与政治极化正在削弱拜登的气候行动,美国国内的气候行动以及它对全球气候治理的影响仍然是个充满不确定性的因素。可以说全球气候治理正在面临来自各方面的冲击。与此同时,全球气候变化的严重影响正在加剧。自 2021 年 8 月开始,陆续发布的政府间气候变化专门委员会第六次评估报告明确强调:"人类的影响使大气、海洋和陆地变暖,这是毋庸置疑的。大气、海洋、冰冻圈和生物圈发生了广泛而迅速的变化。"[2] 世界气象组织(WMO)发布的《2021 年全球气候状况》报告指出,2021 年的全球平均温度比 1850~1900 年工业化前的平均水平高出 $1.11℃ \pm 0.13℃$,全球平均海平面达到新高,2013~2021 年平均每年上升 4.5 毫米,格陵兰岛在 8 月中旬经历了异常的融化事件,位于格陵兰冰盖最高点(海拔 3216 米)的顶峰站经历了有史以来第一次降雨。[3] 种种迹象表明,全球气候变化正在越过一些临界点而进入比较危险的变化状态,一旦全球气候系统的变化越过大部分临界区,将进入某种不可逆转的危险状态,对人类而言,将带来难以预料的灾难性影响。在这种情况下,国际社会自然希望中国承担更大的责任,发挥更加积极的

---

[1] UN Global Crisis Response Group on Food, Energy and Finance, *Global Impact of War in Ukraine: Billions of People Face the Greatest Cost-of-Living Crisis in a Generation*, Brief No. 2, June 2022.

[2] IPCC, *Climate Change 2021: The Physical Science Basis*, Summary for Policymakers, Contribution of Working Group I to the Sixth Assessment Report of the Intergovernmental Panel on Climate Change, 7 August 2021.

[3] World Meteorological Organization, *State of the Global Climate 2021*, WMO-No. 1290.

作用，甚至领导作用。①

　　全球气候治理是推动构建人类命运共同体的重要途径，通过某些具有重要影响力国家的积极倡导和推动，利用国际制度打造全球气候治理的命运共同体，也是弱化全球气候治理中某些国家实施"权力政治"（比如美国为一己之私利而退出《巴黎协定》的行为）的重要路径。2015年9月，习近平在联合国大会系统阐述打造人类命运共同体的理念时，把"构筑尊崇自然、绿色发展的生态体系"作为构筑人类命运共同体的重大举措之一，强调坚持走绿色、低碳、循环、可持续发展之路，中国责无旁贷，将继续做出自己的贡献。同时，中国敦促发达国家承担历史性责任，兑现减排承诺，并帮助发展中国家减缓和适应气候变化。②2017年1月习近平在日内瓦联合国总部发表演讲，再次强调"坚持绿色低碳，建设一个清洁美丽的世界"，作为积极应对国际挑战，共同构建人类命运共同体"中国方案"的重要内容。③ 作为构建人类命运共同体的"五大支柱"④之一，推动全球绿色转型，与国际社会一道共谋全球生态文明，积极推进应对气候变化的国际合作，已经成为中国积极推动构建人类命运共同体的重要内容，就像党的十九大报告指出的，构建人类命运共同体"要坚持环境友好，合作应对气候变化，保护好人类赖以

---

① 庄贵阳、薄凡、张靖：《中国在全球气候治理中的角色定位与战略选择》，《世界经济与政治》2018年第4期；Chao Zhang, "Why China Should Take the Lead on Climate Change," *The Diplomat*, 14 December 2017, https://thediplomat.com/2017/12/why-china-should-take-the-lead-on-climate-change/, accessed on 3 June 2018；ChinaFile, "Will China Take the Lead on Climate Change," *A ChinaFile Conversation*, 21 November 2016, http://www.chinafile.com/conversation/will-china-take-lead-climate-change, accessed on 3 June 2018。
② 习近平：《携手构建合作共赢新伙伴　同心打造人类命运共同体——在第七十届联合国大会一般性辩论时的讲话》，《人民日报》2015年9月29日，第2版。
③ 习近平：《共同构建人类命运共同体——在联合国日内瓦总部的演讲》，《人民日报》2017年1月20日，第2版。
④ 习近平在多个重大国际场合和党的十九大报告中明确提出构建人类命运共同体，建设持久和平、普遍安全、共同繁荣、开放包容、清洁美丽的世界，主要有五大方面举措：政治、安全、经济、文化（文明）和生态（环境）。学术界把这五个层面总结为人类命运共同体的"五大支柱"，即政治、安全、经济、文化和生态五个层面的理想特征，而人类命运共同体是经由这五条路径达到的一种具有这五个方面特征的未来美好世界的愿景。参见刘建飞《引领：推动构建人类命运共同体》，中共中央党校出版社，2018；陈岳、蒲俜《构建人类命运共同体》，中国人民大学出版社，2018。

生存的地球家园"。① 党的二十大报告更加明确强调了"积极稳妥推进碳达峰碳中和",并把"积极参与应对气候变化全球治理"作为落实"双碳"目标重要行动。② 而且,党的二十大报告继续突出强调了推动构建人类命运共同体的重要性,重申了建设"五个世界",包括"坚持绿色低碳,推动建设一个清洁美丽的世界"。③

当前,全球气候变化的严重影响已经逐步显现,可以说,随着全球气候变化问题的日益凸显,人类社会从来没有像今天这样面临着"共同命运",打造全球气候治理的人类命运共同体切实体现了全球的利益所在,也彰显了中国在全球气候治理处于关键时期的负责任大国形象。

二 人类命运共同体背景下中国推动全球气候治理体系改革和建设的战略目标

鉴于全球气候治理与宏观层面上国际政治经济体系的交织互嵌关系,在世界百年未有之大变局加速演进的大背景下,国际格局的变化无疑也影响了全球气候治理体系的变化,而全球气候治理的深刻变化也反过来影响着国际政治经济格局的变化。在这种形势下,不管是参与全球气候治理的行为体、全球气候治理的规范与制度,还是全球气候治理的权力结构,都在发生重要变化。顺应这种变化,从推动构建人类命运共同体的战略高度出发,作为世界第二大经济体,中国也正在积极承担大国责任。一方面,作为世界上最大的发展中国家,中国对内克服自身能源结构、经济社会发展的巨大困难,实施了一系列应对气候变化的战略、措施和行动,应对气候变化取得了积极成效;另一方面,作为负责任大国,中国积极参与全球气候治理,发挥建设性作用,推动《巴黎协定》及其实施细则谈判的完

---

① 习近平:《决胜全面建成小康社会 夺取新时代中国特色社会主义伟大胜利——在中国共产党第十九次代表大会上的报告》,人民出版社,2017,第59页。
② 习近平:《高举中国特色社会主义伟大旗帜 为全面建设社会主义现代化国家而团结奋斗——在中国共产党第二十次代表大会上的报告》,人民出版社,2022,第51~52页。
③ 习近平:《高举中国特色社会主义伟大旗帜 为全面建设社会主义现代化国家而团结奋斗——在中国共产党第二十次代表大会上的报告》,人民出版社,2022,第62~63页。

成，为推进《巴黎协定》的实施做出了积极贡献，尤其是"双碳"目标的提出，彰显了中国的大国担当与使命。

全球气候变化是当前全人类面临的严重挑战。应对气候变化事关中华民族永续发展，也关乎人类前途命运。为此，中国已经多次明确强调自己积极参与全球气候治理以及推动全球气候治理体系改革和建设的立场主张与战略目标。2021年10月中华人民共和国国务院新闻办公室发布的《中国应对气候变化的政策与行动》白皮书明确提出："作为负责任的国家，中国积极推动共建公平合理、合作共赢的全球气候治理体系，为应对气候变化贡献中国智慧中国力量。"[1] 2022年1月24日，习近平总书记在中共中央政治局就努力实现碳达峰碳中和目标进行第三十六次集体学习时再次重申和强调了这一目标："要秉持人类命运共同体理念，以更加积极姿态参与全球气候谈判议程和国际规则制定，推动构建公平合理、合作共赢的全球气候治理体系。"[2] 由此，已经清晰界定了中国推动全球气候治理体系改革和建设的战略目标。

（一）全球气候治理体系必须是公平的

公平是全球气候治理体系最核心的原则之一，也是凝聚所有国家和人民力量最重要的价值。所谓公平，核心就是明确全球气候变化的国际责任并进行不同国家之间的公平分配。气候变化的主要责任在于发达国家，因为正是发达国家自工业革命以来大量消费化石能源产生的二氧化碳累积排放，导致大气中温室气体浓度显著增加，引致了以全球变暖为主要特征的全球气候变化。因此，一个公平的全球气候治理体系必须是在发达国家承担主要减排责任，并为发展中国家的减排行动提供资金和技术援助的前提下，能够动员所有积极力量参与行动的治理体系。全球气候治理体系对公平理念最核心的体现就是坚持共同但有区别的责任原则，《中国应对气候变化的政策与行动》白皮书明确强调"这是全球气候治理的基石"。这一

---

[1] 中华人民共和国国务院新闻办公室：《中国应对气候变化的政策与行动》，人民出版社，2021，第2页。
[2] 《习近平在中共中央政治局第三十六次集体学习时强调 深入分析推进碳达峰碳中和工作面临的形势任务 扎扎实实把党中央决策部署落到实处》，《人民日报》2022年1月26日，第1版。

原则实际上就是要坚持发达国家和发展中国家的不同责任。其最主要的是区分发达国家和发展中国家在造成气候变化上的历史责任以及应对气候变化的能力差异，充分考虑各国不同的国情和能力，坚持各尽所能、国家自主决定贡献的制度安排，发展中国家的特殊困难和关切应当得到充分重视，发达国家在应对气候变化方面要多做表率，展现更大雄心和行动，同时切实帮助发展中国家提高应对气候变化的能力和韧性，为发展中国家提供资金、技术、能力建设等方面支持，避免设置绿色贸易壁垒，帮助他们加速绿色低碳转型。

（二）全球气候治理体系必须是合理的

所谓合理，一方面，要"合"人与自然和谐共生的"理"。如前所述，气候变化最根本的是人与自然关系的矛盾与失衡，应对气候变化实质上就是通过改变人类的行为来"恢复"和"适应"自然系统，使大自然回归其本来应有的状态，实现人与自然的和谐共生。人与自然是生命共同体，伤害自然最终将伤及人类。地球是人类共同的家园，也是人类赖以生存的唯一家园，世界各国应该共同呵护好地球家园，合理的全球气候治理体系就是要坚持共同构建人与自然生命共同体和地球生命共同体，以自然为根，尊重自然、顺应自然、保护自然，按照自然生态的应有之道推进全球气候治理。另一方面，要"合"国与国协商共处的"理"，强调应对气候变化是全人类的共同事业。气候变化是全球性挑战，任何一国都无法置身事外、独善其身。全球气候治理是世界各国携手共同建设全球生态文明，需要各国齐心协力，共同促进绿色、低碳、可持续发展，共建人与自然和谐的美丽家园。在巨大的生态环境挑战面前，人类命运与共，已经成为同舟共济的命运共同体。各国只有坚持共商共建共享的全球治理观，坚持多边主义，才能真正推进全球气候治理。全球气候治理就是世界各国共谋全球生态文明建设，必须通过制度和规则来协调规范各国的关系，反对恃强凌弱，规则一旦确定就要有效遵循，不能合则用、不合则弃。

（三）全球气候治理体系必须是合作的

全球气候变化是最为典型的全球性问题，任何一国单打独斗都无法解决，必须开展全球行动、全球应对、全球合作。面对全球气候挑战，人类是一荣俱荣、一损俱损的命运共同体。全球气候治理体系必须为促进全球性合作而改革和建设，从行为体参与到治理规范和制度建设，再到领导格局和权力结构的调整，必须着眼于促进全球合作并为全球合作提供制度和机制平台，助力全球合作的实现。无论是应对眼下的危机，还是共创美好的未来，人类都需要同舟共济、团结合作。实践一再证明，任何以邻为壑的做法，任何单打独斗的思路，任何孤芳自赏的傲慢，最终都必然归于失败。具体而言，全球气候治理体系应该促进四个方面的合作。一是发达国家和发展中国家之间的合作。自全球气候变化纳入国际政治议程以来，始终存在着发达国家与发展中国家的责任和义务的区分，也导致了二者之间的矛盾冲突。南北划线是对全球气候治理历史责任与应对能力的实际反映，全球气候治理体系应当基于这种情况，有效弥合二者的分歧，从制度和机制上推进二者的合作。二是发达国家之间的合作。长期以来，全球气候治理中以美国为首的伞形集团与欧盟之间就减排力度和减排方式等问题存在分歧，加之美国在气候变化问题上周期性的党派政治影响，发达国家（主要是美欧）之间的矛盾也是影响全球气候治理的重要因素。因此，全球气候治理体系应当有效促进美欧跨大西洋气候合作，共同推进《巴黎协定》的落实。三是发展中国家内部的合作。在全球气候治理中，发展中国家一直以"77国集团加中国"的形式维持团结，但发展中国家之间基于自身的资源能源结构、受气候变化影响程度等因素的影响，在一些问题上也存在矛盾与分歧，发展中国家内部也形成了有不同利益诉求的国家集团。由此，全球气候治理体系应该在兼顾发展中国家各种不同利益的基础上，能够协调不同立场，有效维护发展中国家之间的合作。四是国家和非国家行为体[①]之间的合作。非国家行为体是全球气候治理进程的重要推动因素，尤其是由于全球气候治理涉及几乎所有的经济社会发展方面，非国家行为体的参与是至关重要的。《巴黎协定》专门为非国家行为体的参与提供了法律基础，称其为"非缔约方利害关系方"，积极鼓励非国家行为体参与。因此，全球气候治理体系应该有效促进非国家行为体的参与，并通过制度

---

① 本书所强调的"非国家行为体"是广义的，既包括政府间组织、非政府组织、跨国公司、个人，也包括城市、地方政府等次国家行为体。对"非国家行为体"范围的界定，因不同的研究人员不同的研究目的而有所差别，有的研究不包括次国家行为体。

建设确保国家和非国家行为体的合作,以期动员更广泛的力量参与。

(四) 全球气候治理体系必须是共赢的

推动全球气候治理、构建有效实现《巴黎协定》目标的全球气候治理体系,其最终目的是维护全人类的共同利益、实现世界各国的互利共赢。如前所述,应对气候变化归根结底是实现人(国)与人(国)之间的和解,实现共赢既是全球气候治理的目的,也是全球气候治理的手段。只有在推动全球气候治理体系改革和建设的过程中实现各国的共赢,才能调动各国的积极参与,最终才能实现共同发展,惠及全人类。当然,共赢并非各国获利的均衡分配,也并非一定时期内所有国家都能获益。中国所强调的"共赢"主要有两层含义。一是世界各国努力推进全球气候治理,维护全球气候系统的安全,减缓或遏止气候变化带来的巨大影响,从终极意义上来说是对所有国家有利的,或者说是所有国家都需要的;二是在全球气候治理体系改革和建设中,必须考虑到每一个国家的实际利益,不能把应对气候变化当作实现某些国家私利的工具,也不应该使其成为地缘政治的筹码、攻击他国的靶子、贸易壁垒的借口。最终,就是要把应对全球气候变化的过程变成一个世界各国共享低碳转型成果的过程,在公平合理分配应对成本的基础上,让全球低碳转型的公共产品惠及世界各国人民,坚持以人为本。

三 人类命运共同体视域下中国积极参与全球气候治理的"多重使命"

当前中国与世界在生态方面已经形成一种相互影响、相互交融的复合依赖关系。一方面,中国已经深深地嵌入外部世界,无论从积极还是消极方面来看,在这个日益"泛生态化"和被环境国际化规制的世界,中国的发展手段和方式的选择都已经受到严格的制约,而不能再"自由地"或无所顾忌地行动,环境关切及其国际化制度和规范已经成为一种必须的考量。[1]

---

[1] 郇庆治:《环境政治国际比较》,山东大学出版社,2007,第3页。

另一方面，随着中国日益增加的国际经济贸易活动以及参与全球治理意愿和能力的增强，无论是客观上还是主观上，中国都已经成为影响和塑造世界（从生态关联的角度讲，就是包括中国在内的整个世界，中国与世界并不能二元分割）生态状况越来越重要的一个因素，在某种程度上已经成为最重要和关键的变量。鉴于全球性生态危机（气候变化危机）的严峻性和紧迫性，中国的发展理念、发展方式和发展道路的选择在很大程度上已经超出了对中国本身的价值和意义，而越来越具有世界价值和意义。也正是从这个视角而言，中国倡导并正在积极践行的构建人类命运共同体的重大理念才越发具有战略性和道义性。因为，面对人类世的到来，人类社会遭遇的难题与挑战已经不能用传统的政治思维和方式加以应对，难题与挑战本身的全球性和普遍性需要人类超越国家、民族、种族甚至文化的界限，站在全人类的视角来看待和谋划相应的解决方案，应对范围、应对主体、应对思路和应对方式都必须要与我们正在遭遇的问题相适应，这就是有关学者特别强调的解决思维与路径的"配适性难题"。[①] 也正是从构建人类命运共同体这一重要理念出发，中国积极倡导建设清洁美丽世界，与世界其他国家一道坚持环境友好，推动低碳转型，坚持绿色低碳，形成尊崇自然、绿色发展的生态体系。就此而言，中国当下的发展转型、大力推行的生态文明建设以及在应对气候变化上做出的努力就不光是为中国，而更有着其日益显著的世界价值。因此，面对这个正在急剧变化的、充满不确定性的世界，中国积极参与全球气候治理，推动自身的发展转型，不仅是为了推动中国自身的可持续发展，增进人民的福祉，而且体现了中国作为负责任大国的使命与担当，为解决日益严峻的全球性问题贡献中国的智慧和力量。可以说中国在全球气候治理中肩负着多重使命，而这也正是中国积极推动构建人类命运共同体的重要价值所在。从中国与世界日益复合化的生态关系来看，本书认为中国至少具有以下四重使命。

第一，为解决新时代中国社会的主要矛盾，应对和化解中国自身面临的生态环境挑战，满足人民对美好生活（碧水、绿地、蓝天）的需要，建设美丽中国，为中华民族的永续发展奠定坚实基础。生态文明建设是关系

[①] 〔美〕奥兰·扬：《复合系统：人类世的全球治理》，杨剑、孙凯译，上海人民出版社，2019。

第七章　中国推动全球气候治理体系改革和建设：战略目标与行动方略

中华民族永续发展的根本大计，生态环境越来越显示其支撑经济社会发展的基础性价值。一方面，民众的生活水平不断提高，环境意识不断增强，另一方面，我国的生态环境恶化趋势没有根本改变，"生态文明建设正处于压力叠加、负重前行的关键期"，必须加大环境治理的力度，回应民众的期盼。生态环境是直接关系民生的重大社会问题，从而最终成为关系党的使命宗旨的重大政治问题。习近平深刻指出，随着我国社会主要矛盾的转化，"人民群众对优美生态环境需要已经成为这一矛盾的重要方面，广大人民群众热切期盼加快提高生态环境质量。人民对美好生活的向往是我们党的奋斗目标，解决人民最关心最直接最现实的利益问题是执政党使命所在"。[1] 因此，加快发展转型和生态文明建设，既是回应人民的强烈要求，完成执政党的使命，也是确保我国经济社会可持续发展的迫切要求，具有重要的内在价值和意义。

第二，为广大后发的发展中国家探寻新发展道路提供经验借鉴和启示，拓展走向现代化的途径。当今世界，无论是发达国家，还是发展中国家，都普遍面临生态环境难题，尤其是处于后发状态的广大发展中国家，鉴于本身的发展基础薄弱和技术的落后，"不发展的难题"和"发展的难题"相互交织，迫切需要走出一条新型的现代化道路。鉴于中国独特的资源禀赋、人口规模和历史文化传统，中国的发展转型无疑具有自身的特殊性，但中国的成功发展对于广大后发的发展中国家无疑也具有一定的借鉴意义和启示。正如习近平所说："在我们这个13亿多人口的最大发展中国家推进生态文明建设，建成富强民主文明和谐美丽的社会主义现代化强国，其影响将是世界性的。"[2] 也正如党的十九大报告指出的，中国的成功发展"拓展了发展中国家走向现代化的途径，给世界上那些既希望加快发展又希望保持自身独立性的国家和民族提供了全新选择，为解决人类问题贡献了中国智慧和中国方案"。[3]

第三，为推动全球性绿色发展潮流和低碳转型做出中国的贡献，推动世界经济社会发展从传统模式向低碳或零碳经济转型的"转型点"（trans-

---

[1] 习近平：《推动我国生态文明建设迈上新台阶》，《求是》2019年第3期。
[2] 习近平：《推动我国生态文明建设迈上新台阶》，《求是》2019年第3期。
[3] 习近平：《决胜全面建成小康社会　夺取新时代中国特色社会主义伟大胜利——在中国共产党第十九次全国代表大会上的报告》，人民出版社，2017，第10页。

formation points)① 早日到来。在很大程度上，当今世界正处于发展转型的极端关键期，一方面，人类社会面临的发展范式危机和气候变化危机已经非常显著，转型势在必行，刻不容缓；但另一方面，支撑现代经济社会发展的传统因素还发挥着强大的作用，由于"路径依赖"和"锁定效应"等，在新型清洁能源和低碳技术取得重大突破之前，人类社会的发展道路很难扭转，转型将是艰难而长期的。但是，低碳经济已经成为全球性潮流，人类掌握的新科技在某种程度上是能够加速这种转型的。"《巴黎协定》无异于一个重大的授权令，要推动全球能源体系转型，将其转入一个利用零碳技术支持经济繁荣和可持续发展的新状态。"② 现在已经到了世界各国同心协力推动全球气候治理（低碳发展）的转型点早日到来的时候。因此，习近平在第七十五届联合国大会一般性辩论上的讲话中指出："各国要树立创新、协调、绿色、开放、共享的新发展理念，抓住新一轮科技革命和产业变革的历史性机遇，推动疫情后世界经济'绿色复苏'，汇聚起可持续发展的强大合力。"③ 从这个意义上讲，鉴于中国本身的巨型规模，中国的低碳转型和生态文明建设必定会推动并加速向低碳经济转型的"转型点"早日到来，其价值和意义无论如何评述都不为过。

第四，通过自身的成功发展转型，为维护全人类的共同利益、构建人类命运共同体下的新型世界秩序注入强大动力，做出中国的贡献。当今世界面临的危机是普遍的，任何国家都不可能独善其身，正如习近平强调

---

① 一个"转型点"标志着一个以前的技术、行为或市场模式达到临界质量以后，开始起飞并成为新常态的关键时刻。当前，由于气候变化的严重影响，一些低碳（零碳）技术及相应的产品实际上已经开始被一些国家（企业）使用并产生了很好的效应，但在全球范围内这样的新低碳（零碳）技术、行为或市场模式还没有（或条件还不成熟）被大规模使用，这需要一个缓慢的演进过程，但这种技术、行为或市场模式是一个必然的趋势，一旦被大规模拓展或铺开，有了一个量的增长，越过某一个时刻（转型点）被普遍使用，就达到了质的飞跃，低碳（零碳）经济就不再是愿景而是现实。具体分析参见 Climate Action Tracker, "Transformation Points: Achieving the Speed and Scale Required for Full Decarbonisation," https://climateanalytics.org/media/cat_2019_04_03_decarbseries_transformation-points.pdf, accessed on 2 February 2020。

② Climate Action Tracker, "Transformation Points: Achieving the Speed and Scale Required for Full Decarbonisation," https://climateanalytics.org/media/cat_2019_04_03_decarbseries_transfor-mationpoints.pdf, accessed on 2 February 2020.

③ 习近平：《在第七十五届联合国大会一般性辩论上的讲话》，《人民日报》2020年9月23日，第3版。

的,"我们生活在一个互联互通、休戚与共的地球村里。各国紧密相连,人类命运与共"。① 这是当今世界秩序的一个基本事实。在这种背景下,如果能够成功实现转型,走出一条新型发展道路,中国不但能够壮大自身的力量,增加硬实力和软实力,而且可以增强感召力,动员和吸引更多的积极力量,促进人类和平与发展这一伟大事业。同时,由于自身力量的增强,中国可以更加自信而坚定地履行自己"始终做世界和平的建设者、全球发展的贡献者、国际秩序的维护者"的庄严承诺,推动构建更加理想的新型世界秩序。习近平强调:"人类命运共同体,顾名思义,就是每个民族、每个国家的前途命运都紧紧联系在一起,应该风雨同舟,荣辱与共,努力把我们生于斯、长于斯的这个星球建成一个和睦的大家庭,把世界各国人民对美好生活的向往变成现实。"② 推动发展范式转型、构建人类命运共同体不能只靠中国自身的力量,这是全世界的事,需要各国的协调与合作。这就需要中国积极动员最大多数国家的参与,努力凝聚全球共识,共同维护全人类的利益。

四 构建人类命运共同体"五位一体"的路径以及生态向度的重大价值

构建人类命运共同体已经成为中国关于未来世界的美好愿景和理想目标。习近平在众多的国际国内场合描绘过这种美好愿景与理想目标,也为这种愿景和目标的实现指明了前进的方向。

(一) 构建人类命运共同体"五位一体"的路径

2015年9月,在纪念联合国成立70周年的联合国大会一般性辩论中,习近平发表了题为《携手构建合作共赢新伙伴 同心打造人类命运共同体》的讲话,③ 不仅首次完整阐释了构建人类命运共同体的深刻背景和重

---

① 习近平:《在第七十五届联合国大会一般性辩论上的讲话》,《人民日报》2020年9月23日,第3版。
② 习近平:《论坚持推动构建人类命运共同体》,中央文献出版社,2018,第510页。
③ 习近平:《携手构建合作共赢新伙伴 同心打造人类命运共同体——在第七十届联合国大会一般性辩论时的讲话》,《人民日报》2015年9月29日,第2版。

大意义，而且第一次清楚地提出了打造人类命运共同体的五条路径：建立平等相待、互商互谅的伙伴关系；营造公道正义、共建共享的安全格局；谋求开放创新、包容互惠的发展前景；促进和而不同、兼收并蓄的文明交流；构筑尊崇自然、绿色发展的生态系统。此后，习近平又多次阐述和深化这五点主张，在党的十九大报告中更加系统全面地阐发了这一内容。[1] 基于此，我们看到，构建人类命运共同体的路径是一个包括政治、安全、经济、文化和生态五个向度的"五位一体"的有机整体，各个向度之间相辅相成、互相影响（见图7-1）。

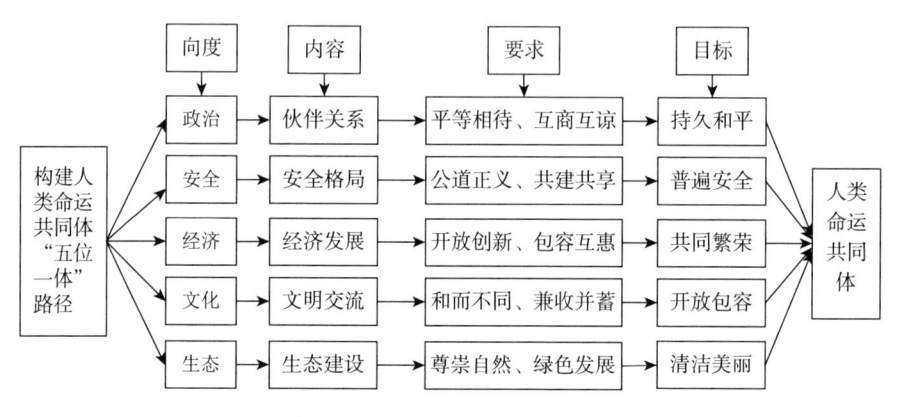

向度	内容	要求	目标
政治	伙伴关系	平等相待、互商互谅	持久和平
安全	安全格局	公道正义、共建共享	普遍安全
经济	经济发展	开放创新、包容互惠	共同繁荣
文化	文明交流	和而不同、兼收并蓄	开放包容
生态	生态建设	尊崇自然、绿色发展	清洁美丽

图7-1 构建人类命运共同体的"五位一体"路径
资料来源：笔者自制。

推动构建人类命运共同体并非凭空构想的，它有着深刻的国际国内背景和现实基础。从国际背景来看，全球化从正反两个方面突出展现了世界各国的密切相互依赖与命运与共。一方面，全球化的深入发展使世界各国之间的政治、安全、经济、文化、生态史无前例地交融在一起。尽管全球化的扩展及其结果并非均衡地普惠于每一个国家，但相互依赖的增强是全球化的客观结果，不以人的意志为转移，世界各国确实形成了一种一荣俱荣、一损俱损的客观状态，当前的国际关系客观上存在一种"任何国家都不能从别国的困难中谋取利益，从他国的动荡中收获稳定"[2]的状态。另

---

[1] 习近平：《决胜全面建成小康社会 夺取新时代中国特色社会主义伟大胜利——在中国共产党第十九次全国代表大会上的报告》，人民出版社，2017，第58~59页。
[2] 习近平：《在第七十五届联合国大会一般性辩论上的讲话》，《人民日报》2020年9月23日，第3版。

一方面，全球化的深入扩展也带来了前所未有的全球性问题，臭氧层空洞、生物多样性锐减、全球气候变化等问题强烈昭示了全球性的生态危机，给人类的存续一次又一次敲响了警钟。如前所述，这样的生态危机对每个国家都有影响，"没有哪个国家能够独自应对人类面临的各种挑战，也没有哪个国家能够退回到自我封闭的孤岛"，[1] 各国只有团结合作才是唯一的出路。从中国国内来看，中国也是这个世界的一分子，中国的发展本身也受这些全球性问题的困扰和影响，客观上中国也需要团结其他国家才能应对这些挑战。同时，随着中国综合国力的提升，中国在国际舞台上的影响力日益扩大，中国本身所具有的两个重要特质决定了中国要走一条不同于传统大国的新型道路。这两个特质，一是中国传统"协和万邦""兼济天下"的大国抱负，二是中国的社会主义性质。正是这两个重要的特质决定了中国成为构建人类命运共同体的首倡者并正在以实际行动践行这一理念。正如国务院发布的《新时代的中国与世界》白皮书所强调的，"中国提出构建人类命运共同体，着眼解决当今世界面临的现实问题、实现人类社会和平永续发展，以天下大同为目标，秉持合作共赢理念，摒弃丛林法则，不搞强权独霸，超越零和博弈，开辟出合作共赢、共建共享的发展新道路，为人类发展提供了新的选择"。[2] 因此，中国基于现实世界的根本性变化，顺应全球性潮流，倡导构建人类命运共同体，号召和团结世界上更多的国家，从政治、安全、经济、文化和生态等方面全方位重构世界秩序，这五个方面互为前提，互相支撑，共同指向一个清晰的未来。

（二）生态向度在"五位一体"路径中的地位及其重要价值

人类世的到来对于人类而言意味着巨大的挑战与风险，更意味着巨大的责任。"我们是一个具有共同命运的人类大家庭和地球共同体。我们必须联合起来，创造一个以尊重自然、普遍人权、经济公正以及和平文化为

---

[1] 习近平：《决胜全面建成小康社会 夺取新时代中国特色社会主义伟大胜利——在中国共产党第十九次全国代表大会上的报告》，人民出版社，2017，第 58 页。
[2] 中华人民共和国国务院新闻办公室：《新时代的中国与世界》，人民出版社，2019，第 42~43 页。

基础的可持续的全球社会。"①《地球宪章》的这种强烈呼吁与构建人类命运共同体本质上是内在一致的。推动构建人类命运共同体在很大程度上正是对日益严峻的全球性问题做出的深刻回应。人类世的到来、地球生态系统的严重危机和全球气候变化危机预示着包括人类在内的整个地球系统（既包括自然生物物理系统，也包括人类经济社会系统以及人与自然密切关联的社会生态系统）出现了全方位的危机，而构建人类命运共同体正是试图从一个全人类的整体性视角出发重构人类文明。因为，既然问题已经是全球性的，那么应对和解决方案必须从全球出发，以便增加应对机制的"配适性"。这就要求对我们的价值观、机制和生活方式做出根本的改变。"我们迫切需要一个共同的基本价值观，以便为正在呈现的世界大家庭提供道德基础。"② 从这个意义上讲，人类命运共同体正是与此相适应和匹配的一个基本价值观，它从全人类的高度和全球的范围来对当前人类社会面临的严峻挑战做出回应，并为世界各国解决这些挑战提出了中国方案。就此而言，人类命运共同体事实上是从全球的生态系统性和生态完整性的视角来看待当前的国际关系，并为克服国际关系的无政府逻辑缺陷提供指导。不可否认，当前的国际关系仍然是以主权国家为核心和基础的体系，无政府状态下的现实主义逻辑仍然具有强大的"惯性"和现实影响力。从某种意义上讲，在一个无政府的现实世界里，构建人类命运共同体何以能够成为指导中国外交，进而对世界秩序的重构真正产生实际影响的有实际价值的理念，最为关键的就在于当前的全球性生态危机和气候变化危机造成的这种人类社会事实上的"共同命运"，以及这种危机下需要的人类社会组织方式和制度结构的根本改变。也正是从这个意义上，正如上文已经指出的，有学者颇为自信地强调，随着人类世的到来，地球自然生物物理系统、人类经济社会系统以及人与自然形成的社会生态系统之间的复杂互动将从根本上改变传统的地缘政治和地缘经济范式。因为这种对复合系统的全球治理，世界各国必须对其传统的思维方式、治理制度等做出根本性改变，必须从星球的维度来考虑地球系统动态变化受人类影响的程度，才

---

① 《地球宪章》，https://earthcharter.org/wp-content/uploads/2020/03/echarter_chinese.pdf?x79755，最后访问日期：2020年10月9日。
② 《地球宪章》，https://earthcharter.org/wp-content/uploads/2020/03/echarter_chinese.pdf?x79755，最后访问日期：2020年10月9日。

第七章　中国推动全球气候治理体系改革和建设：战略目标与行动方略

能最终应对人类世的巨大挑战。① 毋庸置疑，正如越来越多的全球性、国际性生态环境政府间组织或非政府组织发布的一些评估报告（如前所述的《地球生命力报告》）所竭力强调和呼吁的，人类社会的发展确乎到了何去何从的十字路口，已经到了人类对其未来做出抉择的关键时刻。"中国构建人类命运共同体思想的历史性出场，表面上是中国提出的国际外交理念，实质上则是为破解全球性治理难题贡献的中国智慧和中国方案。"② 基于此，我们可以从一个更加宏观的视角和更加根本的意义上去理解和把握生态向度在构建人类命运共同体系统工程中的地位和价值。

第一，从总体上来看，随着人类世的到来和地球生态危机的加剧，生态向度越来越成为构建人类命运共同体的根本性制约因素，从而构成人类命运共同体的最终基础。全球性生态危机和气候危机既构成了构建人类命运共同体的深刻背景，也成为构建人类命运共同体的现实基础。如前所述，全球性生态危机和气候危机从一个最普遍的意义上对整个人类文明构成严重挑战和制约，从一个负面意义上构成了人类命运共同体的现实基础。如果我们把"生态兴则文明兴，生态衰则文明衰"③的文明史观放在全球视野来看的话，也完全适用于当前的全球形势，生态文明正日益成为整个人类文明的前提条件和基础。从这个角度来看，应对当前全球性生态危机和气候危机不仅意味着需要世界各国从政策层面改变应对思路和模式，利用政治、经济和科技等综合手段从经济技术方面实现自身发展的"生态现代化"，而且意味着需要世界各国从一个全球视野出发，以一个更加长远和宏观的视角看待自身和全球面临的问题，摒弃狭隘的国家私利，实现国际关系的根本性和综合性重构或转型，逐渐构建起一整套与全球生态文明相适应的国际制度体系，最终实现国际体系的系统性、根本性变革。正是从这种意义上，作为构建人类命运共同体"五位一体"路径重要方面的生态向度的确具有一种整体性、彻底性和基础性价值，它既是构建人类命运共同体的直接原因和动力之源（人类社会正在遭遇事关人类生死

---

① 〔美〕奥兰·扬：《复合系统：人类世的全球治理》，杨剑、孙凯译，上海人民出版社，2019，中文版前言，导论。
② 刘同舫：《构建人类命运共同体对历史唯物主义的原创性贡献》，《中国社会科学》2018年第7期，第5页。
③ 习近平：《推动我国生态文明建设迈上新台阶》，《求是》2019年第3期。

存续的危机），也为构建人类命运共同体提供了直接的方式与路径，更为构建人类命运共同体创造了必要条件并奠定了坚实基础。

第二，生态危机和气候危机的解决越来越成为当今世界各国国家治理的"大政治"，① 也是当前全球治理的"大政治"，生态向度既对构建人类命运共同体的政治向度构成严重的制约，也成为政治向度的重要内容。生态危机和气候危机的日益凸显正在改变传统国际政治的性质和议题，正如前文多次提到的奥兰·扬对人类世全球治理的分析和论述，随着全球性生态危机的加剧和全球性复合系统的形成，不仅需要国际社会的应对思维、方式和机制做出重大调整，而且将会导致国际政治的性质和内涵发生重大变化，最终导致一个新的全球秩序的形成和确立，"解决人类世的问题需要创建并实施具有创新特征的引导机制，这种机制在一些重要的方面与我们先前经验中所熟悉的方式是迥然不同的"。② 这可能是生态向度对构建人类命运共同体产生的最重要的政治影响，生态向度既限制了构建人类命运共同体的政治选择，也在很大程度上规定了未来人类命运共同体的政治内涵。

第三，生态危机和气候危机构成了当前地球系统的最大安全威胁，也成为从安全向度构建人类命运共同体的重要内容。"目前流行的生产和消费方式正在导致环境破坏、资源枯竭和物种大量灭绝。群落在逐渐遭到破坏。……全球安全的基础受到威胁。"③ 生态和气候安全构成了人类社会存续的根基，因此，生态向度既成为构建人类命运共同体的重要安全保障，也从根本上构成人类命运共同体安全向度的重要基础和内容。生物多样性的保护、臭氧层空洞的弥补、全球气候变化的应对等正在从根本上成为地球生态安全的重要内容，作为非传统安全的重要议题，也日益成为国际安全议程中的"高端"问题。从安全向度构建人类命运共同体最核心的问题在于消解国家之间的"安全困境"，打造共享共建的安全格局，而生态安

---

① 郇庆治：《生态文明建设是新时代的"大政治"》，《北京日报》2018年7月16日，第13版。
② 〔美〕奥兰·扬：《复合系统：人类世的全球治理》，杨剑、孙凯译，上海人民出版社，2019，第3页。
③ 《地球宪章》，https://earthcharter.org/wp-content/uploads/2020/03/echarter_chinese.pdf?x79755，最后访问日期：2020年10月9日。

全和气候安全议题相对而言的"低政治"性质为构建这种安全格局提供了非常重要的经验性启示，最终为人类的普遍安全创造了条件。

第四，生态危机和气候危机正在严重制约国家内部生产方式和国际经济贸易活动，从而使生态向度既对构建人类命运共同体的经济向度构成根本性制约，也给构建人类命运共同体的经济向度指明了方向。应对全球生态危机和气候危机的根本要义在于能源转型和产业结构的调整，从而最终对国际贸易和国际生产分工产生了至关重要的影响。[①] 生态环境和气候系统是世界各国经济活动的前提条件和基础，生态危机和气候危机最终带来的是全球性经济发展根基的损害。因此，应对全球生态危机和气候危机的最核心之处在于经济发展方式和内涵的根本性转变，尤其是现代经济的核心动力——能源——的清洁化（低碳化），所以，低碳经济和绿色发展已经成为当前全球性潮流，这充分说明构建人类命运共同体生态向度与经济向度之间的密切关联和互利耦合。正因如此，没有全球性经济活动的低碳化（合生态化），就没有人类文明的最终基础，也就没有人类命运共同体。就此而言，构建人类命运共同体的生态向度从一个根本意义上决定了经济向度的发展方向和转型轨迹，从而规定了经济向度的大部分内容和基本性质。

第五，生态危机和气候危机的应对归根结底是人类文明和文化的重构，构建人类命运共同体的生态向度需要文化向度的支撑，而生态文明建设本身就是人类文明的革新与重构。生态危机和气候危机从本质上讲是人与自然关系的失衡，人类文明的发展必须实现马克思和恩格斯所提出的"两个和解"，即"人类与自然的和解以及人类本身的和解",[②] 才能从根本上保证人类文明的可持续性和进步性。绿色发展和低碳转型从根本上讲是一场人类文明范式的转型，没有人们观念的转变，绿色发展将会成为无源之水和无本之木，终究会走向枯萎。包括国家发展理念和发展观在内的关乎一国发展可持续性的宏观理念也必须从根本上得以扭转，才能使绿色转型具有强大精神动力，才能形成生态文明建设强大舆论支持和文化氛围。就此而言，在生态意义上构建人类命运共同体需要人类社会从文化上

---

① 李慧明：《全球气候治理与国际秩序转型》，《世界经济与政治》2017年第3期。
② 《马克思恩格斯文集》（第1卷），人民出版社，2009，第63页。

做出重大革新，以重构人与人之间的和谐关系，从而最终确保人与自然关系的和谐。文化向度的变革推动和保证了生态向度的变革，而反过来，生态向度的变革及其目标的实现也为人类文明多样性的发展奠定了坚实的自然基础，最终成为人类在文化上开放包容的标志与表现。

总而言之，如图7-2所示，人类世的全球性危机既构成了构建人类命运共同体的一个重大前提，也奠定了构建人类命运共同体的根本性基础。应对和解决人类世的全球性危机既是构建人类命运共同体的根本方式和手段，也从根本上规定了构建人类命运共同体的方向和内涵。换言之，随着人类世人类社会面临越来越严峻的挑战，生态向度越来越成为构建人类命运共同体的基础和关键，它从根本上限制和规定了构建人类命运共同体其他向度的性质、内涵和方式，将从根本上重构人类的生存发展方式和人类文明的内容，越来越具有根本性和全局性意义。正如有学者深刻指出，"我国政府积极倡导的构建'人类命运共同体'理念及其战略所蕴含与要求的，不仅是我们对于当代人类社会所面临的自然生态环境兴衰攸关的共同利益认知（'唇亡齿寒'），以及对于地球（生命）共同体的前所未有的意识自觉与情感认同（'我们共同的家园'），而且是我们如何着眼于开启一场深刻的现代经济社会变革与文化文明重建的最广泛共同行动（'从我

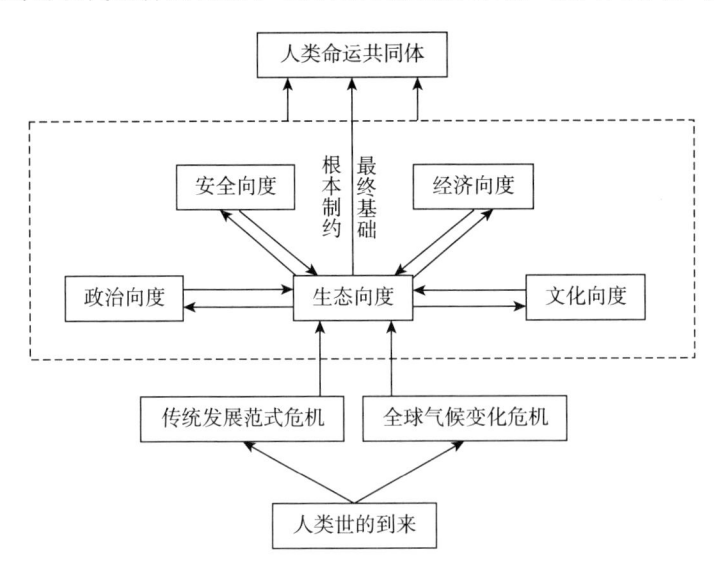

图7-2 生态向度在构建人类命运共同体"五位一体"路径中的地位与价值
资料来源：笔者自制。

做起、从现在做起')。总之，它将指向并致力于促成一种全球系统性和整体性的社会生态转型或文明重构（'大转型'），而不再仅仅是传统意义上的国际霸权构型或国际经济政治秩序的转换"。①

五　绿色"一带一路"建设：构建人类命运共同体背景下中国引领全球气候治理的重要实践行动

中国已经成为全球气候治理中的关键行为体，习近平在 2018 年全国生态环境保护大会上也强调指出，新时代推进生态文明建设，必须"共谋全球生态文明建设，深度参与全球环境治理，形成世界环境保护和可持续发展的解决方案，引导应对气候变化国际合作"。② 2021 年发布的《中国应对气候变化的政策与行动》白皮书明确指出："气候变化带给人类的挑战是现实的、严峻的、长远的。把一个清洁美丽的世界留给子孙后代，需要国际社会共同努力。无论国际形势如何变化，中国将重信守诺，继续坚定不移坚持多边主义，与各方一道推动《联合国气候变化框架公约》及其《巴黎协定》的全面平衡有效持续实施，脚踏实地落实国家自主贡献目标，强化温室气体排放控制，提升适应气候变化能力水平，为推动构建人类命运共同体做出更大努力和贡献，让人类生活的地球家园更加美好。"③ 这表明中国已经把全球气候治理置于国家内政外交的战略高度来看待，将为全球气候治理做出更加积极的贡献。随着中国经济实力和低碳技术的大幅提升，无疑中国将为更多全球性问题的解决贡献智慧与力量，尤其是在全球气候治理领域，随着中国碳达峰碳中和目标的推进，中国将为推动全球生态文明建设而发挥更大作用。这种新的形势下，中国应该根据自己的现实国情，一方面，借助全球气候治理促进国内低碳转型和绿色发展，建设美

---

① 郇庆治：《生态文明建设与人类命运共同体构建》，《中央社会主义学院学报》2019 年第 4 期。
② 《坚决打好污染防治攻坚战　推动生态文明建设迈上新台阶》，《人民日报》2018 年 5 月 20 日，第 1 版。
③ 中华人民共和国国务院新闻办公室：《中国应对气候变化的政策与行动》，人民出版社，2021，第 46~47 页。

丽中国；另一方面，也为全球气候治理贡献更多中国方案与中国力量，共谋全球生态文明建设，为建设美丽世界做出更大贡献。中国正在积极推进的绿色"一带一路"建设，就是在构建人类命运共同体背景下中国积极参与和引领全球气候治理的重要实践行动。

自 2013 年正式提出以来，经过多年的积极推进，"一带一路"倡议作为一个新型的跨区域经济合作平台已经在全球范围内产生了非常重要的影响。鉴于"一带一路"沿线国家和地区大都处于生态环境相对比较敏感脆弱的地区，自"一带一路"倡议提出，中国就特别强调项目建设注重可持续发展并与中国和沿线国家的气候治理目标相连接。早在 2015 年 3 月中国国务院授权发布的《推动共建丝绸之路经济带和 21 世纪海上丝绸之路的愿景与行动》文件就明确提出了"绿色丝绸之路"的理念，强调"强化基础设施绿色低碳化建设和运营管理，在建设中充分考虑气候变化影响"，"在投资贸易中突出生态文明理念，加强生态环境、生物多样性和应对气候变化合作，共建绿色丝绸之路"。[1] 2017 年 4 月环境保护部、外交部、发展改革委、商务部四部委联合发布了《关于推进绿色"一带一路"建设的指导意见》，又正式明确提出绿色"一带一路"理念，对推进绿色"一带一路"建设做了更为详细的规定。[2] 2019 年 4 月，习近平在第二届"一带一路"国际合作高峰论坛开幕式的主旨演讲中强调，"一带一路"建设要"把绿色作为底色，推动绿色基础设施建设、绿色投资、绿色金融，保护好我们赖以生存的共同家园"。[3] 为落实这一行动，2019 年 4 月，"一带一路"绿色发展国际联盟在北京成立，作为共建绿色"一带一路"框架下的促进"一带一路"沿线国家开展生态环境保护和应对气候变化、实现绿色可持续发展的重要平台，这一机构正在为推进绿色投资、绿色贸易发挥

---

[1] 《推动共建丝绸之路经济带和21世纪海上丝绸之路的愿景与行动》，中国一带一路网，https：//www.yidaiyilu.gov.cn/wcm.files/upload/CMSydylgw/201702/201702070519013.pdf，最后访问日期：2019 年 6 月 5 日。

[2] 《关于推进绿色"一带一路"建设的指导意见》，国务院新闻办公室网站，http：//www.scio.gov.cn/xwfb/gwyxwbgsxwfbh/wqfbh_2284/2018n_7138/2018n07y09r/wjxgzc_7593/202207/t20220715_208449.html，最后访问日期：2019 年 6 月 6 日。

[3] 习近平：《齐心开创共建"一带一路"美好未来——在第二届"一带一路"国际合作高峰论坛开幕式上的主旨演讲》，中国一带一路网，https：//www.yidaiyilu.gov.cn/xwzx/xgcdt/87858.htm，最后访问日期：2020 年 2 月 26 日。

积极作用。2019年9月，王毅在联合国气候行动峰会上强调，中国将坚持共建绿色"一带一路"，实施"一带一路"应对气候变化南南合作计划，通过"一带一路"绿色发展国际联盟等平台，为应对气候变化国际合作汇聚更多力量。① 在推进"一带一路"建设过程中，中国也与联合国开发计划署就联合国2030年可持续发展目标（sustainable development goals）的实现进行了有效合作，双方签署了关于"一带一路"合作的谅解备忘录（memorandum of understanding）和具体行动计划，突出强调"一带一路"倡议与2030年可持续发展目标的关联和"一带一路"倡议的"绿化"，指出"一带一路"为帮助满足2030年可持续发展议程的资金缺口和基础设施需求提供了一个有效的融资平台，将对全球经济发展和应对气候变化的努力产生巨大影响，一个低碳的"一带一路"倡议可以为实现全球脱碳、确保《巴黎协定》的目标以及实现2030年议程的环境目标做出关键贡献。②

以绿色"一带一路"建设为依托，在全球层面开展气候合作，既要着眼于"一带一路"沿线国家经济社会发展的现实需要，更要着眼于全球气候治理的宏观目标，切实为这些国家履行其国家自主贡献提供支持和帮助。根据波士顿大学全球发展政策中心（Global Development Policy Center）的跟踪数据，自2000年以来，中国政策性银行在能源领域向外国政府提供了2346亿美元的融资，其中，"一带一路"沿线国家的融资有1910亿美元，在水电、太阳能和风能等可再生能源领域投资达到339亿多美元。③ 中国真正担负起一个负责任大国应有的职责，承担应有的国际责任，履行共建绿色"一带一路"的绿色承诺，自觉维护以《巴黎协定》确立的规则为基础的全球气候秩序，为《巴黎协定》的实施贡献中国力量。全球气候治理融入绿色"一带一路"建设的基本内涵就是要在全球气候治理的行动

---

① 王毅：《合作应对气候变化，建设全球生态文明——在联合国气候行动峰会上的发言》，新华网，http://www.xinhuanet.com/world/2019-09/24/c_1125030505.htm，最后访问日期：2019年9月26日。
② UNDP, "Belt and Road Initiative," http://www.cn.undp.org/content/china/en/home/belt-and-road.html, accessed on 5 June 2019.
③ Boston University Global Development Policy Center, *China's Global Energy Finance Database*, Boston University, 2022, https://www.bu.edu/cgef/#/all/Country-EnergySource, accessed on 15 November 2022.

和目标框架下推动绿色"一带一路"建设,必须把全球气候治理的目标要求与实施细则充分贯彻到绿色"一带一路"建设的各个行动和项目中。同时,也要把绿色"一带一路"建设成为落实全球气候治理目标的重要平台和实施机制,通过二者的融合实现目标和行动的兼容与协同。具体而言,二者的融合需要正确处理好以下两个重大问题。

第一,要把绿色"一带一路"建设充分纳入全球气候治理的框架中,按照全球气候治理的目标要求规范"一带一路"建设。全球气候变化的严重影响和全球气候治理赤字频现的紧迫性,要求当前所有国家的内部发展和国际经贸(合作)活动都必须充分顾及其政策行动的气候影响和后果。因此,"一带一路"建设无疑也必须充分考虑和遵循全球气候治理的各项要求与规则,要在全球气候治理的总体框架下开展行动。此外,从国际法视角来看,中国和"一带一路"沿线国家都是《公约》的缔约方,都必须贯彻和践行《公约》及《巴黎协定》的治理理念、政策要求和行动目标。当然,《公约》及《巴黎协定》对"一带一路"建设并不存在法律约束力,"一带一路"建设主要基于中国与有关国家达成的双边或多边合作协议来开展与推进。为此,需要中国和"一带一路"有关国家通过双边或多边协议来具体落实这些气候治理规则。《巴黎协定》已经确立了全球气候治理的总体治理目标和原则,确立了全球气候治理"自下而上"的治理模式,把全球气候治理行动和目标融入绿色"一带一路"建设最核心的内涵就是用《巴黎协定》的有关减排目标和规则约束和框定"一带一路"建设的行动与目标,任何"一带一路"的行动和项目不能背离《巴黎协定》的目标和规则。

第二,把绿色"一带一路"打造成为落实全球气候治理目标的重要平台。绿色"一带一路"建设承载着中国的"世界梦",是中国在新的国际形势下处理与世界关系的重大行动,也是中国构建人类命运共同体的重要载体。"一带一路"建设秉持共商、共建、共享的理念,从本质上来讲是中国与有关国家双边或多边互动下共同推动的产物,其本身有着具体的运行规则和机制,比如亚投行是推动"一带一路"建设的核心金融机构,其就是基于各成员国之间达成的协定(articles of agreement)和各种相关制度运行的,亚投行专门发布了"环境与社会框架"和"环境与社会政策指令",明确强调支持《巴黎协定》减缓、适应和金融流再定向(redirection of financial flows）三大目标。把绿色"一带一路"打造成落实全球气候治理目标的重要平台，就是把"一带一路"具体项目与接受国的减排目标（国家自主贡献）对接，进而与《巴黎协定》的总体减排目标对接，同时把具体建设项目中的低碳减排目标与《巴黎协定》所规定的，以自愿合作方式（包括使用基于市场机制的方式）实现的中国的国家自主贡献和接受国的国家自主贡献目标相连接，也就是通过"一带一路"项目去实现中国或相关国家的减排目标和其他目标，增强中国和有关国家应对气候变化的能力。

六 构建人类命运共同体背景下中国推动全球气候治理体系改革与建设的行动方略

构建人类命运共同体绝非空洞的理念，而是需要从应对全球气候变化的具体行动中一点一滴做起，去推动全球气候治理目标的实现（比如全球气温升2℃的目标），去促进《巴黎协定》的具体实施，推动协定的各种机制的有效运转，确保取得实质性进展。中国已经明确了推动全球气候治理体系改革和建设的战略目标，接下来最为重要的就是围绕这一目标，协调各方行动，推动全球气候治理体系朝着这一目标变革。就此而言，作为世界第二大经济体和最大的温室气体排放国，中国首先要立足国内，按照既定目标持续推进碳达峰碳中和行动，"积极稳妥推进碳达峰碳中和"，"积极参与应对气候变化全球治理"，[①] 将其作为中国积极推动全球气候治理体系改革和建设的坚实基础。在此基础上，需要从全球气候治理体系的三个方面进行战略谋划。第一，推动全球气候治理规范和制度改革和完善。在全球气候治理领域推动构建人类命运共同体需要中国坚守国际气候谈判原则，推动和引领国际气候谈判取得实质性成效，把《巴黎协定》的各项制度和机制落到实处，使之朝着《巴黎协定》确定的治理目标前进，这始终是中国推动全球气候治理体系改革和建设的主要行动。第二，积极

---

① 习近平：《高举中国特色社会主义伟大旗帜　为全面建设社会主义现代化国家而团结奋斗——在中国共产党第二十次代表大会上的报告》，人民出版社，2022，第51~52页。

开展气候外交和通过其他途径，调动和激发全球气候治理参与主体的积极性和广泛参与性。中国从传统的外交渠道，利用中国日益增强的外交影响力，通过联合国有关会议、二十国集团峰会、亚太经合组织会议、金砖国家领导人会议等多边外交渠道和其他一些重要的双边外交渠道，推动全球气候变化议题的落实，积极开展气候外交，调动最广泛的国家（缔约方）参与，同时，支持和引导广大非国家行为体的参与，调动它们的积极性，充分发挥非国家行为体的作用，形成最广泛的全球气候治理"统一战线"。第三，从构建人类命运共同体理念出发，推动全球气候治理权力结构朝着绿色合作型国际领导发展。全球气候治理体系中的权力要素是推进全球气候治理目标实现的必要因素。全球气候治理作为最大的人类集体行动，也需要国际领导来推动。中国积极参与全球气候治理并推动全球气候治理体系改革需要积极发挥在全球气候治理中的关键作用，秉持人类命运共同体理念，切实推动权力的功能化，推动大国合作，形成一种绿色合作型国际领导。具体而言，在构建人类命运共同体的指导下，着重从以下几个方面积极推动全球气候治理体系改革和建设。

（一）积极稳妥推进碳中和行动为中国推动全球气候治理体系变革奠定坚实内在基础

实现碳达峰碳中和，是以习近平同志为核心的党中央统筹国内国际两个大局做出的重大战略决策，是立足新发展阶段、贯彻新发展理念、构建新发展格局、推动高质量发展的内在要求。[①] 如前所述，党的二十大报告又对推进碳中和做出了精心部署，推进碳达峰碳中和已经成为中国内政外交的重大战略行动。全球气候治理归根结底是经济社会发展的转型，没有经济社会发展领域的低碳化就不可能实现气候治理的目标。作为世界第二大经济体，中国要推动全球气候治理体系朝着公平合理、合作共赢的战略目标变革，首先要把自身做出的承诺落实好，如期实现碳达峰碳中和目标，对内建设美丽中国。与此同时，中国要积极引领和构建人类低碳发展国际制度，推动全球低碳转型，对外建设美丽世界。自身承诺的如期兑现

---

① 碳达峰碳中和工作领导小组办公室、全国干部培训教材编审指导委员会办公室组织编写《碳达峰碳中和干部读本》，党建读物出版社，2022，第1页。

是在全球气候治理中发挥积极作用的基础和条件。中国已经对碳达峰碳中和工作做出了全面部署，强调"在全球绿色低碳发展大势中始终保持战略主动，构筑国际竞争新优势，展现负责任大国的担当作为，与世界各国同筑生态文明之基，同走绿色低碳之路，共建清洁美丽世界"。① 为此，中国已经制定了《中共中央 国务院关于完整准确全面贯彻新发展理念做好碳达峰碳中和工作的意见》和《2030 年前碳达峰行动方案》，对"双碳"工作进行了系统谋划和总体部署，构建了"1 + N"政策体系，全面推进"双碳"目标。但与此同时，我们也应看到，作为世界上最大的发展中国家，中国将完成全球最高碳排放强度降幅，用全球历史上最短的时间实现从碳达峰到碳中和，面临着经济结构、能源结构、生产生活方式的全面重塑，困难和挑战前所未有。② 碳中和涉及国家经济结构的调整、能源结构的调整和替代能源（可再生能源）的发展、植树造林以及人们消费观念的转变等社会经济发展的各个方面，是一场广泛而深刻的经济社会系统性变革，不是轻轻松松就能实现的。中国仍处于工业化、城镇化深化发展阶段，经济发展和民生改善任务繁重，推进碳达峰碳中和面临时间窗口偏紧、能源结构偏煤、产业结构偏重、基础支撑薄弱等挑战，实现"双碳"目标任重而道远。③ 因此，面对严峻挑战和繁重任务，需要做好顶层设计和战略谋划，需要各个部门和各种力量积极落实各项部署。正如习近平总书记指出的，"实现碳达峰碳中和是中国高质量发展的内在要求，也是中国对国际社会的庄严承诺。中国将践信守诺、坚定推进"，④ "要把碳达峰、碳中和纳入生态文明建设整体布局，拿出抓铁有痕的劲头，如期实现2030 年前碳达峰、2060 年前碳中和的目标"。⑤ 如期实现"双碳"目标将为中国在全球气候治理中发挥更大作用奠定坚实内在基础，也是中国推进全球气候治

---

① 碳达峰碳中和工作领导小组办公室、全国干部培训教材编审指导委员会办公室组织编写《碳达峰碳中和干部读本》，党建读物出版社，2022，第 9 页。
② 碳达峰碳中和工作领导小组办公室、全国干部培训教材编审指导委员会办公室组织编写《碳达峰碳中和干部读本》，党建读物出版社，2022，第 19 页。
③ 碳达峰碳中和工作领导小组办公室、全国干部培训教材编审指导委员会办公室组织编写《碳达峰碳中和干部读本》，党建读物出版社，2022，第 27 页。
④ 习近平：《坚定信心 勇毅前行 共创后疫情时代美好世界——在 2022 年世界经济论坛视频会议的演讲》，《人民日报》2022 年 1 月 18 日，第 2 版。
⑤ 《习近平主持中央财经委员会第九次会议强调 推动平台经济规范健康持续发展 把碳达峰碳中和纳入生态文明建设整体布局》，《人民日报》2021 年 3 月 16 日，第 1 版。

理体系改革和建设目标实现的前提条件。

(二) 积极推动国际气候谈判以加强全球气候治理规范与制度的建设与完善

全球气候治理的主渠道仍然是联合国框架下的国际气候谈判进程。这也就是全球气候治理体系的《公约》内制度建构和行动。无论联合国框架下的国际气候谈判面临多少问题，比如效率低下、僵局不断，只有联合国框架为全球性治理方案的制定及其实施提供了具有普遍认可的合法性渠道，其他任何组织（包括二十国集团）都没有联合国的权威性和合法性。正如 2017 年 11 月召开的"基础四国"第 25 次气候变化部长级会议联合声明强调的，《公约》"是协调全球应对气候变化的首要国际论坛。鉴于此，他们重申联合国大会、国际民航组织、国际海事组织、《蒙特利尔议定书》以及'二十国集团'等其他多边论坛下气候变化相关问题的措施和成果应与《公约》下保持一致"。[①] 因此，推动联合国框架下的国际气候谈判取得实质性进展，把《巴黎协定》落在实处，是当前推动全球气候治理体系改革和建设的核心举措。为此，中国必须以更加积极姿态参与全球气候谈判议程和国际规则制定，站在广大发展中国家的立场上，做好发达国家与发展中国家协调的桥梁和纽带，并发挥更具有建设性的引领作用。2020 年以来，受到新冠疫情全球蔓延的严重影响和 2022 年俄乌冲突的震荡，当前的国际气候谈判正面临日益复杂的局面，发达国家尤其是欧盟的能源和经济受到较大冲击，发展中国家也面临前所未有的多重危机。但与此同时，全球气候变化的严重影响开始日益凸显，尤其是全球气候变化对脆弱的小岛屿国家和最不发达国家产生了严重影响，因而亟须加大全球减排力度。如前所述，2015 年《巴黎协定》达成以来，全球气候治理的制度建设已经取得积极进展，经受住了美国特朗普政府"退约"的冲击和新冠疫情的影响，显示出较强的韧性。2017 年的波恩气候大会（斐济主办）通过了"斐济实施动力"的一系列积极成果。2018 年的卡托维兹气候大会通过了

---

① 《"基础四国"第二十五次气候变化部长级会议联合声明》，搜狐网，http://www.sohu.com/a/207332453_100012627，最后访问日期：2018 年 7 月 25 日。

"卡托维兹气候一揽子协议"① 的相关决定。2019 年的马德里气候大会（智利主办）通过了《智利—马德里行动时刻》等文件。2021 年在英国格拉斯哥召开推迟了的《公约》缔约方第 26 次大会，通过了《格拉斯哥气候协议》等系列成果，完成了《巴黎协定》实施细则谈判，维护了多边主义的权威性和有效性，彰显了全球绿色低碳转型大势不可逆转，为低碳技术和产品的投资者树立信心，为全球低碳转型提供了足够的动力。在这一进程中，中国始终秉持构建人类命运共同体理念，发挥了建设性作用，比如在格拉斯哥气候大会上与美国发表了《中美关于在 21 世纪 20 年代强化气候行动的格拉斯哥联合宣言》，为大会的成功做出了积极贡献。

在后续的一系列谈判中，中国要继续发挥这种引领作用，一方面带头落实和巩固《巴黎协定》成果，另一方面促进后续谈判取得实质性进展，成为全球气候治理体系建设的积极推动力量，用《巴黎协定》下的气候制度为构建人类命运共同体夯实基础、引领方向。2018 年 5 月 20 日"基础四国"第二十六次气候变化部长级会议发表的联合声明，指出全球应对气候变化的进程不可逆转，更不能推迟，号召所有国家和其他相关方为了我们当前及子孙后代福祉，朝着构建人类命运共同体通力合作，通过气候适应性和低温室气体排放发展保护全球气候。② 这是"人类命运共同体"理念第一次写入"基础四国"气候变化部长级会议的联合声明，表明中国正在引领全球气候治理。

有学者指出，当前"中国—美国—欧盟"的地缘政治三角关系复杂而令人担忧，但面对人类社会的共同危机，当下也是共同围绕解决方案进行协调的关键时刻。③ 中国要在国际气候谈判中主动作为，积极加强与美国和欧盟的协调，在打造中欧绿色伙伴关系的同时，主动加强与美国的气候协调，把气候变化问题作为改善中美关系的重要突破口和战略支点。同

---

① COP24, "Katowice Climate Package, Proposal by the President, Informal Compilation of L-Documents Version," 15 December 2018, https://unfccc.int/sites/default/files/resource/Informal%20Compilation_proposal%20by%20the%20President_rev.pdf, accessed on 20 August 2019.

② 《第二十六次"基础四国"气候变化部长级会议在南非德班举行》，中国环境网，http://www.cenews.com.cn/news/201805/t20180530_875852.html，最后访问日期：2018 年 7 月 25 日。

③ Sam Geall, "Kick-Starting the Green Recovery in 2021: An Arc of Engagement for Sustainability," Briefing Paper, Chatham House, March 2021.

时，中国要站在发展中国家的立场，呼吁美国在减排承诺和资金技术援助等方面加大力度，推动全球气候治理制度建设取得实质性进展，进一步加强制度和机制的建设与完善，使之成为确保《巴黎协定》治理目标实现的坚实制度保障。正如习近平在2021年4月22日世界地球日美国拜登发起举办的领导人气候峰会上特别强调的："面对全球环境治理前所未有的困难，国际社会要以前所未有的雄心和行动，勇于担当，勠力同心，共同构建人与自然生命共同体。"[①]

（三）积极利用各种平台开展气候外交以调动和激发更多的行为体为全球气候治理贡献力量

全球气候治理议题已经上升为国际议程中的核心议题之一，从联合国框架下的各种会议到七国集团会议，从二十国集团峰会到亚太经合组织会议，都把全球气候治理作为重要议题。从"一带一路"倡议到推动构建"人类命运共同体"，中国已经为动员更多的行为体和激发这些行为体参与到全球气候治理中的积极性发挥了重要作用。在推动全球气候治理体系改革和建设的进程中，中国要凭借自己在国际舞台上不断增强的影响力积极推动全球气候治理中行为体的参与。一方面，通过各种外交平台和渠道，动员更多的行为体参与到全球气候治理行动中来；另一方面，通过有效的制度建设和机制运行，激发各行为体更大的能动性和积极性，最终调动最大多数的参与，推动形成合力，防止各种力量的相互抵消和冲突。随着气候议题成为国际议程中越来越重要的议题，传统外交领域有日益"气候化"的趋势。近年来，中国参与了许多高级别的多边外交领域的会议以及一些重要的双边国家领导人会晤，在这些重要的外交场合探讨的议题中几乎都有气候变化议题，比如二十国集团峰会、中欧领导人会晤、"基础四国"气候变化部长级会议等。利用这些传统外交渠道，中国可以积极推动气候议题，并把气候变化议题作为推动双边或多边关系的重要内容，与其他相关议题进行联结，比如可再生能源问题、经济贸易和投资问题，既积极推动各国政府的积极参与，也调动各种非国家行为体的参

---

① 习近平：《共同构建人与自然生命共同体——在"领导人气候峰会"上的讲话》，《人民日报》2021年4月23日，第2版。

与，从政府到城市，从非政府组织到跨国公司，汇聚更多的力量，激发更强的意愿。

非国家行为体一直是参与和影响全球气候治理进程的重要因素。早在20世纪80年代末90年代初全球气候治理的初始阶段，非国家行为体就参与其中，推动建设并塑造着全球气候治理体系。当前，非国家行为体在全球气候治理中的作用和影响力日益增强，它们在维护和推进全球气候治理的巴黎进程中发挥了重要作用，众多的非政府组织、次国家行为体发挥其在某些领域的积极作用，有力推动了全球气候治理行动的深入开展，也促使后巴黎时代全球气候治理的模式和特点发生了一定的变化，全球气候治理的多元共治特点进一步凸显。在非国家行为体的积极推动下，经过国际社会的努力，《巴黎协定》实施细则基本完成，全球气候治理开启了重要的"行动转向",[1] 需要更加多元的行为体形成合力，推动后巴黎时代的气候行动取得更大成效。新的不确定性的时代需要有志于推动全球气候治理朝既定目标发展的各种积极力量审时度势，真正从人类和平与发展的大义出发，贡献自己的智慧和力量。鉴于此，中国有必要从战略上加强非国家行为体在全球气候治理中的作用。一方面，借力国际非国家行为体推动《巴黎协定》实施及中国气候项目的落实和实施。另一方面，引导和鼓励中国的非国家行为体积极参与全球气候治理，使其融入推动全球气候治理朝既定目标迈进的积极力量洪流中，为中国政府积极参与全球气候治理建言献策、搭台引路、贡献力量；同时，也给它们创造良好条件和有利空间，为真正推动全球气候治理目标实现和制度建设贡献中国智慧和中国方案。

（四）积极发挥适度引领作用以推动全球气候治理领导格局朝绿色合作型国际领导发展

从参与者到贡献者，再到引领者，这种变化彰显了中国在全球气候治理中地位和作用的提升，体现了中国发挥更大作用的担当。当然，我国在全球气候治理中发挥引领作用，并不意味着要做出超越国情、发展阶段和

---

[1] 李慧明：《全球气候治理的"行动转向"与中国的战略选择》，《国际观察》2020年第3期。

自身实力的贡献,更不需要额外分担更多的义务而付出更大代价。就当前全球气候变化的紧迫性和中国在全球气候治理中的关键作用而言,中国需要积极发挥更大的建设性作用,并在全球气候治理中主动加强与美欧发达国家以及发展中国家的协调,以此来发挥积极的引领作用。中国对全球气候治理的引领,不是单纯依靠实力的"硬引领",而是要通过选择合适的引领方式、引领内容以及引领领域实现"软引领",发挥更多理念性和方向性作用,为全球气候治理贡献更多中国智慧和中国方案,为全球气候治理提供更多"公共物品"。上文已经指出,在当前的全球气候治理中,随着美国拜登政府在气候变化问题上的积极作为,包括在2021年的格拉斯哥气候大会和2022年的沙姆沙伊赫气候大会上的行动(美国总统拜登都亲自参加了会议,并在沙姆沙伊赫气候大会上宣布了新的倡议,以增强美国的领导作用)。[1] 为此,根据全球气候治理的特殊性和国际领导的普遍规律,中国要努力推动全球气候治理朝着绿色合作型国际领导发展。首先,这种绿色合作型国际领导是一种"绿色"的领导,以应对全球气候变化为最高宗旨,引导全球低碳转型潮流,推动世界各国经济社会发展朝着"绿色低碳"的方向转变。其次,这种国际领导以集体领导为核心特征,基于领导权的分享,与其他大国一道,共同带头、引领全球减排行动,为适应、资金、技术、能力建设等诸多问题共同创设制度和机制,推动全球气候治理深入发展。最后,这种国际领导是一种合作型领导,发挥领导作用的国家(或欧盟)基于当前的全球气候治理既定制度与规则相互协调行动,相互合作,共同为《巴黎协定》目标的实现贡献力量。作为这种绿色合作型国际领导的积极推动者、引领者和践行者,中国需要明确自身这种身份所赋予的价值内涵和战略要求。

第一,坚持贯彻构建人类命运共同体理念,积极推动和强化全球气候治理国际领导目标的公益性质。绿色合作型国际领导以维护地球家园气候系统的安全为宗旨,以促进全球绿色发展、低碳转型为手段,具有强烈的

---

[1] The White House, "FACT SHEET: President Biden Announces New Initiatives at COP27 to Strengthen U. S. Leadership in Tackling Climate Change," https://www.whitehouse.gov/briefing-room/statements-releases/2022/11/11/fact-sheet-president-biden-announces-new-initiativesat-cop27-to-strengthen-u-s-leadership-in-tackling-climate-change/, accessed on 16 November 2022.

公益性质。从长远来看，任何自利性较强的国际领导都不具有持久性和较强的合法性。中国所引领构筑的绿色合作型国际领导必须是一种公益性非常强的领导形态，同时，"绿色"是这种国际领导最重要的底色和标签。中国要以为人类做出新的更大贡献为自己的使命，推动自身绿色发展和引领全球低碳转型的紧密结合。正如习近平总书记在党的二十大报告中强调的："我们真诚呼吁，世界各国弘扬和平、发展、公平、正义、民主、自由的全人类共同价值，促进各国人民相知相亲，尊重世界文明多样性……共同应对各种全球性挑战。"[1]

第二，积极推动全球气候治理集体领导的构建。中国要正确看待自身在全球气候治理国际领导结构中的影响力，与一切致力于全球气候治理的积极力量通力合作，推动绿色合作型国际集体领导的构建，并坚持开放的态度，与美国、欧盟、加拿大、"基础四国"其他国家甚至小岛屿国家分享必要的领导权，促使集体领导持续巩固和强化。与此同时，除了这种政治上和战略上的呼应和合作之外，还要加强与欧盟等国家（国家集团）在具体领域的合作，这是推动构筑绿色合作型国际领导更具有现实性的要素。只有加强与欧盟等不同行为体在清洁能源、低碳技术和碳排放交易等领域的深度合作，才能真正在政策和利益方面形成一种持久性、战略性、自为性的相互合作关系，才能巩固集体领导的基础。

第三，以榜样和示范领导为主，更多发挥理念型和方向型引领作用。全球气候治理最核心的要素在于促进各国减少温室气体排放，这种结果并不能依靠强制手段实现。绿色合作型国际领导主要是通过自身的榜样与示范，为其他国家和地区提供更好的实践和行动的方向。通过引领其他缔约方一道前进，增加国际领导的合法性和持久性。与此同时，通过理念型和方向型引领，可以促进全球气候治理权力的功能化，使之成为实现《巴黎协定》目标的力量，而非某些国家实现制约他国的政治筹码。

如果中国按照上述要求，坚持以合作与开放的态度推动国际集体领导的发展，从构建人类命运共同体的理念出发强调全球气候治理国际领导目标的公益性质，并主要通过榜样和示范的方式予以引领，那么，这种绿色

---

[1] 习近平:《高举中国特色社会主义伟大旗帜　为全面建设社会主义现代化国家而团结奋斗——在中国共产党第二十次代表大会上的报告》，人民出版社，2022，第63页。

合作型国际领导必然会得到国际社会更高度的认同，其国际领导成效也必然会更高。当然，全球气候治理是一个涉及世界上几乎所有国家和地区的全球性集体行动，其困难程度和复杂程度也是任何其他全球性问题都难以比拟的。这就更需要中国协同国际领导的其他供给方，综合运用各种资源和手段，通过各种方式来实现全球气候治理体系改革的目标。

综上所述，当前全球气候治理正处于非常关键的十字路口。新冠疫情对全球治理产生了前所未有的深刻影响，全球复苏经济、保障基本经济社会发展成为刻不容缓的紧急任务，这在一定程度上弱化了各国对全球气候治理的积极性和关注度，积极气候行动的力量与"去气候化"的力量正在进行某种程度的较量，自私的国家利益与公共的人类社会共同利益也产生了激烈的冲突。气候变化问题从产生之时起，就不仅仅是一个简单的环境或科学问题。全球气候治理对世界各国经济社会发展具有近乎全方位的革命性影响，这既显示了气候变化问题的极端重要性（从而也就可以更加深入理解欧美气候新政的战略考量），也表明了气候变化问题的极端挑战性。有学者指出："确定的科学知识告诉我们，在全球范围内，我们需要在2050年实现净零排放，才能避免气候变化最严重的灾难性影响。但是，推动世界走上实现这一目标所需的轨道是极其具有挑战性的。这将需要一个范式的转变，需要下一次工业革命，涉及全球经济的每一个部门和社会的每一个方面。"[1] 可以说，当前正处于全球绿色复苏努力的关键时刻，需要世界各国更加深入围绕如何动态协调卫生健康、低碳发展和技术创新，加强国际合作和整体思考，从而推动并巩固全球绿色复苏的成果，确保人类的发展走在一条健康、绿色和安全的轨道上。越是在这样的新形势下，越需要中国从战略全局的高度来对待和处理气候变化问题。中国要顺应欧美气候新政的"势"而主动作为，在采取切实措施兑现自身承诺的同时，积极开展气候外交，推动欧美气候新政为全球气候治理取得进展注入更多正能量，从而做出更大的贡献。这不光是实现中国自身发展目标的需要，因为中国实现自身气候目标，特别是实现"十四五"规划提出的目标，将不仅仅取

---

[1] Bob Perciasepe, "A Net-Zero by 2050 Commitment Needs an Aggressive Interim Target," Center for Climate and Energy Solutions, https://www.c2es.org/2021/04/a-net-zero-by-2050-commitment-needs-an-aggressive-interim-target/, accessed on 10 May 2021.

决于国内的努力，同时也取决于国际合作；① 而且这也是中国从自身在当前全球气候治理新形势下的身份定位出发，维护全人类的共同利益、构建人类命运共同体的战略需要。

---

① Jiangwen Guo, "China's Role in Accelerating the Global Green Transition," Chatham House, 23 April 2021, https://www.chathamhouse.org/2021/04/chinas-role-accelerating-global-green-transition, accessed on 10 May 2021.

结　语

全球气候变化已经成为当前人类社会面临的最严峻挑战。频繁发生的极端天气、加速融化的北极冰川、消融的北极圈永久冻土层，都昭示着地球气候系统正在急剧变化。虽然2020年新冠疫情导致温室气体排放有所下降，但未能遏制气候变化的驱动因素，2019年和2020年全球主要温室气体的浓度仍在继续增加，气候变化带来的影响仍在加速。[①] 2021年8月，政府间气候变化专门委员会第六次评估报告第一工作组发布的最新报告向人类发出了更加明确而严厉的警告：自1850年以来，人类活动产生的温室气体排放已经导致全球气温升高约1.1℃，如果在未来20年内不采取力度更大的行动，全球平均气温升高预计将达到或超过1.5℃。[②] 2022年11月7日，在《公约》缔约方第27次大会中召开的"气候实施峰会"开幕式上，联合国秘书长古特雷斯呼吁在发达经济体和新兴经济体之间达成一项历史性协议——气候团结协议，呼吁采取更大行动，抓住正在日益关闭的机会之窗，所有国家在接下来十年内根据1.5℃的目标做出额外努力以减少排放。[③] 可以说，自从2015年应对气候变化的《巴黎协定》达成，全球气候治理的制度体系已趋于稳定。世界各国正在按照《巴黎协定》确立的各项原则和行动规则采取行动，非国家行为体的参与积极性也日渐增强，它们的参与渠道与路径也日渐多样化。《巴黎协定》表现出了较强的韧性

[①] World Meteorological Organization, *State of the Global Climate 2020*, WMO-No. 1264, 2021.

[②] IPCC, "Climate Change Widespread, Rapid, and Intensifying-IPCC," 9 August 2021, https://www.ipcc.ch/2021/08/09/ar6-wg1-20210809-pr/, 14 August 2021.

[③] António Guterres, "Remarks at High-Level Opening of COP 27 Climate Implementation Summit," Sharm El-Sheikh, 7 November 2022, https://www.un.org/sg/en/content/sg/statement/2022-11-07/secretary-generals-remarks-high-level-opening-of-cop27-delivered-scroll-down-for-all-english-version, accessed on 14 November 2022.

与稳定性，经受住了美国特朗普政府退出的冲击，也经受住了新冠疫情全球蔓延的考验。

　　毫无疑问，鉴于中国自身在全球气候治理中的客观影响力以及主观行动意愿的增强，中国正在成为全球气候治理的关键行为体。中国不仅加大了自身的减排力度，提出了雄心勃勃的2030年前碳达峰、2060年前碳中和的"双碳"目标，而且在应对气候变化的国际合作中发挥了更为积极的推动和引领作用，在全球气候治理制度建设的进程中发挥了更加具有建设性的作用。而统领中国内外气候行动的一个极为重要的理念就是推动构建人类命运共同体。这一重要理念不光使中国内外气候行动具有了一个更加明确的目标和方向，而且使中国在关乎全人类利益的全球行动中占据了道德高地，可以用其来凝聚最大的行动公约数，调动更加广泛的参与者的积极性，结成最广泛的行动统一战线，从而也在很大程度上缓解了奥兰·扬所竭力强调的治理人类世全球性挑战（气候变化）的"适配性难题"。① 正是这一理念，呼吁世界各国从人类的整体利益出发，站在全人类的视角来看待整个人类面临的发展难题；也正是这一理念，充分说明中国比以往任何时候都更加具有承担全球责任的政治意愿和行动能力。"坚持以维护世界和平、促进共同发展为宗旨推动构建人类命运共同体，是新时代对外工作的总目标。"② 正是在这一理念指导下，中国顺应全球气候治理新潮流，提出实现碳中和目标的重大战略，并强调这是党中央经过深思熟虑做出的重大战略决策，事关中华民族永续发展和构建人类命运共同体。③ 可以预见，在碳中和目标的推动下，中国将以更加积极的姿态参与并引领后巴黎时代的全球气候治理，推动治理体系朝着更加公正合理、合作共赢的方向发展。

　　无论是从全球气候治理体系本身的历史演进来看，还是从全球气候变化本身的治理难度而言，任何种类的治理体系都不可能毫无缺陷，全球气

---

① 〔美〕奥兰·扬：《复合系统：人类世的全球治理》，杨剑、孙凯译，上海人民出版社，2019。
② 中共中央宣传部、中华人民共和国外交部编《习近平外交思想学习纲要》，人民出版社、学习出版社，2021，第48页。
③ 《习近平主持召开中央财经委员会第九次会议强调 推动平台经济规范健康持续发展 把碳达峰碳中和纳入生态文明建设整体布局》，《人民日报》2021年3月16日，第1版。

候治理本身就是一个不断走向完善的过程。相比较而言，全球气候治理的巴黎模式在一定程度上避免和克服了京都模式的一些弊端，但其成效仍有待在实践中加以检验。如前所述，《巴黎协定》无疑已经确立了一系列有效运转的制度和机制，但仍然面临许多挑战。其中最核心的问题大概就是"国家自主贡献"机制在很大程度上仍然是一个"动员不足"的机制，许多评估机构（包括《公约》秘书处）对当前各缔约方的国家自主贡献评估表明，《公约》缔约方根据《巴黎协定》要求所提交的国家自主贡献仍然严重不足，无法实现《巴黎协定》提出的气候治理目标，当前依然存在巨大的排放差距。联合国环境规划署发布的2022年排放差距报告清晰地展现了这一点。该报告被命名为"正在关闭的窗户——气候危机呼吁社会快速转型"，[①] 指出当前的国家自主贡献距离实现《巴黎协定》确立的气候目标仍然有着巨大的差距，而气候变化带来的严重影响却已经开始明确显现，人类社会实现气候治理目标的机会之窗正在逐渐关闭。就此而言，中国从推动构建人类命运共同体的理念出发，推动全球气候治理体系进行改革和建设，一方面是为了进一步提高《巴黎协定》的有效性，推动更多的国家加强它们的行动力度，为弥补当前依然巨大的排放差距贡献中国的力量；另一方面也是顺应全球气候治理自身发展的客观需要，把中国的治理理念和思想融入了这一关系到全人类利益的重大治理行动之中，以便动员更大的参与，调动更高的行动积极性，最终为全球气候治理目标的实现做出中国应有的贡献。

鉴于全球气候变化对当前世界各国经济社会发展的全方位影响，全球气候治理体系建设与改革是一个涉及人类生活方方面面的系统性人类社会变革行动。一方面，这一行动始终是处于动态变化之中的，中国以推动构建人类命运共同体为指引的推动全球气候治理体系改革和建设的行动也必须时刻保持动态调整，适应不时变化的全球气候治理态势；另一方面，这也说明这一行动的复杂性和艰巨性，实现全球气候治理的目标事实上要对人类传统的生产生活方式进行颠覆性变革，这绝非仅凭借坚定的政治热情或政治意愿就能取得成效的，而需要系统的谋划和持续的推动，而且还需

[①] UNEP, *Emission Gap Report 2022: The Closing Window-Climate Crisis Calls for Rapid Transformation of Societies*, Narobi, 2022.

要世界各国（尤其是主要大国）在一个无政府体系中进行有效的协调，采取协同行动，而且更需要有客观上的技术支撑、经济制度保障乃至几代人生活观念与文化模式变革的支持。因此，全球气候治理体系的改革和建设将是一个长期的过程，也是一个纵向（从全球到国际到国家再到地方层面）与横向（就一国范围而言的政治、经济、社会、生态和文化层面）许许多多因素相互交织的系统性工程。"为了我们共同的未来，国际社会应当秉持人类命运共同体理念，追求人与自然和谐、追求绿色发展繁荣、追求热爱自然情怀、追求科学治理精神、追求携手合作应对，以前所未有的雄心和行动，勇于担当，勠力同心，共同医治生态环境的累累伤痕，共同营造和谐宜居的人类家园，共同构建地球生命共同体，开启人类高质量发展新征程。"[①]

[①] 中共中央宣传部、中华人民共和国外交部编《习近平生态文明思想学习纲要》，人民出版社、学习出版社，2022，第100页。

参考文献

一 中文部分

专著

《马克思恩格斯文集》(第1卷),人民出版社,2009。

习近平:《决胜全面建成小康社会 夺取新时代中国特色社会主义伟大胜利——在中国共产党第十九次全国代表大会上的报告》,人民出版社,2017。

习近平:《论坚持推动构建人类命运共同体》,中央文献出版社,2018。

习近平:《论坚持人与自然和谐共生》,中央文献出版社,2022。

习近平:《习近平谈治国理政》(第四卷),外文出版社,2022。

习近平:《高举中国特色社会主义伟大旗帜 为全面建设社会主义现代化国家而团结奋斗——在中国共产党第二十次代表大会上的报告》,人民出版社,2022。

中共中央文献研究室编《习近平关于社会主义生态文明建设论述摘编》,中央文献出版社,2017。

中共中央宣传部、中华人民共和国外交部编《习近平外交思想学习纲要》,人民出版社、学习出版社,2021。

中共中央宣传部、中华人民共和国生态环境部编《习近平生态文明思想学习纲要》,学习出版社、人民出版社,2022。

薄燕:《全球气候变化治理中的中美欧三边关系》,上海人民出版社,2012。

薄燕、高翔:《中国与全球气候治理机制的变迁》,上海人民出版社,2017。

蔡林海:《低碳经济:绿色革命与全球创新竞争大格局》,经济科学出版社，2009。

蔡拓、杨雪冬、吴志成主编《全球治理概论》，北京大学出版社，2016。

陈岳、蒲俜：《构建人类命运共同体》，中国人民大学出版社，2018。

董亮：《全球气候治理中的科学与政治互动》，世界知识出版社，2018。

樊勇明：《西方国际政治经济学》（第二版），上海人民出版社，2006。

高小升：《欧盟气候政策研究》，社会科学文献出版社，2015。

国际能源署编著《世界能源展望中国特别报告》，石油工业出版社，2017。

胡鞍钢：《中国：创新绿色发展》，中国人民大学出版社，2012。

胡鞍钢：《超级中国》，浙江人民出版社，2015。

郇庆治：《环境政治国际比较》，山东大学出版社，2007。

郇庆治主编《环境政治学：理论与实践》，山东大学出版社，2007。

郇庆治：《文明转型视野下的环境政治》，北京大学出版社，2018。

姜冬梅、张孟衡、陆根法主编《应对气候变化》，中国环境科学出版社，2007。

李慧明：《生态现代化与气候治理——欧盟国际气候谈判立场研究》，社会科学文献出版社，2017。

李昕蕾：《清洁能源外交：全球态势与中国路径》，中国社会科学出版社，2019。

厉以宁、傅帅雄、尹俊：《经济低碳化》，江苏人民出版社，2014。

刘建飞：《引领：推动构建人类命运共同体》，中共中央党校出版社，2018。

潘家华：《气候变化经济学》（上、下卷），中国社会科学出版社，2018。

庞中英主编《中国学者看世界·全球治理卷》，新世界出版社，2007。

秦亚青：《权力·制度·文化：国际关系理论与方法研究文集》，北京大学出版社，2005。

秦亚青：《世界政治的关系理论》，上海人民出版社，2021。

世界银行、国务院发展研究中心联合课题组：《2030年的中国：建设现代、和谐、有创造力的社会》，中国财政经济出版社，2013。

碳达峰碳中和工作领导小组办公室、全国干部培训教材编审指导委员会办公室组织编写《碳达峰碳中和干部读本》，党建读物出版社，2022。

王伟光、郑国光主编《应对气候变化报告（2015）——巴黎的新起点和新希望》，社会科学文献出版社，2015。

王毅等:《绿色发展改变中国:如何看中国生态文明建设》,外文出版社,2019。

王逸舟:《国际政治概论》,北京大学出版社,2012。

王之佳编著《中国环境外交》(上、下),中国环境科学出版社,2012。

肖兰兰:《互动视域下中国参与国际气候制度建构研究》,人民出版社,2019。

谢伏瞻、刘雅鸣主编《应对气候变化报告(2019)》,社会科学文献出版社,2019。

谢伏瞻、庄国泰主编《应对气候变化报告(2021)》,社会科学文献出版社,2021。

解振华、潘家华:《中国的绿色发展之路》,外文出版社,2018。

薛晓源、周战超主编《全球化与风险社会》,社会科学文献出版社,2005。

于宏源:《国际气候环境外交:中国的应对》,东方出版中心,2013。

于宏源编著《环境变化和权势转移:制度、博弈和应对》,上海人民出版社,2011。

袁倩主编《全球气候治理》,中央编译出版社,2017。

张海滨:《环境与国际关系:全球环境问题的理性思考》,上海人民出版社,2008。

张海滨:《气候变化与中国国家安全》,时事出版社,2010。

张海滨等:《全球气候治理的中国方案》,五洲传播出版社,2021。

赵斌:《全球气候政治中的新兴大国群体化:结构、进程与机制分析》,社会科学文献出版社,2019。

赵汀阳:《天下体系——世界制度哲学导论》,中国人民大学出版社,2011。

赵汀阳:《天下的当代性:世界秩序的实践与想象》,中信出版社,2016。

郑永年:《通往大国之路:中国与世界秩序的重塑》,东方出版社,2011。

中华人民共和国国务院新闻办公室:《新时代的中国与世界》,人民出版社,2019。

中华人民共和国国务院新闻办公室:《中国应对气候变化的政策与行动》,人民出版社,2021。

朱松丽、高翔:《从哥本哈根到巴黎:国际气候制度的变迁和发展》,清华大学出版社,2017。

庄贵阳、陈迎:《国际气候制度与中国》,世界知识出版社,2005。

邹骥等:《论全球气候治理——构建人类发展路径创新的国际体制》,中国计划出版社,2015。

译著

〔英〕安东尼·吉登斯:《气候变化的政治》,曹荣湘译,社会科学文献出版社,2009。

〔美〕奥兰·扬:《世界事务中的治理》,陈玉刚、薄燕译,上海人民出版社,2007。

〔美〕奥兰·扬:《复合系统:人类世的全球治理》,杨剑、孙凯译,上海人民出版社,2019。

〔美〕彼得·卡赞斯坦、罗伯特·基欧汉、斯蒂芬·克拉斯纳编《世界政治理论的探索与争鸣》,秦亚青等译,上海人民出版社,2006。

〔美〕查尔斯·金德尔伯格:《世界经济霸权1500~1990》,高祖贵译,商务印书馆,2003。

〔美〕格雷厄姆·艾莉森:《注定一战:中美能避免修昔底德陷阱吗?》,陈定定、傅强译,上海人民出版社,2019。

〔美〕理查德·伯恩斯坦、罗斯·芒罗:《即将到来的美中冲突》,隋丽君等译,新华出版社,1997。

〔美〕莉萨·马丁、贝思·西蒙斯:《国际制度》(第2版),黄仁伟等译,上海人民出版社,2018年。

〔德〕马丁·耶内克、克劳斯·雅各布:《全球视野下的环境管治——生态与政治现代化的新方法》,李慧明、李昕蕾译,山东大学出版社,2012。

〔美〕曼瑟·奥尔森:《集体行动的逻辑:公共物品与集团理论》,陈郁、郭宇峰、李崇新译,格致出版社、上海人民出版社,2018。

〔美〕史蒂文·卢卡斯:《权力:一种激进的观点》,彭斌译,江苏人民出版社,2012。

世界环境与发展委员会:《我们共同的未来》,王之佳等译,吉林人民出版社,1997。

〔美〕亚历山大·温特:《国际政治的社会理论》,秦亚青译,上海人民出版社，2010。

〔美〕约瑟夫·奈：《权力大未来》，王吉美译，中信出版社，2012。

〔美〕朱迪斯·戈尔茨坦、罗伯特·O. 基欧汉：《观念与外交政策：信念、制度与政治变迁》，刘东国、于军译，北京大学出版社，2005。

文章

习近平：《携手构建合作共赢新伙伴　同心打造人类命运共同体——在第七十届联合国大会一般性辩论时的讲话》，《人民日报》2015年9月29日，第2版。

习近平：《共同构建人类命运共同体——在联合国日内瓦总部的演讲》，《人民日报》2017年1月20日，第2版。

习近平：《携手建设更加美好的世界——在中国共产党与世界政党高层对话会上的主旨讲话》，《光明日报》2017年12月2日，第2版。

习近平：《推动我国生态文明建设迈上新台阶》，《求是》2019年第3期。

习近平：《在第七十五届联合国大会一般性辩论上的讲话》，《人民日报》2020年9月23日，第3版。

习近平：《共同构建人与自然生命共同体——在"领导人气候峰会"的讲话》，《人民日报》2021年4月23日，第2版。

习近平：《共同构建地球生命共同体——在〈生物多样性公约〉第十五次缔约方大会领导人峰会上的主旨讲话》，《人民日报》2021年10月13日，第2版。

习近平：《坚定信心　勇毅前行　共创后疫情时代美好世界——在2022年世界经济论坛视频会议的演讲》，《人民日报》2022年1月18日，第2版。

《习近平主持召开中央财经委员会第九次会议强调推动平台经济规范健康持续发展　把碳达峰碳中和纳入生态文明建设整体布局》，《人民日报》2021年3月16日，第1版。

《习近平在中共中央政治局第三十六次集体学习时强调　深入分析推进碳达峰碳中和工作面临的形势任务　扎扎实实把党中央决策部署落到实处》，《人民日报》2022年1月26日，第1、3版。

薄燕、陈志敏：《全球气候变化治理中欧盟领导能力的弱化》，《国际问题研究》2011 年第 1 期。

薄燕、陈志敏：《全球气候治理中的中国与欧盟》，《现代国际关系》2009 年第 2 期。

薄燕、高翔：《原则与规则：全球气候变化治理机制的变迁》，《世界经济与政治》2014 年第 2 期。

薄燕：《"京都进程"的领导者：为什么是欧盟不是美国?》，《国际论坛》2008 年第 5 期。

薄燕：《〈巴黎协定〉坚持的"共区原则"与国际气候治理机制的变迁》，《气候变化研究进展》2016 年第 3 期。

薄燕：《合作意愿与合作能力——一种分析中国参与全球气候变化治理的新框架》，《世界经济与政治》2013 年第 1 期。

薄燕：《全球气候治理中的中美欧三边关系：新变化与连续性》，《区域与全球发展》2018 年第 2 期。

蔡拓、杨昊：《国际公共物品的供给：中国的选择与实践》，《世界经济与政治》2012 年第 10 期。

蔡拓：《全球治理的中国视角与实践》，《中国社会科学》2004 年第 1 期。

蔡拓：《中国如何参与全球治理》，《国际观察》2014 年第 1 期。

曹慧：《全球气候治理中的中国与欧盟：理念、行动、分歧与合作》，《欧洲研究》2015 年第 5 期。

曹明德：《中国参与国际气候治理的法律立场和策略：以气候正义为视角》，《中国法学》2016 年第 1 期。

柴麒敏等：《特朗普"去气候化"政策对全球气候治理的影响》，《中国人口·资源与环境》2017 年第 8 期。

巢清尘等：《〈巴黎协定〉——全球气候治理的新起点》，《气候变化研究进展》2016 年第 1 期。

陈俊：《我们彼此亏欠什么：论全球气候正义》，《哲学研究》2012 年第 7 期。

陈须隆：《人类命运共同体理论在习近平外交思想中的地位和意义》，《当代世界》2016 年第 7 期。

陈迎：《国际气候制度的演进及对中国谈判立场的分析》，《世界经济与政治》2007 年第 2 期。

陈迎：《中国在气候公约演化进程中的作用与战略选择》，《世界经济与政治》2002年第5期。

董亮：《欧盟在巴黎气候进程中的领导力：局限性与不确定性》，《欧洲研究》2017年第3期。

冯存万：《人类命运共同体理念视角下的中国气候治理援助》，《领导科学论坛》2017年第21期。

冯相昭等：《从国家自主贡献承诺看全球气候治理体系的变化》，《世界环境》2015年第6期。

冯雪珺、强薇：《应对气候变化，中国展现引导力》，《人民日报》2017年11月19日，第3版。

傅莎、柴麒敏、徐华清：《美国宣布退出〈巴黎协定〉后全球气候减缓、资金和治理差距分析》，《气候变化研究进展》2017年第5期。

高翔、滕飞：《〈巴黎协定〉与全球气候治理体系的变迁》，《中国能源》2016年第2期。

高翔、王文涛、戴彦德：《气候公约外多边机制对气候公约的影响》，《世界经济与政治》2012年第4期。

国纪平：《建立以合作共赢为核心的新型国际关系》，《人民日报》2013年3月24日，第1版。

国纪平：《为世界许诺一个更好的未来——论迈向人类命运共同体》，《人民日报》2015年5月18日，第1版。

何建坤：《〈巴黎协定〉后全球气候治理的形势与中国的引领作用》，《中国环境管理》2018年第1期。

何建坤：《诋毁〈哥本哈根协定〉就是否认历史"气候债"》，《人民日报》2010年1月5日，第23版。

何建坤：《全球低碳化转型与中国的应对战略》，《气候变化研究进展》2016年第5期。

何建坤：《全球气候治理新形势及我国对策》，《环境经济管理》2019年第3期。

何建坤：《全球气候治理形势与我国低碳发展对策》，《中国地质大学学报》（社会科学版）2017年第5期。

郇庆治：《改革开放四十年中国共产党绿色现代化话语的嬗变》，《云梦学刊》2019年第1期。

郇庆治：《人类命运共同体视野下的全球资源环境安全文化建构》，《太平洋学报》2019年第1期。

郇庆治：《生态文明建设是新时代的"大政治"》，《北京日报》2018年7月16日，第13版。

郇庆治：《生态文明建设与人类命运共同体构建》，《中央社会主义学院学报》2019年第4期。

郇庆治：《习近平生态文明思想中的传统文化元素》，《福建师范大学学报》（哲学社会科学版）2019年第6期。

郇庆治：《论习近平生态文明思想的世界意义与贡献》，《国外社会科学》2022年第2期。

郇庆治、余欢欢：《习近平生态文明思想及其对全球环境治理的中国贡献》，《学习时报》2022年第1期。

《加拿大环境及气候变化部部长凯瑟琳·麦肯纳：加中在全球环境事务中将扮演主导角色》，《中国青年报》2017年12月13日，第6版。

《坚决打好污染防治攻坚战 推动生态文明建设迈上新台阶》，《人民日报》2018年5月20日，第1版。

《建立以合作共赢为核心的新型国际关系》，《人民日报》2013年3月24日，第1版。

康晓：《人类命运共同体视角下的亚太区域气候治理：观念与路径》，《区域与全球发展》2018年第1期。

寇静娜、张锐：《疫情后谁将继续领导全球气候治理——欧盟的衰退与反击》，《中国地质大学学报》（社会科学版）2021年第1期。

李波、刘昌明：《人类命运共同体视域下的全球气候治理：中国方案与实践路径》，《当代世界与社会主义》2019年第5期。

李海棠：《新形势下国际气候治理体系的构建——以〈巴黎协定〉为视角》，《中国政法大学学报》2016年第3期。

李佩：《欧盟气候变化领导力下降的原因及其影响》，华东师范大学，硕士学位论文，2016年。

李昕蕾、王彬彬：《国际非政府组织与全球气候治理》，《国际展望》2018年第5期。

李昕蕾：《非国家行为体参与全球气候治理的网络化发展：模式、动因及影响》，《国际论坛》2018年第2期。

李昕蕾：《美国非国家行为体参与全球气候治理的多维影响力分析》，《太平洋学报》2019年第6期。

李昕蕾：《全球清洁能源治理的跨国主义范式——多元网络化发展的特点、动因及挑战》，《国际观察》2017年第6期。

刘建飞：《"中国责任论"考验和平发展》，《现代国际关系》2007年第4期。

刘同舫：《构建人类命运共同体对历史唯物主义的原创性贡献》，《中国社会科学》2018年第7期。

吕江：《〈巴黎协定〉：新的制度安排、不确定性及中国选择》，《国际观察》2016年第3期。

马建英：《从科学到政治：全球气候变化问题的政治化》，《国际论坛》2012年第6期。

牛海彬：《"中国责任论"析论》，《现代国际关系》2007年第3期。

潘家华、王谋：《国际气候谈判新格局与中国的定位问题探讨》，《中国人口·资源与环境》2014年第4期。

潘家华等：《低碳经济的概念辨识及核心要素分析》，《国际经济评论》2010年第4期。

潘家华：《负面冲击 正向效应——美国总统特朗普宣布退出〈巴黎协定〉的影响分析》，《中国科学院院刊》2017年第9期。

潘家华：《应对气候变化的后巴黎进程：仍需转型性突破》，《环境保护》2015年第24期。

潘岳：《环境文化与民族复兴》，《经济社会体制比较》2003年第6期。

庞中英：《全球治理赤字及其解决——中国在解决全球治理赤字中的作用》，《社会科学》2016年第12期。

庞中英：《效果不彰的多边主义和国际领导赤字——兼论中国在国际集体行动中的领导责任》，《世界经济与政治》2010年第6期。

庞中英：《中国面临的国际领导悖论及其克服》，《探索与争鸣》2017年第12期。

彭本利：《习近平共同体理念下的环境治理和全球气候治理》，《广西社会科学》2018年第1期。

《气候变化巴黎大会通过〈巴黎协定〉 全球气候治理迈出历史性步伐》，《人民日报》2015年12月14日，第3版。

《强化应对气候变化行动——中国国家自主贡献》，《人民日报》2015年7月1日，第22版。

曲格平：《从斯德哥尔摩到约翰内斯堡的发展道路》，《中国环保产业》2002年第12期。

申孟哲：《大国如何避免"修昔底德陷阱"?》，《人民日报》（海外版）2015年11月27日，第16版。

苏伟、吕学都、孙国顺：《未来联合国气候变化谈判的核心内容及前景展望——"巴厘路线图"解读》，《气候变化研究进展》2008年第1期。

苏长和：《中国与全球治理——进程、行为、结构与知识》，《国际政治研究》2011年第1期。

孙学峰、李银朱：《中国与77国集团气候变化合作机制研究》，《国际政治研究》2013年第1期。

孙悦、于潇：《人类命运共同体视域下中国推动全球气候治理转型的研究》，《东北亚论坛》2019年第6期。

〔挪威〕唐更克、何秀珍、本约朗：《中国参与全球气候变化国际协议的立场与挑战》，刘文俊译，陈迎、潘家华校，《世界经济与政治》2002年第8期。

腾飞：《"去全球化"背景下中国引领全球气候治理的机遇与挑战》，谢伏瞻、刘雅鸣主编《应对气候变化报告（2018）》，社会科学文献出版社，2018。

王文、刘锦涛：《中美在气候治理中的合作与博弈》，《中国外汇》2021年第9期。

王瑜贺：《命运共同体视角下全球气候治理机制创新》，《中国地质大学学报》（社会科学版）2018年第3期。

温泉、李绍飞：《解振华：希望世界真实理解中国发展阶段》，《瞭望》2013年第43期。

温泉、李绍飞：《潘家华：加强气候变化基础研究》，《瞭望》2013年第43期。

〔德〕乌尔里希·贝克：《从工业社会到风险社会——关于人类生存、社会结构和生态启蒙等问题的思考》，王武龙编译，薛晓源、周战超主编《全球化与风险社会》，社会科学文献出版社，2005。

吴晓军：《改革开放后中国生态环境保护历史评析》，《甘肃社会科学》2004年第1期。

肖兰兰：《拜登气候政策初探》，《现代国际关系》2021年第5期。

肖兰兰：《国际气候制度在中国内化的表现、动力及其影响》，《理论月刊》2015年第8期。

肖兰兰：《中国在国际气候谈判中的身份定位及其对国际气候制度的建构》，《太平洋学报》2013年第2期。

肖兰兰：《碳中和背景下的全球气候治理：中国推动构建人类命运共同体的生态路径》，《福建师范大学学报》（哲学社会科学版）2022年第2期。

谢来辉：《领导者作用与全球气候治理的发展》，《太平洋学报》2012年第1期。

谢来辉：《为什么欧盟积极领导应对气候变化？》，《世界经济与政治》2012年第8期。

严双伍、肖兰兰：《中国参与国际气候谈判的立场演变》，《当代亚太》2010年第1期。

杨永清、李志：《"人类命运共同体"理念下全球气候治理的国家责任》，《哈尔滨师范大学社会科学学报》2018年第4期。

俞可平：《全球治理引论》，《马克思主义与现实》2002年第1期。

于宏源、王文涛：《制度碎片和领导力缺失：全球环境治理双赤字研究》，《国际政治研究》2013年第3期。

于宏源、余博闻：《低碳经济背景下的全球气候治理新趋势》，《国际问题研究》2016年第5期。

于宏源：《〈巴黎协定〉、新的全球气候治理与中国的战略选择》，《太平洋学报》2016年第11期。

于宏源：《2015年气候治理发展及动向展望》，《上海交通大学学报》（哲学社会科学版）2016年第1期。

于宏源：《全球气候治理伙伴关系网络与非政府组织的作用》，《太平洋学报》2019 年第 11 期。

于宏源:《试析全球气候变化谈判格局的新变化》,《现代国际关系》2012 年第 6 期。

袁倩:《〈巴黎协定〉与全球气候治理机制的转型》,《国外理论动态》2017 年第 2 期。

张海滨等:《美国退出〈巴黎协定〉的原因、影响及中国的对策》,《气候变化研究进展》2017 年第 5 期。

张海滨:《气候变化与中国的国家战略——王缉思教授访谈》,《国际政治研究》2009 年第 4 期。

张海滨:《中国与国际气候变化谈判》,《国际政治研究》2007 年第 1 期。

张海滨:《关于全球气候治理若干问题的思考》,《华中科技大学学报》(社会科学版)2022 年第 5 期。

张红:《西方再炒"中国威胁论" 他们眼中"东方睡狮"已醒来》,《人民日报》(海外版)2018 年 2 月 13 日,第 10 版。

张磊:《国际气候政治集团化:功能、演化与前景》,《新视野》2010 年第 2 期。

张丽华、李雪婷:《人类命运共同体理念下中国在气候合作上的定位与实践》,《长江丛刊》2019 年第 27 期。

张梅:《绿色发展:全球态势与中国的出路》,《国际问题研究》2013 年第 5 期。

张文木:《中国需要经营和治理世界的经验》,《世界经济与政治》2010 年第 7 期。

张永香等:《美国退出〈巴黎协定〉对全球气候治理的影响》,《气候变化研究进展》2017 年第 5 期。

赵斌:《人类命运共同体理念与全球气候治理创新》,《西安交通大学学报》(社会科学版)2021 年第 2 期。

赵斌:《全球气候治理的复杂困局》,《现代国际关系》2021 年第 4 期。

赵斌、谢淑敏:《"跨大西洋气候行动":拜登执政以来美欧气候政治析论》,《福建师范大学学报》(哲学社会科学版)2022 年第 4 期。

赵行姝:《〈巴黎协定〉与特朗普政府的履约前景》,《气候变化研究进展》2017 年第 5 期。

赵行姝:《拜登政府的气候新政及其影响》,《当代世界》2021 年第 5 期。

周安平:《人类命运共同体概念探讨》,《法学评论》2018 年第 4 期。

周伟铎、庄贵阳:《美国重返〈巴黎协定〉后的全球气候治理:争夺领导力还是走向全球共识?》,《太平洋学报》2021 年第 9 期。

庄贵阳、薄凡、张靖:《中国在全球气候治理中的角色定位与战略选择》,《世界经济与政治》2018 年第 4 期。

庄贵阳、陈迎:《试析国际气候谈判中的国家集团及其影响》,《太平洋学报》2001 年第 2 期。

庄贵阳、周伟铎:《非国家行为体参与和全球气候治理体系转型——城市与城市网络的角色》,《外交评论》2016 年第 3 期。

庄贵阳、周伟铎:《全球气候治理模式转变及中国的贡献》,《当代世界》2016 年第 1 期。

庄贵阳:《后京都时代国际气候治理与中国的战略选择》,《世界经济与政治》2008 年第 8 期。

曾文革、冯帅:《巴黎协定能力建设条款:成就、不足与展望》,《环境保护》2015 年第 24 期。

研究报告与网络资源

《习近平主席 2014 年 3 月 28 日在德国科尔伯基金会的演讲》,新华网,http://news.xinhuanet.com/world/2014-03/29/c_1110007614.htm,最后访问日期:2014 年 5 月 8 日。

习近平:《齐心开创共建"一带一路"美好未来——在第二届"一带一路"国际合作高峰论坛开幕式上的主旨演讲》,中国一带一路网,https://www.yidaiyilu.gov.cn/xwzx/xgcdt/87858.htm,最后访问日期:2020 年 2 月 26 日。

习近平:《携手构建合作共赢、公平合理的气候变化治理机制——在气候变化巴黎大会开幕式上的讲话》,新华网,http://www.xinhuanet.com/world/2015-12/01/c_1117309642.htm,最后访问日期:2015 年 12 月 15 日。

《2018 年 12 月 17 日外交部发言人华春莹主持例行记者会》,外交部网站,https://www.fmprc.gov.cn/web/wjdt_674879/zcjd/201812/t20181217_971

1965. shtml，最后访问日期：2018年12月25日。

BP：《BP世界能源统计年鉴2019：2018年的中国能源市场》，https：∥www.bp.com/content/dam/bp/country-sites/zh_cn/china/home/reports/statistical-review-of-world-energy/2019/2019sronepager.pdf，最后访问日期：2020年1月11日。

《第二十次中国欧盟领导人会晤联合声明》，新华网，http：∥www.xinhuanet.com/politics/2018 - 07/16/c_1123133778.htm，最后访问日期：2018年10月20日。

《第二十六次"基础四国"气候变化部长级会议在南非德班举行》，生态环境部网站，http：∥www.zhb.gov.cn/gkml/sthjbgw/qt/201805/t20180529_441752.htm，最后访问日期：2018年7月25日。

《对于拜登政府的"气候承诺"西方媒体提出了三大质疑》，央视网环球资讯+，http：∥m.news.cctv.com/2021/04/27/ARTI3OQ4SaySznNdvrqRG2i8210427.shtml，最后访问日期：2021年5月10日。

《法国外长、中国国务委员兼外长、联合国秘书长气候变化会议新闻公报》，外交部网站，https：∥www.fmprc.gov.cn/web/ziliao_674904/zt_674979/dnzt_674981/xzxzt/xjpcf1127_695335/zxxx_695337/t1618237.shtm，最后访问日期：2018年10月25日。

《关于推进绿色"一带一路"建设的指导意见》，国务院新闻办公室网站，http：∥www.scio.gov.cn/xwfb/gwyxwbgsxwfbh/wqfbh_2284/2018n_7138/2018n07y09r/wjxgzc_7593/202207/t20220715_208449.html，最后访问日期：2019年6月6日。

《"基础四国"第二十五次气候变化部长级会议联合声明》，搜狐网，http：∥www.sohu.com/a/207332453_100012627，最后访问日期：2018年7月25日。

麦肯锡全球研究院：《中国与世界：理解变化中的经济联系》，2019年7月。

《美国退出〈巴黎协定〉澳洲表示不会追随》，海外网，2017年6月5日，http：∥m.haiwainet.cn/middle/3542250/2017/0605/content_30949609_1.html，最后访问日期：2019年6月6日。

《美国退出〈京都议定书〉 国际社会一片哗然》，搜狐网，http：∥news.sohu.

com/99/61/news144456199. shtml，最后访问日期：2019 年 6 月 6 日。

《美国退出巴黎协定小伙伴很不爽，日本怒批与人类智慧背道而驰》，澎湃新闻网，https：//www. thepaper. cn/newsDetail_forward_1699425，最后访问日期：2019 年 6 月 6 日。

《特朗普政府正式宣布废除〈清洁电力计划〉》，新华网，http：//news. xinhuanet. com/world/2017 - 10/11/c_1121786263. htm，最后访问日期：2017 年 11 月 28 日。

《"条约数据库"多边环境条约数据》，外交部网站，http：//treaty. mfa. gov. cn/Treaty/web/index. jsp，最后访问日期：2020 年 10 月 10 日。

《推动共建丝绸之路经济带和 21 世纪海上丝绸之路的愿景与行动》，中国一带一路网，https：//www. yidaiyilu. gov. cn/wcm. files/upload/CMSydylgw/201702/201702070519013. pdf，最后访问日期：2019 年 6 月 5 日。

《外交部：无论其他国家立场如何变化 中国将认真履行〈巴黎协定〉》，央广网，https：//china. cnr. cn/NewsFeeds/20170601/t20170601_523781975. shtml，最后访问日期：2019 年 6 月 6 日。

王毅：《合作应对气候变化，建设全球生态文明——在联合国气候行动峰会上的发言》，新华网，http：//www. xinhuanet. com/world/2019 - 09/24/c_1125030505. htm，最后访问日期：2019 年 9 月 26 日。

《维也纳条约法公约》，中国人大网，http：//www. npc. gov. cn/wxzl/gongbao/2000 - 12/07/content_5003752. htm，最后访问日期：2019 年 6 月 6 日。

《"一带一路"国际合作高峰论坛圆桌峰会联合公报》，新华网，http：//www. xinhuanet. com//world/2017 - 05/15/c_1120976819. htm，最后访问日期：2019 年 6 月 26 日。

张家伟、任珂、冯俊伟：《新闻分析：联合国气候变化马德里大会留下了什么》，新华网，http：//www. xinhuanet. com//2019 - 12/16/c_1125353589. htm，最后访问日期：2020 年 1 月 10 日。

《中共中央关于制定国民经济和社会发展第十三个五年规划的建议》，新华网，http：//news. xinhuanet. com/fortune/2015 - 11/03/c_1117027676. htm，最后访问日期：2019 年 6 月 6 日。

《中国应对气候变化的政策与行动 2019 年度报告》，2019 年 11 月，生态环境部网站，https：//www. mee. gov. cn/ywgz/ydqhbh/qhbhlf/201911/P020

200121308824288893.pdf，最后访问日期：2020 年 3 月 21 日。

二 英文部分

专著

Detlef Sprinz and Urs Luterbacher, eds., *International Relations and Global Climate Change: New Perspectives*, 2nd Edition, Cambridge: The MIT Press, 2016.

Harro van Asselt, *The Fragmentation of Global Climate Governance: Consequences and Management of Regime Interactions*, Cheltenham, UK: Edward Elgar, 2014.

Heike Schröder, *Negotiating the Kyoto Protocol: An Analysis of Negotiation Dynamics in International Negotiations*, Münster: LIT Verlag, 2001.

Irving M. Mintzer and J. Amber Leonard, eds., *Negotiating Climate Change: The Inside Story of the Rio Convention*, Cambridge: Cambridge University Press, 1994.

Joachim A. Koops and Gjovalin Macaj, eds., *The European Union as a Diplomatic Actor*, Hampshire: Palgrave Macmillan, 2015.

Matthew J. Hoffmann, *Climate Governance at the Crossroads: Experimenting with a Global Response after Kyoto*, New York: Oxford University Press, 2011.

Maxwell T. Boykoff, ed., *The Politics of Climate Change: A Survey*, 1st Edition, London and New York: Routledge, 2010.

Michael Howlett and M. Ramesh, *Studying Public Policy: Policy Cycles and Policy Subsystems*, 2nd Edition, Oxford: Oxford University Press, 2003.

Miranda A. Schreurs and Elizabeth Economy, eds., *The Internationalization of Environmental Protection*, Cambridge: Cambridge University Press, 1997.

Nicolas Stern, *The Economics of Climate Change: The Stern Review*, Cambridge: Cambridge University Press, 2006.

Oran R. Young, *International Cooperation: Building Regimes for National Resources and the Environment*, Ithaca: Cornell University Press, 1989.

Paul G. Harris, ed., *Global Warming and East Asia: Domestic and International*

Politics of Climate Change, London: Routledge, 2003.

Paul G. Harris, *What's Wrong with Climate Politics and How to Fix It*, Cambridge: Polity, 2013.

Robert O. Keohane, *International Institutions and State Power*, Boulder: Westview, 1989.

Rüdiger K. W. Wurzel and James Connelly, eds., *The European Union as a Leader in International Climate Change Politics*, London: Routledge, 2011.

Sebastian Oberthür and Hermann E. Ott, *The Kyoto Protocol: International Climate Policy for the 21st Cencury*, Berlin: Springer, 1999.

Sebastian Oberthür and Marc Pallemaerts, eds., *The New Climate Policies of the European Union: Internal Legislation and Climate Diplomacy*, Brussels: VUBPRESS, Brussels University Press, 2010.

The Commission on Global Governance, *Our Global Neighbourhood: The Report of the Commission on Global Governance*, Oxford; New York: Oxford University Press, 1995.

Urs Luterbacher and Detlef Sprinz, eds., *Global Climate Policy: Actors, Concepts, and Enduring Challenges*, Cambridge: The MIT Press, 2018.

Urs Luterbacher, and Detlef F. Sprinz, eds., *International Relations and Global Climate Change*, Cambridge: The MIT Press, 2001.

论文

Alina Averchenkova et al., "Climate Policy in China, the European Union and the United States: Main Drivers and Prospects for the Future," Policy Paper, The Grantham Research Institute on Climate Change and the Environment, The Centre for Climate Change Economics and Policy (CCCEP), 2016.

Andrew Hurrel and Sandeep Sengupta, "Emerging Powers, North-South Relations and Global Climate Politics," *International Affairs*, Vol. 88, No. 3, 2012, pp. 463 – 484.

Anthony H. F. Li, "Hopes of Limiting Global Warming? China and the Paris Agreement on Climate Change," *China Perspective*, No. 1, French Centre for Research on Contemporary China (CEFC), 2016.

参考文献

Antony Froggatt and Daniel Quiggin, "China, EU and US Cooperation on Climate and Energy: An Ever-changing Relationship," Research Paper, Chatham House, 2021.

Babette Never, "Green Power and Performance in Global Environmental Governance," *German Institute of Global and Area Studies(GIGA)*, Focus, No. 6, 2016, p. 3.

Björn Conrad, "China in Copenhagen: Reconciling the 'Beijing Climate Revolution' and 'Copenhagen Climate Obstinacy'," *China Quarterly*, Vol. 210, 2012, pp. 435 – 455.

C. P. Kindleberger, "Dominance and Leadership in the International Economy: Exploitation, Public Goods, and Free Rides," *International Studies Quarterly*, Vol. 25, No. 2, 1981, pp. 242 – 254.

Chao Zhang, "Why China Should Take the Lead on Climate Change," *The Diplomat*, December 14, 2017.

Daniel Abebe and Jonathan S. Masur, "International Agreements, Internal Heterogeneity, and Climate Change: The 'Two Chinas' Problem," *Virginia Journal of International Law*, Vol. 50, No. 2, 2010, pp. 325 – 389.

Daniel Bodansky and Elliot Diringer, "The Evolution of Multilateral Regimes: Implication for Climate Change," Pew Center on Global Climate Change, December, 2010.

Daniel Bodansky and Lavanya Rajanani, "Key Legal Issues in the 2015 Climate Negotiations," Center for Climate and Energy Solutions, 2015.

David A. Lake, "Leadership, Hegemony, and the International Economy: Naked Emperor or Tattered Monarch with Potential?," *International Studies Quarterly*, Vol. 37, No. 4, 1993, pp. 459 – 489.

Detlef Sprinz and Tapani Vaahtoranta, "The Interest-Based Explanation of International Environmental Policy," *International Organization*, Vol. 48, No. 1, 1994, pp. 77 – 105.

Elizabeth Charissa Economy, "Chinese Policy-Making and Global Climate Change: Two-Front Diplomacy and the International Community," in Miranda A. Schreurs and Elizabeth Economy, eds. , The Internationalization of Environmental Protection, Cambridge: Cambridge University Press, 1997.

Elizabeth Charissa Economy, "Negotiating the Terrain of Global Climate Change Policy in the Soviet Union and China: Linking International and Domestic Decision-Making Pathways," A Dissertation Submitted in Partial Fulfillment of the Requirements for the Degree of Doctor of Philosophy (Political Science) in the University of Michigan, 1994.

Fariborz Zelli and Harro van Asselt, "The Institutional Fragmentation of Global Environmental Governance: Causes, Consequences and Responses," *Global Environmental Politics*, Vol. 13, No. 3, 2013, pp. 1 – 13.

Fergus Green and Nicholas Stern, "China's 'New Normal': Structural Change, Better Growth, and Peak Emissions," Policy Brief, The Grantham Research Institute on Climate Change and the Environment, The Centre for Climate Change Economics and Policy, 2015.

Fergus Green and Nicholas Stern, "China's Changing Economy: Implications for Its Carbon Dioxide Emissions," *Climate Policy*, Vol. 17, No. 4, 2017, pp. 423 – 442.

Fergus Green, "China's Inside-Out Climate Leadership," *East Asia Forum*, 27 June 2017.

Frank Biermann, Philipp Pattberg, Harro van Asselt and Fariborz Zelli, "The Fragmentation of Global Governance Architectures: A Framework for Analysis," *Global Environmental Politics*, Vol. 9, No. 4, 2009, pp. 21 – 24.

Garrett Hardin, "The Tragedy of the Commons," *Science*, Vol. 162, No. 3859, 1968, pp. 1243 – 1248.

Ian H. Rowlands, "Explaining National Climate Policies," *Global Environmental Change*, Vol. 5, No. 3, 1995, pp. 235 – 249.

J. Timmons Roberts, "Multipolarity and the New World (Dis) Order: US Hegemony Decline and the Fragmentation of the Global Climate Regime," *Global Environmental Change*, Vol. 21, No. 3, 2011, pp. 776 – 784.

James G. March and Johan P. Olsen, "The Institutional Dynamics of International Political Order," *International Organization*, Vol. 52, No. 4, 1998, p. 948.

James Meadowcroft, "Climate Change Governance," Background Paper to the

2010 World Development Report, *Policy Research Working Paper 4941*, May 2009.

Karin Bäckstrand and Ole Elgström, "The EU's Role in Climate Change Negotiations: from Leader to 'Leadiator'," *Journal of European Public Policy*, Vol. 20, No. 10, 2013, pp. 1369 – 1386.

Karin Bäckstrand et al., "Non-state Actors in Global Climate Governance: From Copenhagen to Paris and Beyond," *Environmental Politics*, Vol. 26, No. 4, 2017, pp. 561 – 579.

Kelly Sims Gallagher and Qi Qi, "Policies Governing China's Overseas Development Finance: Implications for Climate Change," No. 016, *The Center for International Environment & Resource Policy*, Climate Policy Lab the Fletcher School Tufts University, 2018.

Mario Giuseppe Varrenti, "What the 'European Green Deal' Means for the EU's External Action," College of Europe Policy Brief, No. 1, February 2020.

Mark Lynas, "How Do I Know China Wrecked the Copenhagen Deal? I Was in the Room," *The Guardian*, December 22, 2009.

Martin Jänicke, "Ecological Modernisation: New Perspectives," *Journal of Cleaner Production*, Vol. 16, No. 5, 2008, pp. 557 – 565.

Miquel Muñoz Cabré, Kevin P. Gallagher, and Zhongshu Li, "Renewable Energy: The Trillion Dollar Opportunity for Chinese Oversea Investment," *China & World Economy*, Vol. 26, No. 6, 2018, pp. 27 – 49.

Miranda A. Schreurs, "The Climate Change Divide: The European Union, the United States, and the Future of the Kyoto Protocol," in Norman J. Vig and Michael G. Faure, eds., *Green Giants?: Environmental Policies of the United States and the European Union*, Cambridge: The MIT Press, 2004, p. 209.

Miranda A. Schreurs, "The Paris Climate Agreement and the Three Largest Emitters: China, the United States, and the European Union," *Politics and Governance*, Vol. 4, No. 3, 2016, p. 220.

Oberthür, Sebastian, "The European Union's Performance in the International Climate Change Regime," *European Integration*, Vol. 33, No. 6, 2011, pp. 667 – 682.

Oran Young, "Political Leadership and Regime Formation: On the Development of Institutions in International Society," *International Organization*, Vol. 45, No. 3, 1991, p. 285.

Paul G. Harris and Jonathan Symons, "Norm Conflict in Climate Governance: Greenhouse Gas Accounting and the Problems of Consumption," *Global Environmental Politics*, Vol. 13, No. 1, 2013, pp. 9 – 29.

Peter Christoff, "Cold Climate in Copenhagen: China and the United States at COP15," *Environmental Politics*, Vol. 19, No. 4, 2010, pp. 637 – 656.

Peter Lawrence, "The Asia Pacific Partnership on Clean Development and Climate (AP6): A Distraction to the Kyoto Process or a Viable Alternative?," *Asia Pacific Journal of Environmental Law*, Vol. 10, No. 4, 2007.

Pierre Friedlingstein et al., "Global Carbon Budget 2020," *Earth System Science Data*, Vol. 12, No. 4, 2020, pp. 3269 – 3340.

Radoslav S. Dimitrov, "The Paris Agreement on Climate Change: Behind Closed Doors," *Global Environmental Politics*, Vol. 16, No. 3, 2016, pp. 1 – 11.

René Audet, "Climate Justice and Bargaining Coalitions: A Discourse Analysis," *International Environmental Agreements*, Vol. 13, Issue 3, 2013, pp. 369 – 386.

Robert B. Zoellick, "Whither China: From Membership to Responsibility?," Remarks to National Committee on U. S. -China Relations, 21 September 2005.

Robert D. Putnam, "Diplomacy and Domestic Politics: The Logic of Two-Level Games," *International Organization*, Vol. 42, No. 3, 1988, pp. 427 – 460.

Robert Falkner, "The Paris Agreement and the New Logic of International Climate Politics," *International Affairs*, Vol. 92, No. 5, 2016, pp. 1107 – 1125.

Robert Falkner, Hannes Stephan and John Vogler, "International Climate Policy after Copenhagen: Towards a 'Building Blocks' Approach," *Global Policy*, Vol. 1, No. 3, 2010, pp. 252 – 262.

Robert O. Keohane and David G. Victor, "The Regime Complex for Climate Change," *Perspectives on Politics*, Vol. 9, No. 1, 2011, pp. 7 – 23.

Robert O. Keohane and David G. Victor, "Cooperation and Discord in Global

Climate Policy," *Nature Climate Change*, Vol. 6, 2016, pp. 570 – 575.

Robert O. Keohane, "The International Climate Regime Without American Leadership," *Chinese Journal of Population, Resources and Environment*, Vol. 15, No. 3, 2017, pp. 184 – 185.

Robyn Eckersley, "Moving Forward in the Climate Negotiations: Multilateralism or Minilateralism?," *Global Environmental Politics*, Vol. 12, No. 2, 2012, pp. 24 – 42.

Ross Garnaut, "China's Role in Global Climate Change Mitigation," *China & World Economy*, Vol. 22, No. 5, 2014, pp. 2 – 18.

Sam Geall, "China's Climate Commitments and Energy Ambitions Beyond COVID – 19," *Oxford Energy Forum*, Issue 123, 2020, pp. 67 – 70.

Sam Geall, "Kick-Starting the Green Recovery in 2021: An Arc of Engagement for Sustainability," Chatham House, Briefing Paper, 2021.

Sebastian Oberthür and Claire Roche Kellz, "EU Leadership in International Climate Policy: Achievements and Challenges," *The International Spectator*, Vol. 43, No. 3, 2008, pp. 35 – 50.

Sebastian Oberthür, "The European Union in International Climate Policy: The Prospect for Leadership," *Intereconomics*, March/April, 2007, pp. 77 – 83.

Sebastian Oberthür, "The Role of the EU in Global Environmental and Climate Governance," in Mario Telo, ed., *European Union and Global Governance*, London: Routledge, 2009, pp. 192 – 208.

SimonSchunz, *Beyond Leadership by Example: Towards a Flexible European Union Foreign Climate Policy*, Working Paper FG8, 2011/1, SWP Berlin, 2011.

Stavros Afionis, "The European Union as a Negotiator in the International Climate Change Regime," *International Environmental Agreements: Politics, Law and Economics*, Vol. 11, No. 4, 2011, pp. 343 – 344.

Steinar Andrensen and Shardul Agrawala, "Leaders, Pushers and Laggards in the Making of the Climate Regime," *Global Environmental Change*, Vol. 12, No. 1, 2011, pp. 41 – 51.

Stephen Minas, "China's Climate Change Dilemma: Policy and Management for

Conditions of Complexity," *Emergence: Complexity and Organization*, Vol. 14, No. 2, 2012, pp. 40 – 53.

Tancrède Voituriez, Wang Yao and Mathias Lund Larsen, "Revising the 'Host Country Standard' Principle: A Step for China to Align Its Overseas Investment with the Paris Agreement," *Climate Policy*, Vol. 19, No. 10, 2019, pp. 1205 – 1210.

Wolfgang Obergassel et al., "Paris Agreement: Ship Moves out of the Drydock. An Assessment of COP24 in Katowice," *Carbon & Climate Law Review*, Vol. 13, No. 1, 2019, pp. 3 – 18.

研究报告和国际组织出版物

BP, *Statistical Review of World Energy 2020*, 69th Edition, 2020.

Eva Lövbrand and Malin Mobjörk, eds., *Anthropocene (In) Security: Reflections on Collective Survival 50 Years after the Stockholm Conference*, SIPRI Research Report 26, foreword, New York: Oxford University Press, 2021.

G20, "G20 Leaders' Declaration: Shaping an Interconnected World," Hamburg, 7/8 July 2017.

International Energy Agency, *Net Zero by 2050: A Roadmap for Global Energy Sector*, May 2021, p. 30.

IPCC, *SPM of Climate Change 2013: The Physical Science Basis*, 2013, p. 5, 10, http://www.ipcc.ch/pdf/assessment-report/ar5/wg1/WG1AR5_SPM_FINAL.pdf

IPCC, *Climate Change Widespread, Rapid, and Intensifying-IPCC*, 9 August 2021, https://www.ipcc.ch/2021/08/09/ar6-wg1-20210809-pr/, 14 August 2021.

IPCC, *Global Warming of 1.5 ℃, an IPCC Special Report on the Impacts of Global Warming of 1.5 °C above Pre-industrial Levels and Related Global Greenhouse Gas Emission Pathways, in the Context of Strengthening the Global Response to the Threat of Climate Change, Sustainable Development, and Efforts to Eradicate Poverty*, Summary for Policymakers, 2018.

New Climate Institute, Data-Driven Lab, PBL, German Development Institute/

Deutsches Institut für Entwicklungspolitik (DIE), Blavatnik School of Government, University of Oxford, *Global Climate Action from Cities, Regions and Businesses: Impact of Individual Actors andCooperative Initiatives on Global and National Emissions*, 2019 edition.

OECD, *Indicators to Measure Decoupling of Environmental Pressure from Economic Growth*, 2002.

OECD, *Climate Finance Provided and Mobilized by Developed Countries in 2013–18*, OECD Publishing, Paris, 2020.

REN21, *Renewables 2018 Global Status Report*, 2018.

UN, "Global Impact of the War in Ukiraine: Billions of People Face the Greatest Cost-of-living Crisis in a Generation," Brief No. 2, UN Global Crisis Response Group on Food, Energy and Finance, June 2022.

UN Environment Programme, *Making Peace with Nature: A Scientific Blueprint to Tackle Climate, Biodiversity and Pollution Emergencies*, 2021.

UNDP, *Human Development Report 2020: The Next Frontier-Human Development and the Anthropocene*, New York: United Nations Development Programme, 2020.

UNEP, *Emission Gap Report 2022: The Closing Window-Climate Crisis Calls for Rapid Transformation of Societies*, Narobi, 2022.

UNEP, *Emissions Gap Report 2020*, Nairobi, 2020.

UNFCCC, *Nationally Determined Contributions under the Paris Agreement: Synthesis Report by the Secretariat*, FCCC/PA/CMA/2022/4, 26 October 2022.

World Meteorological Organization, *State of the Global Climate 2020*, WMO-No. 1264, 2021.

World Meteorological Organization, *State of the Global Climate 2021*, WMO-No. 1290, 2022.

政策文件

European Commission, "The European GreenDeal," *COM (2019) 640 final*, Brussels, 11 December 2019.

Council of the EU, "Council Conclusions on Climate Change Following the United States Administration's Decision to Withdraw from the Paris Agreement," Press Release 358/17, 19/06/2017.

The White House, *America First: A Budget Blueprint to Make America Great Again*, Washington DC, The White House Office of Management and Budget, 2017.

UNFCCC, Decision 1/CP.21, Adoption of te Paris Agreement.

UNFCCC, Decision 1/CP.13, Bali Action Plan.

UNFCCC, Decision 1/CMA2, Chile Madrid Time for Action.

UNFCCC, Decision 1/CP.23, Fiji Momentum for Implementation.

UNFCCC, Decision 4/CMA.1, Further guidance in relation to the mitigation section of decision 1/CP.21.

UNFCCC, Decision 6/CMA.1, Common time frames for nationally determined contributions referred to in Article 4, paragraph 10, of the Paris Agreement.

UNFCCC, Decision 8/CMA.1, Matters relating to Article 6 of the Paris Agreement and paragraphs 36 – 40 of decision 1/CP.21.

UNFCCC, Decision 9/CMA.1, Further guidance in relation to the adaptation communication, including, inter alia, as a component of nationally determined contributions, referred to in Article 7, paragraphs 10 and 11, of the Paris Agreement.

UNFCCC, Decision 13/CMA.1, Matters relating to the Adaptation Fund.

UNFCCC, Decision 14/CMA.1, Setting a new collective quantified goal on finance in accordance with decision 1/CP.21, paragraph 53.

UNFCCC, Decision 15/CMA.1, Technology framework under Article 10, paragraph 4, of the Paris Agreement.

UNFCCC, Decision 18/CMA.1, Modalities, procedures and guidelines for the transparency framework for action and support referred to in Article 13 of the Paris Agreement, Annex, para graph 77 (d).

UNFCCC, Decision 19/CMA.1, Matters relating to Article 14 of the Paris Agreement and paragraphs 99 – 101 of decision 1/CP.21.

UNFCCC, Decision 20/CMA.1, Modalities and procedures for the effective operation of the committee to facilitate implementation and promote compliance referred to in Article 15, paragraph 2, of the Paris Agreement.

UNFCCC, Decision 2/CMA. 3, Guidance on cooperative approaches referred to in Article 6, paragraph 2, of the Paris Agreement; Decision 3/CMA. 3, Rules, modalities and procedures for the mechanism established by Article 6, paragraph 4, of the Paris Agreement.

网络资源

Anthony Froggatt, "2021: A 'Super Year' for Climate and Environment Action," Chatham House, 22 March 2021, https://www.chathamhouse.org/2021/03/2021-super-year-climate-and-environment-action, accessed on 10 May 2021.

Antony Froggatt and Rebecca Peters, "Biden's Summit on Climate," Chatham House, 20 April 2021, https://www.chathamhouse.org/2021/04/bidens-summit-climate, accessed on 26 April 2021.

António Guterres, "Remarks at High-Level Opening of COP27 Climate Implementation Summit," Sharm El-Sheikh, 7 November 2022, https://www.un.org/sg/en/content/sg/statement/2022-11-07/secretary-generals-remarks-high-level-opening-of-cop27-delivered-scroll-down-for-all-english-version, accessed on 14 November 2022.

Bob Perciasepe, "A Net-Zero by 2050 Commitment Needs an Aggressive Interim Target," Center for Climate and Energy Solutions, https://www.c2es.org/2021/04/a-net-zero-by-2050-commitment-needs-an-aggressive-interim-target/, accessed on 10 May 2021.

Boston University Global Development Policy Center, China's Global Energy Finance Database, Boston University, 2022, https://www.bu.edu/cgef/#/all/Country-EnergySource, accessed on 15 November 2022.

Center for Climate and Energy Solutions, "Outcomes of the U. N. Climate Change Conference in Paris," http://www.c2es.org/docUploads/cop-21-paris-summary-12-2015-final.pdf, accessed on 9 August 2019.

China File, "Will China Take the Lead on Climate Change," A China File Conversation, 21 November 2016, http://www.chinafile.com/conversation/will-china-take-lead-climate-change, accessed on 3 June 2018.

Climate Action Tracker, "To Show Climate Leadership, US 2030 Target Should Be At Least 57 – 63%," March 2021, https://climateactiontracker.org/documents/846/2021_03_CAT_1.5C-consistent_US_NDC.pdf, accessed on 10 May 2021.

Climate Action Tracker, "CAT Climate Target Update Tracker: EU," update 18 December 2020, https://climateactiontracker.org/climate-target-update-tracker/eu/, accessed on 10 May 2021.

Climate Action Tracker, "Countries," https://climateactiontracker.org/countries/china/, accessed on 21 March 2020.

Climate Action Tracker, "CAT Climate Target Update Tracker: USA," update 23 April 2021, https://climateactiontracker.org/climate-target-update-tracker/usa/, accessed on 10 May 2021.

Climate Action Tracker, "Climate Summit Momentum: Paris Commitments Improved Warming Estimate to 2.4℃," May 2021, https://climateactiontracker.org/documents/853/CAT_2021-05-04_Briefing_Global-Update_Climate-Summit-Momentum.pdf, accessed on 10 May 2021.

Climate Action Tracker, "Warming Projections Global Update," December 2018, https://climateactiontracker.org/documents/507/CAT_2018-12-11_Briefing_WarmingProjectionsGlobalUpdate_Dec2018.pdf, accessed on 5 June 2019.

Climate Action Tracker, "Transformation Points: Achieving the Speed and Scale Required for Full Decarbonisation," https://climateanalytics.org/media/cat_2019_04_03_decarbseries_transformationpoints.pdf, accessed on 2 February 2020.

Climate Action Tracker, "A Government Roadmap for Addressing the Climate and Post COVID-19 Economic Crises," April 2020. https://climateactiontracker.org/documents/706/CAT_2020-04-27_Briefing_COVID19_Apr2020.pdf, accessed on 2 June 2020.

COP24, "Katowice Climate Package, Proposal by the President, Informal Compilation of L-Documents Version," 15 December 2018, https://unfccc.int/

sites/default/files/resource/Informal% 20Compilation _ proposal% 20by% 20the% 20President_ rev. pdf, accessed on 20 August 2019.

Council of the European Union, "Council Conclusions on Climate Change Following the United States Administration's Decision to Withdraw from the Paris Agreement," 16 June 2017, Press release 358/17, http://www. consilium. europa. eu/en/press/press-releases/2017/06/19/climate-change/, accessed on 9 August 2019.

Council of the European Union, "Council Conclusions on Climate Diplomacy," 6125/18, 26 February 2018, https://data. consilium. europa. eu/doc/document/ST – 6125 – 2018 – INIT/en/pdf, accessed on 8 June 2018.

Council of the European Union, "EU Priorities at the United Nations and the 72nd United Nations General Assembly," http://eu-un. europa. eu/eu-priorities-united-nations-72nd-united-nations-general-assembly/, accessed on 20 December 2017.

Daniel Bodansky and Lavanya Rajanani, "Key Legal Issues in the 2015 Climate Negotiations," Center for Climate and Energy Solutions, http://www. c2es. org/docUploads/legal-issues-brief-06-2015. pdf, accessed on 20 August 2019.

Department for Business, Energy and Industrial Strategy, UK, "New dates Agreed for COP26 United Nations Climate Change Conference," https://www. gov. uk/government/news/new-dates-agreed-for-cop26-united-nations-climate-change-conference, accessed on 12 June 2020.

Don Lehr and Liane Schalatek, *Great Expectations, Low Execution: The Katowice Climate Change Conference COP 24*, https://www. boell. de/en/2019/01/08/great-expectations-low-execution-assessment-katowice-climate-change-conference-cop-24, accessed on 5 February 2019.

European Commission, "EU and 79 African, Caribbean, Pacific Countries Press ahead on Paris Implementation, Call on Global Community to Maintain Climate Efforts," https://ec. europa. eu/clima/news/eu-and-79-african-caribbean-pacific-countries-press-ahead-paris-implementation-call-global_ en, accessed on 3 January 2018.

European Commission, "EU Co-Hosts Major International Climate Meeting with

Canada and China," https://ec. europa. eu/clima/news/eu-co-hosts-major-international-climate-meeting-canada-and-china_ en, accessed on 3 January 2018.

European Commission, "India and EU Strengthen Partnership to Implement the Paris Agreement and Boost Clean Energy Cooperation," https://ec. europa. eu/clima/news/india-and-eu-strengthen-partnership-implement-paris-agreement_ en, accessed on 3 January 2018.

European Commission, "EU and California in Joint Climate Push, Boost Cooperation," https://ec. europa. eu/clima/news/eu-and-california-joint-climate-push-boost-cooperation_ en, accessed on 3 January 2018.

European Commission, "UN Climate Talks: EU Plays Instrumental Role in Making the Paris Agreement Operational," 15 December 2018, https://ec. europa. eu/clima/news/un-climate-talks-eu-plays-instrumental-role-making-paris-agreement-operational_ en, assessed on 10 January 2019.

European Commission, "Paris Agreement," http://ec. europa. eu/clima/policies/international/negotiations/future/index_ en. htm, accessed on 9 August 2020.

European Commission, "Commission Welcomes Provisional Agreement on the European Climate Law," https://ec. europa. eu/commission/presscorner/detail/en/ip_ 21_ 1828, accessed on 10 May 2021.

European Commission, "EU budget: European Commission Welcomes the Adoption of the EU's Long-Term Budget for 2021 – 2027," https://ec. europa. eu/commission/presscorner/detail/en/ip_ 20_ 2469, accessed on 10 May 2021.

European Commission, "International Climate Finance," https://ec. europa. eu/clima/policies/international/finance_ en, accessed on 15 May 2021.

European Commission, Joint Research Centre (JRC) /PBL Netherlands Environmental Assessment Agency, *Emission Database for Global Atmospheric Research (EDGAR)*, http://edgar. jrc. ec. europa. eu/overview. php? v = CO2ts1990 – 2014, accessed on 20 August 2021.

European Council, "European Council Conclusions on the Paris Agreement on

Climate Change," Press Release 404/17, Brussels, 23 June 2017, http:∥www. consilium. europa. eu/media/23985/22-23-euco-final-conclusions. pdf, accessed on 3 January 2018.

European Council, "Special Meeting of the European Council (17, 18, 19, 20 and 21 July 2020)," https:∥www. consilium. europa. eu/media/45109/210720 - euco-final-conclusions-en. pdf, accessed on 10 May 2021.

Frank Zeller, "Indian PM Modi Praises Merkel's 'Vision, Urges Climate Action'," The Local, 30 May 2017, https:∥www. thelocal. de/20170530/indian-pm-modi-praises-merkels-vision-urges-climate-action, accessed on 9 August 2019.

Graham Ruddick, "Donald Trump Says US Could Re-Enter Paris Climate Deal," *The Guardian*, 29 January 2018, https:∥www. theguardian. com/us-news/2018/jan/28/donald-trump-says-us-could-re-enter-paris-climate-deal-itv-interview, accessed on 6 June 2018.

"HP/VPMogherini Meets with Michael Bloomberg, United Nations Special Envoy for Cities and Climate Change," http:∥eu-un. europa. eu/hrvp-mogherini-meets-michael-bloomberg-united-nations-special-envoy-cities-climate-change/, accessed on 20 December 2017.

IEEFA, "China Leads Exports of Renewable Technology, Investing in Green Energy Globally," *Institute for Energy Economics and Financial Analysis*, https:∥ieefa. org/china-leads-exports-of-renewable-technology-investing-in-green-energy-globally/, accessed on 10 January 2020.

International Energy Agency, *Net Zero by 2050: A Roadmap for Global Energy Sector*, May 2021, https:∥iea. blob. core. windows. net/assets/ad0d4830-bd7e-47b6-838c-40d115733c13/NetZeroby2050-ARoadmapfortheGlobalEnergySector. pdf, accessed on 23 May 2021.

IPCC, *Climate Change Widespread, Rapid, and Intensifying-IPCC*, 9 August 2021, https:∥www. ipcc. ch/2021/08/09/ar6-wg1-20210809-pr/, accessed on 10 January 2020.

IPCC, *SPM of Climate Change 2013: The Physical Science Basis*, 2013, http:∥www. ipcc. ch/pdf/assessment-report/ar5/wg1/WG1AR5_ SPM_ FINAL. pdf, accessed on 10 January 2020.

Jairam Ramesh, *Discusses Climate Change Negotiations*, 4 October 2014, https://www.belfercenter.org/publication/indias-chief-climate-negotiator-minister-jairam-ramesh-discusses-climate-change, accessed on 1 October 2018.

Jean-Claude Juncker, "Speech by Commission President Juncker at the European Parliament on President Trump's Decision to Withdraw the U. S. from the COP 21 Climate Agreement," 4 June 2017, https://eeas.europa.eu/delegations/un-new-york/28212/speech-president-juncker-european-parliament-presdent-trumps-decision-withdraw-us-cop-21_en, accessed on 8 August 2019.

Jiangwen Guo, *China's Role in Accelerating the Global Green Transition*, Chatham House, 23 April 2021, https://www.chathamhouse.org/2021/04/chinas-role-accelerating-global-green-transition, accessed on 10 May 2021.

John Vidal, "Paris Climate Agreement May 'Signal End of Fossil Fuel Era'," *The Guardian*, 13 December 2015, http://www.theguardian.com/environment/2015/dec/13/paris-climate-agreement-signal-end-of-fossil-fuel-era, accessed on 10 January 2020.

Julia Jacobo, *Reactions Swift after Trump's Withdrawal from Paris Climate Accord*, 1 June 2017, https://abcnews.go.com/Politics/public-figures-react-trumps-decision-withdraw-paris/story?id=47767113, accessed on 9 August 2019.

Kristin Meek et al., "6 Steps the Obama Administration Can Take in 2016 to Cement Its Climate Legacy," http://www.wri.org/blog/2016/01/6-steps-obama-administration-can-take-2016-cement-its-climate-legacy, accessed on 20 August 2019.

Miguel Arias Cañete, "Statement by the Commissioner for Climate Action and Energy, Miguel Arias Cañete on the US Announcement to Withdraw from the Paris Agreement," 1 June 2017, New York, http://eu-un.europa.eu/statement-commissioner-climate-action-energy-miguel-arias-canete-us-announcement-withdraw-paris-agreement/, accessed on 29 November 2017.

Niklas Bremberg and Dr Malin Mobjörk, "European Union Steps up Its Efforts to Become the Global Leader on Addressing Climate-Related Security Risks,"

6 March 2018, *Stockholm International Peace Research Institute*, https://www.sipri.org/commentary/essay/2018/european-union-steps-its-efforts-become-global-leader-addressing-climate-related-security-risks, accessed on 8 June 2018.

OECD, *Patents by Technology, Selected Environment-related Technologies*, http://stats.oecd.org/Index.aspx? DatasetCode = PATS_IPC#, accessed on 16 May 2021.

Patrick Reevell, "Putin on Trump's withdrawal from Paris Accord: 'Don't worry, be happy'," Good Morning America, 3 June 2017, https://www.yahoo.com/gma/putin-trumps-withdrawal-paris-accord-dont-worry-happy-162005378——abc-news-topstories.html, accessed on 9 August 2019.

Robert Falkner, *Trump's Withdrawl from Paris Agreement: What Next for International Climate Policy?* http://www.lse.ac.uk/GranthamInstitute/news/trumps-withdrawal-from-the-paris-agreement-what-next-for-international-climate-policy/, accessed on 5 August 2017.

Sam Geall, "Kick-starting the Green Recovery in 2021: An arc of engagement for sustainability," Briefing Paper, Chatham House, March 2021, https://www.almendron.com/tribuna/kick-starting-the-green-recovery-in-2021/, accessed on 10 January 2020.

Sebastian Oberthür, "How Would a Brexit Affect the Environment?," 23 June 2016, http://blogs.lse.ac.uk/europpblog/2016/06/23/how-would-a-brexit-affect-the-environment/, accessed on 15 November 2018.

Shaohui Tian, "U.S. Quitting Paris Climate Deal Leaves World Shaking Its Head," *Xinhua*, 3 June 2017, http://www.xinhuanet.com/english/2017-06/02/c_136334812.htm, accessed on 9 August 2019.

Taryn Fransen, David Waskow, Joe Thwaites, Frances Seymour and Yamide Dagnet, "Leaders Summit on Climate Offers Jolt of Momentum for Global Action," *World Resource Institute*, 23 April 2021, https://www.wri.org/insights/leaders-summit-climate-offers-jolt-momentum-global-action, accessed on 10 May 2021.

"The Biden Plan for a Clean Energy Revolution and Environmental Justice," https://joebiden. com/climate-plan/#, accessed on 26 April 2021.

The White house, "Statement by President Trump on the Paris Climate Accord," https://www. whitehouse. gov/the-press-office/2017/06/01/statement-president-trump-paris-climate-accord, accessed on 3 June 2017.

The White House, "Statement by the President on the Paris Climate Agreement," https://www. whitehouse. gov/the-press-office/2015/12/12/statement-president-paris-climate-agreement, accessed on 6 June 2019.

The White House, "Press Briefing by Press Secretary Jen Psaki, Special Presidential Envoy for Climate John Kerry, and National Climate Advisor Gina McCarthy," 22 April 2021, https://www. whitehouse. gov/briefing-room/press-briefings/2021/04/22/press-briefing-by-press-secretary-jen-psaki-special-presidential-envoy-for-climate-john-kerry-and-national-climate-advisor-gina-mccarthy-april‐22‐2021/, accessed on 23 April 2021.

The White House, "Remarks by President Biden at the Virtual Leaders Summit on Climate Opening Session," https://www. whitehouse. gov/briefing-room/speeches-remarks/2021/04/22/remarks-by-president-biden-at-the-virtual-leaders-summit-on-climate-opening-session/, accessed on 23 April 2021.

The White House, "Executive Order on Ensuring the Future Is Made in All of America by All of America's Workers," 25 January 2021, https://www. whitehouse. gov/briefing-room/presidential-actions/2021/01/25/executive-order-on-ensuring-the-future-is-made-in-all-of-america-by-all-of-americas-workers/, accessed on 26 April 2021.

The White House, "Executive Order on Tackling the Climate Crisis at Home and Abroad," 27 January 2021, https://www. whitehouse. gov/briefing-room/presidential-actions/2021/01/27/executive-order-on-tackling-the-climate-crisis-at-home-and-abroad/, accessed on 26 April 2021.

The White House, "Fact Sheet: The American Jobs Plan," https://www. whitehouse. gov/briefing-room/statements-releases/2021/03/31/fact-sheet-the-american-jobs-plan/, accessed on 26 April 2021.

The White House, "Executive Summary: U. S. International Climate Finance Plan," 22 April 2021, https://www. whitehouse. gov/briefing-room/statements-releases/2021/04/22/executive-summary-u-s-international-climate-finance-plan/, accessed on 26 April 2021.

The White House, "Fact Sheet: President Biden Sets 2030 Greenhouse Gas Pollution Reduction Target Aimed at Creating Good-Paying Union Jobs and Securing U. S. Leadership on Clean Energy Technologies," 22 April 2021, https://www. whitehouse. gov/briefing-room/statements-releases/2021/04/22/fact-sheet-president-biden-sets-2030-greenhouse-gas-pollution-reduction-target-aimed-at-creating-good-paying-union-jobs-and-securing-u-s-leadership-on-clean-energy-technologies/, accessed on 26 April 2021.

The White House, "Fact Sheet: President Biden Announces New Initiatives at COP27 to Strengthen U. S. Leadership in Tackling Climate Change," https://www. whitehouse. gov/briefing-room/statements-releases/2022/11/11/fact-sheet-president-biden-announces-new-initiatives-at-cop27-to-strengthen-u-s-leadership-in-tackling-climate-change/, accessed on 16 November 2022.

UNFCCC, "Climate Ambition Builds at Leaders' Summit on Earth Day," https://unfccc. int/news/climate-ambition-builds-at-leaders-summit-on-earth-day, accessed on 10 May 2021.

UNFCCC, "Patricia Espinosa: This Year Is Crucial for the Future of Humanity," 26 April 2021, https://unfccc. int/news/patricia-espinosa-this-year-is-crucial-for-the-future-of-humanity, accessed on 10 May 2021.

UNDP, "Belt and Road Initiative," http://www. cn. undp. org/content/china/en/home/belt-and-road. html, accessed on 5 June 2019.

UN, "US Decision to Withdraw from Paris Climate Accord a 'Major Disappointment'," https://refugeesmigrants. un. org/us-decision-withdraw-paris-climate-accord-major-disappointment-un, accessed on 29 November 2017.

Xuequan Mu, "Norway PM 'disappointed' over U. S. withdrawal from Paris Climate Deal," *Xinhua*, 2 June 2017, http://www. xinhuanet. com/english/2017-06/02/c_136332783. htm, accessed on 4 June 2019.

Xuequan Mu, "European Parliament Criticizes U. S. Withdrawal from Paris Agreement," *Xinhua*, 15 June 2017, http://www. xinhuanet. com/english/

2017 - 06/15/c_ 136366059. htm, accessed on 8 August 2019.

重要网站

Earth Negotiation Bulletin, www. iisd. ca/vol12/.

Intergovernmental Panel on Climate Change, www. ipcc. ch.

United Nations Frameework Convention on Climate Change (UNFCCC), www. unfccc. int.

United Nations Environment Programme (UNEP), www. unep. org.

United Nations Development Programme (UNDP), www. undp. org.

致　谢

　　本书的完成得益于很多师长、同人和朋友的指导和帮助。从最初申请国家社科基金项目到研究报告完成，再到项目提交结题和书稿修改出版，不知受到了多少人的鼓励和支持。对本书涉及主题的思考开始于2017年底着手申请2018年的国家社科基金项目。2017年我刚刚完成一个国家社科基金后期资助项目，主题是欧盟的国际气候谈判立场，着重阐释欧盟在国际气候谈判中所持立场的历史演变及其背后的主要动因。通过完成这个项目，我对全球气候变化给人类社会带来的严重影响以及国际社会应对这一挑战的历程有了较为全面的认识和理解。作为一名中国研究人员，通过研究欧盟以及全球气候治理的整个发展历程，我很自然地想到我国在全球气候治理中的立场、政策、行动与担当。鉴于全球气候变化的巨大影响，全球气候治理成效直接关乎人类的前途命运，同时，全球气候变化问题本身突出的全球性特征使应对这一问题必须付诸有效的国际合作，而所有这些也正是我国近年来积极倡导并努力践行的构建人类命运共同体的核心要旨和价值追求。那么，在这一事关全人类前途命运的重大事务中，我国积极倡导的构建人类命运共同体对于中国以及全球气候治理整体到底会产生何种影响？我国秉持这一战略理念，应该如何推动全球气候治理体系的改革与建设？这些问题自然萦绕于我的心间。于是，我就以"构建人类命运共同体背景下中国推动全球气候治理体系改革和建设的战略研究"为题申请了2018年国家社科基金一般项目，很幸运地成功立项。所以，首先要感谢申请项目时给我指导和帮助的北京大学马克思主义学院的郇庆治教授、山东大学政治学与公共管理学院的刘昌明教授和李昕蕾教授，从研究内容到研究框架的设计，几位老师都给予了很有建设性的指导，提供了很多有针对性的修改意见和建议，正是在几位老师的悉心指导下，项目才得以获批。在项目幸运获批之后，在项目开展过程中，得到时任济南大学政法学院名誉院长包心鉴教授、徐庆国书记以及院长梁丽霞教授的指导和帮助，济南大学政法学院的刘雨辰、孙云飞、李洪涛、刘凤环等老师也给予了有益帮助。在此期间，我在参加一些国内学术会议或进行其他学术交流时，也得到了很多同人和朋友的帮助，有国家应对气候变化战略研究和国际合作中心国际政策研究部主任高翔，复旦大学薄燕老师，西安交通大学赵斌老师，南京大学刘慧老师，中国社会科学院谢来辉副研究员，上海社会科学院汤伟副研究员，青岛大学丁金光老师，山东师范大学王增福、马建英、孙通、李波老师，山东女子学院郭太铭老师等，他们提出的意见和建议使我受益良多，对于研究报告的撰写和修改具有重要价值。另外，还有许多学界朋友以及在课堂教学中与我交流、给我启发的学生们，他们的某些独到观点或精彩论述，都给我思想上的启发，恕不一一署名。在此，谨以无限的感恩之情，向在我学术生涯中给予指导、鼓励和帮助的所有学术长辈、同人和朋友致以诚挚的谢意。

特别感谢国家社科规划办提供的资助，为我顺利开展研究以及参加学术研讨会并向学界同人咨询请教提供了便利。这也是我学术生涯中的第二个国家社科基金项目。感谢我们国家近年来对人文社会科学研究的重视和投入。在很大程度上，国家经济社会的繁荣为人文社会科学的发展奠定了坚实的基础，而国家对此的重视和投入无疑也是推动人文社会科学繁荣发展的重要支持。按照研究计划，课题组在2021年底提交了结题申请，于2022年3月得以顺利结题。在结题鉴定中，得到了五位匿名评审专家的肯定和非常有价值的建设性修改建议和意见，有的评审专家还非常细致地指出了研究报告中的一些错讹。在此，我对项目立项时给予肯定的评审专家学者以及项目结题时提出重要修改意见和建议的所有专家学者表达诚挚的谢意。学术同行的评价与鉴定是科研进步发展的重要推动力量，也是学术交流、思想碰撞和观点交汇的直接源泉，更是促进学术研究不断创新的不竭动力。

研究项目立项后，按照当时课题设计的研究目标和研究思路，课题组开展了深入的研究，分析全球气候治理的整体发展态势，实时跟踪和关注欧美发达国家和广大发展中国家的气候政策，探讨构建人类命运共同体理念下中国的气候治理行动，形成了一些阶段性成果，被一些刊物收录，支撑了课题研究，为推动我国关于人类命运共同体和全球气候治理的研究做出了一点贡献。这些研究成果按照发表时间顺序分别是：《构建人类命运共同体背景下的全球气候治理新形势及中国的战略选择》（发表于《国际关系研究》2018年第4期）、《特朗普政府"去气候化"行动背景下欧盟的气候政策分析》（发表于《欧洲研究》2018年第5期）、《全球气候治理的"行动转向"与中国的战略选择》（发表于《国际观察》2020年第3期）、《全球气候治理的权力政治逻辑及其超越》（发表于《山东社会科学》2020年第12期）、《人类命运共同体与国际秩序转型》（发表于《世界经济与政治》2021年第8期）、《百年变局下中国与世界的复合生态关系及中国的责任担当》（发表于《教学与研究》2021年第9期）、《欧美气候新政：对全球气候治理的影响及其限度》［发表于《福建师范大学学报》（哲学社会科学版）2021年第5期］、《多层次全球气候治理中的领导与跟从——兼论中国在全球气候治理新形势下的身份定位与作用发挥》（发表于《复旦国际关系评论》第29辑）。除此之外，我还参与了由中国社会科学院和中国气象局联合编撰的"气候变化绿皮书"《应对气候变化报告（2019）》其中一章"全球气候治理制度变迁与挑战"的撰写，并参与了由北京外国语大学英国研究中心等编撰的"英国蓝皮书"《英国发展报告》部分内容的撰写，分别写了《脱欧公投以来英国气候政策的演变及影响》［载《英国发展报告（2018~2019）》］、《2019~2020年脱欧与新冠肺炎疫情双重冲击下的英国气候变化政策》［载《英国发展报告（2019~2020）》］、《英国后疫情时代的气候政策与气候外交（2020~2021）》［载《英国发展报告（2020~2021）》］。这些阶段性专题论文为完成课题研究的最终报告奠定了基础，并在一定程度上扩展了我的研究视野。在撰写这些阶段性专题论文的过程中，我得到了学界同人积极而有益的反馈，这些反馈对完成整个课题研究具有积极的意义。在此基础上，本书对这些阶段性论文进行了部分观点修正、补充完善及技术性调整，其或成为本书的部分章节，或适当补充了本书的部分内容，使本书在逻辑和结构上更加严密和完整。在此，谨向收录上述阶段性成果的各个学术刊物和皮书表示衷心的感谢，并对提出建设性修改意见和建议的刊物和皮书编辑以及当时的匿名评审专家表达诚挚的谢意。

本书的出版得到了山东大学政治学与公共管理学院的资助，在此特别表示感谢。感谢学院领导对学术研究的重视和支持，感谢马奔院长和朱贵昌副院长给予我的支持。学院对科研工作非常重视，专门设立了出版基金，资助老师们高水平学术著作的出版，以推动学院学科建设和相关科学研究高质量发展。我非常荣幸地顺利申请到了该项资助，使得本书如期出版。在此也特别感谢学院科研办公室的何丽萍老师，从研究项目的结题到出版资助的申请，许多事务性工作都是在何老师的帮助下得以顺利完成的，何老师对工作的细致认真和真诚耐心令我感动。

非常感谢秦亚青教授百忙之中慨然应允为本书作序。秦老师是我国国际政治学界的泰斗，世界知名国际关系理论家。非常幸运和荣幸，在我2021年3月调入山东大学政治学与公共管理学院工作的同时，秦老师也以讲席教授的身份全职到学院工作。跟秦老师相处至今，三年时间，耳濡目染，秦老师的平易近人，秦老师的言传身教，还有秦老师渊博的知识和谦和的态度，都对我产生了很大影响。当我提出请秦老师为本书写一个序言的时候，秦老师爽快应允，还特意嘱咐我有什么问题和需要千万不用客气。秦老师是谦谦君子之师长，德高望重之前辈，他对后辈的关怀和提携令我终生难忘。感恩在我的学术和工作生涯中还能有这样一段与秦老师共事和面对面交流的宝贵机会，真诚感谢秦老师对我的鼓励、帮助和支持。

感谢社会科学文献出版社。我的第一本专著也是在社会科学文献出版社出版的，对出版社认真的作风和负责任的态度印象深刻，所以在完成本书初稿之后，我就毫不犹豫地联系了社会科学文献出版社。感谢责任编辑张建中老师，就本书的标题和其他相关问题，张老师多次不厌其烦耐心与我沟通，其严谨的态度和厚实的理论素养是我学习的榜样。也感谢本书的其他编辑老师，本书初稿几乎每一页都有密密的修改，可以看出编辑老师的认真负责，他们字斟句酌，甚至对每一个标点都进行了细致的推敲，他们细致认真和高水准的编辑给本书增色不少。

最后，特别感谢我的父母和家人。父母年事已高，我却不能堂前尽孝，父母从来都是报喜不报忧，让我安心在外工作。也感谢我的哥哥和姐姐，他们承担了照顾父母的各种事务，使我能够全身心投入项目研究和书稿的撰写。由衷感谢我的爱人崔敏，我长年工作繁忙，她几乎承担了所有家庭事务，默默奉献，给我鼓励。感谢我的儿子，项目开展和书稿修改期间正是他去澳大利亚留学的关键时期，我忙于工作，可能对他疏于关爱，感谢他的理解和支持，他的积极上进和顺利成长是对我精神上的莫大安慰。

山东大学"学无止境，气有浩然"的校训始终给我激励，促我自省，谨记之。书稿既已完成，由于本人水平有限，对某些问题的理解和分析可能欠妥，某些观点可能表达不当，真诚欢迎学界同人、读者朋友给予批评指正。

李慧明

2024 年 4 月 16 日

于山东大学青岛校区华岗苑

图书在版编目(CIP)数据

人类命运共同体与全球气候治理体系改革 / 李慧明著. -- 北京：社会科学文献出版社，2024.5
ISBN 978 - 7 - 5228 - 3209 - 8

Ⅰ.①人… Ⅱ.①李… Ⅲ.①国际关系 - 研究②气候变化 - 治理 - 国际合作 - 研究　Ⅳ.①D82②P467

中国国家版本馆CIP数据核字(2024)第023969号

人类命运共同体与全球气候治理体系改革

著　　者 / 李慧明

出 版 人 / 冀祥德
责任编辑 / 张建中
责任印制 / 王京美

出　　版 / 社会科学文献出版社
　　　　　 地址：北京市北三环中路甲29号院华龙大厦　邮编：100029
　　　　　 网址：www.ssap.com.cn
发　　行 / 社会科学文献出版社（010）59367028
印　　装 / 三河市尚艺印装有限公司

规　　格 / 开　本：787mm × 1092mm　1/16
　　　　　 印　张：22　字　数：359千字
版　　次 / 2024年5月第1版　2024年5月第1次印刷
书　　号 / ISBN 978 - 7 - 5228 - 3209 - 8
定　　价 / 157.00元

读者服务电话：4008918866

版权所有 翻印必究